EXPLORATION AND PRACTICE
—OF ENERGY REGULATION IN CHINA—

中国能源监管
探索与实践

谭荣尧　赵国宏　等　著

人民出版社

总 策 划：黄书元　辛广伟

统　　筹：崔继新

责任编辑：刘江波

文字编辑：曹　歌　李兆春

封面设计：肖　辉

图书在版编目（CIP）数据

中国能源监管探索与实践／谭荣尧 等　著 . — 北京：人民出版社，2016.6

ISBN 978 - 7 - 01 - 016349 - 9

I. ①中… 　 II. ①谭… 　 III. ①能源工业 - 监管制度 - 研究 - 中国 　 IV. ① F426.2

中国版本图书馆 CIP 数据核字（2016）第 137309 号

中国能源监管探索与实践

ZHONGGUO NENGYUAN JIANGUAN TANSUO YU SHIJIAN

谭荣尧　赵国宏 等 著

人民出版社 出版发行

（100706　北京市东城区隆福寺街 99 号）

北京盛通印刷股份有限公司印刷　新华书店经销

2016 年 6 月第 1 版　2016 年 6 月北京第 1 次印刷

开本：710 毫米 × 1000 毫米 1/16　印张：27.75

字数：384 千字

ISBN 978 - 7 - 01 - 016349 - 9　定价：138.00 元

邮购地址 100706　北京市东城区隆福寺街 99 号

人民东方图书销售中心　电话：（010）65250042　65289539

目　录

第一篇　能源监管的起源与变迁

第二篇　中国电力监管十年实践

第四篇　中国能源监管远景展望

序

当前，我国正处于政府转变职能、简政放权的重大历史时期，正处于健全完善中国特色社会主义能源体制机制的重大历史时期，正处于加快推进能源生产与消费革命的重大历史时期。积极探索和实践能源监管，对于贯彻落实简政放权的决策部署，保障责任和权力同步下放、放活和监管同步加强，对于推动能源体制机制改革与创新，形成公平、公正、公开、竞争有序的中国特色社会主义能源市场，对于贯彻落实习近平总书记确立的"四个革命、一个合作"的能源战略思想和新一届国家能源委员会首次会议审议通过的《能源发展战略行动计划（2014—2020）》，加快构建低碳清洁、安全高效的现代能源体系均具有十分重要的历史意义和现实意义。

国家能源局重新组建以来，在党中央、国务院的正确领导下，在国家发展改革委党组和能源局党组的直接领导下，在梳理和总结 10 年电力监管经验的基础上，主动适应从电力监管到能源监管的新变化，贯彻简政放权、强化监管的新要求，积极探索能源监管新机制，探索规划、政策、规则、监管"四位一体"的能源管理新模式，推进能源市场建设，强化能源监管，维护能源市场秩序，在如何把握能源监管的任务要求、如何依法依规开展能源监管等方面作了初步的研究、探索和实践。

中国的能源监管是一项创新性的工作，是一个不断摸索、总结、完善的过程。国家能源局的同志们，特别是能源监管一线的部分同志，历时 1 年多，系统梳理了中外能源监管的理论、历史沿革及现状，认真总结了 10 年电力监管和几年能源监管工作实践，分析了中国能源监管的体制机制、重点难点、方式方法等关键问题，形成了《中国能源监管探索与实践》一书。虽然不尽完善，仍需进一步在探索中总结、在实践中提升，但其中不乏珍贵的经验与体会。衷心希望本书能够为健全完善我国能源监管机制、推动能源管理体制创新提供有益借鉴。

2016 年 2 月

前　言

能源监管需要不断探索。

改革开放以来，我国能源管理体制几经变迁，能源监管逐步深化。经过 10 年电力监管、3 年能源监管，我们树立监管理念、建设监管标准、探索监管手段，取得了初步监管成效。

当前，能源生产与消费革命拉开大幕，政府职能转变、简政放权逐步深化，能源管理方式正在深刻转变，能源体制机制改革正在加速，需要更加扎实有效地做好能源监管。

为总结、分析、提炼我国电力监管、能源监管的成熟经验，反思其面临的问题和矛盾，探索更加有效的能源监管路径，我们创作了此书。本书从理论追溯和研究入手，在总结电力监管、能源监管经验教训的基础上，充分借鉴国际能源监管成功经验，探讨了未来中国能源监管的发展前景。

全书共四篇十六章，重视理论与实践结合，以实践为主；重视国内与国际结合，以国内为主；重视电力与其他能源结合，以电力为主。

第一篇"能源监管的起源与变迁"，以历史的眼光阐述能源监管的理念与模式，分析国际能源监管的实践经验及其对中国的启示，回顾中国能源监管的理念演变及路径选择，并从理论角度评估了中国能源监管制度的设计。

能源是特殊商品。为更好地治理市场违规行为、垄断行为和市场失灵，需要政府对市场进行适当干预并采取有效监管。能源监管模式的选择与经济理论和能源监管理论的新发展密切相关，自然垄断产业组织理论、博弈论、规制经济学理论等都为能源监管模式和思路提供了指导方向。在市场经济成熟的条件下，政府一般都采取独立监管的模式来规制和治理市场，而在市场经济不完善或处于发展状态下，一般都采取"政监合一"模式。世界范围内的多年实践，为能源监管积累了丰富的经验，为中国能源监管的开展提供了现实借鉴。

第二篇"中国电力监管十年实践"，从分析独立电力监管的时代背景入手，将国家电监会十年历程分为开端、发展、深化这三个各具不同特征的阶段，深入总结国家电监会时期的电力监管工作，详细分析其面临的局限及现实约束，以便从历史中吸取养分。

由于我国电力供需状况的逆转，以及 20 世纪 70 年代国际电力市场化改革浪潮的影响，我国于 2002 年开始实施新一轮电力体制改革，催生了独立电力监管。随后 10 年，我国电力监管明显呈现开端、发展、深化三个特征各异的不同阶段。在此期间，电力监管机构在推进电力体制改革、试点电力市场建设，加强安全监管、市场准入监管、价格成本监管、电力交易监管、节能减排监管、供电服务监管、电力稽查等方面进行了大胆探索，取得积极成效的同时也暴露了我国电力管理体制机制的深层次问题。电力监管由此向"政监合一"的能源监管转型，其理念和经验将成为能源监管的重要财富。

第三篇"探索中的中国能源监管"，从分析新常态下中国能源监管的历史使命和现实担当出发，总结中国能源监管的新思路、新探索及监管方式方法的创新，展现 2013 年重组以来国家能源局的能源监管全貌。

新常态下的中国能源监管开启新模式。国家能源局重组后，我国能源行业管理体制实现从"政监分离"向"政监合一"转变，一定程度上解决了分散管理、分业管理、分段管理的问题，初步形成了横向互动、纵向联动的能源监管新格局。国家能源局紧扣能源改革与发展实际，确立了能源监管基本思路，并积极创新能源监管方式，务实开展了能源规划政策落实情况监管、能源市场秩序监管、能源垄断环节监管、能源行业节能减排监管、安全监管和能源应急管理等多项重点工作。能源监管初步实现了转型升级，但在法律法规、体制机制、工作程序等方面依然存在诸多亟待解决的问题和矛盾。

第四篇"中国能源监管远景展望"，详细分析国际政治经济形势和全球能源发展趋势，深入研究中国能源改革与发展新动向，重在思考当前中国能源监管实践与探索的难点，展望未来的中国能源监管之路。

国际政治经济风云变幻，诸如大数据、"互联网＋"、能源互联网等新概念、新技术的发展，都将深刻影响能源领域。当前，世界能源面临着能源安全、价格震荡、环境保护与气候压力等突出问题。主要国家能源战略向多元化、挖掘国内潜力、强化储备和国际合作、重视科技等方面加速调整。新常态下，中国能源监管机遇和挑战并存，在突破能源监管面临的体制机制约束、选择适合中国国情的能源监管模式等重要问题上，需要慎重抉择。目前的现实选择是"政监合一"，长远趋势则应建立完善独立的能源监管机构。当然，独立能源监管模式的确立和形成将是一个伴随能源市场发展的漫长过程。

当前，国家发展改革委主任徐绍史和国家发展改革委副主任、国家能源局局长努尔·白克力亲力亲为，正带领大家为新时期的能源监管积极探索、扎实工作。此前，原国家电监会历任主席柴松岳、尤权、王旭东、吴新雄经过不同阶段的多种尝试和努力，为专业化能源监管开创了先河、奠定了基础。在此，向他们致以崇高的敬意！

吴新雄作为原国家电监会最后一任主席和国家能源局重组后首任局长，曾精心安排部署编撰《国家电力监管委员会十年概览》，全面系统地总结电力监管经验；此次又高瞻远瞩倡导创作本书并热情作序，对本书创作给予了积极鼓励和大力支持。在此，致以衷心的感谢！

能源监管战线的同仁，以其实际行动和扎实工作，践行能源监管理念、探索有效监管路径；学界的朋友，以其专业学识和独到见解，对能源监管贡献不可替代的特有力量；广大能源企业，积极适应能源改革与发展新形势，千方百计保障能源安全高效供应。在此，致以良好的祝愿！

本书由谭荣尧主导、主持全部创作过程，负责全书框架、思路设计和最终审稿工作；赵国宏组织全书的创作、修改和统稿。第一篇、第四篇主要由张峻极执笔，第二篇主要由蒋学林执笔，第三篇主要由王云波执笔。谢敬东、朱文毅、焦路峰等为本书创作提供了大量素材。

中国能源监管依然处于探索过程中，对其过往实践的总结、分析、评价以及未来能源监管的设想难免因人而异。本书代表的仅仅是我们的思考、观点和设想。在创作过程中，我们一直坚持严谨、细致、认真、负责的态度，力求客观、公正、全面、深刻，然而由于时间紧迫和认识水平有限，遗误之处在所难免，恳请批评指正。

谭荣尧

2016 年 3 月

第一篇
能源监管的起源与变迁

监管的出现，来自于市场本身的不完美。独立监管的产生，则起源于政府与市场的关系。在透明规则下，采取独立监管的模式去强化市场监管，既是保护市场参与主体的合法权益，也同时确保市场主体不受政府过度干预的损害。世界各国以及中国能源监管的实践与经验就是典型的例证。

第一章 能源监管的理念与模式

监管，英文是 Regulation，也被翻译为管制或规制。

监管的概念没有统一准确的定义，翻译也千差万别，研究的主要国家经济社会状况和体制机制各不相同，导致监管的内涵也有较大差别，因此，大家对监管概念的理解也就存在较大差异。

本章将着重梳理监管和能源监管的理念与模式。

第一节 监管的概念、经济依据和主要模式

监管起源政府部门对市场垄断行为的干预。从经济理论和社会实践方面来看，政府监管的依据是竞争规则和公众利益受到侵害以及市场失灵问题。经济性监管和社会性监管，都是在角度和倾向有所差异的监管理论与模式下进行的。

一、监管的概念

从起源来讲，监管起源于美国地方政府对垄断业务的干预和控制。19世纪出现的商业性铁路网络，因其独特的技术经济特征而导致市场失灵。与欧洲大多数国家采取铁路国有化不同，美国采取了私有企业垄断经营的

模式。为保护消费者利益不受垄断经营商的侵害，美国开始形成了以市场准入、价格、收益等业务为主的监管。1869 年成立的美国马萨诸塞州铁路委员会被认为是第一个有效运作的专业化监管机构。

1886 年以后，随着美国州际铁路运输的兴起，州铁路监管机构很难依法去监管州际铁路运输，于是 1887 年 2 月美国出台了《州际贸易法》，成立联邦州际贸易委员会，具体负责专业监管业务。从此，专业监管机构在全球范围内不断兴起和完善，并在规范和促进行业发展中扮演着重要角色。

第二次世界大战以后，随着西方资本主义国家市场体系的不断完善，市场经济得到了迅猛发展，但由此引发的市场失灵给社会和经济发展带来了种种弊端。为此，西方各国政

> **知识链接：**
>
> 世界上最早的监管机构——美国马萨诸塞州铁路委员会
>
> 19 世纪六七十年代，美国铁路得到了空前的发展。为防止铁路垄断产生的不良后果，在 C.F. 亚当斯（Charles Francis Adams）的建议下，1869 年成立了马萨诸塞州铁路委员会。委员会由 3 名无党派的专家成员组成，具体负责对铁路运价进行专业化的调查，并公布调查结论，实行"阳光"监管，但是委员会没有执行权。马萨诸塞州铁路委员会对规范州铁路运营发挥了重要监管作用，被公认为世界上第一个可以实施有效监管的监管机构，是现代监管机构的雏形。①

府越来越多地按照市场经济有效运作的客观要求，仿照美国铁路监管的做法，对大型共用事业企业和厂商实行政府监管，以确保市场经济的良性发展。随着时间的推移，监管从只是向公众披露信息演变为独立的行政力量，实施监管的范围也从铁路、供水、电力等基础性产业扩展到金融、环境、卫生等领域。监管逐步成为政府矫正市场缺陷的一种普遍方式，也成了以美国为代表的自由市场经济国家的制度安排的一个重要特征。有人甚至提

---

① 资料来源：根据中国宪政网《美国行政法上的独立规制机构》相关内容整理。

出，在市场经济国家中，政府只做三件事：收税、花钱、监管。

从经济理论角度来看，这种政府监管直接导致了经济学说的一次重大转变：占统治地位长达一个半世纪之久的、以市场自由经济论为中心的经济自由学说让位于凯恩斯的"国家干预主义"。基于这一转变而制定的经济政策带来了经济的繁荣，也吸引了许多学者开展对政府监管行为的理论研究。

由于对监管研究的侧重点不同，监管的概念在政治、经济、法律领域有着不同的解释。在经济学中，监管通常被定义为：由行政机构制定并执行，直接干预市场配置机制，或间接改变企业和消费者的供需决策的一般规则或特殊行为。从表面上看，监管是一种政治行为，因为监管通常表现为政府对社会、经济活动进行必要的干预和限制；但从本质上讲，监管是一个经济过程，因为政府对一个产业的监管将影响或左右该产业的发展。

监管体现了政府和市场的关系问题，有三个基本特征：第一，监管是由特定的行政机构执行的，但与政府保持一定距离，以最大限度地降低政府随意的行政干预；第二，监管作用于市场经济，是对市场行为的干预，以弥补市场失灵的危害；第三，监管是政府在制定规则后授权一个独立的机构执行规则，因此监管行为必须依据政府相关法律和规则而实施。

学者从不同的角度对政府监管行为进行解释，最具代表性的有"监管公共利益

知识链接：

监管制度研究的典型代表

G.J. 施蒂格勒（Stigler, G.J.），1911年1月17日生于美国华盛顿州，1938年在芝加哥大学获博士学位，先后任芝加哥大学经济学教授、美国经济研究所高级研究员、芝加哥大学经济和国家研究中心主任。长期从事产业组织和政府监管的理论研究，并获1982年诺贝尔经济学奖，被公认为信息经济学和管制经济学的创始人，代表作有论文集《产业组织》（*The Organization of Industry*）和《人民与国家：管制经济学论文集》（*The Citizen and the State: Essays on Regulation*）。1971年首次提出政府监管的部门利益论观点。

论"（Public Interest Theory of Regulation）和"监管部门利益论"（Sectional Interest Theory of Regulation）。

公共利益论认为：市场是脆弱的，如果不加以监管，会导致市场不公正或效率低下。政府监管是政府对公共需要的一种反映，是对市场失灵的回应，通过干预经济行为，实现提高资源配置效率、保障市场公平、增进社会福利的目的。因此，哪里有市场失灵，公共利益论认为哪里就应该有政府监管。例如，反托拉斯政策就是最接近于政府监管公共利益论原则的。公共利益论在很长时期内一直以正统的理论而在监管经济学中居于统治地位。

> **知识链接：**
>
> 信息不对称理论（Asymmetric Information）
>
> 20世纪70年代，美国三位经济学家约瑟夫·斯蒂格利茨、乔治·阿克尔洛夫、迈克尔·斯彭斯，分别从商品交易、劳动力和金融市场三个不同领域对市场经济中的信息不对称现象进行了研究，提出了信息不对称理论。该理论指出了信息对市场经济的重要影响，认为信息不对称是市场经济先天性的缺陷，需要通过政府开展信息不对称监管来更正市场机制造成的不良影响。信息不对称理论被应用于解释很多市场现象，成为市场监管的重要依据之一，是现代信息经济学的核心，并促使了行为经济学的诞生，推动了博弈论的发展。2001年上述三位经济学家由此被授予诺贝尔经济学奖。

部门利益论认为：由于监管者是理性人，会理性地选择追求其效用最大化，利益集团能够说服政府运用权力为其服务。因此，政府监管是产业所需并为其利益服务而设计和实施的，政府监管机构仅代表某一特殊利益集团的利益，而非公共利益。例如，产业的补贴政策就是最体现政府监管的部门利益论原则的。部门利益论的一个直接派生理论就是监管俘虏理论，即：监管者会被监管对象（产业）俘虏，而反过来为产业利益服务。

二、监管的分类

从本质上说，政府监管的依据是市场失灵和社会利益受损。与此相对应，监管可以分为经济性监管和社会性监管。

（一）经济性监管

经济性监管以市场失灵为理由。经济学把市场失灵定义为市场均衡偏离帕累托最优状态①，主要表现为信息不对称、市场无力等方面。政府监管的目的是通过政府的干预使市场能够实现帕累托改进（Pareto Improvement）或达到一种次优配置状态。

1. 信息不对称

一个合理有效的市场需要买者和卖者之间有足够的共享信息，以支持其理性的交易行为。信息不对称可能影响到市场主体的理性决策，并导致市场无法实现资源的有效配置。

以电价制定为例，在电能交易过程中，作为卖者的供电商和作为买者的电力用户之间的信息是不对称的。电力用户并不清楚发电企业的发电成本，也不清楚输配电企业的输配电成本及其构成，因此在购买电能时并不清楚购买的电价是否合理，是否能真实地反映电能的价值。而电力企业从自身利益出发，往往会想方设法使电能价格远远高于其价值，造成电力用户的利益受损。

信息不对称性问题可以通过政府监管来避免或缓解。

2. 市场力

市场力是指一个或一组企业对某一行业价格和生产决策的控制程度。

---

① 帕累托最优（Pareto Optimality），也称为帕累托效率（Pareto Efficiency），是资源分配的一种理想状态。即假定固有的资源分配状态，在变化中，没有任何人境况变坏而可以实现至少一个人变得更好的状态，称之为帕累托改进。而帕累托最优状态就是不可能再有帕累托改进的余地。

公用事业往往具有一定程度的垄断性，从而形成市场力，导致市场失灵或效率损失：首先，由于市场力的存在，容易造成价格操纵，垄断企业可以按照收益最大化的原则制定出远远高于边际成本的价格，导致市场不公平和资源配置效率降低。其次，由于垄断者缺少竞争压力，缺少为降低价格而降低成本和改进技术的动力，导致行业经济效率降低。再次，由于交易双方市场力的不对称，导致产业上下游之间的关

> **知识链接：**
>
> **市场力指标**
>
> 市场力指标是度量市场力对市场的影响程度。基于造成市场力的原因不同，市场力有不同的度量方法。通常来讲，市场力指标有以下几类：一是市场结构类指标，如 Top-m 份额指标、HHI（Herfindahl-Hirschman Index）指标、熵指标；二是供需情况类指标，如供给充裕度指标、供给弹性指标；三是交易行为类指标，如联合投机指标；四是交易结果类指标，如价格提升率指标、市场效率指标、市场竞争度指标。①

系往往形成相对复杂的买卖关系，如电力厂网关系、煤电关系等。

市场力问题可以通过政府监管来降低或遏制。

（二）社会性监管

社会性监管以社会利益受损为理由实施监管。社会利益受损主要表现为外部性问题、供给义务、社会普遍服务等方面。

1. 外部性问题

外部性问题是指某种商品的生产或消费活动可能给其他的企业和个人带来某种影响。外部性问题是由经济活动中私人成本和社会成本、个体受益和社会受益之间的差异造成的。企业为了最大限度地获取利润，通常不

---

① 资料来源：根据《电力市场中的市场力指标及表现形式》相关内容整理，参见《电网技术》2007 年第 2 期。

市场力监管典型案例

美国标准石油公司案是世界上第一例成功的市场力监管案例。1890年，由洛克菲勒家族控制的美国标准石油公司（后定名为美孚石油公司）采取"托拉斯"（trust）方式，经过短短几年时间，已经控制了美国95％的炼油能力、90％的输油能力和25％的原油产量，成为美国有史以来最大的垄断企业。1906年，美国圣路易斯联邦巡回法庭根据《谢尔曼法》对标准石油公司提出诉讼。1911年，美国最高法院判定标准石油公司利用市场力违法垄断经营，妨碍了市场自由竞争，下令解散标准石油公司。美国标准石油公司案是全球反垄断史上的一个标志性事件，对市场力监管产生了深远影响。

会（或较少）考虑其生产过程中产生的对外部的影响。

最典型的一类外部性问题就是环境污染问题和安全供应问题。以电力为例，发电企业为了降低成本，不安装或不按要求运行脱硫脱硝等污染治理设备，其结果是发电企业只承担了部分成本，却得到了全部收益，但是给环境造成了更多污染，这是环境污染的外部性问题。与环境污染问题相类似，电力企业为了降低运行成本，减少了在安全设备和安全管理等方面的投入，导致了电力安全事故事件发生频率的增加，影响正常的社会秩序，影响电力用户的切身利益，这就是安全供应的外部性问题。

另一类外部性问题就是技术创新问题。有两种原因造成技术创新问题：一种原因是公用事业企业技术更新的迫切性要求不高；另一种原因是技术创新存在投资大、容易被模仿、风险大等问题，企业技术创新的动力不足。技术创新问题，导致企业经济效率和服务水平低下，最终影响用户服务水平。

外部性问题可以由政府出面进行监管，以得到社会总体效益的最优。

2. 供给义务问题

对于公用事业，供给短缺不仅仅影响买卖双方的利益问题，而且会对经济和社会带来严重影响，因此这些领域的市场发展和竞争必须以保证供给为前提，行业企业必须履行供给义务。

就电力行业来说，由于电力发展投资大、建设周期长而电力商品又不能存储，电力必须要超前发展，否则将对国民经济和社会发展造成巨大损失和重大影响。但是，在电力市场竞争环境下，电力企业由于市场竞争而忽视了长远投资和电力超前发展，电力工业将会产生投资不足的问题，最终影响电力的正常供应，造成电力供给义务问题。

供给义务的履行需要政府通过加强行业发展战略、规划和计划的执行监管来解决。

3. 社会普遍服务问题

普遍服务是指向所有用户提供价格合理、质量保证的商品及服务。普遍服务具有可获得性、非歧视性和可承受性的特点。对于公用事业而言，商品供应的满足意味着生活质量的提高。但是诸如在边远地区等特殊情况下，市场经济下的

知识链接：

庇古税理论与科斯理论

庇古税理论与科斯理论是两个用于解决外部性问题的理论。两者考虑问题的出发点不同，采取的方法不同，适用的范围、实施的难点和取得的效果也有所不同。

庇古税理论是根据经济当事人私人成本和社会成本不一致的程度，用政府征税或补贴的办法来矫正当事人的私人成本，弥补私人成本和社会成本之间的差距，实现资源配置达到帕累托最优的目的。这种纠正外部性问题的方法最先由英国经济学家庇古（Arthur Cecil Pigou）提出，因此被称为"庇古税"方案，这种税也被称为"庇古税"。

科斯理论认为在某些条件下，经济的外部性问题可以通过当事人的谈判而得到纠正，从而达到社会效益最大化的目的。举例来说，对于污染企业，政府不需要对污染问题进行直接调节，可以通过以下两种方法明确企业产权来解决外部性问题：一是将产权"判给"附近的居民，污染企业如不给附近居民污染补偿费就无法开工；二是政府将产权"判给"污染企业，附近居民付给企业减少污染"赎金"。只要有了明确的产权，人们自然能"议"出一个合理的价格来。

商品供应是不经济的，企业因无法得到应有的回报而缺乏投资的动力，从

知识链接：

普遍服务概念的由来

普遍服务（Universal Service）概念最早出现在通信领域。1907 年，美国 AT&T 公司总裁威尔（Theodore Vail）在公司年度报告中提出了"一种政策、一种体制、普遍服务"的口号，但当时提出普遍服务的出发点是为了公司实现集中控制，愿意用接受监管替代竞争。真正意义上普遍服务概念的提出是在 1934 年，美国通过了《电信法》，首先将普遍服务纳入电信法律体系，明确了普遍服务的具体内容，并成为政府监管的一个重要内容。随着社会的发展，普遍服务的概念——有别于市场服务和政府公共服务，被逐步推广应用到产业和人文相关领域。

而会形成普遍服务问题。

普遍服务问题可以由政府通过加强监管，要求企业在追求经济效益最大化的同时，必须履行其社会责任。

三、监管的主要模式

从监管的途径上来讲，分三种类型：一是直接干预市场配置机制，如政府直接制定或调整电价；二是通过影响消费者决策而影响市场均衡，如节能电器推广应用政策；三是通过干预企业决策从而影响市场均衡的管制，如光伏发电投资的价格补贴政策。

从监管的形式上来看，可以采取以下几种：

限价。限价是监管最重要的一种形式。通过限价制约市场价格的自然浮动，进而调整市场的需求配置、改变市场主体的交易行为。

费率制定。费率制定是价格监管的另一种形式。通过设定一定的费率，引起消费者和企业之间、消费者和消费者之间的收入转移，也会改变市场的均衡价格和交易数量。

进入限制。对进入市场设置一定的条件和门槛，影响市场竞争的条件，制约买卖双方的订约机会。

产品特征的限制。通过对产品特征设定一定的限制，影响生产企业的生产成本或生产范围，缩小消费者和企业之间的契约范围。

企业投入或技术的监管。通过对企业生产经营设定一定的投入和技术限制，改变商品的成本结构，进而影响市场的交易范围。

作业场所健康和安全的监管。通过对企业生产经营场所从健康和安全角度设定一定的限制，影响企业的生产成本和产品价格。

环境监管。通过对企业生产经营对环境影响的限制，影响企业的生产成本和制定合约的机会。

合同条款规则。通过降低形成合约的成本和提供违约补救等办法，可以增加交易订约的机会。

从监管的手段来看，监管可以分为以下几种方式：

法规。法规是监管机构实施、解释或废除法律或政策，或者描述机构的组织、程序或实际要求的一种表述。法规是最强硬的监管手段。

许可证。许可证是监管机构颁发的许可状、批准令、登记、特许状、会员资格、法律豁免书或其他形式的一种证书，它是监管机构用于控制市场准入的有效手段之一。

命令。命令是监管机构针对某特殊案例，以政策声明或强制令为形式的一种决定。

处罚。处罚是监管机构实施制裁的主要措施，包括：禁止令、申请限制或其他能影响个人自由的条件；救济的拒绝；罚款；财产的销毁、没收、封存或扣留；许可的要求、取消或终止；采取其他强制性或限制性行动。

援助。援助包括：货币、资助、许可、管辖权、取消令、例外、特权或救济的授予；对申诉、权利、豁免、取消义务或例外的认可；对个人的申请或请求及使个人受益所采取的其他行动。

四、监管的分析方法

政府监管的科学性直接关系政府信誉和行业发展，因此必须要对政府监管的科学性进行分析评估。评价政府监管通常可分为三种分析模式。

（一）布雷耶尔模式

布雷耶尔模式对于政府监管按照以下逻辑进行分析：首先，政府干预市场是否正当。这需要在对市场运营进行有效性分析的基础上，判断政府监管市场的正当性。其次，采取何种监管手段。在研究分析监管手段与市场适应性的基础上，选择最为有效的监管工具或工具组合。再次，监管方法是否有效。对政府选择监管的实际成效进行评估，并提出改进的监管措施。

（二）史普博模式

史普博模式对于政府监管按照以下程序进行分析：首先，选择能够达到监管目标的监管措施。对于不同的市场，政府具有不同的监管目标，而不同的监管手段会导致不同的监管效果，因此需要根据想要达到的监管目标来确定具体的监管措施。其次，将监管措施设计为促进提高市场配置效率的一般规则。具体而言，将监管措施解释为普通法律法规的必要补充，使监管措施容易成为市场行为规范。再次，划定监管措施适用的市场范围。市场失灵是政府监管的必要条件而非充分条件，要明确政府监管不宜介入的领域。

（三）施蒂格勒模式

施蒂格勒模式采取的是实证分析的方法。首先，在对监管前后价格水平进行分析的基础上，评价政府监管的有效性。其次，分析监管有效性的具体原因。这要求从政府监管能力、监管理由、监管手段等方面进行实证分析，最后得出政府监管必要性的结论。

第二节 监管理念的发展和演化

监管理念经过了从监管（Regulation）到放松监管（De-regulation），再到再监管（Re-regulation）的历史演变。本节将以美国为例来进行具体说明。

一、监管阶段

美国的监管历史可以分为三个阶段：第一阶段，从 19 世纪 80 年代到 20 世纪初，对具有自然垄断性质的铁路、电力、煤气、电话等产业实施监管。各州纷纷成立了铁路、电力、煤气、供水等监管机构，联邦层面上也先后成立了联邦贸易委员会（1914 年）、联邦电力委员会（1930 年）等专业性监管机构。第二阶段，从 20 世纪 30 年代到 40 年代，以大萧条为背景，对银行、证券等结构性产业实施监管。先后成立了联邦房屋信贷银行局（1932 年）、联邦存款保险公司（1933 年）、证券交易委员会（1934 年）、联邦通信委员会（1936 年）、食品与药品管理局（1938 年）、社会保障管理局（1935 年）等专业性监管机构。第三阶段，20 世纪 50 年代以后，重点针对石油、天然气等能源领域实施社会性监管。先后成立了环保署（1970 年）、职业安全和卫生管理署（1973 年）等。

总体而言，这段时期的监管方式往往是分散的、迟缓的和非透明的。因此，随着监管的深入，其弊端也不断暴露出来，主要表现在以下方面：第一，监管成本不断增加。监管成本包括监管机构的设立、监管人员的经费和监管制度的制定与执行需要的"直接成本"；监管造成的收入再分配、时间损失等"间接成本"。随着监管的深入，这些监管成本也会随之增加。第二，监管机构和监管对象之间也存在信息不对称问题。尽管监管的目的之一是为了解决信息不对称问题，但监管机构在面对规模较大的监管对象时往往也无法有效地解决信息不对称问题，最终导致监管的有效性降低。第三，监管人员容易被监管对象"俘虏"（俘虏理论），导致监管失效。实施有效监管的前提之一是监管者是以社会福利最大化为目标的、是无私的，但在实际监管过程中这一前提可能会缺失，监管者的利益最大化往往和社会福利最大化不完全一致，影响监管的公正性。第四，随着技术的进步，自然垄断的边界发生了变化，出现了产业间的替代竞争，使得一些原先有效的监管手段失去了必要性。

二、放松监管阶段

20 世纪 70 年代，美国发起了一场放松监管运动，主要内容是引入竞争机制，对市场机制可以发挥作用的行业或环节完全或部分取消价格和市场准入的限制。主要做法包括：第一，在自然垄断环节尽可能引入竞争机制；第二，放松对定价权的监管，放宽或取消最低限价和最高限价，重新定义倾销价格，允许企业制定季节性差价等；第三，逐步减少价格监管的范围；第四，放宽或取消市场准入监管。如在证券领域，1975 年取消了证券市场的股票委托手续费；在航空领域，1978 年取消了航线认可和认可运费；在银行领域，20 世纪 80 年代取消了存款利率的限制；在电力领域和电信领域，20 世纪 80 年代通过垂直一体化的分解和竞争结构的形成，使原本具有垄断性的领域变为竞争性领域。

这场放松监管的改革运动总体上取得了很好的成果，降低了价格水平，促使了服务多样化，提高了企业的效率，增进了企业的活力，从而整体上提高了经济效率。据估计，1990 年美国通过取消市场准入和退出的限制以及实行定价自由化，一年社会总福利增加了 350 亿至 460 亿美元。

但随之而来暴露出的一些问题也引起了各方对放松监管的警惕和监管制度设计的反思。2000 年美国加州发生了严重的电力危机，该危机发生的根本原因在于：加州在对电力行业引入市场竞争机制和放松监管过程中过分强调了市场机制的作用，监管设计忽视了对电力投资建设的激励效应，导致市场过度竞争并引发电力建设投资不足，造成了电力供应不足问题，即供给义务履行严重不到位的问题。

三、再监管阶段

实践表明，放松监管并不意味着取消监管，而是要实施再监管。自20世纪80年代起，美国对电力、电信等领域开始实施再监管。再监管是指在总体放松监管的前提下，局部强化监管，包括三个方面：

1. 在放松经济性监管的同时，加强对自然垄断行业的社会性监管。主要是对环境保护、消费者利益保护、产品质量、安全生产、劳动保护等方面实施监管，以减少外部性问题。

2. 在对自然垄断领域引入竞争因素的同时，以激励性监管方式对传统的监管方法进行改良。所谓激励性监管是指给予企业提高内部效率的诱导和刺激的方法，包括特许投标制度、区域间竞争制度、社会契约制度、价格上限制度。这些监管方式往往是集中的、有限的和透明的。

3. 加强对监管行为的管理，以降低监管成本、提高监管效

知识链接：

再监管阶段的典型案例

自1980年起，英国电信产业实施了邮政、电信分离，开放了市场准入，实行了私有化，成立了独立的监管机构，放松了市场监管。但同时，英国对电信行业实施了一系列监管措施，实行再监管：一是通过运营执照的颁发和修订约束运营商。按照执照规定，所有运营商必须满足普遍服务相关要求，必须开放网络连接，遵守公平交易义务，必须对接入、设备供给等业务进行独立会计核算。二是对仍居主导地位的运营商——英国电信公司（BT）实施价格上限监管。价格控制按照由英国零售价格指数（RPI）和效率因子（X）构成的算式来进行，年度加权平均价格增幅不能超过RPI减去X后的差。英国电信行业的再监管有效促进了英国电信产业向竞争性结构的转化。

率。美国20世纪80年代颁布的12291号行政令，加强了总统对监管的管理，要求对政府行政行为进行成本效益分析，重点对所有的监管规则实施监管影响分析（Regulation Impact Analysis，RIA）。所有监管机构都要将监管影响分析和下一年的监管行动计划报告总统办公室，并将监管行动计划公之于众，有利于总统控制监管成本。

因此，实施再监管的过程不是简单地全面恢复监管，而是一个监管制度不断优化、不断完善的螺旋式上升过程。

第三节　能源监管

能源行业是基础产业，能源商品有其不同于一般商品的特点，这也决定了能源监管具有一般性和特殊性。建立能源监管体系，包括对自然垄断领域的激励性监管，对部分垄断领域的"不对称"监管，对充分竞争领域的反垄断监管以及社会性监管。

一、能源监管的一般性和特殊性

（一）能源商品的特殊性

能源商品除了具有一般商品的特点外，还具有较强的特殊性，这表现在以下五个方面：

1.能源商品具有较强的社会属性。能源是人类活动必不可少的物质基础，随着社会的进步，人类对能源的依赖程度越来越高。能源商品一方面为人们生活所不可或缺的东西，另一方面可以为其他行业创造很高的经济效益。因此，能源商品的价值不能简单反映为能源产品价格，其产生的社会效益往往远其价格和企业自身的经济利益。能源商品的社会属性决定了能源行业的特殊性，造就了能源行业是国民经济的基础性、公用性行业的地位。

2. 能源商品具有局部的天然垄断性。电力、石油、天然气都必须通过唯一的电网、油气管网进行输送，不可能在同一地区重复建设两个以上的电网或两个以上的油气管网。煤炭也会因开采和运输问题造成局部垄断。能源商品的天然垄断性决定了政府对能源行业管理的特殊性。

3. 能源商品容易形成外部性问题。随着人们生活质量的不断提高和环境约束的不断增强，能源生产过程中的环保问题和安全生产问题越来越凸显。人民对能源的环保和安全等外部性问题的重视程度越来越高、容忍度越来越低。此外，能源商品还有具有社会普遍服务和供给义务等外部性问题。

4. 能源商品具有超前发展的特点。能源供需平衡对社会的影响越来越大，但是能源项目的投资建设往往需要一定的周期，所以能源行业必须超前发展，以满足国民经济和社会发展的需要。

5. 能源商品具有较强的市场准入门槛。能源项目的投资建设一般都需要较高的专业技术和较大的资金投入，能源的生产运行也具有较高的专业技术含量。因此，需要政府对能源行业的市场准入门槛设置一定的标准，以保证能源市场的规范有序。

（二）能源监管的一般性

能源监管的一般性体现为以下三个方面：

1. 能源的信息不对称监管。和其他普通商品一样，能源商品的生产者和消费者之间也存在一定的信息不对称性，可能导致能源价格的偏离，需要政府对能源企业的信息不对称性实施监管。

2. 能源的市场力监管。由于能源商品具有局部的垄断性，需要对其中具有天然垄断特性的环节，如电网、油气管网，实施成本和公平开放监管；对具有寡头垄断特性的环节，如发电、售电，实施市场力监管，以确保市场作用的有效发挥。

3. 能源的外部性监管。由于能源商品的生产容易形成环境保护和安全生产等外部性问题，需要对能源企业实施外部性监管，降低能源生产对社会经济发展和人民生活的影响。

（三）能源监管的特殊性

能源监管的特殊性是相对而言的（见表1-1）。相对于其他商品而言，能源监管在以下三个方面的特殊性比较突出：

1. 能源的供给义务监管。由于能源商品具有超前发展的特点，并具有较高的市场进入门槛，为保障能源供应的正常秩序、保障人民对能源的需求，需要对能源企业的供给义务实施监管。

2. 能源的普遍服务监管。由于能源商品具有较强的社会属性，需要对能源企业实施普遍服务监管，保障每个能源用户能够使用到价格、质量无歧视的能源供应。

3. 能源的市场准入监管。为保障能源市场的规范有效、保障能源供应的质量，需要对能源市场准入门槛设定一定的标准，限制低技术、低投入的企业进入市场而扰乱市场秩序。

表1-1　能源商品及其监管的特性比较

商品特性			监管特性		
	一般商品	能源商品		一般商品	能源商品
社会属性	无	强	普遍服务监管	无	有
垄断性	无或弱	较强或强	信息不对称监管	有	有
			市场力监管	有	有
外部性	无或弱	强	外部性监管	有	有
超前发展性	无或弱	强	供给义务监管	无	有
市场准入门槛	低	高	市场准入监管	无	有

二、能源监管的一般做法

一般来讲，能源监管制度建设包括以下两个方面：一是能源监管机构本身的建设，如能源监管机构的设置、能源监管能力的培养、能源监管经费的保障等。二是能源监管内容体系的建设。能源监管内容体系建设又包括四个方面：其一是对能源行业具有自然垄断特性的领域实施激励性监管；其二是对能源行业具有部分垄断特性的领域或处于从自然垄断向充分竞争过渡过程中的领域实现以保护有效竞争为目的的"不对称"监管；其三是对能源行业充分竞争的市场实施反垄断监管；其四是在实施上述经济性监管的同时，开展能源行业的社会性监管。

（一）对能源行业具有自然垄断特性的领域实施激励性监管

在能源行业具有自然垄断性的领域和环节，为了实现配置效率和生产效率的统一，需对能源企业的进入、能源价格以及能源服务质量等方面的活动进行干预。同时，为尽可能地避免监管失效的出现，应引入能源激励性监管。

能源激励性监管有两类：一类是给予能源企业竞争刺激，促使能源企业提高经济效率，如特许招标制度和区域间竞争制度；另一类给予能源企业一定的报酬去激励能源企业提高经济效率，如社会契约制度和设置价格上限制度。

1. 特许招标制度

所谓特许招标制，就是将政府给予能源企业垄断性的特许经营权的方式，通过设定一定的特许时期并引入竞争机制来确定。在一定的特许时期内，政府认定一个特定的能源企业提供某种能源公共事业服务，给予能源企业垄断经营的权利。但一定时期后，由政府通过招标方式，将特许经营权授予价格更低、服务更优的能源企业。特许招标制度的意义在于在提高能源行业垄断性市场可竞争性的同时，也为能源监管机构提供了进行价格

中国能源行业特许招标的典型案例

为推动中国风力发电行业的快速发展，2003年起，中国在大型风力发电开发上建立了特许招标制度，赋予了中标人在项目投资建设、运营管理上的特殊权利。政府承诺项目投运后对固定电量执行固定电价，由此造成的上网电价对销售电价的影响由政府在电价政策中统一考虑。中标人与所在地方政府签订特许协议，与当地电网公司签订购售电合同。该制度先后实行了5期，确定了15个风电场特许招标项目，共计发电装机容量3400万千瓦，有效促进了风电行业的快速发展。在该制度实施过程中，虽然出现了中标价格过低等问题，但不失为一次在能源领域实施特许招标的积极探索和尝试。①

监管所需要的成本信息。

2. 区域间竞争制度，也称标尺竞争制度

这是一种将全面垄断的能源企业分割为几个区域性能源企业，使特定地区的能源企业在其他地区能源企业的刺激下提高内部效率的一种方式。2002年，中国将原国家电力公司拥有的电网资产分拆为国家电网公司和南方电网公司，采取的就是区域间竞争制度的做法。区域间竞争制度的意义在于为能源监管机构提供了被监管者的真实成本参考信息。

3. 社会契约制度

社会契约制度又称成本调整契约。政府与被监管者之间在修订能源产品价格时，就能源生产经营的相关费用，如能源项目建设费、能源设备利用效率、能源生产原材料费等，分别签订合同。如果实际执行比合同好就给予能源企业一定的报酬，否则给予相应的处罚。社会契约制度，因在美国对电力事业部门的监管中得到成功应用而闻名。

4. 设置价格上限制度

所谓设置价格上限制度，是指在政府与被监管者之间签订能源产品价格改动合同时，规定了能源产品价格的自由变动上限，能源产品价格原则上只

---

① 资料来源：根据人民网相关内容整理。

能在价格上限之下变动。设置能源产品价格上限制度在英国政府对电话通信事业实行民营化过程中得到成功应用，也被应用于很多国家的能源市场。

事实上，无论是哪种能源激励性监管制度，都是试图通过制度解决政府和被监管者之间的信息不对称问题，在市场效率和信息垄断之间求得一定的平衡。而且，任何一种制度都需要有政府相应的配套措施和能源监管机构的日常监管跟

> **知识链接：**
>
> **区域间竞争制度在配电系统管理中应用的典型案例**
>
> 智利以模型公司为标尺建立了配电公司区域间竞争制度。配电模型公司的建立分为四步：第一步是收集和核对公司的实际信息；第二步是定义标尺公司及其组织机构；第三步是确定成本及其在高压、低压和用户之间的分配；第四步是确定配电服务的增加价值及其在未来几年内的调节指数。智利的区域间竞争制度对促进配电工业的健康发展起到了良好作用。①

进，以保障制度的有效实施。特许招标制度需要政府建立科学的能源企业经营效率评价制度和完备的特许权招标制度；区域间竞争制度需要政府准确掌握能源企业经营效率并在能源企业间建立激励机制，而不是简单的能源企业拆分；社会契约制度和设置价格上限制度都需要建立能源产品价格的变动机制，能源监管机构需要及时根据合同执行情况进行能源产品的价格调整和合同调整。

西方国家以往的监管实践表明，不同的激励性制度使能源企业受到利润刺激或竞争性刺激后，对促进能源企业削减成本、提高能源生产效率以及优化能源资源配置具有积极意义。当然，任何一种激励性监管制度都有其局限性和适用范围，没有绝对完美和完全通用的制度。因此，与引入完全市场竞争的终极目标相比，能源行业的激励性监管只能作为在能源自然垄断情况下的一种次优选择。

---

① 资料来源：根据商务部网站关于智利能源状况及发展战略的相关内容整理。

（二）对能源行业具有部分垄断特性的领域或处于市场化过渡时期的领域实施"不对称"监管

对于能源领域具有部分垄断特性和处于由垄断向充分竞争过渡时期的市场而言，存在一些共同的特点：市场中往往存在"支配性主导企业"和"竞争性周边企业"。相对于"竞争性周边企业"而言，"支配性主导企业"在能源产品的差异性、能源产品的价格成本、能源企业的经营信息和经营策略等方面具有压倒性的先动优势。而且，"支配性主导企业"可以凭借这些优势，采用价格手段或非价格手段排挤"竞争性周边企业"，使得有效竞争无法实现。

对于这样的能源市场，单纯从反垄断管制的角度对"支配性主导企业"进行监督和限制是不够的，还需要对"支配性主导企业"和"竞争性周边企业"采取差异化监管，亦即"不对称"监管。

"不对称"监管的实质是：为了尽快改变不对等竞争的局面，政府在特殊时期对"支配性主导企业"和"竞争性周边

> **知识链接：**
>
> **能源行业社会契约制度的典型案例**
>
> 为提高设备利用效率，1984年，美国亚利桑那州与该州公共服务公司就设备运转率建立了契约制度。该制度以设备运转率60%—70%为基准。如果设备运转率在这个基准内，不给特殊报酬；如果设备运转率达到75%—85%，则将由于提高设备运转率而节约的燃料费的50%作为报酬付给该公司，其余50%返还给电力消费者；如果设备运转率超过85%以上，由此节约的全部燃料费用奖励给该公司。相反，如果设备运转率在50%—60%时，由此增加的燃料费的50%由该公司承担作为惩罚；如果设备运转率为35%—50%时，由此增加的全部燃料费由该公司承担。最后，当设备运转率未达到35%时，主管部门就要重新考虑基准数。该契约制度的建立有效促进了设备运转率的提高。[1]

---

① 资料来源：根据国家电力信息网关于美国能源行业的有关内容整理。

企业"实行差异性监管，一方面对"支配性主导企业"在其经营产品、经营成本、经营策略等方面采取更为严格的监管措施；另一方面，对"竞争性周边企业"实行更大的优惠待遇。

由于"不对称"监管实质上是一种为了最终公平而暂时采取的不公平政策，所以，"不对称"监管政策只能是过渡性政策，而不可以作为长期性政策，否则必定导致能源价格的扭曲和资源的无效配置。当市场真正形成有效竞争的局面后，政府应及时逐步取消"不对称"性监管措施，以充分发挥市场的调节功能。

（三）对能源行业充分竞争市场实施反垄断监管

能源反垄断监管是政府针对可竞争能源市场领域的垄断行为（而非垄断结构）——如能源市场的价格操纵、市场串谋、导致垄断行为的市场兼并以及掠夺性定价和搭配销售等策略性行为——而进行设计的能源监管制度。反垄断监管首先要保证能源市场的公平竞争，但不能因此将其作为对失败者的救济和对成功者惩罚的手段。

能源反垄断监管主要是针对发达国家充分竞争的能源市场而言的。对我国来讲，目前能源行业更多地体现为行政性垄断而非经济性垄断，因此能源的反垄断监管要求并不突出。但是，随着更多的能源行业逐渐引入竞争，特别是随着行政性垄断的基本消除，经济性垄断将成为阻碍公平竞争的主要因素，届时能源反垄断监管将显得越来越重要。

（四）对能源行业实施社会性监管

能源行业的社会性监管是以保障能源消费者和劳动者的安全健康、以环境保护和防止灾害为目的，通过外部效应的内部化来进行的监管制度安排。

能源行业社会性监管的主要手段有以下三种：

1.对能源企业生产、服务过程中的各种活动制订一定的限制来规范企业的行为。例如，我国能源主管部门自 2014 年底开始实施煤电机组节能升级改造计划，对煤电企业的煤耗水平进行了限制，明确提出了对燃煤发电在排放指标及其技术改进期限方面的要求，这些做法就属于社会性监管的范畴。

2. 对能源企业生产、服务过程中的各种活动产生的影响进行一定的制度安排，惩罚能源企业的外部性效应和补偿外部不经济。例如，通过对能源企业产生的污染排放征收污染费、排污费来惩罚能源企业对外部环境的影响。

3. 对能源企业生产、服务过程中产生的社会收益大于企业本身收益的情况通过一定的制度安排进行鼓励，从而使能源企业有动力去投资一些创新性生产活动，实现企业效益和社会效益的正相关性。例如，通过制定能源技术的知识产权保护制度来鼓励能源企业的技术创新。

由于不同国家、不同能源行业的能源企业生产经营环境有较大差别，所以，在实施能源社会性监管的过程中，监管的内容、方式应该灵活机动，根据实际情况适时进行调整，以保证监管的针对性和有效性。中国正处于由经济快速增长向经济结构调整的转型期，对能源社会性问题的认识还处于初级阶段，能源社会性监管的需求和空间很大，而相应的能源社会性监管还缺少必要的理论研究、系统设计和应用实践。就此而言，中国能源社会性监管还有很多工作要做。

第二章 能源监管理论的新发展

在能源市场动态变化趋势中，自然垄断产业组织理论、博弈论、规制经济学理论以及 2014 年诺贝尔经济学奖得主让·梯若尔的新规制经济学理论等都对国际能源监管领域有着重要的指导及借鉴意义。

第一节 自然垄断理论及规制

自然垄断理论的形成具有较长的历史。随着经济社会的实践进程，对自然垄断的治理大多采取私有化或放松规制方式。但从全球来看，对自然垄断的治理也缺乏一种完美模式，而更多是采取激励性规制、特许招投标、放松规制等多种组合方式来强化治理。

一、自然垄断理论的源起和发展

最早提出自然垄断概念的是古典经济学家约翰·密尔。密尔在论述地租时，提出"地租是自然垄断的结果"这一论断。

密尔还指出英国伦敦的某些公共设施不应该实行竞争性经营。诸如煤气、自来水等产业如果由一家公司垄断经营，而不是像当时那样由多家公司竞争性经营，就会取得巨大的劳动经济性。

自然垄断理论是现代产业经济学（Industrial Economics）理论中发展较为迅速的一个组成部分。自然垄断理论的发展演进导致了20世纪70年代以来西方发达国家对自然垄断产业的放松规制（De-regulation），许多过去被认为必须加以规制的产业部门都取消或放松了规制。在这一规制改革的背后，实质上隐含着自然垄断理论的革新与进步。

二、自然垄断的规制与治理

对自然垄断企业的规制，经济学理论上也通常称之为自然垄断治理，主要是采取公企业和规制两种方式。在实践中，从经济上可接受的治理自然垄断的唯一方式并不容易找到，恰恰是相当复杂的，需要探索和尝试多种方式。福斯特（Foster）认为，20世纪90年代以来，对自然垄断的治理

知识链接：
地租——自然垄断的结果

地租是垄断的结果，这是一目了然的。不过这是一种自然的垄断，它可以被人们控制，甚至可以为了社会全体而作为信托资产，但不能阻碍其存在。为什么地主对其土地可以要求地租呢？这是因为土地是许多人所喜欢的商品，而且只有从地主那里才能得到。如果一国的全部土地都属于一个人，那么，这个人就可任意确定地租。全体人民，为了获得生活必需品，必须顺从此人的意志，此人可以随其所好，规定任何条件。在那些认为土地是国家财产的东方国家里，实际情形就是如此。在那里，地租与税收相混同，专制地主可以强迫不幸的耕种者缴纳其所能缴纳的最大限度的地租。实际上，一国土地的独占者，必然成为该国的专制君主。如果土地为极少数人所占有，那么这些人可以彼此协约，实际上也确实彼此协约，规定地租，行动得像一个人那样。此时，其结果将与上面说的几乎一样。然而，这样的情况在任何地方都不曾有过。因此所能作的唯一假定就是自由竞争，假定地主的人数很多，因而无法联合。事实也正是如此。①

---

① 资料来源：约翰·斯图亚特·密尔《政治经济学原理》第十六章论地租。

方式主要是私有化和放松规制，但是，如果把它们看作是全球通用的治理自然垄断的万能灵药，结果可能往往是令人失望的。而克鲁和克林多佛尔（Crew & Kleindorfer）将自然垄断的规制与治理通过采取规制、激励性规制、公企业、特许投标、放松规制等多种方式来研究，正是基于它的复杂性作出的进一步分析。

（一）传统的规制及改进

传统的规制方式产生了许多新的问题，比如，报酬率规制所产生的"A-J"效应[①]，以至于自然垄断企业出现了过度资本化，同时，削弱了激励机制。为解决这些问题，一些经济学家尝试改进，比如，洛伯和马盖特（Loeb & Magat），福格桑和凡辛格（Vogelsang & Finsinger），克鲁、克林多佛尔和萨迪特（Crew，Kleindorfer & Sudit）等提出了激励性规制内容。当然，经过实践发现，以激励为基础的规制在传统效率标准下得分比较高，但在交易费用指标上得分却较低。

（二）公企业的解决方式

公企业的基本思想很简单，就是指拥有和管理自然垄断行业的是政府部门而不是私人企业。采取公企业的方式，理论上一般被设想为具有最大化社会福利的潜力，社会整体可能获得自然垄断所产生的成本节约，而不是由私人企业垄断者所有，但是现实并非如此。在英国，公企业是自然垄断的主要组织形式，基于它已经出现的弊端，英国早已开始探索企业"私有化"，并在私有化过程中逐步建立起新型规制体系。而在美国，规制则占支配地位，当前主要关注的是如何进一步放松规制并改善报酬率规制办法。

---

① 对企业进行管制时，允许其收益随着资本变化，结果被管制企业倾向于过度使用资本来替代劳动等其他要素的投入，导致产出是在缺乏效率的高成本下进行，这种现象称为"A-J"效应。

（三）特许投标

经济学家德姆塞茨（Demsetz，1968）最早提出特许投标方式来治理自然垄断，基本思想就是周期性的、公开拍卖自然垄断企业的特许经营权。当然，经济学家威廉姆森（Williamson，1976）也提出反对意见，他认为：特许投标权拍卖过程中，签订契约存在巨大交易费用，毕竟，让每一个潜在出价者确定现在或未来提供公共服务的价格，甚至要明确在未来形势发生变化下所需做的价格改进，这将意味着完全合同的制定、谈判及执行几乎难以实现，而签订不完全合同，又将引致机会主义行为，其实也是两难困境。

（四）放松规制

放松规制这种治理方式，从规模经济与价格规制所获得的收益相对于规制的无效率而言是很小的。经济学家波斯纳（Posner，1969）认为，公用事业部门的规制缺乏一定的逻辑与经验基础，无法支持进一步扩展和加强规制，而从长远看，随着消费者需求与技术的变化，自然垄断产业越来越少，甚至消失，因此，最终取消规制却具有比较充分的理由。当前，经济学理论模型形成了一些放松规制的方式，即：不受规制的垄断、自我规制与"伪竞争"，最主要是不受规制的垄断，可能酌情研究取消现存的价格规制措施，这在潜在垄断力不强的情况下可能是比较适合的选择。

第二节　博弈论在能源监管中的应用

博弈论又被称为对策论（Game Theory），它既是现代数学的一个新分支，也是运筹学的一个重要学科。博弈论应用于电力交易市场，对交易模式的选择具有重要意义。

一、博弈论的起源和发展

博弈论的初步形式，开始于 1944 年由冯·诺依曼和摩根斯坦恩合作的《博弈论和经济行为》一书的出版。严格地讲，博弈论并不是经济学的一个分支。它强调一种研究思维方法，应用范围不仅包括经济学，诸如政治、军事、外交、国际关系、公共选择还有犯罪学等领域，都涉及博弈论。但由于博弈论在经济学中的广泛应用，博弈论逐渐被当成是经济学的一部分。

纳什在 1950 年和 1951 年发表了两篇关于非合作博弈的重要文章，塔克于 1950 年定义了"囚徒困境"。他们两个人的著作基本上奠定了现代非合作博弈论的基石。20 世纪 60 年代以后，动态分析与不完全信息分别被泽尔腾与海萨尼引入到纳什均衡中进行研究。博弈论在经济学中的绝大多数应用模型都是在 20 世纪 70 年代中期之后发展起来的。大体上，从 20 世纪 80 年代开始，博弈论逐渐成为主流经济学的一部分，甚至可以说成为微观经济学的基础。

二、博弈论在能源领域中的应用

（一）博弈论在电力市场中的应用

电力作为一种特殊的商品，它的生产、运输、销售和消费也将逐渐走向市场化。世界范围内很多国家的电力工业在走向放松管制、引进竞争的进程中，遇到很多前所未有的新课题，运用博弈论来分析解决其中一些问题成为一个研究方向。用博弈论模拟电力市场，模拟的结果可能更加接近实际，为市场模式设计提供依据。此外，电厂或用电用户作为市场的参与者，可以用博弈论来分析市场，研究如何报价获利最大。正确运用博弈论关键要针对电力市场的特点正确选择模型和解的概念。例如：力量相当的两个区域电网之间交换功率的情形比较适合用"古诺模型"和"纳什谈判"方法；还有局中人结盟问题：如何识别合作伙伴、结盟利益如何在联盟内分配等。电力市场环境下，电网输电作为一项服务，它的网损、固定资产投资如何在网络使用者之间分担。这些分配问题有不同的概念的解：稳定集、核心、核仁、定值等，如何合理选择或创造最接近实际的解的概念也是我们将面临的一大课题。

（二）两种不同的电力交易模式

在共同知识与博弈过程当中，共同知识的想法[①] 是一种用来理解博弈的均衡如何依赖于信息结构的有用工具。博弈的结果依赖于拥有的信息，采用什么样的信息披露政策是设计电力市场模式的一个重要方面。

在电力市场中，考虑交易模式是竞价的前提条件。通常有两种类型的电力交易模式：一种是发电方直接卖电给用户，这属于双边博弈模式，中间不需要中介机构的参与。双边交易是一种完全竞争的交易模式，在市场中供求双方相互选择进行直接交易。在发电领域，发电公司直接接受用户选择，但同时也获得了选择用户的权利。发电公司可以自由进入或者退出市场。发电公司与购电公司或大用户直接签订用电合同，电网公司承担电力输送的任务，并收取一定的电网运行与管理费用，即买卖双方需支付给电网管理部门一定的过网费。计算这部分费用，应考虑系统的备用、输电约束、用于系统调频和电压控制的系统辅助装置和安全稳定运行等因素。另一种是发电公司和用户之间通过中介机构（我国目前开放发电市场情况下，这一角色通常由电力公司代理）进行电力交易。在这种交易博弈中，中介机构变成了拍卖商或者经纪人：所有发电公司向电网公司卖电，并且所有供电公司向电网公司购电。我国当前仅仅开放发电市场，中介机构即电网运营管理机构成为电网运行中枢。独立发电公司必须把所有的电卖给电网运

---

① 所谓共同知识的想法，是指：不仅是大家都知道的知识，还必须是从公开渠道（比如很受欢迎的媒体）了解到的知识，这样每个人就可以确定其他人也知道，也知道其他人知道其他人知道。

营管理机构，电网运营管理机构既要负责整个电能的买卖管理，又要负责整个电网的安全运行（见图1-1）。

图 1-1　电力交易模式

第三节　规制理论的演进及新规制经济学

在产业组织理论中，规制理论部分的运用涉及实际生活中的诸多领域。而作为新规制经济学的开拓者，让·梯若尔将信息经济学与激励理论的基本思想和方法应用于垄断行业的规制，强调解决信息不对称问题的关键是激励相容机制的设计。

一、规制理论的演进

1887年，美国国会创建了州际商业委员会，负责调研和协调国内各州间的地面运输市场，为公众提供服务，这可以说是最早的政府规制行为。以此为开端，随着各国的实践，政府规制理论得以逐步发展，在产业组织理论中占据了重要地位，并有效指导着实践进程。

一般来说，现代意义上所谓的规制行为主要是指政府部门（或规制机构）利用国家赋予的强制权力，对市场参与主体直接进行经济控制与干预，以便克服市场失灵（Market Failure）[①]下的资源低效配置，从而实现社会福利最大化。市场失灵可以说是政府规制的逻辑起点。从整个规制实践来看，

---

① 市场失灵通常是指市场自身无法有效率分配商品和劳务，从规制或监管角度来看，也通常指市场本身无法满足公共利益的状况。

世界主要市场经济国家经历了三个大的阶段：规制，放松规制，规制重建或再规制与放松规制并存等。伴随着实践进程，经济学家也在规制理论方面取得了巨大的成就。

20 世纪 90 年代以来，激励性规制理论逐步兴起，取得较快进展，使得传统规制经济学融入主流经济学中，成为当代西方经济学的一个重要分支。1993 年，拉丰和泰勒尔将激励理论、博弈论和信息经济学应用于规制理论分析。他们的基本思想是：市场上的利益集团有动力去影响政治决策的原因是政治决策将主导他们的根本利益，如果所得利益大于或等于俘获规制机构的成本，那么，影响政治决策的行为就会发生，因此，必须建立一套激励机制来提高规制机构被俘获的成本。从这种指导思想出发，委托—代理理论、博弈论与信息经济学等多种内容进入了规制理论中。

由此看来，规制理论源起市场失灵，后来产生了利益集团俘获规制机构的问题。当前，规制理论的发展有两种趋势：继续放松规制，直接引入竞争；重建规制或再规制，强化规制激励，提高政府效率，避免规制失灵。

二、让·梯若尔的新规制经济学

2014 年 10 月，法国经济学家让·梯若尔因其在"市场力量和监管分析"方面作出的巨大贡献获得了 2014 年诺贝尔经济学奖。作为新规制经济学的开拓者，让·梯若尔在众多领域都有自己独到的见解。

传统的规制方法忽略了规制中存在的信息不对称问题，因此，在规制中无法提供正当的激励，产生极大的激励扭曲。管制改革的实践，迫切需要新的产业管制理论。让·梯若尔和拉丰开始探索将信息经济学与激励理论的基本思想方法应用于垄断行业规制理论的道路。在批判传统规制理论的基础上，他们结合公共经济学与产业组织理论的基本思想，以及信息经济学与机制设计理论的基本方法，创建了一个关于激励性规制的一般性框架，成功地解决了不对称信息下的规制问题，强调规制政策必须满足激励兼容，这是新规制经济学的核心思想之一。新规制经济学认为，解决规制者面临的信息不对称问题，关键是规制政策能满足激励相容的条件①。

新规制理论关心的根本问题是：在不伤害市场的情况下对市场参与主体进行有效监管。因此，梯若尔着重强调在顶层设计中研究制度、政策和监管措施中的激励机制，重点是政企合谋、监管成本和信息不对称问题。

政企合谋是指规制机构和被规制者，基于互惠动机做出违背规制利益的策略性合作行动。新规制理论认为，阻止合谋现象，最好的方法是政府在监管中采取更为简洁高效的激励措施，达成规制目标。如促进企业声誉评价机制建设，建立信用激励机制，协助遵纪守法市场主体产生、积累信用价值，推进信用相关制度政策的落实，使其能够付出更低的代价获得更大的收益。基于此，各国在监管实践中，广泛发挥了第三方中介机构的重要作用。同时，也要采取激励规则，防止第三方中介机构与市场主体的合谋。

市场规制的复杂性、不确定性意味着政府无法在事前就获得针对所有情况的充分授权，而市场主体的权利义务也不可能被预先完全精确确定。新规制理论致力设计更加完善的激励相容机制，通过市场化的利益导向矫正资源错配，从市场主体角度的法律实施达成监管目的，使得政府和市场主体的追求目标在制度设计阶段就尽可能契合。

从信息不对称角度来看，被规制的企业拥有有关运营成本的私密信息，并总有积极性隐瞒这种信息，规制者无法掌握企业详细的技术状况、成本和经营行为等信息，甚至对相关专业行为的数据指标、规模信息都不甚了解。垄断市场主体信息不对称问题就更加严重。新规制理论认为，政府应加大市场主体伪造、不公开信息的成本，同时，将价格调控、扶持政策等措施与企业信息公开程度挂钩，利用经济利益激励企业显示自身成本、效

① 新规制经济学的另一核心思想是，强调效率和企业的信息租不可兼得。新规制经济学证明，效率和信息租之间存在权衡，如果要最大化效率，就必须让渡给企业很大的信息租；如果降低给企业的信息租，就不得不以牺牲效率为代价。

率信息。根据各类产业、行业研发成本、进入门槛、竞争模式和激励程度等特点，有针对性地设计激励机制，维护良性竞争，激发垄断企业持续创新活力（见表1-2）。

表 1-2　能源监管最新理论比较

理论	主要观点	对能源监管的意义
自然垄断理论	有些行业具有规模报酬特征； 应采取不同治理方式； 适当引入竞争	应针对不同的自然垄断状态给予或紧或松的监管
博弈论	寡头垄断市场上的企业行为主要是各企业之间的博弈行为	重视能源寡头企业的勾结行为； 设计适当的体制引导寡头企业行为结果有利于调控目标
规制理论	对企业市场行为的规制需要根据信息完美性、行业特征等条件来确定规制方式	能源市场自身能够达到均衡

第四节　能源监管理论新发展对中国能源监管的启示

基于自然垄断理论、博弈论、规制经济学理论以及由规制经济学最新演化发展的新规制经济理论的分析，对于能源监管实践具有重要指导意义。

一、强化垄断行业监管

能源行业由于其资源赋存特性，导致大多数能源及相关行业[①]属于自然垄断行业；并且一些能源行业（电网输电、石油管网运输等）通过垄断经营具有优于完全竞争模式下的天然优势。而自然垄断行业本身具有低效率、

---

① 煤炭、石油、天然气的开采，电力通过电网的运输以及石油管道运输环节等。

低产出以及高利润的特点，因此需要政府对垄断行业进行相应管制。政府应从一般社会利益着想，使这些领域中的经营活动遵守合理的规定，引导相关行业的生产决策，以使公众能享有垄断利润带来的好处。

二、强化信息不完全监管

博弈论的决策思维方法及其发展出来的信息经济学理论为能源行业监管过程处理信息不完全性提供了新的思路。博弈的结果是依赖于拥有的信息，采用什么样的信息披露政策关系到能源市场模式是否具有有效性。例如：电厂竞价上网，一个成功的报价不仅取决于自己的实力，还有赖于他人如何报价。但是各方往往不清楚互相之间成本、报价等信息，因为这些信息都是各自的商业秘密。如何处理这种信息既不完全也不完美的博弈是一个重要的课题。反过来，博弈的实验结果也为电力市场披露怎样的信息提供依据。

三、强化监管科学性

依据规制经济学中对市场力量与政府监管行为的分析，在能源监管过程中应首先注重市场自行配置资源的力量。强调能源监管过程中规制的放松与重建，能源监管并非用政府取代市场进行资源的配置。科学的能源监管模式首先是放松对可竞争领域的监管，相信市场自身的资源配置能力。例如，电力行业中发电环节采取竞价上网模式与售电环节采用多家售电公司竞争售电，而对于输电过程电网的建设由于不具有竞争优势，应当由政府进行统一管制。

第三章　国际能源监管实践及经验

不同国家，由于历史背景、政治经济、人文环境、资源条件的不同，采取的能源战略不尽相同，能源管理的模式也各不相同，开展能源监管的道路、内容、方法、效果也有很大差异，形成了与本国特点相适应的能源监管特点。

第一节　美国的能源监管

美国是能源资源消费、生产、进口大国。作为典型的私有制和市场经济国家，美国的能源企业绝大部分以私营企业为主。美国能源管理的核心目标是能源自主、能源替代、能源多元化和能源安全。

一、历史沿革

美国能源监管经过长期不断的调整和改革，逐步确立了一套现代能源监管体系。美国能源监管机构的雏形是 1920 年成立的联邦电力委员会（Federal Power Commission，FPC），主要职责是协调联邦水利开发。1935 年，联邦电力委员会被改组为一个独立的监管机构，负责监管水电和跨州的电力。1938 年通过的《天然气法案》赋予联邦电力委员会管理天然气管道和天然气批发业务的权力。1942 年，联邦电力委员会的职能又扩大到发放天然气设施建设许可证。1954 年，最高法院决定，联邦电力委员会的职能扩展到跨州贸易中的所有天然气井口销售。1977 年，众议院通过了《能源部组织结构法案》，将各类与能源有关的机构并入能源部；同时将联邦电力委员会更名为联邦能源监管委员会（Federal Energy Regulation Commission，FERC），并保留了其独立的监管地位。1978 年，联邦能源监管委员会被授权协调各州内和跨州市场的天然气井口销售，还负责加强新的热电联产项目和《1978 年公用事业监管政策法案》规定的小型发电项目。1983 年，众议院取消了对天然气井口价格的监管。《2005 年能源政策法案》授权联邦能源监管委员会对主干传输系统实施强制的可靠性标准，并对操控电力和天然气市场的实体处以罚款。

二、主要特点

美国能源管理的模式是市场、法制和监管，即以有效竞争的市场价格机制为基础优化能源资源配置，以不断完善的法制体系维护市场秩序，以严格审慎的政府监管矫正市场失灵。

（一）政监分离

美国政府设有能源主管部门和能源监管机构。美国成立能源部，负责统一制定、实施和协调国家的能源战略与政策，加强能源政策职能。联邦层面的能源管理呈现出"大部制"和"政、监、资"分享的特征。能源部主要负责宏观层面上的能源政策，而能源监管机构主要针对微观层面上的企业进行。"政监分离"模式是美国能源管理的大部制体制与其传统治理模式的一种结合方式，可以避免政策职能与监管手段的借位，在确保市场效率和促进市场竞争的前提下，避免能源政策造成市场扭曲。

能源部（DOE）是一个庞大的能源管理部门，有 1 万多名公务人员，分属 14 个职能办公室，主要负责能源发展和安全的大政方针及相关的政策研究。联邦能源监管委员会是完全独立的能源监管机构，其所有决定都是由联邦法院审议的，而不是由总统和国会审议。能源部只能像其他部门一样，依法介入联邦能源监管委员会的法律程序。

联邦能源监管委员会的主席由总统提名、国会批准，任期 5 年。委员会共 5 名委员，下设 6 个监管专业办公室，总计有各类专业人员 1500 多名，主要职责是负责依法制定联邦政府职权范围内的能源监管政策及实施监管。政监相对分离的能源管理体制能够更有效地保证政府能源政策的落实，能源监管公开、公正、透明的执法原则使其更易于接受公众的监督，从而形成了现代监管理论所倡导的政策制定与执行相分离的监管模式。

（二）实行分级监管

美国的能源监管根据不同的能源资源所有权实行联邦及省（州）分级监管，分别设有联邦能源监管委员会和州公用事业监管委员会（Public Utility Commisson，PUC，主要负责能源监管）。联邦能源监管委员会负责跨州及跨国的监管事务，各州公用事业监管委员会负责州内的监管事务。国家级和省（州）级能源监管机构之间存在分工协作的关系，以适应能源监管面临的诸多复杂局面。州政府可以在联邦法的范畴下出台自己的能源政策法律法规，但是根据宪法中的最高条款原则，在联邦与州对同一类行为的法律监管权限方面，联邦法优先于州法。

（三）坚持依法监管

美国具有完整的能源监管法律体系。联邦能源监管委员会是依法设立的独立机构，其执法的主要依据有《天然气法》《菲利普斯决议》《天然气政策法》《放松井口管制法》等。此外还有反垄断的《谢尔曼反托拉斯法》《克雷顿法》和《联邦贸易委员会法》。

三、主要监管内容和手段

联邦能源监管委员会主要拥有以下权力：市场准入审批、价格监管、受理业务申请、受理举报投诉、行使行政执法与行政处罚等。此外，联邦能源监管委员会还负责就监管事务进行听证和争议处理等。

1. 市场准入。如对石油市场的准入，监管内容包括：从业资格的认证审定；组织油气资源勘探、开发的招标和许可证发放；对矿权使用和油气资源的合理开发和利用实施监督管理；对作为矿区使用费征收依据的油气产量水平进行评估等。

2. 价格监管。主要监管管道输油公司的运营和费率、管道服务和开放；监控天然气管道输送价格，制定费率或价格公式，提出最高限制或最低限价等。

3. 受理业务申请。联邦能源监管委员会和各州公用事业监管委员会对能源市场的监管主要是通过受理业务申请和处理举报投诉这两种形式实现的。企业要办理业务许可事项，如更改电力价格、天然气价格或者服务条款，要求监管机构对纠纷进行裁决，或者消费者要求相关的公司进行赔偿等事项，都需要向监管机构提交文字申请材料。对重要公共设施和重大项目实行监管，包括审批长距离油气管道、液化天然气接收站的建设和运行，决定海上石油设施的建设与停用，监管长距离油气管道的运营等，对生产者之间、生产者与消费者之间发生的纠纷进行调解和仲裁。

4. 受理举报投诉。主要有两种方式：热线电话和书面举报投诉。对电网接入、互联纠纷、供电服务质量、电费账单等的投诉举报案件，90%以上通过非正式的程序进行解决。如果非正式协调不能解决，则进入监管机构的正式程序，通常由监管机构的行政法官进行听证和裁决，直至最终上诉到法院判决。

5. 行政执法与处罚。联邦能源监管委员会和各州公用事业监管委员会，除拥有市场准入的审批权和定价权以外，还拥有强大的执法队伍和行政处罚权力。根据 2005 年新颁布的《能源政策法》，联邦能源监管委员会可以对每件市场违规案件处以每天 100 万美元的罚款，对恶意操纵市场的企业负责人给予处罚。

第二节　加拿大的能源监管

加拿大是石油、天然气生产大国，其能源监管体制与美国的能源监管体制共同形成了"北美能源监管模式"。1959 年，加拿大根据《国家能源委员会法》设立国家能源委员会，对加拿大境内的石油、天然气和电力等能源的开发、运输和能源效率加强监管。此后，经过不断的调整和改革，加拿大基本形成了较为完善的能源监管体制。

一、加拿大的能源管理机构

在加拿大，代表加拿大政府管理能源的主管部门是自然资源部。加拿大自然资源部于 1993 年 6 月 25 日由原矿产资源能源部与森林部合并组成。该部 2004 年初对机构进行了新的调整，下设地球科学局、矿产与金属局、森林服务局、能源政策局和能源技术与计划局。加拿大能源政策局和能源技术与计划局是管理加拿大能源工业的独立联邦管理机构，直属于加拿大自然资源部。能源政策局和能源技术与计划局创建于 2004 年初，通过自然资源部部长向加拿大国会报告工作。能源政策局有三个部门，即电力资源处、能源研究与开发办公室、石化资源处。能源技术与计划局有两个部门，即能源技术中心和能源效率办公室，其主要任务是：第一，负责能源效率、可再生能源、能源替代、碳氢化合物和核能领域的研究与开发、政策建议和计划；第二，核能中的经济和政策分析、技术革新、政策发展和规划。其具体职责是：承担和支持能源的研究与开发，开发和提高能源技术；帮助将适用的科学技术引入政策、计划和法规中；向自然资源部部长提出政策建议；提高能源效率，开发替代能源；分析能源资源的使用、市场、产品和供应；与省政府及矿业公司谈判协议；在国际上代表加拿大能源方面的利益。此外，自然资源部所属的地球科学局为加拿大的油气勘探与开发提供地质信息和咨询服务（见图1-2）。

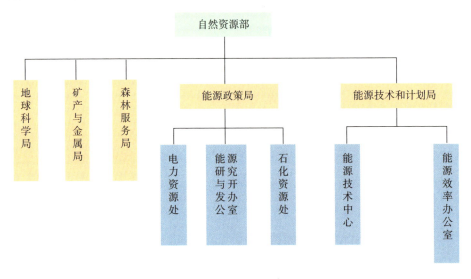

图1-2　加拿大自然资源部组织结构

加拿大是英联邦中一个拥有10个省和3个地区的自治联邦国家，各省都相对独立于联邦政府，除历史上有关法令和条约规定的土地外，各省政府拥有其石油和矿产主权。各省都设有管理能源的主管部门，但名称有别。有的省是有专门的能源部，如艾伯塔省和安大略省；有的省是矿产资源部，如不列颠哥伦比亚省、纽芬兰省、马尼托巴省和萨斯喀彻温省等；有的省是在自然资源部下设能源局，负责该省的能源管理工作。

二、加拿大的能源监管机构

在加拿大，能源监管机构有联邦国家能源委员会和省级监管机构。加拿大能源监管的主要目的是避免垄断对同业企业的伤害，造成资源浪费。

监管的原则是依法监管、独立监管、程序化监管、透明监管。被监管对象清楚地了解监管的要求与程序，以及违反规定的结果。

（一）国家能源委员会

在加拿大，具体的能源监管工作由自然能源部代管的国家能源委员会负责。国家能源委员会通过自然资源部部长向议会报告工作，但国家能源委员会独立行使能源监管职能。国家能源委员会主席向自然资源部部长报告工作，但不受自然资源部的行政领导，自然资源部的能源相关司局不能干预能源委员会的工作。这种监管机构的设立使得能源决策职能与执行职能分离，以实现高效率的能源监管和能源的安全有效运行。

（二）省级监管机构

在加拿大，除了国家能源委员会以外，在省级也有不同于能源主管部门的独立的能源监管部门。而且，省级的能源监管部门与国家能源委员会之间不具有上下级领导关系。国家能源委员会与省级的能源监管机构各自根据法律授予它们的权力行使各自的职能，各自的权力大小、范围由法律明文予以规定。但是联邦政府与省级政府之间不发生任何联系。为了更好地行使各自的监管职能，提高监管效率，联邦与省之间也建立协作关系。省政府的相关部门经常参与联邦政府的相关监管法律法规的制定，就相关问题达成合作协议。

第三节　英国、法国和德国的能源监管

从发展趋势来看，欧盟国家由于天然气资源匮乏、人口密度大，部分国家去核化呼声高，化石能源和核电利用规模在不断降低，新能源和可再生能源发展迅速。同时，不同的国家又因为自身特色，在能源管理和监管模式上有所侧重。

一、英国

英国虽然拥有北海油田这样的大型油气资源，但总体来讲能源资源比较贫乏。其能源工业经历了 20 世纪 70 年代以来的市场化改革，私有化、市场化程度较高，但能源市场的集中度也较高。英国能源有两大战略：一是倡导低碳经济，以规避全球竞争中的资源匮乏劣势；二是倡导市场经济，以通过市场竞争获得可靠的能源供应。

英国能源管理部门几经调整。1942 年成立燃料动力部；1974 年成立能源部，负责统筹能源政策并干预市场；1986 年成立燃气供应办公室，负责天然气市场监管；1989 年成立电力监管办公室，负责电力市场监管；1992 年能源部撤销，有关能源政策和监管被分解到多个部门；2000 年组建燃气与电力市场委员会（Gas and Electricity Markets Authority，GEMA），负责制定监管的战略、政策，下设燃气与电力市场办公室（Office of Gas and Electricity Markets，OFGEM），负责具体监管工作；2008 年成立了能源与气候变化部（Department of Energy and Climate Change，DECC），统筹能源与气候变化政策。

燃气与电力市场办公室（OFGEM），属于独立于行政序列的非内阁政府部门，对立法机关负责，主要职责是通过发展并监督燃气与电力市场、制定规章制度等方式保护消费者利益，由公共事业部（Corporate Affairs）、综合职能部（Corporate Functions）、输电监管部（Smarter Grids and Governance：Transmission）、配送监管部（Smarter Grids and Governance：Distribution）、市场监管部（Markets）、可持续发展部（Sustainable Development）、E- 服务部（OFGEM E-Serve）等部门组成，目前共有雇员 360 名。

英国的能源监管有两个特点：一是采取"政资合一、监管独立"的能源管理体制。燃气与电力市场办公室的经费来源于被监管企业的许可证年费，监管业务只对议会负责，不受能源与气候变化部的约束。但相较于美国而言，英国能源监管机构和能源与气候变化部的关系更为密切，其主席由能源与气候变化部部长任命，能源市场机构设计也是由能源与气候变化部负责，而不是如美国那样由能源监管机构负责。二是高度的市场化为监管作用的发挥创造了条件。通过私有化和市场化改革，市场机制已经成为英国能源发展运营的基石，天然气和电力等领域的市场化改革走在了世界前列。能源监管机构围绕市场开展监管，监管的目标、依据、职责和任务都十分明确，监管的作用也容易发挥。

二、法国

法国能源资源匮乏，基本依赖进口，主要依靠核电。虽然经过了市场化改革，但改革不够彻底，政府保持着较强的控制力。法国能源战略是通过低碳发展规避资源劣势，鼓励市场竞争以获取资源、保障能源供应安全。

2000 年法国成立了电力监管委员会，并于 2003 年更名为法国能源监管委员会（The French Energy Regulation Commission，CRE），负责电力市场监管和天然气市场监管；法国能源监管委员会是独立的行政权力机构，其委员不得同时从事其他职业或参加竞选，并可拒绝接受来自政府或其他地方的任何指令。

法国能源监管委员会（CRE）的目标是保护消费者的权益，保障电力和天然气市场的有效运作，主要职责包括：一是确保所有合格的供应商都可以平等地使用所有的电力和天然气输配网络；二是负责向政府提出电力和天然气输配税率，但政府保留采纳和拒绝的权力。法国能源监管委员会是一个独立的行政机关，有 9 个委员，其中两个主要委员（包括主席）由政府任命，两个委员由国民议会主席任命，两个委员由参议院主席任命。

法国能源监管有两个的特点：一是监管的是市场集中度较高、竞争不充分的市场。由于法国市场化改革起步较晚，虽然采取了私有化和拆分的改革，但不够彻底，能源产业结构基本上属于寡头垄断市场，增加了监管的难度；二是法国能源监管委员会是作为独立的监管机构行使市场监管的职责，负责向政府提出建议，但不同于美国和英国，它不是最终的决策者，政府是最终决策者，可以接受或拒绝监管机构的建议，从而影响监管的权威性。

三、德国

德国能源资源缺乏，大量依赖进口。能源企业总体上呈上游高度集中、下游相对分散的格局。德国能源基本战略是倡导清洁能源和低碳经济。

德国能源管理机构比较分散。德国联邦经济与技术部（Federal Ministry for Economic Affairs and Energy，BMWi）负责制定能源发展相关政策；德国能源署（Germany Energy Agency，DENA）负责能源效率与可再生能源事务；2005 年依据《能源产业法案》成立的联邦网络传输监管局（BNetzA）负责监管电力、天然气网络的价格和公平开放；联邦卡特尔办公室（Federal Cartel Office）负责监管能源行业的并购，监督反竞争的市场行为；国家竞争局（National Competition Authority）与联邦卡特尔办公室和各州的竞争局负责监管能源行业的市场势力；垄断委员会（Monopolies Commission）负责评价能源行业的市场竞争。

德国能源监管机构有三个特点：一是能源监管机构在能源管理体制中扮演着重要角色。由于德国能源行业存在上游生产环节相对集中、下游配售环节相对分散的特点，使得监管机构在上游的市场力监管和下游的市场公平开放监管中发挥着重要作用。二是具有独立的能源监管机构。德国的联邦网络传输监管局决策机构的成员不由政府任免，所作出的决策政府必须遵守，确保了监管机构的权威性。三是监管职能比较分散。依据 2005 年通过的《能源产业法案》，联邦网络传输监管局、卡特尔办公室、垄断委员会、国家及各州的竞争局等多个部门从不同的角度开展市场监管。

第四节　新兴市场国家的能源监管

新兴市场国家多数源于历史发展进程和转型现实要求，其能源行业一方面总体呈现国家垄断和国有化特征，另一方面在能源监管的体制机制方面也是千差万别，属于能源监管探索和实践的后起之秀。

一、俄罗斯

俄罗斯是能源资源的生产和出口大国，对能源管理高度重视，通过强化对能源的控制谋求最大的政治经济利益。俄罗斯虽然经历了私有化改革，但总体保留了垄断和国有化的特征，政府在能源产业中起主导作用。

俄罗斯的能源管理机构包括能源部（Ministry of Energy）、自然资源和环境部（The Ministry of Natural Resources and the Environment）、联邦能源委员会（Federal Energy Commission）、反垄断部（Anti-Monopoly Ministry）和油气管道委员会（Commission on Oil and Gas Pipeline Use）。其中，能源部负责统一制定和实施能源政策；自然资源和环境部负责制定和实施涉及环境的政策和监管、开发管理国家自然资源；联邦能源委员会负责监管天然气的生产、输送、存储、配送和销售，并制定天然气的定价标准；反垄断部负责制定和实施反托拉斯政策和市场垄断监管；油气管道委员会负责油气管道监管，特别是油气资源的出口。

俄罗斯能源监管的特点是采取"政监分离"的管理体制，但是，由于监管机构的独立性不够，相关的法律法规尚不健全，因此，能源监管机构的作用尚未能有效发挥。

二、印度

印度能源资源呈多煤、少油气的特点，能源消费增长较快，国有企业处主导地位并具有较强的垄断性。为提高能源领域的效率，印度已经开始推进能源领域的市场化改革。

印度的能源管理采取分散管理模式，分为能源管理部门和能源监管机构。

能源管理部门主要有煤炭部、石油与天然气部、新能源与可再生能源部、核能部、电力部。其中，煤炭部主要负责制定煤炭勘探与开采的相关政策、核定有关煤炭的重要项目；石油与天然气部主要负责石油与天然气的勘探、开采、分配、供给、交易等相关事务；新能源与可再生能源部主要负责所有与新能源和可再生能源发展和应用有关的事务；核能部主要负责核能技术的发展和研究；电力部主要负责电力规划投资、政策制定、电力项目实施监管、电力生产以及与之相关的基础设施建设监管。

监管机构主要有中央电力监管委员会、邦电力监管委员会、油气监管委员会。其中，中央电力监管委员会是一个半立法性质的机构，主要负责电力部门的税收和成本监管、发电和跨邦电力交易监管、输电监管、电力服务标准。其决策机构的成员是独立任命的，但监管业务受到政府政策方面的制约。邦电力监管委员会是地方政府的监管机构，主要负责邦内的电力价格、输电监管、供电服务监管。其不受中央电力监管委员会的领导，中央电力监管委员会的监管法案仅作为邦电力监管委员会的指导和参考。油气监管委员会是独立于政府的监管机构，负责石油和天然气市场的监管。

印度能源监管有三个特点：一是采取分散监管体系。既有与印度能源工业体系相对应的行业监管，又有与行政分层管理体制相适应的中央、邦两级监管；二是监管机构具有相对独立性，没有完全实现"政监分离"，受到政府管理部门的制约较大，因此难以适应现代能源发展的需要；三是能源监管对象国有化程度高，具有寡头垄断的特点，能源监管的作用难以得到充分发挥。

三、巴西

巴西是拉丁美洲最大的能源消费国，拥有丰富的石油和可再生能源资源。国有企业占能源行业的主导地位并具有垄断性。控制石油消费、发展可再生能源是巴西的能源战略。

1960 年成立的矿产能源部是巴西的能源领域管理部门，下设国家能源政策委员会（CNPE）、国家油气与生物能管理局（ANP）、国家电力管理局（ANEEL）。国家能源政策委员（CNPE）负责向总统提供能源咨询和制定能源政策；国家油气与生物能管理局（ANP）负责油气资源的勘探开发利用管理；国家电力管理局（ANEEL）负责电力市场秩序维护、平衡用电分配、协调电力企业与消费者之间的冲突、颁发电力行政许可。

巴西能源监管的特点是采取"政监合一"的能源管理模式，没有独立的监管机构，二级局既行使行政职能又行使监管职能。

巴西能源管理体制的主体特征是：高度重视能源的统一管理，矿产能源部自 1960 年成立以来始终是巴西能源领域的统一管理部门，即使在能源领域实行了市场化改革后，也没有变更能源主管部门；作为一个资源丰富的发展中国家，民族主义和保护主义对其能源体制和能源政策走向具有重要影响；在改革过程中，巴西引入市场化机制提高效率的同时，在矿业、资源等领域坚持国有主导地位，加强对资源的控制，石油产业对外国投资者开放相对有限，电力市场交易采用单一买家的电力库形式，整个能源市场改革尚在探索中，没有成立独立能源监管机构的市场环境和需求动力。

第五节　国外能源监管对中国的启示

自改革开放以来，中国市场经济快速发展，市场主体独立地位不断提高，市场主体的行为也日趋复杂。借鉴国外的有益经验，中国先后在证券、保险、银行、能源、药品、安全生产、质量监督等领域成立了监管机构，以加强市场经济下的政府监管，但是，如何更好地确定监管机构的定位、发挥监管机构的成效是摆在当前中国政府面前的一个重大课题，特别是在简政放权背景下，如何加强监管需要进行科学、系统的设计和改革。

能源领域也是如此。当前，中国正在加快推进能源领域的市场化改革进程。在此过程中，成熟的市场经济国家因其发展现代能源较早，现代化能源监管体制相对完善，美国、欧盟以及加拿大与我国国土面积相近，人口规模也较大，能源发展与能源监管模式对我国具有较强的借鉴意义。

虽然，由于历史背景、政治体制、行政文化等方面的差异，不同国家能源监管特征也各不相同（见表1-3）。然而，通过对国外能源监管的特征进行分析，可以得出以下三个方面的启示：

表1-3　部分国家的能源监管特征对照表

	中国	美国	加拿大	英国	法国	德国	俄罗斯	印度	巴西
行业垄断性	强	较强	较强	强	较强	上游强下游弱	强	强	强
监管机构独立性	政监合一	政监分离	政监分离	政监分离	政监分离	政监分离	政监相对分离	政监相对分离	政监合一
监管集中性	分散	集中	集中	集中	集中	集中	集中	分散	集中
分级监管	否	是	是	否	否	是	否	是	是
监管法制建设	弱	强	强	强	强	强	弱	弱	弱
监管有效性	弱	强	强	强	较强	强	弱	弱	弱

一、夯实能源监管的法律基础

分散化的公共治理是当今世界各国公共行政的趋势，在此基础上建立的监管必须要依法监管。因此监管必须有健全的法律法规作后盾。美国、加拿大、英国、德国等国家具有完善的监管法制基础，在法律中规定了监管机构的职责权限、监管机构成员的身份保障、监管机构的决策程序及问责机制等。因此，在上述国家中，能源监管机构可以说是法律的产物，反过来法律可以为能源监管机构地位的稳定和作用的发挥提供保障。而俄罗斯、印度、巴西等国家的监管法制建设相对落后，能源监管的有效性相对较弱。

市场经济是一种法治经济，中国的政府监管体制必须适应市场经济的要求，符合法治经济的特点。因此在监管中必须做到立法内容与发展实际相结合，能源监管机构可以有效实施其职能，做到依法监管、独立监管、程序化监管、透明监管。在中国能源监管建设过程中，依据"三定方案"来确定能源监管机构的设立和变更。法律成为对能源监管机构实际权力和实际运行程序的追认，但总体上法律滞后于监管机构改革。这种滞后现象导致能源监管机构作用的发挥受到了极大限制。

必须加强监管法制建设，尽量让能源监管机构的调整与相关法制建设同步，实现能源监管机构的法定化：一是通过法律来确定能源监管机构的法律地位，明确监管机构的组织、职权；二是明确能源监管机构具有依法制定规则、执行规则和裁决争议的权力；三是明确能源监管机构的问责机制，能源监管机构的行政决定应该能够被提起司法审查，对其违法行为所造成的损害应承担赔偿责任；四是能源监管机构应接受国家权力机关、行政机关的法定监督和公众的社会监督。

二、保持能源监管机构的独立性

建立集中的能源主管机构，形成具有独立司法裁判权的能源监管机构，通过专门的能源管理机构和能源监管机构加强对能源行业的战略规划，避免政府职能的重复、交叉或分散，是国际成熟监管体制的重要内容。尤其是在市场不完善和法律体系不完备的条件下，积极探索"政监合一"下的监管独立性，或者在推进市场完善、加快法律体系建设的条件下，探索政监分离的可能性，是促进有效监管的重要环节。这里所说的能源监管机构的独立性包括：一是监管机构成员的独立性，监管机构成员的任命不受行政管理部门的影响；二是监管机构决策程序的独立性，能源监管机构在其职责范围内依据相关法律独立开展监管工作、行使监管职责；三是监管范围的特定性，能源监管机构只对能源行业中影响市场作用发挥的行为实施监管。

美国、加拿大、英国、德国等国家的能源监管机构具有独立性，这也是保障能源监管作用发挥的重要因素，而俄罗斯、印度、巴西等国家能源监管机构的独立性相对较差，监管作用发挥也相对较弱。

在中国，人们对能源监管机构的特殊性还没有充分认识，能源监管机构与政府能源管理部门之间的关系还没有充分界定清楚，政府能源管理部门在政府管理中占据更为重要的地位，导致能源监管机构的独立性无法得到保障。

在当前简政放权大背景下，要加强监管就必须确定能源监管机构独立性地位，这同时也是提高能源监管机构独立性的最好时机。具体而言，可从以下几个方面完善能源监管机构的独立性：依法赋予能源监管机构在能源领域所应享有的职权，依法确定能源监管机构和行政管理部门之间的关系，明确能源监管机构的监管目标；能源监管机构工作人员应享有任职保障，非有法定事由不得免除、调动或降低其职务；强化能源监管机构的监管能力建设，提高能源监管的专业性。

三、完善能源监管机构的运行程序

能源监管机构地位和作用与其监管运行程度密切相关。当前中国能源监管的监管程序法律化还在推进当中，能源监管制度也在不断完善过程中，需要进一步妥善借鉴国外独立能源监管机构运行程序方面的经验，根据中国体制的特点和能源监管的需要，进一步健全监管手段和监管程序，使能源监管程序完全进入法制化轨道。

实行合作与协调的分级监管。作为能源生产大国和消费大国，地域广阔，各地经济发展程度不均衡，能源开发、生产以及能源消费处于不同发展阶段，除设立国家级能源监管机构之外，地方相继设立独立的能源监管机构，实行分级监管，更好地促进合作与协调。

强化信息化建设。信息化建设是能源市场时代发展的要求，作为能源消费大国，可适时提高能源市场透明度，大力参与一些国际信息化市场建设。因此，中国可针对已有国际能源市场信息平台建设的经验，在透明度标准、能源价格评估方法、交易数据提交准确性等方面进一步完善国内能源市场信息化建设，既可以提高监管效力，也可以提高公众参与度。

第四章　中国能源监管的理念演变及路径选择

中国的能源监管在经济社会改革开放的过程中，随着能源管理体制的不断改革和调整，借鉴国外能源监管经验，逐步酝酿产生并发挥作用。总体来讲，中国的能源监管经历了三个重要历史时期，目前尚处于探索与实践阶段。

第一节　能源管理体制沿革及监管理念萌芽

新中国成立初期，我国实行高度集中的计划经济体制，对燃料工业的管理与其他工业行业的管理一样采取统一的模式，由中央政府设立工业主管部门进行统一的计划管理，政企不分，企业完全按照国家计划进行相应的能源生产和供应。

1978年中国开始实行改革开放政策，为适应经济发展和改革开放的需要，能源行业也逐步进行政企分开和体制改革的尝试。1980年，国家能源委员会成立，统筹协调煤炭、电力、石油领域，不过受限于当时国内经济、政治以及社会环境影响，国家能源委员会在1982年就被撤销。这一时期，电力领域组建了华能国际电力公司，石油行业则成立了中国海洋石油总公司，开启了能源行业政企分开的初步尝试。1988年，顺应经济体制改革的需要，按照国务院机构改革方案，撤销了煤炭部、电力部、石油部、化工部以及核工业部，成立了对能源统一管理的能源部，同时组建了中国统配煤矿总公司、中国石油化学工业总公司、中国核工业总公司、中国电力企业联合会。但是，这些公司是在原工业部基础上的"翻牌"，政企合一的性质没有变化，计划经济的管理体制没有打破，传统的管理方式仍然发挥着重要作用，致使能源部没能按当初的设想发挥应有的作用，只艰难地存在了一届，于1993年被撤销。

随后的能源管理体制始终处于调整变化中，但基本上是按照政企分开的思路不断优化，能源行业的行政管理职能逐步演变为分属国家计划委员会、国家经济贸易委员会、国土资源部、国防科工委、国家核安全局管理，企业的行政职能和行业管理职能被不断弱化。

在整个变迁和调整过程中，能源管理都属于产业管理范畴，没有上升到经济社会发展的战略地位。由于计划经济的深远影响和政企合一的管理体制，这段时期没有明确的政府监管概念，一些现在看来属于政府监管范畴的内容也被掩盖在政府管理中，没有单独提出。

1992年，党的十四大确立了我国经济体制改革的目标是建立社会主义市场经济体制。作为经济体制改革的一部分，能源领域的市场化改革也在逐步深化，部分能源领域的专业化监管开始萌芽。这一阶段，我国开始转变政府职能，弱化行业管理，逐步推动能源市场化改革，进一步推进政企分开，组建符合市场经济要求的现代能源企业。

1998年，石油化工天然气行业重组为由中央直管的中国石油天然气集团公司、中国石油化工集团公司和中国海洋石油集团公司三大企业。在煤矿安全领域，1999年12月30日，经国务院批准，国务院办公厅印发了《煤矿安全监察管理体制改革实施方案》；2000年1月10日，国家煤矿安全监察局正式挂牌成立，标志着垂直管理的煤矿安全国家监察体制在我国应运而生。专业的煤矿安全监管机构的建立，为促进煤矿安全生产形势的持续好转提供了重要制度保障。

而以电力为代表的市场化改革也开始萌芽。1998 年 8 月，国家电力公司推出以"政企分开，省为实体"和"厂网分开，竞价上网"为内容的"四步走"的改革方略，并先后在上海、浙江、山东、辽宁、吉林和黑龙江六个省市先行试点。然而，"厂网分开、竞价上网"的试点工作却由于配套改革未能及时跟进，暴露出大量的问题：如 2000 年曝光的"二滩事件"因市场不公问题引起了中央的关切和重视。因此，市场化改革方案的科学性问题被摆到了重要位置，新一轮电力体制改革呼之欲出，而如何通过加强政府监管来保障公平、公正、开放的市场秩序随之被提出，形成了能源监管的萌芽。

> **知识链接：**
> 从能源监管的视角看"二滩事件"
>
> 1998 年至 2000 年间，新建投产的位于中国四川境内雅砻江下游、装机容量 330 万千瓦的二滩电站可发电量 322 亿千瓦时，实际 132 亿千瓦时，以弃水方式浪费 183 亿千瓦时。这一情况 2000 年被曝光并被中央重视，引起较大反响，被称为"二滩事件"，加快了中国电力体制改革的进程。
>
> 从能源监管的角度来看，"二滩事件"的发生反映出政府缺少必要的监管制度设计，表现为：一是由于地方政府在省内发电领域有投资，地方政府已经成为利益关联方，无法实施独立的监管；二是由于没有进行有效的市场设计，导致无法实施市场力监管；三是没有确定必要的监管措施，导致无法实施信息不对称性监管；四是由于缺少必要的法律法规，导致无法实施外部性监管。[1]

第二节　独立电力监管理念的形成

2002 年 5 月，国务院正式颁布《关于印发电力体制改革方案的通知》(国

---

[1]　资料来源：根据原国家电监会网站公开信息整理。

发〔2002〕5 号，以下简称电改 5 号文），明确了新一轮电力改革方案，标志着电力监管的开端。经过 10 年电力监管的探索和实践，基本形成了监管理念，建立了比较完善的监管体系，在有限职能的独立监管下，组织了以电网公平开放为核心的市场准入监管、市场交易监管、供电服务监管、安全监管、电力稽查等，在推进电力市场化改革和促进行业可持续发展方面取得初步成效，标志着专业化的能源监管从隐含在行政管理中到独立走至台前。

一、改革电力产业结构，建立监管体系

按照电改 5 号文的规定，我国明确了电力产业结构调整和监管体系建设的新模式。

（一）实行厂网分开

在发电侧培育形成市场主体，组建中国华能集团公司、中国大唐集团公司、中国华电集团公司、中国国电集团公司和中国电力投资集团公司等 5 家发电公司，引入竞价上网的市场竞争机制。

（二）拆分电网，打破垄断

在具有自然垄断特性的电网侧，引入区域间竞争制度，拆分为国家电网公司和南方电网公司。

（三）建立监管体系

在政府管理层面上，成立了专门从事电力监管的国家电力监管委员会（本书简称国家电监会），开创了我国基础产业领域里独立监管机构的先河。随后的 10 年中，基本完成电力监管机构的组织体系建设，先后组建了国家电监会及 6 个区域监管派出机构、12 个省级监管派出机构，逐步形成了 700

人左右的专业监管队伍，具备了一定的电力监管能力。

二、推进电力市场化改革

2004 年，按照电改 5 号文的改革方案，国家电监会选择了东北、华东两个区域电网进行电力市场化改革试点。两个试点总体思路基本相同，都是在厂网分开的前提下，在发电侧引入市场竞争机制，实行发电量竞价上网，以市场的无形之手优化配置发电资源，促进提高发电企业的运营效率。两者只是在竞价改革模式上略有差异——东北电力市场采取全部电量市场竞价模式，华东电力市场采取部分电量市场竞价模式。但是，两个试点由于受价格管理体制制约，上网电价的波动传导到消费侧的价格传导机制没有建立，因此，上网电价波动形成的电费"蓄水池"经不起"暴涨"和"暴枯"，2006 年，两个区域电力市场试点工作先后停止。

通过 5 年的电力市场试点，取得了以下两点收获：一是市场意识普遍增强。撇开利益驱使的因素，行业内对市场机制

知识链接：

东北、华东电力市场试点概况

东北区域电力市场：东北区域电力市场覆盖辽宁省、吉林省、黑龙江省，内蒙古东部的赤峰市、通辽市以及兴安盟、呼盟地区，供电面积 120 万平方公里，供电服务人口 1 亿左右，试点初期发电装机容量 4000 万千瓦左右，发电量 2000 亿千瓦时左右。东北区域电力市场为发电侧单边出清市场，接入东北电网的 100 兆瓦及以上火电机组（公司）为售电主体，通过设立在东北电力调度交易中心的东北区域电力市场统一交易平台，参与竞争决定市场交易价格，东北电网有限公司为单一购电主体按照市场出清价格购买电能。市场采取月度全电量竞争模式。2005 年试运行阶段，煤炭价格上涨抬高了发电企业上网电价，但由于没有建立电价传导机制，上网电价无法传导到售电侧，导致市场平衡账户亏空 37.5 亿元。2006 年 5 月，东北区域市场试点停止运行。

华东区域电力市场：华东区域电力市场覆盖上海、江苏、浙江、安徽、福建四省一市，供电面积47.1万平方公里，供电服务人口2.4亿，试点初期统调发电装机容量1.2亿千瓦，最大发电负荷近1.1亿千瓦。华东区域电力市场为发电侧单边出清市场，接入华东电网的100兆瓦及以上火电机组（公司）为售电主体，通过设立在华东电力调度交易中心的华东区域电力市场统一交易平台，参与竞争决定市场交易价格，华东四省一市电力公司为购电主体按照市场出清价格购买电能。市场采取全电量报价、部分电量按市价格出清的日前市场竞争模式，采取节点电价处理网络阻塞和网络损耗，并建立了多道市场风险防范机制。华东区域电力市场2003年6月启动试点工作，经历了2004年5月的模拟运行、2006年6月和12月的两次调电试运行后，由于缺少必要的电价联动政策和相应的平衡账户，戛然而止，无疾而终。①

的接受度普遍提高。特别是在资源价格波动较大、计划电价难以适应时，希望通过市场这只无形之手发挥作用的呼声高涨。二是对电力市场的认识大大提高。从市场作用机理、市场运营模式、市场风险防范措施、市场运营技术支持系统设计，再到市场监管内容和手段，都开展了深度的研究和探索，积累了一定经验。

由于电力体制改革要体现的是国家意志，而不是某个政府部门的意志，因此，国家电监会在推进电力体制改革上显得力不从心。但经过电力市场试点，基本具备了推进电力市场建设的基础条件，为下一轮推进电力市场化改革打下了坚实基础。

---

① 资料来源：根据原国家电监会网站相关内容整理。

三、组织开展电力监管

（一）探索建立"政监分离"的电力监管模式

虽然与一些宏观管理部门存在一些职能交叉，但总体上来讲职责界面基本明确，电力监管机构能够独立开展监管工作、行使监管职责，监管的独立性得到了充分体现。

（二）初步建立电力监管的法律体系

国家电监会从成立伊始对监管的认识定位有着比较清晰的认识，拥有强烈的依法监管的意识，因此先后推动出台了《电力监管条例》和《电力安全事故应急处置和调查处理条例》两部行政法规，并制定了一系列的规章制度，初步形成了一套完整的电力监管法规体系，为依法监管打下了良好基础。

（三）确立电力监管的重点内容

监管内容涉及电力监管的各个方面，包括以市场监管、输电监管、价格成本监管为重点的信息不对称监管；以市场监管、电力行政许可为重点的市场力监管；以安全监管、节能减排监管为重点的外部性监管；以供电监管为重点的普遍服务监管。

（四）探索电力监管的成果应用体系

形成了向社会发布监管报告、向政府提出监管建议、向监管对象提出监管要求等多方面监管成果应用制度，也在行政许可、行政调解、行政裁决、行政处罚等方面作出了积极的探索和实践。从监管的成效来看，特别是在网厂秩序维护、供电服务质量、消费者利益保障等方面取得了显著成效。

四、监管理念初步形成

在探索和实践中，电力监管机构立足于国家产业政策要求和经济社会发展实际，形成了"监管就是服务"的核心理念，那就是，用服务国家能源发展战略的实际效果，用服务地方经济社会发展的实际效果，用服务电力行业和电力企业的实际效果，用服务人民群众的实际效果，来检验衡量电力监管工作成效。

在监管就是服务理念的指导下，监管机构明确了监管的基本思路：全面贯彻党中央、国务院的各项方针政策，自觉维护国家电力能源战略利益和战略安全，坚持科学发展，促进电力事业又好又快发展；积极稳妥务实推进电力体制改革，建立完善符合市场经济要求的、充满动力活力的、公正公平公开的电力发展机制体制；坚持执政为民，通过监管，实现好、维护好、发展好人民群众的根本利益，正确处理好国家利益、地方利益和企业利益的关系，为我国经济社会发展提供可靠的电力保障。

五、监管实践中面临的一些问题

在 10 年电力独立监管实践中，也暴露出一些问题，导致监管作用无法得到有效发挥，具体表现为：

法制建设滞后，难以适应监管需要。尽管国家电监会根据监管工作需要出发，制定了一系列部门规章，但从国家层面如《电力法》等基础性法律的修订工作推进缓慢，使得很多监管工作的开展受到限制和约束。

政监职责不清晰，与监管要求不相匹配。对哪些职责是属于政府管理的范畴而哪些是属于政府监管的范畴缺少科学的界定，导致电力监管机构缺乏必要的推进改革和制约电力企业的手段。

监管对象的国有化属性和垄断属性增加了监管难度。虽然实现了政企分开，但相关企业依然带有明显的行政化色彩，能源企业拥有较大的影响力和话语权，导致电力监管的作用难以得到有效发挥。

电力市场化改革推进乏力。虽然在网厂分开方面取得了有效进展，在市场建设上也取得了一定的经验，但是真正的电力市场运营机制却始终没有建立起来。

电力监管没有深入到电力行业的核心环节，信息不对称问题没有得到有效解决。例如，对电力成本的监管没有取得实质性进展，无法监管电力企业生产经营成本的真实性。

第三节　能源监管的重新构建

2013 年 3 月，十二届全国人大一次会议审议通过了《国务院机构改革和职能转变方案》，将原国家电监会和原国家能源局进行整合，组建新的国家能源局。随着机构的合并，电力监管的职能并入新的国家能源局，并扩展为整个能源监管。

一、国家能源局重组后能源监管面临的形势

（一）"政监合一"的能源管理模式

国家电监会和国家能源局从机构、职能、人员上都进行了整合，监管职能从电力扩展到整个能源领域，形成了政监对外合一、内部相对分离的格局。因此，监管的独立性受到影响，监管作用的发挥往往限制于部门内部，不易上升到国家层面。

（二）能源行业行政性垄断逐步弱化

政府开始实行简政放权，着手改变企业由政府出资、企业管理者由政

府委派、发展项目由政府审批、产品价格由政府确定、生产经营计划由政府制订的行政性垄断格局，但经济性垄断格局依然存在，这一现状对全面加强监管提出了更高要求。

（三）依法治国理念为强化能源监管创造外部条件

党的十八届四中全会召开后，全国依法治国的意识大大加强，相应的思想观念、制度设计逐步影响政府的行政行为和企业的经营行为，监管机构依法监管、被监管对象依法接受监管的意识不断增强。

（四）政府依然保持着多头管理格局

由于能源监督管理职责分布在发改委、能源局、商务部、环保部、国土资源部、安监总局和国资委等多个部门，无法实现统一监管，导致容易形成监管信息不对称。例如，作为价格管制机构的物价部门，由于不参与市场进入退出、供需管理、成本监控，对与价格形成有关的许多因素都无法控制，制定价格的科学性无法保证。

（五）政府能源管理部门和企业之间的职责界限不够清晰

由于能源企业依然能够深度参与到政府对能源行业的战略、规划、标准、政策的制定过程中，它们依然保持着较大的话语权和影响力，大大增加了监管的难度。

二、能源监管体系初步形成

国家能源局组建后，能源监管工作面临着诸多挑战，但是经过国家电监会时期的监管探索，以及借助于"政监合一"管理模式的一定优势，能源监管的理念逐步完善、脉络逐步清晰、成效不断显现。

（一）构建了新的能源管理模式

探索建立了规划、政策、规则、监管"四位一体"的能源管理模式，明确了监管的定位是既要服务于国家能源规划、政策的有效落实，又要监督国家能源规划、政策的科学性并提出监管建议，从而将监管很好地融入到能源管理体系中。

（二）健全了能源监管组织体系

国家能源局成立了专门负责监管的市场监管司、电力安全监管司和资质管理中心，负责研究推动并具体指导全国 18 个能源监管派出机构的监管工作。能源监管派出机构按照区域具体负责辖区内的能源监管工作。

（三）明确了能源监管内容和职责

从监管范围来看，由原来的电力行业扩展到石油、天然气、煤炭等能源领域；从监管类型来看，既有市场交易、反垄断等经济性监管，又有安全、节能减排、普遍服务等社会性监管；从监管责任来看，不仅仅是要指出能源企业存在的不足和问题，更是要为整个能源行业的科学发展尽责，为经济社会发展尽责、为公众百姓的利益尽责。

（四）强化了能源监管成果的应用

由于采取了"政监合一"的监管模式，建立了能源监管闭环管理制度，监管成果可以直接影响能源管理部门的行政决策，能够达到最好的监管效果。但同时，监管成果容易受到能源管理的影响，进而影响监管公正性的发挥。

（五）明确了能源监管核心理念

根据我国国情和能源监管工作实际，以及 10 年电力监管取得的经验，国家能源局组建后，确定了"依法依规、公平公正、服务大局、监管为民"的监管理念，从而明确了能源监管工作的出发点是要服务于国家能源管理的大局、服务于社会公众的利益，体现了监管的公共利益思想。

第四节　中国能源监管的初步成效

能源监管自从在电力行业萌芽后，经过了国家电监会时期和国家能源局重组后这两个阶段，借鉴了国外能源监管理论和经验，进行了有益的探索与实践。

一、能源监管内容

从监管理论和初步实践的角度来看，目前，中国能源监管的内容基本涵盖了能源监管的各个方面，但是监管的深度参差不齐。

（一）信息不对称监管

在能源信息不对称监管方面，已经开展的工作涉及能源供需、电力安全、电力调度交易、供电服务质量、电力工程市场等方面，但是，还存在几方面的不足：监管信息的完备性还有待深入研究和不断完善，特别是电力以外其他能源的监管信息需要建立；监管信息的实时性与监管要求相比还存在不足，特别是电力调度监管信息的实时性有待提高；监管信息的分析利用水平有待提高。

（二）市场力监管

在市场力监管方面，已经开展的工作包括以下几个方面：在电力市场结构方面，将原国家电力公司拥有的发电资产拆分为五家发电企业，一定程度上降低了发电企业的市场力；在网厂关系的处理方面，建立了相关制度，加强了对电力调度交易机构的监管，防止其利用垄断地位对发电企业实施不公平待遇；在电力工程市场监管方面，开展了相关监管，防止电网公司利用其垄断地位为其关联企业谋取不正当的利益。但在市场力监管方面还存在一些不足：由于电力市场没有建立，市场主体没有真正形成，缺乏真正意义上的市场力监管对象；市场力监管系统性不够，对垄断环节的监管仅限于对电力调度交易行为的监管，电网公司和油气公司的成本、油气管网公平开放等方面的监管还没有取得实质性进展。

（三）外部性监管

在外部性监管方面，已经开展的工作包括以下几个方面：电力安全监管已经建立了比较完备的监管体系，取得了良好的监管效果；节能减排监管建立了节能减排监管的框架体系。因此，电力的外部性监管内容已经相对完备，但其他能源领域的外部性监管还有待建立。

（四）社会普遍服务监管与供给义务监管

在社会普遍服务监管与供给义务监管方面，已经建立了比较完备的供电监管制度，有效地促进了供电服务质量、电力社会普遍服务水平的提高。因此，电力社会普遍服务监管和供给义务监管已经基本建立，但油气领域的服务质量监管需要建立。

二、能源监管组织机构

（一）监管机构的独立性

能源监管的成效与其独立性密切相关：独立性越强，监管成效越能够得到发挥。国家电监会时期，电力监管机构是一个隶属于中央政府的独立部门，监管是对中央政府负责。国家能源局重组后，监管机构是能源管理部门内部相对独立的部门，监管是对能源管理部门负责。但是，随着政府职能转变和简政放权的不断深入，能源监管的独立性和重要性将会日益突出。

（二）监管机构的职责权限

监管成效与监管职责权限相关，监管职责权限越大，监管成效越容易得到体现。与国外能源监管机构相比，无论是国家电监会时期还是国家能源局时期，中国能源监管机构缺乏统一和完整的职责，能源监管的有效性和针对性难以实现，监管成果应用效果不佳。

（三）监管机构的专业队伍

目前中国能源监管的专业队伍人数较少。国家能源局本部专门从事监管的人数加上全部派出机构总数也就700人左右。而美国联邦能源监管委员会本部近1500人，加上各州公用事业委员会的监管人数，远远超过了我国能源监管队伍，仅加州一地，从事能源监管的人员就达到450人。同时，中国能源监管人员绝大部分都是从事电力行业监管，具有较强的电力专业监管能力，而电力以外的能源专业监管人员较少。可以说，我国能源监管专业队伍与国家能源管理范畴是远远不相匹配的。

三、能源监管的法律基础

虽然经过多年的建设，我国已经初步建立了一套能源监管法律体系，主要包括《电力法》《煤炭法》《可再生能源法》《节约能源法》《电力监管条例》和《电力安全事故应急处置和调查处理条例》等以及相应的配套部门规章，但是，从法律的完备性和上下游法律的匹配性上来看，能源监管的法制建设还需要进一步完善，主要是《能源法》尚未出台，《电力法》《煤炭法》《电力供应与使用条例》《电网调度管理条例》等修订滞后，已经不适应改革后的实际情况，《能源监管条例》还在研究起草中，一些专项监管规章也远远不能满足能源监管新形势的需要。

四、能源监管手段和成效

目前，中国能源监管已经具备了必要的监管手段。从市场准入来看，已经建立了对电力行业的行政许可制度，能源监管机构对电网企业、发电企业、承装（修、试）企业颁发行政许可证，以对其市场准入条件作必要的限制。从监管信息渠道来看，通过建立监管信息报送制度了解掌握监管对象的信息，基本建立了电力监管信息报送制度和油气监管信息报送制度；通过建立现场监管检查制度，了解掌握监管信息，特别是近两年来，建立了专项监管制度和问题监管制度，对监管对象进行现场检查。从行政处罚来看，建立了中国能源监管所必要的行政处罚制度，能源监管机构可以依据相关规章制度对监管对象的违法违规行为进行处罚，也起到了一定效果。

这些监管手段虽然取得了一定的成效，但与有效监管的目标相比还存在一定差距：一是对大型国有能源企业的监管手段有限。由于电网、发电、煤炭、油气等能源企业基本上都是大型国有企业，有着强势的地位和较强的影响力，现有的监管手段无法对企业产生决定性的影响；二是市场监管手段无法有效施展。由于能源市场的机制不够完善，市场机制下才能有效发挥作用的行政许可制度只能在电力工程领域发挥作用，而在能源生产经营领域没有施展空间；三是监管手段相对单一。监管手段仅限于市场准入、行政处罚，没有进行系统设计，缺乏系统性和完备性。

五、能源监管分析机制

能源监管是政府能源管理的重要组成部分和有效手段。中国能源监管尚处于探索实践阶段，还没有建立起必要的能源监管分析机制。从制度建设的角度来看，建立能源监管分析机制很有必要。这既是提升能源监管能力的手段，也是反映政府管理能力的一个重要方面。

能源监管的分析机制建设可以从以下四个方面进行考虑：一是评估能源监管的内容是否合理，是否能覆盖能源监管的各个方面，是否存在过度监管；二是评估能源监管模式是否正当，包括监管的法律程序、监管的形式和实施监管的手段、市场机制的适应性；三是评估能源监管是否有效，影响监管成效的因素及提高监管效能的建议；四是评估能源监管成本是否合理，包括监管机构人员的直接成本、监管对能源行业和经济社会影响的间接成本。

第五节　能源革命中的监管实践与理论创新

从全球视角来看，能源监管的主流经济理论与国际经验建立在一些基本条件上：完善的市场经济；完备的法制体系；有效的监管机构；透明的信息共享。而对于我国来说，这些条件尚处于发展过程中，既缺乏完备的法制体系和有效的监管机构，市场经济本身也处在建设之中。同时，我国还具有自身的一些特殊性：比如，能源革命的新要求、能源市场主体的国有经济特性、能源管理体制的复杂性等。这些特殊性，对主流能源监管理论和国际经验的普遍适用性提出了挑战，更为能源监管的探索实践和理论创新提供了可能性。

一、经济理论和国外经验是我国能源监管的重要参照标准

理论来源于实践，而没有理论指导的实践是盲目的实践。当今世界范围内主流经济理论的丰富和发展，对我国能源监管探索与实践具有重要指导意义。比如，自然垄断理论、博弈论、规制经济学理论以及由规制经济

学最新演化发展的新规制经济理论的分析等，都明确指出了监管的基本方向和核心所在，即对能源自然垄断环节的监管、信息不对称下信息披露的监管、放松可竞争领域的监管与强化不可竞争领域的监管问题、处理好充分发挥市场配置资源的决定性作用和更好地发挥政府作用的关系、促进有效竞争、保障公众利益、实现可持续发展等。对于这些理论范式，我国在改革与发展中正将其吸纳并合理应用于能源监管实践中。

能源监管的国际经验更给了我国能源监管探索与实践很好的借鉴和启示。具备成熟市场经济条件的国家大多已经形成了相对完善的现代化能源监管体系，比如：依法监管、程序监管、透明监管下完备的法制基础；"政监分离"模式下具有独立司法裁判权的能源监管机构；能源监管职能的集中统一和科学监管的有效性；中央与地方合作与协调的分级监管机制等。这些实践经验是我国能源监管的重要参照系，某种程度上来看，不少内容已经融入到我国能源监管的探索与实践过程中。

二、我国能源监管具有自身的特殊性

与我国能源改革与发展的现实和长远需求相对照，目前基本的理论模式与国际经验却只具有一般参照性，远远无法满足我国能源监管面临的复杂性和特殊性问题。正是这种复杂性和特殊性，使得我国能源监管的探索与实践可以为整个能源监管理论的发展和创新打开并提供更广阔的视野。

（一）能源革命对重建能源监管体系的紧迫要求

当前，我国正在经历能源革命。我国能源革命的核心问题，是解决经济发展和生态环境对能源消耗的需求矛盾，但这显然不是一个轻而易举即可完成的任务。根据相关研究报告测算，若按以往的经济发展路径，我国2020年能源消费总量可能会达到53亿吨标准煤，2030年接近70亿吨标准煤。若要实现2020年我国单位GDP二氧化碳排放比2005年下降40%至45%的目标，2020 年包括煤、油气在内的化石能源消费总量在 42 亿吨左右，这样一来，与消费控制总量 53 亿吨相差的 11 亿吨正是我国能源革命的对象[①]。

我国能源革命存在的一定特殊性，与成熟市场经济国家甚至新兴市场经济国家都不相同。例如，我国资源禀赋以煤为主，经济正处在工业化和城镇化加速发展阶段，而由于气候变化，更面临着国际上对再生能源、绿色发展提出的新要求和新标准。因此，我国能源发展面临三个重要特征：即将进入煤炭与油气并用的双态燃料时代，能源消费从一次能源为主转向电力为特征的二次能源为主，绿色能源发展成为未来发展不可忽视的力量。因此，当国外能源革命更多指向绿色能源、可再生等方面时，我国能源革命除了绿色革命，还提出油气革命和电力革命，我国能源革命是在一个时间点上承担了发达国家三个时间点上的三个革命，这显然对我国提出很高要求。

当前，发达国家处于后工业化社会，能源需求基本趋于饱和，甚至出现缓慢下降趋势，在没有能源需求增长情况下，只需要对存量进行调整，用新能源和天然气来取代原有的煤炭消费，就可以比较从容地改善能源结构，实现清洁化。但与发达国家不同，我国正处于快速发展的阶段，能源需求依然大幅增长，首先要解决增量问题，然后才是存量问题。在工业化阶段前期，能源增长与 GDP 增长呈现更为密集的正比关系。恰恰我国正处于加速工业化进程阶段，在这个过程中，对能源的需求仍将呈现爆发式增长，能源革命的复杂性和特殊性可想而知。

面对能源革命，必须建立现代能源体系。现代能源体系的核心，其基

---

① 最新研究表明，预计到 2030 年我国一次能源消费总量将达到 57 亿至 60 亿吨标准煤，石油、天然气对外依存度将分别达 60% 和 40% 左右。我国政府提出，计划到 2030 年非化石能源占一次能源消费比重将提高到 20%，二氧化碳排放达到峰值并尽早实现，单位 GDP 二氧化碳排放比 2005 年下降 60% 至 65%，预计能源使用排放二氧化碳约 7 吨 / 人，与欧洲人均水平相当，显著低于美国人均水平。为实现这些目标，我国将坚定不移推进能源革命。

本内容如下：一是能源消费观念的转变，坚决控制消费总量，抑制不合理能源需求；二是能源效率的转变，秉持节能理念，对传统能源进行改造，提高运行效率；三是能源结构的转变，提升新能源、可再生能源在我国能源结构中的实质性地位；最后是参与国际能源大循环，规划好中国能源对外战略的棋局。对于我国来说，实现能源革命目标，就是要建立现代能源体系，即结构多元化、总量平衡、提高效率、开放大循环、系统自适应以及利用可持续。实现这些目标，就要求控制能源消费总量，以技术、标准和管理为手段在重点领域或行业提高能效、节能降耗；增加新能源和可再生能源使用，最终以新能源和可再生能源为主体的能源体系取代以化石能源为主体的能源体系；积极推进能源政策体系建设、价格体系建设和市场化改革。

（二）能源的一般商品属性对能源监管的客观要求

在推动市场化改革的进程中，过多强化能源商品的特殊性，而对它的一般商品属性问题却重视不够。在我国，长久以来，包括煤炭、电力、油气在内的能源一直被认为是特殊商品，是市场失灵的领域，是公众事业，必须由政府管制和国企垄断。在计划经济时代，由对于煤炭、电力等领域管理过多过死，供需关系长期紧张。改革开放以来，虽然有所改观，但依然存在一些过度强调能源商品特殊性的观念。事实上，能源虽然是关系国家安全的战略性资源，但也是商品，具有一般商品的基本属性，受价值规律和供求关系调节，可由竞争优化配置资源、由供求决定价格、由契约规范交易行为。因此，在能源领域，放松管制、打破垄断、引入竞争，特别是在一些技术条件成熟的环节实现有效竞争和市场化配置资源，是市场效率的必然要求。

还原能源商品属性需要科学界定竞争性业务和非竞争性业务。随着技术的进步和观念的改革，笼统地认为能源行业具有自然垄断性这一看法，显得越来越不科学。一些行业具有自然垄断特性，但并不意味着这个行业所有环节都应当一体化经营，通过竞争提高效率，在这些行业依然适用。

因此，将能源行业中的竞争和非竞争性领域分开：竞争性领域交由市场，引入多元投资主体，让供求和竞争决定价格；而非竞争性领域强化监管，推进公平接入、提高普遍服务水平，加强政府对其经营业务、效率、成本和收入的监管，并对市场失灵领域切实履行好宏观管理、市场监管和公共服务职能，是题中应有之义。

（三）超越纯粹经济权利的市场主体对能源监管的冲击

我国能源企业大多为大型国有企业，其中大多又以中央企业为主，这样一来，过多的具有行政职能的国有企业便拥有超越纯粹经济权力的特征，民营资本进入较少，市场主体不健全，行业分割和垄断现象仍然存在，这一现状不利于市场公平有效竞争，更不利于政府部门实施独立有效的监管。

经过多年的探索实践，我们已经深刻认识到，培育多元竞争主体是市场的重要基础，也是能源改革的方向。推进政企分开，剥离政府应当承担的职能，使企业成为具有自生能力的市场合法主体，是公平竞争和有效监管的关键。根据能源领域不同行业的特点实施网运分开，对于电网、油气管网等网络型自然垄断业务加强监管，对于具有竞争属性的生产、销售环节放开准入，打破行业分割和行政垄断、引入多元竞争主体、营造公平竞争环境，是建立现代化市场体系的根本方向。

从实际进程来看，我国煤炭行业是能源领域市场化改革最早也是相对彻底的行业。经过多年发展，煤炭供应基本保持了充足状态，确保了我国经济快速发展对能源的需要。从电力市场开放范围来看，电力市场竞争主体尚不健全，虽然电源建设和发电市场对社会资本已经开放，但自然垄断的电网建设仍然保持着国有独资的形式，输电、配电、售电环节仍然维护着上下游一体的组织结构，电网企业仍然处于独家买卖的垄断地位，发电企业和电力用户没有太多选择权，市场机制在发电、输电、配电和售电等领域无法发挥更大作用。相比电力，石油天然气的市场化改革更显滞后。维护油气安全，需要多元、开放的市场。

目前，比较好的是新能源领域，初步呈现出良好的市场化开端。在风能、太阳能、地热能、生物质能等领域，民营企业数量和规模迅速扩大，民间资本在太阳能热利用、生物质能开发以及晶体硅材料、太阳能热水器、太阳能电池制造等领域处于主导地位，民间资本在风电设备制造产业中的作用越来越强。由于竞争的成效，新能源价格不断下降，比如，风电已经降到每千瓦时 0.5 元左右，初步具备了大规模应用的基础。

（四）能源商品价格扭曲对能源监管的要求

能源价格是市场体系的核心要素，市场配置资源的决定性作用主要通过价格信号的引导来实现。然而，我国能源领域价格改革总体滞后，对投资和价格仍然采用计划管理方式，主要由政府部门行政审批。过多依靠行政手段配置资源的机制使市场作用得不到有效发挥，造成价格扭曲，更成为对能源监管有效性的制约。

能源价格市场化程度不高，价格无法如实反映能源稀缺程度和市场供求关系变化。能源价格构成不合理，缺乏科学的价格形成机制。能源产品市场体系不健全，没有国际市场定价话语权，只能被动接受。同时，无法利用价格信号合理引导投资，投资项目行政审批制度使能源建设与需求时有脱节，盲目投资、重复建设、无序发展与投资不足并存。

作为监管来说，有责任去推进能源价格改革，形成科学的能源价格体系，使能源价格既能有效反映供求关系、资源稀缺程度和环境的损害程度，又能正确引导能源的投资、生产和消费方式，促进我国经济发展方式的转变和产业结构的升级，最终实现经济社会的可持续发展。

（五）能源管理体制变革对能源监管的制约

政府职能转变是深化行政体制改革的核心，也是构建能源市场的体制保障。作为能源体制机制改革重要的一环，能源管理过程中的政府职能正在发生微妙的变化。我国能源领域的复杂性和特殊性，要求政府部门不仅仅扮演政策制定者和监管者的角色，政府职能新的要素，包括宏观引导、市场监管、资源保护和利益协调，缺一不可。特别是作为能源生产大国和消费大国，地域广阔，各地经济发展程度不均衡，能源开发、生产以及能源消费处于不同发展阶段，除设立国家级能源管理部门之外，地方政府也相继设立了能源管理部门。对于监管机构来说，除了对市场微观主体实施有效监管，同时，对地方政府管理部门也要实行有效的监督。如何在分级监管过程中更好地促进中央与地方、监管机构与管理部门的合作与协调，这对于监管来说，是一个重大难题。此外，随着简政放权，更多的政府职能从中央转移到地方，对于监管来说，利益协调就显得更为微妙和艰难。

三、能源监管探索与实践基础上的理论创新

我国能源革命正在进行，能源监管更处于探索与实践中。现有的理论与经验指向了成熟市场经济国家的一般性，对于我国具有借鉴和参照意义，但我国能源领域的独特性，需要在监管的探索与实践中，强化理论创新，以更具有针对性、有效性、普遍性的理论模式来指导我国的能源监管。

在能源产业组织与市场主体构建方面，需要理论创新。随着我国能源产业结构的升级和经济增长方式的转变，能源供给结构和消费结构将发生深刻的变化。新能源的快速发展，互联网在能源领域的广泛应用，将势必对能源产业组织形式带来冲击。比如，在电力行业，随着技术的进步，发电、输电、配电、售电等从结构上的拆分或整合，将产生新的多样化的市场主体。这将为理论创新提供坚实的现实内容。特别是，针对我国国有企业为主体的能源行业，在产业结构变化和市场主体多元化的探索中，以什么样的理论模式指导实践，从实践经验中又将形成什么样的理念，势必会提出更高的要求。

在能源市场交易和价格机制形成方面，需要理论创新。在能源领域改

革与发展中，市场交易的主体、交易的方式和内容将发生巨大的变化。比如，以前输电网络企业作为电能的单独买方和单独卖方，直接参与市场交易，而随着电力体制改革的不断推进，电网企业买电、卖电职能不断削弱，从市场交易主体逐步转变为输配电服务商，市场控制力明显减小，甚至成为市场交易的中立方。这一转变，需要我们从全新的视角来审视能源领域的市场交易行为和模式。而随着能源管网企业赢利模式的变化，自然也就改变着成本与价格的形成方式。比如在电力领域，电网企业从购售差价模式正在转变为成本加收益模式，收益更加稳定，成本更加透明，输配电价的形成机制就产生了新的变化。理论创新势必要紧跟这种价格形成机制的变化，总结出新的模式。

在能源监管方式方面，需要理论创新。能源产业结构、组织方式、市场交易行为、价格形成机制等方面的变化，必然要求提供与其相适应的能源监管模式。比如，实施成本加收益核定准许收入的定价模式后，为严格控制能源管网企业的成本和投资行为，政府监管机构将对相关企业的核心资源进行全面、直接、事前的监管，要求相关企业提供真实、充分的成本、资产、投资等信息，这势必会对能源管网企业的资产管理、成本管理和投资状况产生显著影响。那么，如果政府监管机构仅仅关注能源管网企业的成本问题，可能导致管网企业通过牺牲产品和服务质量来降低成本，反而会增加管网企业安全稳定运行和可靠性风险。同时，交叉补贴的问题也难以有效解决。因此，在理论创新方面，需要深入研究价格引导与监管模式的激励相容机制，明确管网企业在管网安全、服务可靠性、质量和客户满意度等方面的激励措施，理清交叉补贴的种类和数量，进一步提高成本、价格、补贴与监管的透明度。

在监管行为的分级和协调方面，需要理论创新。由于我国幅员辽阔且区域具有多样性，能源领域规模庞大，能源市场容量巨大，发展水平千差万别，要进行有效的监管，需要探索分级监管模式。一般来说，由中央一级监管机构负责制定规则和程序，并由区域、省或更低行政级别的机构来执行，那么，这些不同层级之间的职能划分相当重要。国内外的经验都表明，如果地方机构被赋予过多的法律权威，将会造成交叉、重叠和平行的问题，增加了服务成本，监管缺乏效率。而另一方面，如果所有的决策都集中在中央部门，监管体系也将变得反应迟钝、效率低下，可能与各地区的实际情况不相符合。此外，我国的特殊性还在于，由于能源监管权限的多部门和地区性分割，监管的协调性就成为一个重要方面。

总之，在强化垄断行为监管、市场违规监管和市场失灵监管的过程中，能源监管理论具有了政监分离、独立监管、程序监管、透明监管、规则监管等内容。而对我国能源监管来说，能源监管理论的创新需要更多地关注我国能源革命的进程，更多地关注能源商品的特殊性和一般性的关系，更多地关注市场参与主体的多元化和合法性，更多地关注价格机制的形成路径，更多地关注分级监管和合作协调的问题。我们相信，基于我国能源领域的实际，伴随我国能源监管探索与实践的深化和经验积累，建立和形成新的监管理论模式，不仅具有可能性和必要性，而且意义深远。

\\\\\\\\\\\\\\\\\\\\\\\\ **本篇小结** \\\\\\\\\\\\\\\\\\\\\\\\

1.市场失灵，需要政府监管，而将宏观管理和市场监管分置，旨在确保公正透明和监管效率。成熟市场经济国家多采取独立监管模式来规制和治理市场，而在市场经济条件不完善的国家，一般采取政监合一监管模式，即使这样，在政府宏观管理内部也需要保持监管机构的相对独立性。

2.能源具有一般商品属性，也具有自身特殊性，能源监管也就相应的具有特殊性。寻找恰适的监管模式（独立监管还是政监合一），需要良好的机制设计。

3.全球能源监管实践积累了宝贵经验，主要是监管的法制基础和监管机构的独立性，这些是探索中国能源监管的宝贵财富。而中国 30 多年的改革进程和 2002 年以来 10 年电力监管实践，更为整个能源监管积累了丰富经验。

4. 自然垄断理论、博弈理论与新规制理论的最新发展，为能源监管的模式、思路提供了方向，而经济社会的现实环境和市场经济的发展阶段，则使得监管模式的选择具有明显的阶段性特征。

5. 中国能源监管既具有全球能源监管的普遍性，更具有自身的一些特殊性，这既将对能源监管理论和国际经验提出挑战，也将为能源监管的探索实践和理论创新提供可能。

第二篇
中国电力监管十年实践

电力监管在国家电监会时期经历了 10 年的探索和实践，取得了积极成效，但电力管理体制机制方面仍然存在诸多问题。系统梳理和总结 10 年电力监管实践，全面分析电力监管的成熟经验，反思电力监管的不足与问题，对于整个中国能源监管具有重要意义。

第一章 电力监管的时代背景

电力监管是我国基础产业领域里的一次重大探索和实践，也是一次独特的有益尝试。通常认为，我国独立性、专业化监管起步于2002年以"厂网分开"为主要标志的电力体制改革。然而，电力监管并非凭空出世的产物，它深刻根植于电力产业改革与发展进程中，是特定历史背景下的革命性行动。我国电力改革与发展形成的良好行业基础，电力体制机制存在的突出问题和矛盾，以及国际电力市场化改革的大规模实践，促成了我国电力市场化改革大动作，也催生了我国独立性、专业化电力监管。

第一节 2002年以前的电力改革和发展

改革开放以来，我国电力体制改革和电力工业发展取得显著成就，集资办电、政企分开等重要电力体制改革内容，极大地促进了电力工业的发展。2001年全国电力装机容量3.38亿千瓦，居世界第二位，是规模仅次于美国的电力大国，且受亚洲金融危机影响，电力相对富余。良好的行业基础为进一步深化改革创造了便利条件，而体制机制本身存在的突出问题则加速了新一轮电改的到来。

一、电力工业监督管理体制的历史沿革

回顾新中国成立以来电力工业监督管理的历史脉络，调整与改变几乎是一以贯之的常态，希望在变革中探索更加适合现实需要、独具中国特色的电力体制机制。直到 2002 年以前，伴随着国家产业发展政策的变化和市场经济的探索，我国电力工业监督管理体制变动大体可分为三个阶段：第一阶段从 1949 年到 1985 年，电力工业管理实行政企合一、垂直垄断的管理体制；第二阶段从 1985 年到 1997 年，电力工业对政企分开、市场化管理的体制进行了初步探索；第三阶段自 1997 年至 2002 年，逐步实行政企分开、市场化管理的新体制。在历次重大变革过程中，电力工业监督管理体制都经历了相关政府职能部门和电力行业的深度整合。

（一）政企合一，国家垄断经营（1949—1985）

从新中国成立直到改革开放初期，我国电力工业的行业政策制定职能、行业监管职能、国有资产的管理职能和企业的生产经营职能多种职能合一，国家实行集中式、"政监合一"的监管体制。中央政府的电力工业部门，既是电力工业有关政策和规划的制定者，也是行业管理者，行使行业管理和行政执法职能，更是电力工业唯一的生产经营者和国有资产管理者，负责电力项目和行业资产的投资、运营并取得相应收益。受到资金、技术等多重因素影响，本阶段电力发展较为缓慢，长期处于严重缺电状态。

（二）政企合一，发电市场逐步放开（1985—1997）

自 20 世纪 70 年代开始，世界各国电力工业掀起了"引入竞争机制"的体制改革浪潮。放松对电力工业的管制，将发电、输电、配电和售电的垂直一体化体制进行分割，成为国际社会的重要变革趋势。与世界趋势和我国市场经济改革进程、现实需求相适应，国务院于 1985 年颁布了《关于鼓励集资办电和实行多种电价的暂行规定》，1987 年进一步提出"政企分开、

省为实体、联合电网、统一调度、集资办电"二十字电力体制改革方针。其政策效应是在发电领域打破了国家垄断经营的局面，形成了多元化投资主体，大大缓解了全国性的严重缺电。同时，政府监管政策有所调整，发电环节的准入政策更为宽松，结束了发电独家经营的局面，但原有的政企合一管理体制、政府管理方式以及垂直一体化经营方式并没有发生改变，各种监管职能仍然由原有的电力管理部门承担，原有的体制性矛盾并未消除或减少，而且随着改革措施的实行，还出现了一些新的问题，从而进一步凸显了原有体制性矛盾。

（三）政企分开，部分地区市场化改革试点（1997—2002）

我国于1997年1月成立了国家电力公司，专门从事电力生产经营活动。在电力部与国家电力公司"一个机构、两块牌子"合并运行一年后，于1998年撤销了电力部，组建了国家经贸委电力司，原电力部拥有的行政管理职能移交给国家经贸委，初步形成了国家经贸委、国家计委等部门行使行政管理职能，国家电力公司等电力企业自主经营，中国电力企业联合会等行业协会自律服务的体制框架。此外，国家电力公司虽不具有行政管理的政府职能，但实际上仍然代行相当一部分行政管理职能。根据国务院1997年颁布的各部委职能配置、内设机构和人员编制规定，国务院许多政府机构都对电力产业具有监督管理权限，这就形成了国家经贸委、国家计委、财政部等政府机构对电力产业多家管制的局面。相关政府机构对电力产业都有特定的职责范围，但在实际管制活动中，由于多头管制、职能交叉，容易产生管制职责不分、管制方法与手段缺乏协调性等问题。期间，在浙江、上海、山东、吉林、辽宁、黑龙江等地开展了"厂网分开、竞价上网"的市场化改革试点（见表2-1）。

表 2-1　电力工业领域主要政府机构及其管制职能

政府机构	电力管理职能	其中管制职能
国家经贸委	制定行业规划、部门规章、拟定政策法规国； 制定行业规范、技术标准、定额标准； 发放和管理许可证； 负责电力行政执法，实行行业管理与监督； 协调电力经济关系，负责供电营业区划分与管理； 审批电力技改项目； 负责农电体制改革，指导农村电气化	制定行业规范、技术标准、定额标准； 发放和管理许可证； 负责电力行政执法，实行行业管理与监督； 负责供电营业区划分与管理； 审批电力技改项目
国家计委	提出电力专项发展战略规划； 规划重大项目布局； 安排国家财政性建设资金； 审批电力新建项目； 制定电价政策和核定电价，实施价格检查	审批电力新建项目； 核定电价，实施价格检查
财政部	制定和监管电力企业财务制度； 制定电力行业财税政策； 监管国有资产保全	监管电力企业财务制度
其他部门	环保部门负责监管环保排放标准； 工商部门核定企业经营范围；技术监督部门监管电能计量标准等	环保部门负责监管环保排放标准； 工商部门核定企业经营范围；技术监督部门监管电能计量标准等

资料来源：中国基础设施产业政府监管体制改革课题组：《我国基础设施产业政府监管体制改革研究报告》，中国财政经济出版社 2003 年版，第 273 页。

二、2002 年以前我国电力工业发展状况

从 1882 年英国人在上海乍浦路建成 12 千瓦发电机组点亮外滩 15 盏弧光灯，开启中国有电之路，到 2002 年中国电力市场化改革，中国电力工业正好走过了 120 周年历史。然而，中国电力工业前期发展十分缓慢，其快速发展是改革开放后伴随经济社会的深刻变化才有的态势。从 1978 年到 2002 年，通过深化改革、促进开放，我国经济社会发生了巨大变化，年均 GDP 增速达到 9.7%，电力工业对经济社会可持续发展的支撑作用功不可没。特

别是 1992 年后，全国装机容量年均增长率达到 8.4%，增幅、增速均为世界范围内所罕见。电力工业持续稳定的快速增长，基本上满足了我国经济发展和居民消费对电力的需求。

（一）发电装机容量发展迅速

与改革开放初期相比，我国发电装机容量增长了 5 倍多。新中国成立时，我国电力装机容量仅有 185 万千瓦、年发电量只有 43 亿千瓦时。虽然在新中国成立后得到了较快发展，但改革开放初期的电力装机容量也仅为 5712 万千瓦、年发电量 2566 亿千瓦时。改革开放后，我国电力工业迎来了更加快速的发展阶段。全国电力装机容量 1987 年突破 1 亿千瓦，1995 年突破 2 亿千瓦，2000 年突破 3 亿千瓦，不断加速跃上新台阶。自 1996 年起，我国发电装机容量和年发电量均一直位居世界第二位，成为了名副其实的电力大国，并持续缩小与美国电力装机规模的差距。截至 2002 年底，全国发电装机容量达到 3.57 亿万千瓦，较 1978 年增加了 5 倍多，当年全国发电量 1.65 万亿千瓦时（见图 2–1）。

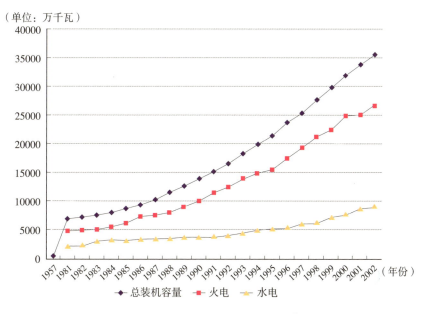

图 2–1　1957—2002 年装机容量情况

资料来源：参见《中国电力规划》综合卷，中国水利水电出版社 2007 年版，第 1228 页；张海鱼：《中国经济增长与电力投资》，中国经济出版社 2005 年版，第 23、67、70 页；《中国能源发展报告 2008》，社会科学文献出版社 2008 年版，第 220 页。

（二）电网建设不断取得新进展

改革开放以来，我国电网建设不断取得新进展。新中国成立后，从 1952 年建成 110 千伏京官线，到 1954 年建成 220 千伏丰满到李石寨输电线路，再到 1972 年建成 330 千伏甘肃刘家峡至陕西关中输电线路，中国电网电压等级已多次跨越。到 1979 年，我国全面开建首条 500 千伏交流超高压输电线路，即平顶山—双河—武昌凤凰山 500 千伏输电线工程，历时两年建成投产，我国电网电压等级进入了 500 千伏时代。2002 年，全国 220 千伏输电线路总长度达到 142362 公里，330 千伏输电线路总长度达到 9612 公里，500 千伏输电线路总长度达到 36745 公里；220 千伏总容量达到 37209 千伏安，330 千伏总容量达到 1755 千伏安，500 千伏总容量达到 13750 千伏安。线路和容量的拓展意味着电网优化资源配置的能力日益加强。2002 年，全国跨区资源配置的电量为 897.6 亿千瓦时，占全国发电量的 5.4%；跨国境电能交易也出现较快增长。

（三）电力供需实现总体平衡

改革开放以来，我国工业化、城市化、农村现代化进程加速，发电量与用电量日益增加，电力供给与需求基本保持了总量平衡。1990 年，全国发电量 6212 亿千瓦时，其中火电发电量 4944.8 亿千瓦时，占 79.6%；水电发电量 1267.2 亿千瓦时，占 20.4%。到 2002 年，全国发电量达到 1.65 万亿千瓦时，其中火电发电量占总发电量的 80% 以上，火电发电量的变化趋势基本决定总发电量的变化趋势。全社会用电量达到 1.64 万亿千瓦时，其中第一产业用电量达到 590.25 亿千瓦时，第二产业用电量达到 11957.3 亿千瓦时，第三产业用电量达到 1837.29 亿千瓦时，城乡居民生活用电量达到

2001.43 亿千瓦时。我国重工业的加速发展，对电力需求的比重一直处于稳定上升状态，第二产业用电量占总用电量的 72.9%，产业结构呈现出明显的重型化趋势。

（四）电力可靠性持续增强

20 世纪 70 年代后期，我国电力工作者开始注意到电力可靠性问题，并着手进行电力可靠性工作的前期研究。1985 年 1 月，当时的电力主管部门水利电力部正式批准成立"电力可靠性管理中心"，专门从事电力可靠性管理工作。经过多年发展，已经形成一套具有中国电力工业特点的电力可靠性管理体系。通过强化可靠性管理，我国电力可靠性大大增强，发电设备、输变电设施、用户供电的可靠性水平均有大幅度提高。我国稳步形成高电压、大电网系统，输变电设施的统计数量逐年增加，220 千伏、500 千伏设施增加幅度明显。2002 年，抽样调查 10 千伏用户平均供电可靠率达到99.907%，首次超过"三个九"，年平均停电时间 8.171 小时 / 户。

（五）电力环保和资源节约明显加强

改革开放以来，我国电力环境保护和资源节约明显加强，供电煤耗、输电线损持续下降。1980 年，全国发电企业供电标准煤耗 448 克 / 千瓦时，全国电网输电线损率 8.93%。1997 年，全国发电企业供电标准煤耗 409 克 / 千瓦时，全国电网输电线损率 8.19%。到 2002 年，全国发电企业供电标准煤耗下降到 383 克 / 千瓦时，较 1980 年降低了 65 克 / 千瓦时。全国电网输电线损率下降到 7.52%，较 1980 年减少 1.41 个百分点。电厂的烟尘排放、灰渣处理等也有了明显改善，20 世纪 70 年代开始研究与开发的燃煤发电厂烟气脱硫，到 2002 年时已初步形成规模化产业（见图 2-2）。

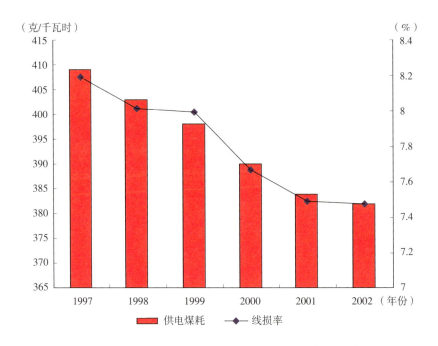

图 2-2　1997—2002 年供电标准煤耗和线损率变化情况

资料来源：参见国家电监会《2007 年电力行业节能减排情况报告》和《电监会：全国电力建设与投资结构继续加快调整》。

（六）电力科技实现新跨越

改革开放以来，电力科技研究和应用实现了新的跨越。火电技术在高参数、大容量、高效率、环保型、节水型等方面不断取得新突破，到 2002 年已形成单机 30 万千瓦、60 万千瓦大型高效机组大规模运行、建设局面，老小机组的逐步淘汰也提上了议事日程。水电资源得到大力开发，以大型水电站和抽水蓄能电站为重点，因地制宜开发小水电，在高坝建设技术、巨型金属结构制作和安装技术等方面取得重大突破。世界级水电工程三峡水电站的建设，通过"市场换技术"极大提升了我国水电建设、设备制造水平。核电技术实行引进消化与自主创新并举，核电安全水平不断提高，拥有多座核电站建设、运行、管理经验。可再生能源发电开始起步，2002 年底风电装机容量达到 39.9 万千瓦，为此后的快速发展奠定了良好基础。电网发展方面，长距离输电、大规模输电成为我国电网发展过程中的主要特点，电网输电能力的技术研究和应用不断加强和提高。到 2002 年，500 千伏和 330 千伏、220 千伏高压轴心网络覆盖面迅速扩大，大部分地区形成了跨省的区域性高电压等级的主网架，为电网向 750 千伏、1000 千伏等更高电压等级发展奠定了基础。

与之相应，我国电力企业的生产经营形势也不断好转，适应市场竞争的能力明显增强。改革前夕的 2001 年，国家电力公司资产规模达到 1.35 万亿元，实现主营业务收入 4004 亿元、利润总额 212 亿元，分别较 2000 年增长 7.59%、12.14%、11.82%。

第二节　电力市场化改革的历史选择

中国 2002 年的电力体制改革有其历史必然性。

经过 20 多年的改革开放，在国有企业和国家行政管理体制改革进程中，电力管理体制改革和电力工业发展初步取得成效。进入 21 世纪，我国整个经济社会向市场经济加速转型，世界电力科技领域不断取得新成就，但电力管理体制尚面临着突出矛盾和深层次问题，尤其是"省为实体"形成的省间壁垒给电力工业的可持续发展造成严重困扰。2002 年具有明显市场化特征的电力体制改革，虽然时间节点选择有其偶然性，但实际上，这一场轰轰烈烈的改革行动是必然的历史选择。

一、社会主义市场经济体制建设逐步深化

自改革开放以来，中国对经济体制改革进行了持续探索。1978—1984 年形成"计划经济为主、市场调节为辅"的改革思路，1984—1988 年将改革目标确定为"公有制基础上的有计划的商品经济"，1989—1992 年则最终

确立了社会主义市场经济体制目标。1993 年 11 月，党的十四届三中全会通过《中共中央关于建立社会主义市场经济体制若干问题的决定》，勾画出社会主义市场经济体制的基本框架，明确"建立社会主义市场经济体制，就是要使市场在国家宏观调控下对资源配置起基础性作用"。由此，中国拉开了社会主义市场经济体制建设的大幕。到 2002 年电力体制改革时，社会主义市场经济已深入人心。当年党的十六大判断，"社会主义市场经济体制初步建立。公有制经济进一步壮大，国有企业改革稳步推进。个体、私营等非公有制经济较快发展"。作为社会主义市场经济中的一环，电力体制改革的逐步深化也是题中之义。

二、电力供需状况从供不应求到"电力过剩"

新中国成立以来的长期严重缺电局面到 20 世纪末终于被打破。受 1997 年亚洲金融危机影响，电力需求市场疲软，我国缓解了持续缺电，并意外地陷入了短暂的电力过剩局面，"三年不上火电"的格局也于此时开始出现。到 20 世纪末，全国年发电量达到并超过了 20 年前预定的 1.2 万亿千瓦时的"翻两番"目标，装机容量更是远远超出 2.4 亿千瓦的预计，达到 3 亿千瓦以上。截至 2001 年底，全国发电装机容量达到 3.38 亿千瓦。

被视为 2002 年电力体制改革导火索的二滩水电站于 1998 年开始进入投产运行阶段，1999 年全部建成投产，是 20 世纪我国建成的最大规模水电站。二滩水电站位于四川省攀枝花市，是为满足川渝地区电力增长需要而建设的，总装机容量 330 万千瓦，年发电量 170 亿千瓦时，是雅砻江上开建的第一座电站。然而，项目投产时原来设想的电力电量消纳条件却发生了急剧变化。期间，川渝地区新增容量较多，而受 1997 年亚洲金融危机的影响，电力需求情况又并不理想。重庆在 1997 年被列为直辖市后，更多关注境内电厂电力电量的消纳，更加剧了二滩水电站的弃水现象。数据显示，二滩水电站 1998 年到 2000 年三年间的弃水电量高达 183 亿千瓦时。

三、电力行业整体发展水平较低

经过改革开放后的 20 多年发展，虽然我国电力工业装机容量和发电量都已位居世界第二，设备制造、工程建设能力也得到显著提升，成为仅次于美国的电力大国，但并未理所应当地成为电力强国，在许多方面仍大大落后于发达国家。

电气化程度低。2001 年度，全国人均装机容量仅为 0.265 千瓦，人均发电量为 1163 千瓦时，大大低于发达国家水平。许多家庭仍没有电力供应，"人均装机 1 千瓦"依然还是遥远的梦想。

技术效率水平低。中小机组占总装机容量的比例高，平均单机容量仅为 6.1 万千瓦，由此造成了煤耗和运行成本高。2001 年平均供电标准煤耗为 367 克/千瓦时，比发达国家的水平高 30 克/千瓦时。输变电线损率为 7.6%，比发达国家的水平高 2—3 个百分点。电厂能源转换效率为 33.84%，比发达国家低 3—6 个百分点。

劳动生产率水平低。以国家电力公司为例，2001 年员工总人数为 90 万，人均装机容量 177 千瓦，全资或控股电厂的总装机容量为 1.59 亿千瓦。相比之下，法国电力公司和东京电力公司人均装机容量分别为 876 千瓦和 1330 千瓦，是国家电力公司的 4.9 倍和 7.5 倍。

环境问题突出。在全球气候变暖、环境压力剧增的大背景下，火电厂二氧化硫（SO_2）排放未得到有效控制。1998 年，国家电力公司系统内装有脱硫装置的发电机组容量仅占火电机组总数的 1.4%。2001 年前后，全国二氧化硫年排放量约为 2000 万吨，其中电力工业约占了 50%，全国火电行业具有脱硫设施的机组容量不到全部火电机组的 5%。

四、体制机制制约电力工业可持续发展

1978 年党的十一届三中全会以后，我国电力工业体制进入了新的改革

探索时期，主要朝着国务院提出的"政企分开、省为实体、联合电网、统一调度、集资办电"方向进行。必须承认，"省为实体"在 20 世纪 80 年代鼓励集资办电、解决全国范围内严重缺电中发挥了重大作用，但在 20 世纪末电力供需平衡甚至出现短时过剩后，"省为实体"则成为了阻碍市场竞争和跨省资源优化配置的主要原因。同时，国家电力公司发、输、配、售一体化垄断经营的体制性缺陷也日益明显，难以公平、公正地对待系统外独立发电企业，无法形成公开、透明的市场环境。简而言之，在电力市场供求状况发生明显变化之后，原有的电力体制机制暴露出一些不适应社会主义市场经济体制要求的弊端。为了促进电力工业发展，提高国民经济整体竞争能力，必须加快电力体制改革的进程。

五、多家办电及相关试点积累了改革经验

我国电力工业的市场化改革几乎与改革开放同步。山东龙口电厂作为国内首个集资电厂，于 1981 年开始建设，1984 年即建成投产。1987 年，"政企分开、省为实体、联合电网、统一调度、集资办电"二十字方针的提出，则给集资办电更加明确的交代，开启了集资办电新局面。1995 年，《电力法》颁布，使得电力工业发展有了专门法。1997 年国家电力公司成立，为实现较为彻底的政企分开奠定了良好基础。同年 11 月，国家电力公司正式启动建立内部模拟市场，此后在大部分省（区、市）电力公司开展了内部模拟市场的运作。1998 年 3 月，国务院决定撤销电力工业部，国家电力公司各分、子公司相应取消了电力管理局职能。同年，在辽宁、吉林、黑龙江、山东、上海、浙江等 6 省（市）开展电力市场化改革试点工作。一系列的电力市场化改革动作，为 2002 年电力体制改革积累了丰富经验。

六、国际电力市场化改革提供了现实借鉴

电力产业由于其自身的技术经济特征，过去一直被认为是自然垄断产业，世界各国都采取了垂直一体化垄断的经营体制。然而，随着市场经济的发展、现代经济学理论研究的深入和电力科技水平的提高，人们的认识发生了变化：电力产业只是输电和配电环节仍然具有自然垄断属性，而发电和售电环节并不具有自然垄断性，后者完全可以引入竞争。智利是全球最早进行电力市场化改革的国家，起步于 20 世纪 70 年代末。随后，英国、北欧、美国、澳大利亚、新西兰、阿根廷、日本等也相继加入，掀起了电力市场化改革的大潮。至今，有 100 多个国家已经或正在进行电力市场化改革。全球放松管制、引入竞争的电力市场化改革实践经验，深刻影响着中国电力体制改革的决策和进程。

事实上，自 20 世纪 80 年代集资办电改革以来，我国电力体制改革的探索步伐一直未曾停止。期间，世界银行的身影不容忽视。早在 20 世纪 90 年代初期，世界银行就推出了报告《世界银行 1992 年政策报告——世界银行在电力部门中的作用》。这是世界银行推介美英电力体制改革的文件，倡导发展中国家进行电力体制改革。随后，中国与世界银行在电力体制改革方面的合作逐步深化。1993 年至 1994 年期间，经财

> **知识链接：**
>
> 部分国家电力市场化改革情况
>
> 　　英国：1947 年和 1957 年两次颁布《电力法》，电力采取集中管理体制，经济决策具有浓厚的政治色彩。1983 年，颁布《能源法》，打破了原有的垄断状态，但并没有实质性促进竞争。1989 年颁布新的《电力法》，将电力行业内自然垄断业务与非自然垄断业务分离开来，为电力行业建立了新的法规体系，促进了电力生产与供应企业的高效率竞争。英国以《电力法》和《能源法》为主，成立了依法监管机构，促进了可持续发展，放松了进入电力行业的壁垒，提高了电力市场竞争度，使消费者从价格、服务等方面得到了实惠。

政部与世界银行商定，双方合作开展中国电力体制改革研究。1993年7月，在北京召开了中国电力部门改革战略选择国际研讨会，会后由电力改革战略选择各课题组的专家、世界银行官员和世界银行聘请的咨询专家共同研究编写《中国电力体制改革的战略选择总报告》。

虽然由于中外双方对改革模式存在较大分歧，未能就报告达成一致，但围绕这一话题的争论多年持续。2000年前后，恰逢二滩水电站严重弃水，加速了电力体制改革的推进步伐。经过多轮考察、研究、论证，尽管仍有不同意见，但我国2002年的电力体制改革，依然选择了在很大程度上借鉴英国电力体制改革模式，加入了电力市场化改革的潮流中。

美国：1978年出台《公用事业管制政策法》，在发电领域鼓励办电多样化，为发电市场有效竞争打开了方便之门。1992年出台《国家能源政策法案》，消除了新的发电公司上网的法律障碍，任何人都可以投资办电厂，机组类型不受限制，鼓励批发市场竞争，要求公用性电力公司开放输电系统，为非公用性电力公司提供输电服务。2005年出台《新能源法》，进一步促进从过去的发、输、配、售一体化垄断经营过渡到在发电环节和售电环节引入竞争机制，加强输电管理，确保输电的开放性和高效率。

日本：电力体制改革发端于1951年，《电力事业法》是电力行业改革初期的基本法律依据。1999年出台新的《电力法》，以促进竞争和实现电力自由化为目标。新《电力法》的施行，使电力市场化改革迈出了重大步伐，为日本电力行业实现有效竞争提供了可靠的法律基础，促进了电力供应、批发、零售市场的竞争。2003年对《电力事业法》进行了修订，要求增加电力用户的利益，确保电力供应，增加用户选择供电商的自由，并规定2007年4月以后，零售竞争要扩大到居民用户，为日本的电力市场化改革指明了方向。[1]

---

[1] 资料来源：参见《国外电力行业改革及法规规制对我国的启示》，《郑州航空工业管理学院学报（社会科学版）》2011年10月。

第三节　电力改革和发展对电力监管的内在要求

电力工业的快速发展和电力体制改革的进一步深化，对专业化、独立性电力监管的现实需求日益强烈。适应电力市场化改革要求，日趋清晰的电力体制改革目标以及行业的独特性，需要强有力的电力监管。2002 年的电力体制改革中，电力监管顺其自然地走向了前台。组建国家电力监管委员会是必然的举措，是由传统的政府行政管理向适应市场经济要求的依法监管的重大转变，标志着电力行业深层次的体制创新和制度创新迈出实质性步伐。

一、电力体制改革的政策目标在探索中日益清晰

改革开放以来，经济社会的高速发展促使我国已经深刻认识到了电力行业面临的挑战。我国从 1985 年"集资办电"开始，为解决长期的电力短缺、缓解制约经济发展的瓶颈矛盾，结束了由政府"独家办电"的局面，在一定程度上开放了发电市场，引入了新的投资和经营主体，从而显著推动了我国电力产业的快速发展，基本满足了经济发展的电力的需求。20 世纪 90 年代以来，我国采取了一系列措施进一步提高电力行业的竞争力和效率。1991 年底根据国务院开展组建大型企业集团试点的通知，能源部着手组建东北、华东、华北、华中、西北五大电力集团。1993 年至 1994 年期间，经财政部与世界银行商定，双方合作开展中国电力体制改革研究，虽然改革模式存在争议，但无疑成为推动我国电力体制改革的重要影响因素。1995年通过、1996 年开始实施的《电力法》赋予电力企业作为商业实体的法律地位。1997 年我国政府对深化电力产业改革，在原电力工业部的基础上成立了国家电力公司，由国家电力公司负责电力行业商业方面的管理，而对电力行业的行政监督和监管职能则移交给了国家发展计划委员会与国家经

济贸易委员会，以求解决长期存在的政企不分的问题。1998 年国务院正式明确要求电力工业实行厂网分开、竞争上网。1999 年，国务院决定在东北三省、山东、浙江和上海地区开展电力市场的试点工作，拉开了电力市场改革与建设的序幕。伴随着国内外电力市场化改革的探索和实践，电力工业发展的政策目标越来越清晰。

（一）电力工业必须提高效率和降低成本

电力工业的发展方向首先指向效率和成本问题。提高效率和降低成本，成了两个努力的方向，可以采取的措施或依赖的途径包括：消除发电和零售环节的垄断，在发电环节并且最终在供电零售环节引入竞争；提供电网的公开准入机制，使发电商能投资建设电厂并向各省（区、市）的单一买方竞价售电，逐步过渡到多买方市场；允许大用户向发电商直接购电；逐步取消对大宗电力销售的行政性价格监管；建立公开透明的监管框架和监管机制，促进不同投资主体进入新发电项目中；竞争压力迫使发电商和零售商降低行业成本；对电网的激励性监管可以降低成本；通过加强电网互联实现跨地区送电（备用或负荷），从而更充分地利用发电容量；形成公平、有效竞争局面，提升全行业效率水平，从而降低电力生产成本。

（二）电力市场必须优化资源配置

充分发挥电力市场在配置资源中的决定性作用，就必须引导市场的建设和完善，主要途径指向不同环节的区分和价格体系的形成。将电力服务分解为垄断和竞争的不同环节，有助于消除用户之间的交叉补贴问题；批发和零售市场的价格信号能促进更有效率的资源配置；市场价格信号使行业投资决策更加趋向科学合理；可以实现私人投资者之间的风险分担和转移；电力行业获得商业和融资技能，有利于提高投资决策水平；改革电价体系，将零售电价分解到电力采购的各环节中，从发电、输电、配电到零售供电；市场价格信号能反映竞争性发电、输电和配电三类投资者之间的平衡；通过在有效率的发电、输电和配电基础设施中优化配置稀缺的资金资源，减少输电和配电的阻塞现象。

（三）电力服务必须提高供电可靠性，保护投资者和消费者权益

确保供电可靠性，以及保护市场参与者的合法权益，是电力服务的根本要求。主要途径包括加快发展全国性输电网架，更充分地利用发电容量；采用根据使用时段确定电价的方法，从长期上缓解系统高峰；降低停机率，提升持续运行水平；提高电厂负荷因数，减少低负荷带来的低效率；引入现代的电力市场监管方式，减少政府对行业的干预，加强对输电和配电网络的监管，保护投资者、消费者的合法权益；用户在获得电力的同时，也获得更具创新特色的产品和电价结构，获得更多有关行业成本、电网计划信息等。

（四）电力行业必须解决资源环境压力和可持续发展问题

节能与减排，两手都要硬。这方面的具体内容包括：切实引入激励机制，关停低效电厂以减少二氧化硫排放；鼓励在适合发展分散发电方式的偏远地区开发可再生能源项目；采取有效措施，减少温室气体和二氧化硫的排放。竞争性市场取消了现有发电商的统治地位，使新的发电商进入成为可能，并在用户的支持下为投资减少温室气体排放创造了所需的市场环境；有助于激励用天然气发电和其他可再生能源技术取代燃煤电厂。同时，加强对于环境违规的处罚力度，使其违法违规成本大幅上升。

二、保障电力体制改革成果和避免可能付出的代价需要有效监管

从国内外实践来看，通过持续不断的电力体制改革，可以预期最终的成果。建立电力市场化体系，至少将获得以下四方面收益：提升电力工业生产效率、提高电力工业资源配置效率和增加用户选择权，以及在资源环境

保护方面获得可观的收益。

然而，事物的另一方面是，在电力体制改革过程中，可能面临着竞争性电力市场的种种弊端，必须通过强化监管，使电力工业的发展和电力市场的竞争与政府的社会目标不发生冲突，确保多重目标的同步实现。在电力改革和发展中，可能会因为增大的市场价格波动而增加金融风险；商业不确定性的加大可能导致短期投机，使投资受到不利影响；交叉补贴的取消对某些用户造成价格上涨，引发公众和低收入群体的不满；电力及其相关行业尤其是燃料生产行业的就业可能因此减少；实施社会和产业政策的难度增大，会增加一些（但非全部）电力企业的成本，进而影响其竞争地位；甚至引致电力工业研究和开发领域的投入减少，相应地对改善环境质量增加了困难。

因此，必须成立一个专业机构负责管理电力行业的改革进程，促进电力行业改革和发展向既定目标行动，统筹各项改革目标以免出现顾此失彼，并就如何处理电力行业改革的代价，向国家提供政策建议。

三、电力的特殊性和我国经济社会发展现实对行业性监管的要求

电力工业是基础产业，与国民经济其他产业及人们的日常生活关联性极强。电力工业又是一个特殊产业，电力产品的生产、流通与消费表现为发电、输电、配电和售电环节都要通过一个调度指挥系统在瞬间完成。因此，电力安全稳定运行十分重要，无论是电厂、电网，还是电力用户，都必须树立高度的电力安全意识。电力工业还具有明显的自然垄断属性，即在一定的区域范围内，从高压输电到低压配电，建设两个和两个以上的电力网络都是不经济的。电力工业更是公用事业的重要组成部分，电力供应关系国计民生，遍布千家万户，尤其对于边远地区和农村用电，电力系统要责无旁贷地提供社会普遍服务，即以合理价格在领土的每一角落提供持续、优质的基本供电服务。正是电力工业的经济技术特征，导致电力市场

除具有市场的一般性之外，还具有自身的特殊性。特别是电力系统供需双方运行状态的互动相关特性，决定了在电力市场当中必须要有独立于交易双方之外的系统调度机构居中协调，使二者实现动态匹配，才能使电力系统持续稳定运行下去。这是电力市场管理与其他商品市场管理的根本性区别。

电力行业对一个国家经济社会发展具有重要的战略意义，是一个国家能源安全的重要内容。从全球电力市场化改革为电力工业发展带来无限活力的过程来看，有一条重要的经验就是，为促进市场建设、打破垄断，在向有效竞争的过渡转型期间，有必要建立一种监管架构，对现有的市场操纵力加以限制，更好地保护消费者权益，为政府、消费者和投资者建立一个确定和有信心的环境，提高整个行业的发展效率。

对于我国来说，更有经济社会的现实特殊性：国家幅员辽阔，电力工业规模庞大；对于正在进行重组和市场改革的电力行业，缺乏经济和市场行为监管方面有经验的人员和相关的专业技术知识；现有政府管理机构在职能上存在着交叉和重叠现象；尚未建立负责市场行为监管的机构。因此，成立行业性的监管机构，负责电力行业的经济、市场行为和技术方面的监管，更是电力体制改革和电力市场建设过程中的题中应有之义。

第二章 电力监管鲜明的阶段性特征

2002 年，酝酿多时的《电力体制改革方案》正式出台，电力监管由此强势进入人们视野。而其中"设立国家电力监管委员会"的短短数言，则奠定了国家电监会的基调。2003 年 3 月，国家电监会在北京长安街 86 号悄然挂牌，正式开启了我国电力监管的 10 年探索与实践。10 年间，适应经济社会发展的现实需要和电力体制改革进程，电力监管呈现出鲜明的阶段性特征，大体可以分为三个阶段：2002 年到 2006 年为电力监管开端阶段，2007 年到 2010 年为电力监管发展阶段，2011 年到 2013 年为电力监管深化阶段。

第一节 独立电力监管的开端

从 2002 年电改 5 号文正式发布，到 2006 年底，我国电力监管正式起步。在这一阶段，随着电力体制改革和电力市场化建设，电力监管着眼于探索方向和明确目标，积极推进区域电力市场建设；以法制建设为基础，各项工作逐步理顺，监管理念初步形成。

一、电改 5 号文是我国独立电力监管起步的标志

20 世纪 70 年代以来，全球都在寻求变革和融合，以放松管制和市场建

设为核心，电力工业领域的改革也进入探索阶段，掀起了"打破垄断、引入竞争"为主要特点的电力市场化改革浪潮。2002 年我国电力监管的开端，实际上也是此轮探索和实践的延续和扩展。世界电力市场化改革潮流是外因，而集资办电后形成的多家办电格局与电网一家控制之间的矛盾，以及"省为实体"形成的严重省间壁垒，则成为我国电力体制改革加速更具决定性的内因。

2002 年 2 月 10 日，国务院正式颁布《关于印发电力体制改革方案的通知》（国发〔2002〕5 号，业界称为电改 5 号文），明确改革目标为"打破垄断，引入竞争，提高效率，降低成本，健全电价机制，优化资源配置，促进电力发展，推进全国联网，构建政府监管下的政企分开、公平竞争、开放有序、健康发展的电力市场体系"。

电改 5 号文旗帜鲜明地要求"设立国家电力监管委员会"，且作出了原则性规定：第一，国务院下设国家电力监管委员会（正部级）。该机构为国务院直属事业单位，按国家授权履行电力监管职责。电力监管委员会按垂直管理体系设置，向区域电网公司电力调度交易中心派驻代表机构。第二，国家电力监管委员会的主要职责是：制定电力市场运行规则，监管市场运行，维护公平竞争；根据市场情况，向政府价格主管部门提出调整电价建议；监管检查电力企业生产质量标准，颁发和管理电力业务许可证；处理电力市场纠纷；负责监管社会普遍服务政策的实施。

以电改 5 号文出台为标志，我国电力工业进入独立监管、电力市场化改革全面推进的新阶段。在电改 5 号文的指引下，电力体制改革和电力市场化建设步伐加快。2002 年，我国将原国家电力公司的发电和电网业务拆分为五家国有发电企业（中国华能集团、中国大唐集团、中国华电集团、中国国电集团和中国电力投资集团）和两家国有电网公司（国家电网公司和南方电网公司）。两家电网公司都保留一定的装机容量用于保障系统安全。国家电网公司负责管理原国家电力公司除南方五省（区）电网以外的所有输电资产、区域电网之间的电力调度和清算，以及电网规划、建设和运营。

国家电网公司之下成立五个区域性电网公司，即华北电网（包括山东）、东北电网（包括内蒙古东部）、西北电网、华东电网（包括福建）以及华中电网（包括重庆和四川）。南方电网公司则相应地负责经营云南、贵州、广西、广东和海南5省（区）的输配电业务。同时，成立省电网公司，作为区域电网公司的子公司或分公司，负责省一级的输配电、系统运营和零售供电。配电业务应逐步实现财务上的独立核算。如果在同一地区存在多个供电企业，这些企业应共同组建有限责任或股份公司，并按照各自的调度资产比例分配资本权益。市和县级政府所有的电力公司仍维持独立于省电网公司。

同时，政府管理方式在改革过程中不断调整和完善。正式成立国家电力监管委员会作为电力行业的监管机构，负责监督和监管电力市场。撤销国家经贸委并将其电力管理和监管职能分别划入国家发展改革委、国家电监会，由国家发展改革委继续核定电价。对国家电网公司和省电网公司下属的辅助实体、三产企业和多种经营企业进行重组。研究实施竞价上网机制，为电力市场运营和政府监督体系制定规则，建立竞争和公开的区域电力市场，并采用新的零售电价制定机制。针对电厂排放物制定环保电价优惠标准，鼓励无污染能源项目的发展。开展向大用户直接售电的试点探索工作，改变输电企业作为发电企业唯一买方的局面。在"十五"计划之后逐步实施电价改革，所有主要的发电企业都应参与竞价上网，全国绝大部分地区应采用新的电价机制。电价改革进程中，研究配电业务的逐渐分离，将竞价机制引入面向最终用户的售电环节。在特定的市场结构实施之前，先对现行的电价体系进行必要的改善是从现有的市场结构过渡到竞争市场的必要条件之一。

2003年成立的国家电监会按照国务院授权，行使电力监管行政执法职能，并统一履行全国电力市场监管职责。同时，国家发展改革委具有两项核心的电力监管职能：投资审批权和定价权。负责制定电力行业的长期发展规划、环保、技术监管等监管职能仍由相应的部门行使。

二、培育市场和监管市场确立为电力监管主要内容

2002 年以来，我国电力监管面临着诸多现实的新问题：电力工业虽然有了一定基础，但发展水平较低，与经济高速增长和工业化加速转型的要求相比，电力短缺和资源环境压力约束加大，促进电力工业发展、保证电力有效供给在较长时间内始终是我国电力工业最主要的任务；电力监管对象以国有企业为主，其法人治理结构尚未真正建立起来，还不是真正意义上的市场竞争主体，而由于缺乏有效的市场机制，政府依然借助行政手段直接管理电力工业，从而扭曲了市场信号，导致发展成本高、效率低；尽管区域电力市场建设取得了一些进展，但总体上讲电力市场刚刚起步，仍处在培育和建设阶段，还是一个不成熟的市场，电力市场被人为分割，省份间市场壁垒依然严重，影响了资源的配置效率；全球电力体制改革虽然积累了一些经验，但我国的特殊国情决定了电力监管不能简单照搬国外的电力监管模式、套用国外的监管方法和手段，面临有效监管制度和监管手段的缺乏，以及政策不具透明度和稳定性等阶段性特征。

因此，这一阶段的电力监管就是大胆借鉴国内外各种领域的监管实践经验，结合我国电力工业实际，探索既符合市场经济规律又适合我国国情的电力监管体制模式和方法手段。改革初期，国家电监会所推行的三大体系建设最为引人关注，即：一是加强电力法律法规体系建设。抓紧完成《电力法》修订、《电力监管条例》起草工作。二是加强电力市场体系建设。要求"十五"期间，初步建立竞争开放的区域电力市场。三是加强电力监管组织体系建设。希望通过三项建设，实现三个促进：促进电力工业健康发展，促进电力体制改革顺利进行，促进电力安全稳定运行。

三大体系建设不仅贯穿了独立电力监管起步阶段，还持续影响此后各阶段，只是具体内容、外部环境等发生了变化，且在三大体系建设外又有了更进一步的丰富内容。比如法律法规建设，国家电监会 10 年持续发力，无奈外部环境复杂，《电力法》《能源法》等重大法律法规上建树不多；市场

建设也在持续推进，只是由原来的区域电力市场转入灵活电力交易阶段；监管体系建设持续 10 年，虽有突破，实现了全国范围的覆盖，但覆盖力度薄弱，组织机构依然不足。

三、电力监管取得阶段性经验

2002 年到 2006 年，为适应电力工业发展和电力体制改革加深的新形势，我国在探索和实践中对电力监管的理解逐渐加深，对电力监管规律的认识逐渐清晰，电力监管工作的经验也逐渐丰富，而区域电力市场建设的实验和遇挫，则促使电力监管谋求新路径。

（一）服务大局成为电力监管的基本任务

国家电监会成立后，彻底改变了传统体制条件下电力管理主体和管理对象之间不平等的行政隶属关系，实现了监管主体和监管对象的身份平等，确立了监管就是服务的理念，促进了管理理念的转变。5 年间，电力监管机构全面贯彻落实科学发展观，认真贯彻执行党中央、国务院的大政方针，大力推进电力体制改革，积极倡导和谐电力建设，采取有效措施落实节能减排，努力促进电力工业科学发展、和谐发展。实践证明，国家电监会准确把握监管和市场的边界，摆正监管位置，把为电力发展服务、为电力市场主体服务作为监管工作的出发点和归宿，努力为电力发展创造良好的法律环境、市场环境和社会环境，得到了电力市场主体的认可和好评。

（二）解决突出问题成为电力监管的切入点和着力点

虽然没有市场准入、价格审批等核心职能，但国家电监会逐步摸索出一些在市场化条件下实施监管的有效方式，而问题导向是重要方式之一。针对厂网分开后电力发展出现的新情况、新问题，电力监管机构把协调厂网关系、规范市场秩序、维护用户合法权益作为电力监管的重要工作，制定了购售电合同范本及并网调度协议范本，建立了厂网联席会议制度，加强了"三公"调度交易监管。牵头组织和参与了安全生产、供电服务、电价执行、环境保护等多项检查活动，取得了很好的效果。实践证明，电力监管着力解决行业反映强烈、社会普遍关注的突出问题，得到了行业的认可和社会的肯定。

（三）依法监管成为电力监管的主要方式

电力体制改革后，随着政企分开的实现和电力市场主体所有权关系的多元化，单纯地依靠行政手段已经无法适应新形势的要求。电力监管机构成立后，将加强电力监管法规体系建设作为重点，到 2006 年时初步形成了以《电力监管条例》为核心的电力监管法规体系。监管过程中，严格按照法律法规授权开展工作，依法规范监管行为，规范电力市场秩序，加强了对电力企业政策法规、技术标准等执行情况的持续性监管，促进了电力的快速发展和安全稳定运行。实践证明，有法可依，依法监管，使监管活动符合市场经济体制要求，规范了执法行为，树立了电力监管新形象。

（四）信息公开成为电力监管的重要手段

传统上，电力行业属于较为封闭的行业，人们对电力的了解并不充分，由此带来的误解甚至给电力行业的正常发展造成了一定程度的影响。国家电监会成立后，不断加大信息公开力度，在监管工作中引入了监管报告制度，面向社会发布了一批监管报告和监管通报，同时也督促电力企业及时披露相关信息，在社会上产生了较大的积极影响，基本满足了电力行业主体多元化后对于电力信息的现实需求。实践证明，信息公开是发挥监管作用、扩大监管影响、树立监管权威的有效途径。

（五）社会参与成为电力监管的有益补充

作为技术密集型、资金密集型产业，电力行业的管理是一项专业性很强的工作，从经营成本的审核、电价的核定，到对系统安全、普遍服务等方面的管理，都具有很强的专业性。国家电监会成立以来，吸引了相当数量的专业技术人员，成立了电力安全生产专家委员会和电力监管标准委员会，形成了一支具有较高专业水平的电力管理力量。在注重发挥专业监管力量的同时，电力监管机构特别注重广泛动员和吸收行业协会、专业机构、新闻媒体、社会人士等社会力量参与电力监管工作，把专业监管和社会监督相结合，形成监管合力。电力监管机构还加强与各级党委、政府的联系，主动向各级党委、政府汇报工作，争取他们对电力监管工作的领导和支持。实践证明，广泛动员社会力量参与电力监管，紧紧依靠地方政府支持，壮大了电力监管事业，打开了工作局面，提高了工作成效。

（六）推进电力改革成为电力监管的立身之本

电力监管是电力市场化改革的产物。电力改革和电力监管既相互促进，又相辅相成。加强监管有利于推进改革，深化改革也必然要求加强监管。5 年间，电力监管一直是推动电力市场化改革的中坚力量，探索区域市场建设，解决厂网分开遗留问题，培育电力市场主体，探索电力市场交易道路，对于在新形势下持续推动电力体制改革发挥了积极作用。实践证明，在推进电力体制改革中不断拓展监管领域，完善监管职能，更好地体现了监管作用。

2002 年到 2006 年底，电力监管机构围绕着建立符合社会主义市场经济要求、符合当前电力发展水平又依法合规的监管制度和监管办法，开展了诸多监管实践，进行了积极探索，取得了显著成绩，初步形成了以《电力监管条例》为核心的电力监管法规体系，摸索了一些适应电力市场化要求的监管制度和办法，建立了一支具有较高素质和专业水平的监管队伍。最终电力监管建立了依法依规、公平公正、高效透明的监管原则，严格按照法律法规的规定和国务院的授权开展了有效的监管工作，做到规则公开、程序透明、办事公正，转变了监管观念，找准了监管定位，基本跳出了传统电力行政管理模式，初步形成了新时期的电力监管模式。

第二节　独立电力监管的发展

从 2007 年电改 19 号文正式发布到 2010 年，为我国电力监管的发展阶段。在全球金融市场动荡和经济危机不断加深，以至于我国经济社会发展也受到较大影响的背景下，电力监管着眼于电力体制改革和电力市场化建设的完善，以及确保电力稳定可持续发展。

一、电力体制改革面临的新形势和阶段性任务

（一）党的十七大提出新的奋斗目标

2007 年，党的十七大明确提出全面建设小康社会奋斗目标的新要求，成为党团结带领全国人民坚定不移走中国特色社会主义道路，在新的历史起点上继续发展中国特色社会主义的政治宣言和行动纲领。站在 2007 年的历史节点上，我们面临全新的形势和任务。从国内看，我国经济社会发展总体形势较好，继续保持平稳快速发展，国内生产总值（GDP）增长率达到11%，财政收入接近 5 万亿元。然而，经济运行中也出现了一些新情况、新问题。固定资产投资增长过快、信贷投放过多、外贸顺差过大等问题没有得到根本解决，经济增长由偏快转向过热的趋势尚未缓解，价格上涨压力加大，节能减排形势严峻，涉及人民群众切身利益的问题还比较突出。从国际上看，世界经济形势对我国发展总体有利，但各种不确定因素和潜在风险也在增加，金融市场风险增大，石油和粮食价格持续走高，贸易保护主义和投资保护主义加剧，国际竞争更加激烈。针对面临的国内、国际经济形势，党中央、国务院提出，要把防止经济增长由偏快转为过热、防止

价格由结构性上涨演变为明显通货膨胀作为宏观调控的首要任务，实施稳健的财政政策和从紧的货币政策。

（二）电力工业科学发展面临新的挑战

与国家宏观经济形势一样，电力工业继续保持快速、稳定的发展态势，朝着有利于科学发展的方向稳步前进。电力装机再上新台阶，2007年新增发电装机容量9000多万千瓦，全国总装机容量达到7.13亿千瓦，年发电量32599亿千瓦时，同比增长14.4%。电力输送能力进一步提高，全年新增220千伏及以上线路4.15万千米、新增变电容量18848万千伏安。电力节能减排取得明显成绩，当年全国关停小火电机组533台，共计1438万千瓦，超额完成国务院确定的2007年关停目标，全国供电煤耗同比下降10克/千瓦时，减少二氧化硫排放29万吨，对全国节能减排发挥了重要作用。

但是，影响电力工业科学发展的深层次问题仍然存在。电源结构不合理问题依然突出。新增发电装机中火电达到88.2%，全国平均单机容量不足7万千瓦，火电装机中近30%为单机容量10万千瓦及以下小机组。电网建设与电源建设缺乏统筹和协调的现象依然存在。输配电建设滞后于电源建设、城乡配电网建设滞后于主网建设等问题依然存在。随着大容量、超高压、交直流混合、长距离输电工程的投入运行，全国电力系统的复杂性进一步增加。

（三）面对新形势，电力监管工作的任务相当艰巨

电力安全压力大。尤其是奥运年的挑战巨大，奥运会、残奥会前后持续两个月，又恰逢迎峰度夏期间，保证电力供应的压力非常大。不仅要保证赛场、驻地电力供应安全可靠，还要确保全国其他地方不出现大面积停电事故，营造良好的电力安全生产氛围。

随着电力企业走向市场步伐加快，电力体制改革的迫切性增强，"十一五"确定的各项改革任务也需抓紧推进。

节能减排深入开展，带来许多需要研究解决的新现象、新情况、新问题，地方经济社会发展也不断对电力监管提出新要求。

煤价持续上涨使得电力企业尤其是发电企业经营压力加大，矛盾更加突出。如何引导企业妥善处理好经济效益和社会效益的矛盾，成为电力监管需要高度关注的问题。

随着供需矛盾进一步缓和，发电侧的竞争态势更为明显，协调电厂与电网、电厂与电厂之间的矛盾，维护市场公平、公正的任务更加繁重。

按照党的十七大要求，需要进一步推进行政管理体制改革，整合机构职能。政府机构改革和职能整合给电力监管机构自身带来新的考验。

二、电改 19 号文探索电力体制改革新思路

2007 年，中国电力体制改革迎来了新的转折点。4 月 6 日，国务院办公厅转发电力体制改革工作小组《关于"十一五"深化电力体制改革实施意见的通知》（国办发〔2007〕19 号，业界称电改 19 号文），开启了新阶段的电力体制改革。

（一）"十五"期间电力体制改革具有明显阶段性

2002 年电改 5 号文以来，"十五"期间电力体制改革进展就具有明显的阶段性，典型特征就是一些原本希望能够解决的问题因种种原因尚未得到有效解决，最核心的就是电价改革与市场建设。2003 年国务院批准了国家发展改革委拟定的电价改革方案，但其设想始终未能落到实处。区域电力市场建设试点过程困难重重，主辅分离也未能在"十五"期间完成。针对厂网分开后不久出现的大范围停电局面和短缺现象，出现了将原因归咎于电力体制改革的观点。改革的深化也越来越涉及更多利益主体的协调问题。适当调整改革的步骤，放缓一些重要改革的步伐，集中精力加快电力建设，确保电力安全供应，成为"十一五"开端的现实选择。

（二）继续推进体制改革和市场建设

电改 19 号文正式公布后，标志着"十一五"深化改革没有推倒重来、另起炉灶，而是按照电改 5 号文确定的总体方向和主要目标，进一步打破垄断、引进竞争、推进市场化改革。但是，"十一五"的改革依旧难以把电改 5 号文确定的所有任务落实，它仅仅是整个市场化改革进程中间的一个阶段，而要完成整个市场化改革却可能需要一个更长期的过程。因此，"十一五"电力体制改革并没有全面推开，而是更加重视通过试点在实践中探索，不断完善试点方案，寻求稳妥地改革与发展。

（三）更加务实的总体思路

面对新的情况和要求，"十一五"电力体制改革确定了承继延续性的总体思路：针对解决电源结构不合理、电网建设相对滞后、市场在电力资源配置中的基础性作用发挥不够等突出问题，全面贯彻落实科学发展观，着力转变电力工业增长方式，按照《国务院关于印发电力体制改革方案的通知》（国发〔2002〕5 号）确定的改革方向和总体目标，巩固厂网分开，逐步推进主辅分离，改进发电调度方式，加快电力市场建设，创造条件稳步实行输配分开试点和深化农村电力体制改革试点，积极培育市场主体，全面推进电价改革，加快政府职能转变，初步形成政府宏观调控和有效监管下的公平竞争、开放有序、健康发展的电力市场体系。与改革步伐调整相适应，电力监管的侧重点也需进行调整。大规模的区域电力市场建设试验戛然而止，转而走向灵活的电力市场交易。

三、与电力体制改革阶段性特征相适应的电力监管

面对我国经济社会发展的新阶段和新形势，电力监管的思路、任务和重点融合到促进电力工业体制改革和行业发展的实际中，继续进行探索和

实践。狭义的具有竞争性的电力市场由此扩展到广义的"交易即市场"，提升了电力监管的作为空间和活动舞台。

（一）电力监管更加注重促进电力工业科学发展

经济社会的转型需求表明，发展仍然是电力工业的第一要务。但在新的形势下，要保持经济社会的可持续健康发展，就必须改变单纯追求发展速度、不讲质量效益，单纯追求发展规模、不讲资源节约和环境保护的耗竭式发展。为此，国家电监会积极探索和创新科学的监管制度和监管方式，以着力调整优化电力产业结构、推进电力科技进步、统筹考虑电源建设和电网建设、大力开展节能减排为中心任务，促进电力工业科学可持续发展。

（二）电力监管更加注重维护市场公平

改革实践证明，电力市场公开、公平、公正，用户的合法权益得到较好的维护，是电力工业运行秩序良好、系统和谐的主要标志。为此，监管实践中继续大力推进信息公开和信息透明，定期发布监管报告和监管信息通报；着力协调厂网关系，化解厂网矛盾；积极调解电力争议，开展供电服务检查，落实电力普遍服务责任；切实维护电力企业和电力消费者的合法权益。

（三）电力监管更加注重改革创新

在新阶段，电力监管抓住了电力供需形势相对缓和、科学发展观日益深入人心、节能减排力度不断加大的有利时机，积极探索新形势下做好电力监管的有效实现途径，进一步推进电力改革，继续打破垄断、引入竞争、扩大开放，促进电力工业管理体制和运行机制的完善，解放电力工业生产力。改革的路线选择也更加灵活，在夹缝中艰难寻求突破口和切入点，直购电交易、发电权交易、跨省区交易等逐步增加市场因素。

（四）电力监管更加注重监管能力和队伍建设

坚持监管就是服务的理念，以国内外先进成熟的监管经验和成果引领电力监管工作，积极探索用市场经济的办法解决电力工业发展中的问题。进一步建立健全电力监管的基本制度，确保电力监管制度化、规范化、程序化。继续改进监管方法，规范监管行为，提高监管实效。继续加强监管队伍建设，加大业务培训，提高监管队伍素质。特别是 2008 年，面对复杂的经济形势和电力发展形势，以及抗灾保电、奥运保电、迎峰度夏的紧迫要求，电力监管以坚定的信心和明确的定位，不断提高监管能力和水平。

四、电力监管取得阶段性成效

2007 年到 2010 年，尽管电力监管力量依旧较为薄弱，但仍呈现稳步前进的态势。到 2010 年底，电力监管机构基本覆盖了内地除西藏以外的全国所有省（区、市），监管组织体系得到进一步健全，队伍力量得到不断加强，工作关系也得到逐步理顺。这一阶段的电力监管坚持把促进发展、确保安全作为根本目标，坚持把依法依规、公平公正、高效透明作为重要原则，坚持把深化电力体制改革作为完善职能、推进工作的主要方式，坚持把健全体系、完善制度作为重要保障，坚持把培育市场和监管市场作为主要内容，坚持把国外先进电力监管经验与我国国情相结合作为主要方法，保持了电力安全生产总体平稳态势，在促进体制改革和行业发展方面有了新的进展。

（一）监管定位更加清晰

经过几年的实践和探索，电力监管对电力工业发展规律、电力市场规律和电力监管规律的认识日益深化，在监管定位等重大问题上形成了统一认识，为坚持电力监管工作的正确方向，保证电力监管事业的健康发展奠定了思想基础。服务党和国家工作大局成为电力监管的基本任务，解决行业反映强烈、社会普遍关注的突出问题成为电力监管的切入点和着力点，依法监管成为电力监管的主要方式，信息公开成为电力监管的重要手段，广泛动员社会力量参与成为电力监管的有益补充，而推进电力改革成为电力监管的立身之本。

（二）电力市场建设有了更多探索

电力市场是电力监管的立身之本。作为负有推进市场建设之责的监管机构，国家电监会成立后，一直将市场建设作为重要抓手。2007 年之前，以区域电力市场建设为主，六个区域电力市场形成了建设方案，东北电力市场进行了试运行、华东电力市场进行了两次调电试验、南方电力市场进行了模拟运行。2007 年后，区域电力市场建设进入总结阶段，监管机构抓住电力需求放缓的时机，进行调整后向灵活电力交易转变，电力多边交易市场、直接交易试点取得突破，发电权交易、辅助服务市场化蓬勃发展，电力交易品种更加丰富，电力市场在资源配置中的决定性作用逐步体现出来。

（三）行政执法力度不断加强

电力监管实践中，法治精神深刻融入行政执法，依法监管贯穿始终。监管机构坚持一手抓立法、一手抓执法，根据监管工作需要，加快监管法规制度建设，电力监管法规体系日趋完善，基本实现了电力监管的"有法可依"。为实现"执法必严"、真正使法治精神落地，监管机构在相关的派出机构设立了稽查处，执法力量不断充实；开设了罚没收入账户，解决了多年来制约电力监管行政执法工作的一大难题；不断加大执法力度，组织开展专项治理，严肃查处违法违规典型案件，有效维护了电力市场秩序，树立了电力监管权威。

（四）监管方式方法不断创新

电力监管重点不断调整完善，监管方式、方法和手段也进行着相应变化，以便更加适应电力改革与发展的现实需要。服务党和国家大局，主动发挥监管作用，积极开展节能减排监管，把电力供需形势监测预警作为市场监管的重要内容。建立健全监管报告制度，出台了《电力监管报告编制发布规定》（电监会23号令），监管报告数量和质量都有提高。积极运用现代科技手段，开发建设在线监控系统、实时监管信息系统和信息化监管业务平台。在安全监管、供电监管等领域探索应用激励性监管方式，收到了良好效果。引入监管约谈、监管谈话及社会监督员制度，实施定点监管、实时监管，推动了监管手段和方式方法的不断创新。

> **知识链接：**
> **监管报告成为电力监管重要抓手**
>
> 电力监管报告从2005年开始酝酿编写，从"白皮书"到电力监管报告编写和发布制度建立主要经历了三个阶段。2005年至2006年，主要以"白皮书"形式发布电力监管工作。2006年底至2007年初，起草出台了电监会23号令即《电力监管报告编制发布规定》。2007年末至2008年初，电力监管报告编写发布工作初见成效，成为监管工作的重要抓手。
>
> 监管报告是监管行为发生基础上形成的报告，而不是一般的数据统计分析报告或情况综合报告；反映的是特定对象的行为，而不是其他组织或单位的行为；是综合监管的结果，而不是仅仅依靠单一的检查；作为一种监管手段是依法监管，而不是一般的工作检查或调研；是有计划性的监管行为，而不是临时动议或组织的监管行为；所涉及的内容更多的是对企业经济行为的监管，而不是传统的行政管理或技术性监管。
>
> 电力监管报告的编制与发布具有重大而深远的意义：其一，电力监管报告是倒逼监管工作的抓手。引入监管报告制度以后，通过

监管报告编制发布计划倒逼监管工作，督促监管工作的开展。其二，电力监管报告是在市场经济条件下政府行政职能转变过程中监管方式的重大创新，是一种很好的尝试。其三，电力监管报告是在有限的职能下，利用社会舆论监督电力企业的手段。

从实施以来的效果看，电力监管报告的编制与发布，对于推动监管确实起到了很好的作用。如大坝安全监管报告，该报告报送给国务院和各省市政府并向电力企业发布后，引起了地方政府、国网公司、大坝电站等有关单位的强烈反响，大坝安全注册率明显有所提高。供电监管报告发布以后，两家电网公司高度重视，立即整改，起到了监管报告应该发挥的作用。①

知识链接：
国家电监会发布的部分监管报告

电力监管年度报告（2006）

电力监管年度报告（2007）

电力监管年度报告（2008）

电力监管年度报告（2009）

电力监管年度报告（2010）

电力监管年度报告（2011）

2006年电力安全监管报告

2007年电力安全监管报告

2008年电力安全监管报告

2009年电力安全监管报告

2010年全国电力安全监管报告

2011年电力安全监管情况报告

2006年电力系统水电站大坝安全监管报告

---

① 主要参阅谭荣尧2008年7月10日在电监会监管报告与公文处理培训班上的讲话。讲话全文以"关于电力监管报告编写和发布工作的思考"为题载于电监会《研究与参考》。

风电安全监管报告（2011）

2007 年供电监管报告

2008 年供电监管报告

2009 年供电监管报告

2010 年供电监管报告

2011 年供电监管报告

2012 年供电监管报告

2007 年度电价执行情况监管报告

2008 年度电价执行情况监管报告

2009 年度电价执行及电费结算监管报告

2010 年度电价执行及电费结算情况通报

2006 年度全国电力"三公"调度交易情况公告

2007 年度全国电力"三公"调度交易及网厂电费结算情况通报

2008 年度全国电力"三公"调度交易及网厂电费结算情况监管报告

2009 年度全国电力交易与市场秩序情况监管报告

2010 年度全国电力交易与市场秩序监管报告

可再生能源电量收购和电价政策执行情况监管报告（2009）

风电、光伏发电情况监管报告（2011）

重点区域风电消纳监管报告（2012）

"十一五"期间投产电力工程项目价监管情况通报

2007 年度电力企业信息披露及信息报送监管报告

2008 年电力企业执行许可制度情况监管报告

2009 年电力企业节能减排情况通报

2010 年及"十一五"电力行业节能减排情况通报

2011 年度发电机组并网运行情况监管报告

供电企业用户受电工程"三指定"专项治理监管报告（2012）[①]

---

① 资料来源：据国家电监会公布的监管报告整理。

第三节　独立电力监管的深化

2011 年到 2013 年，为我国电力监管深化阶段。在全球经济萧条、经济增长乏力、经济社会发展形势不明朗的背景下，电力监管着眼于服务，保安全、保稳定、保民生、保公平，以专项监管为主要抓手，全面深化了监管的重点内容，将电力监管的实践推向了新阶段。

一、"十二五"电力改革和发展面临的新形势

（一）"十二五"规划和电力工业的新起点

2011 年是实施"十二五"规划的开局之年，电力工业发展站在新的历史起点上。经过"十一五"时期的持续快速发展，我国电力工业取得巨大成就。新增装机容量超过 4.3 亿千瓦，全国总装机容量达到 9.62 亿千瓦，发电装机容量和年发电量连续十六年位居世界第二位，供需紧张矛盾基本解决。电网规模跃居世界第一，全国 220 千伏及以上输电线路总长度达到 44.3 万公里，变电容量 19.7 亿千伏安，基本实现了包括新疆、海南在内的全国联网，超高压输电网技术得到推广应用，电网输供电能力明显增强，供电可靠性提高。电源结构进一步优化，全国水电累计投产 9000 万千瓦，水电总装机容量达到 2.13 亿千瓦；核电在运机组达到 1082 万千瓦，在建核电机组 28 台，3097 万千瓦；风电连续 5 年翻番增长，风电并网装机容量累计达到 3107 万千瓦；大容量、高参数、环保型发电机组比例快速增长，在役火电机组中 30 万千瓦及以上机组比重由 2005 年的不到一半提升到 2010 年底的 70％以上。电力节能减排工作取得成效，累计关停小火电机组超过 7200 万千瓦，供电标准煤耗从 370 克／千瓦时下降到 335 克／千瓦时；全国电网输电线路损失率下降到 6.49％。"十一五"时期电力工业发展取得的成就，

为"十二五"时期电力发展奠定了坚实基础。

（二）国内外经济社会发展面临新的局势

2011年以来，国际金融危机并未结束，世界主要发达国家复苏进程艰难曲折，甚至存在反复的可能性。贸易保护主义抬头，世界经济有望继续恢复增长，但不稳定不确定因素仍然较多。从国内来看，我国宏观经济平稳运行却面临更加复杂的形势，输入性通货膨胀加剧，一些行业产能过剩严重，资源环境约束进一步增强，经济结构调整压力加大，改善民生和维护社会稳定任务艰巨。中央要求全社会正确把握国内外形势的新变化新特点，以科学发展为主题，以加快转变经济发展方式为主线，更加积极稳妥地处理好保持经济平稳较快发展、调整经济结构、管理通胀预期的关系，实施积极的财政政策和稳健的货币政策，增强宏观调控的针对性、灵活性、有效性，加快推进经济结构调整，大力加强自主创新，切实抓好节能减排，不断深化改革开放，着力保障和改善民生，巩固和扩大应对国际金融危机冲击成果，保持经济平稳较快发展，促进社会和谐稳定。

（三）电力监管面临新的要求和任务

从电力监管来看，电力监管事业仍处在爬坡阶段，与中央的要求、电力发展的形势和社会的期望相比，还有相当长的距离。电力市场建设刚刚破题；电力监管的职责手段、监管力量和队伍建设尚不能满足监管工作的实际需要；监管能力有待进一步提高，部门职责有待进一步理顺等。由于煤电价格形成机制没有完全理顺，煤电矛盾以及电力工业发展中的一些深层次问题没有根本解决。电煤供应、运输、煤价、自来水、天气等多种因素相互影响，加之应对气候变化和保护环境的压力越来越大，以及大电网运行的安全风险等，电力发展体制性矛盾与结构性矛盾交织、资源约束与环境约束并存、自然灾害风险与企业经营风险叠加，电力供需不确定性明显，发电设备平均利用小时继续在下降，燃煤发电企业经营困难增加，仍面临亏损面进一步扩大风险，可能直接影响电力正常可靠供应。

二、深化电力监管的新探索

时移势异，以变应变。面对新形势和新情况，电力监管以深化和稳健为核心，重点在服务大局、维护安全、建设市场、能力提升等方面，进一步开展探索和实践。

（一）服务大局，以推进经济发展方式转变为监管目标

围绕中心、服务大局被提升到前所未有的高度，成为践行电力监管的着眼点和着力点。监管机构全面贯彻落实中央关于加快转变经济发展方式的部署和要求，采取有效措施，促进电力结构调整，推进电力节能减排，防止低水平重复建设，以监管促电力工业发展方式转变。

（二）强化安全监管，确保电力安全稳定可靠运行

电网和电源建设规模不断扩大，大电网电压等级不断升高、结构日趋复杂，新能源和可再生能源快速发展，大容量高参数发电机组不断增多，电力系统运行方式更加复杂、控制难度不断加大。加之自然灾害、极端天气、外力破坏等因素日益增多，电力安全生产形势依然严峻。为此，国家电监会一直将安全监管放在首位，作为工作中的重中之重。

（三）加快体制改革，坚定不移推进市场建设

"十二五"规划的实施、电力供需形势的进一步缓和为推进电力市场化改革提供了难得的机遇，抓住机遇、乘势而为，大力推进电力体制改革，充分发挥市场优化配置资源的决定性作用，运用市场化手段解决电力工业发展中的矛盾和问题，成为市场建设的主题。尽管由于外部环境因素影响区域市场建设依然停滞，但发电权交易、直购电试点、竞争性跨省区电能

交易等均取得新进展。

（四）坚持公平公正，维护市场秩序和市场主体合法权益

电力供需形势进一步缓和，发电侧的竞争态势更为明显，协调厂网矛盾，协调电源之间矛盾，维护市场公平、公正的任务，成为监管的重要任务。尤其是监管机构开展的居民用电服务质量监管专项行动，切实维护了广大人民群众的根本利益，受到党中央、国务院的充分肯定，受到地方政府和人民群众的热烈欢迎，也受到电力企业的大力支持，实现了多方共赢。2013 年初，监管机构的专项行动升级为人民群众用电满意工程，持续发挥着服务民生的重要作用。

（五）注重能力建设，为电力监管事业持续发展提供保障

电力监管面临的新形势给电力监管工作提出了新任务，也给监管队伍提出新要求，进一步加强监管能力建设，建设一支政治素质硬、业务能力强的电力监管队伍，成为有效开展电力监管工作的重要保障。2012 年 12 月 6 日，国家电监会华中电监局西藏自治区业务办在拉萨揭牌成立，标志着全国 31 个省（区、市）全部设立了电力监管机构，实现了电力监管机构的全覆盖。

三、形成电力监管的新思路

作为电力监管深化阶段，2011 年和 2012 年是中国电力监管历史上极为重要的两年。电力监管机构立足于国家产业政策要求和经济社会发展实际，以及电力监管实践，深入探索创新，形成了电力监管新思路。这条思路包括如下内容：一是全面贯彻党中央、国务院的各项方针政策，自觉维护国家电力能源战略利益和战略安全，坚持科学发展，促进电力事业又好又快发展；二是积极稳妥务实推进电力体制改革，建立完善符合市场经济要求的、

充满动力活力的、公正公平公开的电力发展机制体制；三是坚持执政为民，通过有效监管，实现好、维护好、发展好人民群众的根本利益，正确处理好国家利益、地方利益和企业利益的关系，为我国经济社会发展提供可靠的电力保障。

从这一思路出发，电力监管要求：以完善法规、建立制度、规范程序为重点，以宣传教育、严格管理、强化监督为保障，以提高干部队伍的监管能力和水平为基础，一切依照法律法规办事，严禁随心所欲，既不能失职不作为，又不能渎职乱作为；视公正公平原则为监管的生命，平等对待每一个监管对象，公正调解每一起市场纠纷，公平维护电力投资者、经营者、使用者的合法权益，不偏袒、不歧视，切实做到大公无私、公道正派、公正权威、公平合理；牢固树立政治意识和大局意识，紧紧围绕党和国家中心工作，坚持寓监管于服务之中，胸怀大局，立足本职，履行职责，服务国家能源战略，服务地方经济发展，服务电力行业和电力企业；坚持以人为本、执政为民，实现好、维护好、发展好人民群众的根本利益，一切以老百姓的根本利益来检验工作成效，确保人民群众安全、可靠、放心、满意用电。

因此，完善电力监管法律法规，保障电力安全可靠运行，维护电力市场公平公正秩序，保护广大电力用户合法权益，推进电力体制机制改革，推动电力交易市场建设，提高电力监管效能，成为电力监管的主线。对于重大监管任务、重大改革任务、重大监管服务等理念和工作的形成和提出，则成为了电力监管的核心内容。

第三章 电力监管全方位推进

10 年间，围绕监管与服务，电力监管机构强化基础、突出重点、依法履职。从区域电力市场试点，到推进灵活电力交易，电力体制改革和电力市场建设逐步深化；从完善制度、建立机制到调解纠纷、查处案件，电力稽查及行政执法进一步得到加强；从经济性监管到社会性监管，电力安全监管、市场秩序监管、节能减排监管、供电服务服务监管等全面展开，维护了良好的市场秩序，确保了电力持续安全可靠供应和行业节能减排目标的实现。

第一节 保障电力安全稳定运行

电力安全无小事。电力工业是国民经济重要的基础产业，也是重要的公用事业。电力安全事关国家安全和社会稳定，与人民群众的生产生活密切相关。做好电力安全生产工作，既是电力行业、电力企业义不容辞的社会责任，也是国家电监会履行安全监管职责、促进电力行业安全平稳高效运行的内在要求。10 年间，电力监管机构始终坚持以人为本、安全发展的理念，把电力安全发展作为电力发展的基础，把确保电力系统安全稳定运行和电力可靠供应作为电力监管的头等大事，坚持安全第一、以防为主、综合治理的方针，建立完善安全监管的体制机制，协同保障电力安全可靠供应。

一、制定出台规章制度，强化电力安全生产法制作用

2003 年 12 月 5 日，国务院办公厅印发《关于加强电力安全工作的通知》，要求加强法规建设、切实落实电力安全生产责任制，完善调度协调体系、建立有效的电力安全应急机制，进一步做好电力安全生产工作，并明确授权国家电监会具体负责电力安全监督管理，确保电力安全成为电力监管机构的一项重要政治责任。

无规则不立，建章立制在电力安全生产监管中扮演着十分重要的角色。10 年间，以《电力监管条例》等法规为依据，明确了政府、监管机构、电力企业和电力消费者承担的职责；结合电力大机组、大电网、高电压的发展状况，制定了电力安全监管办法、电力应急预案等部门规章，出台了若干做好电力安全工作的办法、措施，与时俱进地完善相关规章、规程和标准，成为做好电力安全工作的基本保证。2011 年《电力安全事故应急处置和调查处

知识链接：

抗冰保电

2008 年 1 月 12 日到 2 月 4 日，我国南方、华中和华东地区先后四次遭受低温雨雪冰冻气候袭击，19 个省份受到影响。浙江、安徽、福建、河南、湖南、湖北、江西、四川、重庆、广东、广西、云南和贵州共 13 个省份的电力系统运行受到影响，多片电网解列。

1 月 28 日，全国拉闸限电省份达 19 个，拉限负荷 3997 万千瓦，占全国统调最高负荷的 10.80%。全国因灾害停运电力线路 36740 条，停运变电站 2018 座，110 千伏及以上电力线路因灾倒塔 8381 基。全国停电县（市）多达 170 个，部分地区停电时间长达 10 多天。灾害还造成部分铁路牵引变电站失电，京广、沪昆、鹰厦等电气化铁路中断运行。2 月 2 日，全国范围内因缺燃料而造成发电停机共 4240 万千瓦，占全国总装机容量的 6.00%，占火电总装机容量的 7.70%。

理条例》（国务院第 599 号令）的颁布施行，则成为 10 年间电力安全法规建设的重要标志。

二、建立健全安全监管工作机制，强化安全宣传和培训

建立有效的工作机制，强化宣传和培训，是做好安全监管的重要内容。在监管过程中，监管机构重点建立了安全生产协调、事故应急响应和调查处理机制，确保沟通顺畅、快速反应、有效应对；科学、准确、及时地调查处理电力安全事故，避免因人为原因扩大事故损失和影响，确保将事故损失降到最低；加强电力安全宣传教育和专业培训，深入开展"安全生产月"等活动，推进电力安全生产标准化达标工作，强化电力安全文化建设，让安全生产切实入心、入脑、入行动；进一步强化安全培训

低温雨雪冰冻灾害发生后，国家电监会认真落实党中央、国务院的决策部署，快速响应，成立了电力应急办公室和抢修电网指挥部，汇总分析受灾地区电力系统运行、受损等情况，协调处置电网恢复和抢修工作中的重大问题，为党中央、国务院正确决策和电力企业迅速开展救灾保供电工作提供了重要依据；派出工作组和检查组对抗灾抢修工作进行指导和检查，积极协调各方力量支援电网抢修，提前实现了抢修电网恢复重建目标。①

知识链接：

抗震救灾

2008 年"5·12"四川汶川特大地震灾害发生后，电监会快速反应，紧急动员，迅速组织开展抗震救灾保电工作。灾害发生当日，电监会立即宣布进入 I 级应急状态，召开紧急会议部署抢险救灾保电工作，组成工作组立即赶赴四川、甘肃灾区指导电力抗震救灾工作，帮助电力企业解救受困人员、制定抢修方案，保障、调配抢修力量、抢修物资和设备，指导大坝排险、电网修复、对口支援和复产安置，并在成都成立四川抗震救灾保电工作指挥部。

其间，对地震灾区水电站大坝受损情

---

① 资料来源：国家电监会：《电力监管年度报告（2008）》。

况逐一排查，监控岷江流域上游干支流已投运的 14 座水电站，调集全国水电和坝工专家对受损大坝进行安全风险分析和评估，协调军队、运输直升机和武警支援，成功排除了太平驿、映秀湾、耿达、铜钟等四座大坝险情，完成了 70 余座水电站大坝排查任务，保障了大坝安全，有效降低了次生灾害风险。

同时，建立协调机制支持灾区电力企业加快电力设施恢复。积极协调解决东方汽轮机厂抢险用电、华能太平驿电站职工被困、卧龙自然保护区柴油发电、灾区供水所需小型发电机等问题。为平武、青川、剑阁等重灾县 50 多家电力企业恢复重建提供支持和帮助，协调解决群众安置点供电问题。

经过 3 个月的艰苦努力，电力行业抗震救灾恢复重建任务基本完成，抗震救灾保电工作取得了全面胜利。电监会四川抗震救灾保电工作指挥部被党中央、国务院、中央军委授予"全国抗震救灾英雄集体"称号，电监会大坝中心被全国总工会评为"抗震救灾重建家园工人先锋号"。①

工作，要求电力安全生产管理人员做到培训合格、持证上岗。这些做法和措施，对保障安全发挥了较好的作用。

三、深入开展隐患排查和整改，加强重要用户的安全监管

隐患难以避免，日常的排查和整改就显得至关重要。监管机构针对电力安全生产存在的薄弱环节和潜在风险，尤其是关键输电通道、负荷密集电网、重要二次系统、大机组大电厂、风电场和电力建设施工等，及时组织排查和整改，排查不留死角、整治不留后患，确保安全生产可控、能控、在控。仅在 2012 年，监管机构就对 4500 家电力企业开展了隐患排查治理工作，行业覆盖面达到 99.6%，排查出一般隐患 38 万余项，当年整改率达到 97%；排查出重大隐患 240 项，当年整改率达到 77.1%；未完成治理的重大隐患均列入整改计划，共落实治理资金 29.9 亿元，有效解决了安全生产中的突出问题。①

---

① 资料来源：国家电监会：《电力监管年度报告（2008）》。

四、不断提升应急管理能力，成功应对频发多发严重自然灾害

2007 年以来，监管机构的应急管理能力历经严峻考验。2008 年尤其如此，从年初我国南方发生历史罕见的低温雨雪冰冻灾害，到四川汶川"5·12"大地震袭来，国家电监会都是快速反应，第一时间赶赴现场，组织、协调救灾保电、恢复重建。在甘肃舟曲泥石流、青海玉树地震、沿海地区频发台风灾害等重大事件事故面前，国家电监会均提交了满意答卷。与此相应，国家电监会在应急管理能力建设上付出了诸多努力，大力推进联合应急演练，提高全社会应对电网大面积停电事故的反应速度和处置能力。在国家电监会指导下，电力行业应急管理水平显著提高。出现突发事件后，监管机构基本上可以实现快速反应，确保人员、物资、技术到位，协同作战。

知识链接：

奥运会保电

2008 年，为保证奥运期间全国电力系统安全稳定运行和电力可靠供应，按照党中央、国务院的统一部署，国家电监会提前行动，制定了《保证北京奥运会和残奥会电力安全总体工作方案》和五个专项工作方案；组织成立保证北京奥运会和残奥会电力安全工作协调领导小组，召开专题会议，对奥运保电工作进行全面部署；积极协调公安、武警等部门，落实涉奥电力设施保卫警力，督促电力企业提高电力设施反恐怖和防破坏能力；启动电力应急 24 小时警戒值守，密切监测涉奥地区、比赛场馆、重要用户以及涉奥重大活动场所的供电安全和全国重要发电厂电煤情况，建立快速高效的应急工作机制。通过一系列扎实的工作，奥运期间，没有发生一起因停电影响奥运比赛和奥运重大活动的事件，实现了确保奥运供电万无一失的工作目标。国家电监会主要工作情况包括：

◆ 4 月 24 日，组织成立保证北京奥运会和残奥会电力安全工作协调领导小组，统筹协调奥运保电重大事项和重要问题。

◆ 4 月 29 日，召开全国电力安全生产委员会第八次（扩大）会议，明确北京奥

运会和残奥会期间电力安全生产工作的任务和要求。

◆ 5—7月，电监会各派出机构分别组织督查组对辖区内电力企业安全生产隐患排查治理工作进行了专项督查，确保奥运期间全国电力系统运行安全。

◆ 8月初，开展以北京电网以及外围输电通道和电网安全监督检查，对重要涉奥单位178个配电室的电工进网作业持证情况开展检查，通过检查和督促整改，涉奥单位进网作业电工持证合格率由32.50%上升到98.30%，保障率达100%，为奥运保电提供了人员和技术保障。①

五、顺利完成保电任务，重大活动保电无一失误

10年间，重大活动保电任务比较频繁。北京奥运会无疑是其中最为重要的保电活动之一，时间长、任务重、难度大，在重大活动保电中最具代表性、典型性。从结果上看，奥运保电战取得全面胜利。奥运期间，没有发生一起因停电影响奥运比赛和奥运重大活动的事件，实现了确保奥运供电万无一失的工作目标。此外，2007年党的十七大，2009年新中国成立60周年，2010年上海世博会、十六届广州亚运会，2011年建党90周年纪念活动、第26届深圳大运会、西安世园会、乌鲁木齐首届中国—亚欧博览会，以及常规重大保电如全国"两会"期间、国庆等，没有出现任何一次失误。

知识链接：

世博会保电

2010年5月1日至10月31日，第41届世界博览会在上海举办。世博会保电工作自3月10日开始实施，历时近8个月，是近年来保电工作时间最长的一次。

世博会期间共有246个国家和国际组织参展，7300多万人次参观世博园，累计举办各种活动2万余场。保电任务涉及华东、华北、华中、西北等4个区域的电网企业和发电企业，包括475座变电站

---

① 资料来源：国家电监会：《电力监管年度报告（2008）》。

（换流站）、61家发电厂、园区内外533家电力重要用户，保电工作点多线长面广。同时，世博保电适逢迎峰度夏，上海遭遇百年一遇的持续极端高温天气，高温天气数累计达30天，上海电网负荷屡创新高，保电工作任务异常繁重。

面对艰巨而光荣的任务，国家电监会系统和电力企业从电网建设、供电保障、应急管理、优质服务等方面开展了一系列卓有成效的工作：建立健全了保电工作组织体系和工作机制，高标准高要求地做好世博保电准备工作，全力保障华东电网和上海电网安全可靠运行，全力确保电力设施安全和信息网络安全，高效、有序地开展电力应急工作。

2010年10月31日，持续整整5个月的上海世博会落下帷幕。上海世博会期间，国家电监会系统和电力企业广大干部职工按照党中央、国务院的统一部署，以对党和人民高度负责的精神，发扬讲大局、讲政治、讲奉献的优良传统，成功践行了上海世博会保电工作万无一失的庄严承诺，为举办一届成功、精彩、难忘的世博会作出了突出的贡献。[1]

知识链接：

亚运会保电

2010年11月12日至12月19日，第16届亚运会、第10届亚残运会相继在广州举办。此次亚运会、亚残运会是继我国成功举办北京奥运会残奥会、上海世博会之后的又一次国际性盛会。保供电任务涉及广州、佛山、东莞、汕尾4个城市，直接涉及南方、华中等两个区域电网，场站分布范围广、点多线长、环境复杂，保电任务十分艰巨。

在党中央、国务院的统一领导下，国家电监会系统和电力行业

---

[1] 资料来源：国家电监会：《电力监管年度报告（2010）》。

广大干部职工团结协作、竭尽全力，确保了亚运会期间电力安全生产的持续稳定，保证了南方电网和广东电网的安全稳定运行，为成功举办广州亚运会作出了突出贡献。回顾这次亚运保电，电监会系统和电力企业开展了一系列卓有成效的工作。

在国家电监会系统和广大电力行业干部职工的共同努力下，亚运期间，所有比赛场馆、重要用户做到了"零停电"，电网及涉亚设备做到了"零事故"，实现了亚运保电工作的"万无一失"。①

六、加强电力可靠性监管，电力供应更加稳定可靠

2006 年，电力可靠性管理正式纳入国家电监会监管体系，可靠性监管成为电力安全监管的重要内容之一。同年 4 月，国家电监会和中国电力企业联合会（以下简称中电联）召开了 2006 年电力可靠性指标发布会，是双方首次共同发布电力可靠性报告。2007 年 4 月，国家电监会颁布实施《电力可靠性监督管理办法》（国家电监会第 24 号令），成为电力可靠性管理历史上的第 4 份制度文件，目前仍为现行规章，是全行业电力可靠性管理工作开展的根本依据。

从表 2-2—表 2-4 的数据中可以看出，10 年间，电力可靠性得到了明显提升。

表 2-2　40 兆瓦及以上容量水电机组近五年运行可靠性指标

统计指标	2008	2009	2010	2011	2012
统计台数(台)	470	503	580	641	718
平均容量(MW/台)	169.14	185.65	191.48	196.32	191.33

---

① 资料来源：国家电监会：《电力监管年度报告（2010）》。

续表

统计指标	2008	2009	2010	2011	2012
运行系数(%)	54.73	49.16	49.98	44.89	50.71
等效可用系数(%)	92.86	92.48	92.70	92.22	92.47
等效强迫停运率(%)	0.09	0.04	0.15	0.18	0.07
非计划停运次数(次/台年)	0.62	0.54	0.64	0.45	0.34

表 2-3　核电机组可靠性指标

年份	统计台数(台)	平均容量(MW/台)	运行系数(%)	等效可用系数(%)	等效强迫停运率(%)	非计划停运次数(次/台年)
2008	11	814.36	86.98	86.76	0.85	0.45
2009	11	814.36	88.92	88.43	0.18	0.46
2010	11	814.36	90.06	89.84	0.10	0.27
2011	13	823.4	89.41	88.21	0.03	0.09
2012	15	830.01	90.08	89.00	0.09	0.27

表 2-4　架空线路等 13 类输变电设施主要指标情况

类别	可用系数(%)		强迫停运率		非停时间		计停时间	
	2012	2011	2012	2011	2012	2011	2012	2011
架空线路	99.813	99.699	0.057	0.085	3.95	3.14	12.45	23.26
变压器	99.853	99.787	0.128	0.0197	0.21	0.08	12.65	18.54
电抗器	99.821	99.634	0.205	0.054	0.24	0.36	15.42	31.73
断路器	99.965	99.941	0.092	0.115	0.05	0.05	3.03	5.15
电流互感器	99.973	99.957	0.012	0.048	0.01	0.11	2.37	3.62
电压互感器	99.969	99.956	0.033	0.031	0.09	0.02	2.60	3.81

类别	可用系数(%)		强迫停运率		非停时间		计停时间	
	2012	2011	2012	2011	2012	2011	2012	2011
隔离开关	99.983	99.985	0.010	0.015	0.01	0	1.48	1.28
避雷器	99.972	99.955	0.006	0.015	0	0.01	2.42	3.93
耦合电容器	99.978	99.973	0	0.032	0	0.01	1.91	2.33
阻波器	99.982	99.990	0	0.025	0	0.00	1.59	0.91
电缆线路	99.990	99.936	0	0.052	0	0.15	0.91	5.42
组合电器	99.994	99.972	0.015	0.004	0.02	0.01	0.49	2.44
母线	99.974	99.965	0.020	0.043	0.01	0.02	2.23	3.05

资料来源：电力可靠性管理中心全国电力可靠性指标年度报告。

七、加强队伍建设，不断提升安全监管履职能力

人才是电力安全最重要、最根本的保障之一。如何打造一支适应现代电力安全需要的监管队伍，是电力监管机构面临的一个现实而迫切的问题。国家电监会高度重视队伍建设，选强配齐一线人员，逐步建立健全全国电力安全专家库，开展应对突发事件综合演练，分批进行应急技能实操培训，电力安全监管队伍履职能力进一步提升，基本适应了电力安全监管工作现实需要。

八、多措并举打造合力，促进企业主体责任落实

我国电力工业规模庞大而复杂，发电企业达20000家以上，县级以上供电企业3000多家。与此相比，国家电监会系统的机构和人员就显得"捉襟见肘"，要承担起事关重大的安全监督管理责任，必须以落实企业主体责任为核心。2006年，我国初步建成由国家电监会、区域电监局和省级电监

办组成的电力安全监管体系，搭建了全国电力安全生产委员会、全国电力安全生产专家委员会等安全监管协调工作平台，形成了政府综合管理、监管机构依法监管、电力企业各负其责、社会各界广泛支持的电力安全生产新格局。通过电力安全监管机构和电力企业的共同努力，电力安全生产形势保持了总体平稳，保证了国民经济发展和人民生活水平提高对电力的需求（见图 2-3）。

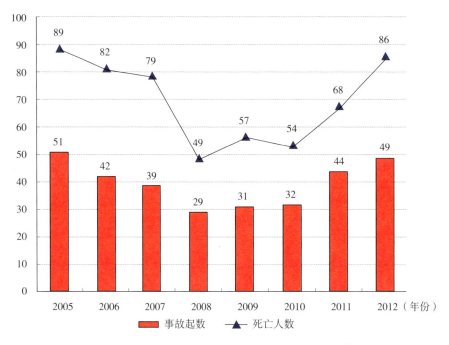

图 2-3　人身伤亡责任事故、人数同期比较①

10 年间，监管机构通过强化电力安全监管，与电力行业广大干部职工协同作战，克服了电力装机容量快速增长、电网规模不断扩大、电力系统复杂性明显增加等对电力安全带来不利影响的因素，在有限的监管机构和专业人员的条件下，全国没有发生重大以上电力人身伤亡事故，没有发生

①　资料来源：国家电监会历年发布的电力监管年度报告。

重大电力安全事故，没有发生较大电力设备事故，没有发生电力系统水电站大坝垮坝、漫坝以及对社会造成重大影响的事件，没有出现电网大面积停电事件，实现了我国电力工业保持了安全生产总体稳定的良好局面。

第二节　维护良好电力市场环境

从政企合一到政企分离，电力公司的企业属性在改革中不断明晰和强化。电力行业虽然具有技术经济上的独特性，但作为企业主体，电力企业与普通企业依然存在一般性。作为存在于社会机体中的组织，电力企业需要社会为其创造良好的经营环境，使其在信息尽可能对称、交易成本尽可能最低、游戏规则尽可能健全的环境中生存、发展。在我国，当电力监管机构被赋予"制定电力市场运行规则，监管市场运行，维护公平竞争"等核心职责之时，在监管中，创造和维护良好的电力市场环境，就成为监管工作中的重要内容。10 年间，国家电监会加强市场准入监管，确保进场的都是合格市场主体；加强电力交易监管，维护交易电力市场的公平、公正；强化成本价格监管，在推进电价机制的形成上作出了实质性的贡献。

一、强化市场准入监管，培育合格的市场主体

颁发和管理电力业务许可证是国务院赋予电力监管机构的一项重要行政许可职能，是维护电力市场秩序不可或缺的重要内容。2003 年 9 月，根据中央编办〔2003〕131 号文件，国家电监会成立电力业务资质管理中心，作为国家电监会从事电力业务许可管理的专门机构，统一负责全国电力业务许可证颁发等职责。近 10 年间，电力监管机构认真组织开展电力业务许可证（发电类、输电类、供电类）、承装（修、试）电力设施许可证和电工进网作业许可证的颁发和管理工作，履行市场准入监管职责，规范进入市

场的主体资格，完善市场进入和退出机制，培育了大批合格市场主体，积极促进了市场有序竞争。

（一）把握职责定位，建立健全组织管理体系

科学的架构、明确的职责和工作目标，是开展资质管理和市场准入监管工作的立足点。市场准入职责主要包括：拟定电力监管行政许可及资质管理规章、制度和许可条件标准；统一组织全国电力业务许可证受理、审核和颁发工作，以及持证企业许可证变更、延续和注销管理工作；组织开展电力监管行政许可及资质管理制度执行情况的监督检查；组织开展持证企业常态监管工作；组织开展对违反许可制度行为的调查，并依法实施市场退出；组织实施电工进网作业许可证考试；负责资质许可等证照管理。

建立统一的组织管理体系，是有效开展资质许可管理和市场准入监管工作的根本保障。组建资质管理中心后，国家电监会结合许可工作实际，在各派出机构设立了资质处，形成了资质管理中心统一管理、各派出机构分级实施的行政许可管理组织体系。同时，国家电监会还理顺了会内各部门和资质管理中心、资质管理中心和派出机构之间在许可监管方面的关系，合理界定许可监管工作中的职责分工，形成整个国家电监会一盘棋开展许可管理工作的良好局面。

（二）把好准入和退出关口，确保市场参与主体的合法性

适时研究出台规章制度，不断完善许可监管工作的制度体系，是依法合规开展资质管理和市场准入监管工作的制度保障。10 年间，国家电监会不断完善市场准入和退出条件，健全市场准入和退出制度，把好"入口关"和"退出关"。以《电力业务许可证管理规定》（国家电监会第 9 号令）、《承装（修、试）电力设施许可证管理办法》（原为国家电监会第 6 号令，后经修订为国家电监会第 28 号令）、《电工进网作业许可证管理办法》（国家电监

会第 15 号令）为核心，出台了 10 多项配套规章制度，形成了比较完善的许可管理法规体系，使得电力市场准入和退出均有法可依，基本实现了有序准入和依法退出。

（三）依法依规颁证，全面实现许可普及

全面普及许可证是资质管理和电力市场准入监管工作的基石。根据总体工作目标，到 2015 年，实现电力市场主体普遍依法持证经营，从业人员资质合格、行为规范，电力市场准入监管能力明显提升，公开、公正、公平的形象得以确立，许可证综合功效得到有效发挥，市场准入监管制度、体系和工作机制建设取得重大进展，基本形成全面普及、统一规范、权责清晰、运转协调、廉洁高效的电力市场准入监管体系。10 年间，国家电监会一步一个脚印，一年一个台阶，团结奋战，扎实工作，认真履行职责，不断向着总体目标而努力，取得了较好的成绩。从 2005 年颁发第一张许可证开始到 2013 年底，全国累计颁发发电类许可证达到 22000 家（装机容量 6000 千瓦及以上的达到 5415 家），输电类电力业务许可证 40 家，供电类许可证 2993 家，除少数不具备许可条件的企业

> **知识链接：**
>
> **国家电监会颁发的各类首张电力业务许可证**
>
> 2005 年 4 月 6 日，国家电监会向东电送变电工程公司颁发了承装（修、试）电力设施许可证。这是国家电监会成立以来正式颁发的第一张许可证。
>
> 2006 年 1 月 17 日，国家电监会向华能国际大连电厂颁发了全国第一张发电类电力业务许可证。
>
> 2006 年 1 月 24 日，国家电监会向国家电网公司颁发了全国第一张输电类电力业务许可证。
>
> 2006 年 12 月 14 日，国家电监会向云南电网公司昆明供电局颁发了全国第一张供电类电力业务许可证。[①]

---

① 资料来源：《国家电力监管委员会十年概览》。

外，全国发电、输电和供电企业基本实现了普及持证；全国累计颁发承装（修、试）电力设施许可证达到 13337 个，电工进网作业许可证 225 万多个，为 116 万人办理了电工进网作业续期注册。

（四）把脉现实问题，有效组织开展专项检查

组织开展专项检查，是资质许可管理和市场准入监管工作的重要手段。伴随着许可制度的逐步建立和许可证的大规模颁发，2007 年以来，国家电监会及时启动了电力业务、承装（修、试）和进网作业电工许可制度执行情况专项检查工作。2012 年，结合中央部署开展工程建设领域出租出借资质专项清理，国家电监会重点组织开展了全国接入地区调度及以上发电企业许可证持有情况排查、全国 330 千伏及以上电网主网架工程许可制度执行情况排查、全国电力工程领域出租出借承装（修、试）资质专项清理、电力业务许可制度执行情况定点核查等工作。几年间，根据专项检查情况，国家电监会发布了多份电力业务许可制度执行情况监管报告和专项监管报告。从几年的检查结果看，相关市场主体持证经营的整体意识显著增强，许可证的功效得到了逐步发挥。

> **知识链接：**
>
> **某自备电厂无证经营**
>
> 某企业自备电厂，无核准文件、无发电业务许可证，在自发电量不足和为多发水电腾出发电空间的情况下，由当地省电力公司根据省有关部门要求组织电量，用电价格执行省电力公司平均购电价加政府基金和附加及 70—90 元 / 千千瓦时的网供费；自发电量有余时，抵扣用网电量后，其上网电价按用电价格执行，即允许上下网电量"借还"和互抵。2008 年该电厂投产运行后，发电量逐年上升，2010 年利用小时数高达 7400 小时，是该省 30 万千瓦机组计划利用小时数两倍以上。[①]

---

① 资料来源：国家电监会：《2010 年度全国电力交易与市场秩序监管报告》。

（五）支持不同所有制主体平等进入电力市场，促进市场公平开放

从所有制构成来看，发电类持证企业所有制呈多元化格局，承装（修、试）领域的民营企业发展势头迅猛，成为我国电力承装（修、试）市场的主力军。电力监管机构 2013 年初发布《2012 年承装（修、试）电力设施许可制度执行情况监管报告》显示，全国持有承装（修、试）电力设施许可证企业 12151 家，其中民营企业占比达到 75.3%。

（六）后续监管加强，许可证作用逐步显现

许可证普及和对持证企业后续监管的加强，让许可证的准入关口作用不断显现。发电类许可证在配合电费结算、签订购售电合同和并网调度协议等专项监管方面的功效不断得以强化，电工进网作业许可证在保障电力生产安全和提升电工技能方面的功效明显提升，承装（修、试）电力设施许可证在促进市场有效竞争和保障电力安全等方面的作用日益突出。

同时，许可监管促进了电力企业节能减排、淘汰落后产能和结构调整。电力监管机构严把新建电力设施准入关，对应关停的小火电机组及时进行了许可证注销管理，对未按规定完成脱硫设施等建设的新建燃煤机组不予许可等，促进了电力行业上大压小、脱硫脱硝和淘汰落后产能等治理工作。对一些已经建成的高效、节能、环保型未核准机组研究下发临时运营意见，进一步促进了电力节能减排。

二、加强价格成本监管，为理顺电价机制创造条件

尽管在电价方面获得的授权十分有限，但国家电监会在职责范围内努力将权限用好、用到位，通过电力价格与成本监管，促进了电力企业提高竞争力，规范企业经营行为，建立公开、公平、公正的电力市场秩序，为进一步继续深化电价改革、逐步理顺电价机制打好基础，创造了较为有利的条件。

（一）出台电价监管规章制度，促进电价监管规范化

根据《电力监管条例》的有关规定和中编办《关于明确发展改革委与电监会有关职责分工的通知》中规定的职责，监管机构研究制定并陆续出台一批电价监管的规章和规范性文件，包括《跨区域输电价审核办法》《输配电价格成本审核办法》《输配电成本监管暂行办法》《电力辅助服务收费管理办法》和《电价监督检查管理办法》等，基本建立了较为完善的价格成本监管制度体系，使电价监管做到有法可依、依法监管，成为加大电价监管力度、规范电价行为、维护电力市场秩序、保护市场主体合法权益的有效基础。

（二）认真做好成本经营状况预警监测分析，提出对策建议

10 年间，电力企业尤其电火电企业赢利状况大起大落，犹如过山车。以五大发电集团为例，前 5 年实现持续增长，2007 年实现利润 317 亿元。2008 年煤电矛盾集中爆发，加之此前快速扩张的账务成本影响，火电出现全行业亏损，五大发电集团当年亏损 331 亿元，4 年累计亏损 921 亿元。加入煤炭、金融、科技、环保等非电板块以及水电、风电等清洁能源板块利润后，4 年合计利润也仅 291 亿元，平均每家每年利润不到 15 亿元，与其巨大的资产规模严重不匹配。2012 年，主要由于煤炭市场出现逆转，五大发电集团实现利润 460 亿元。为及时掌握火电企业情况，电力监管机构及时建立了火电企业成本与经营信息报送制度，较好地掌握企业资产、负债、收入、成本、利润状况等指标情况，尤其是启动了火电成本监测工作。2011年 9 月，国家电监会专题调研 9 个省份新建及改造脱硝机组的投资、运行等成本情况，形成政策建议上报国务院，促成同年 11 月国家在 14 个省份试行脱硝电价政策。

（三）坚持"管住中间"，强化输配电环节成本和价格监管

按照电力体制和电价改革的方向，竞争性的发电、售电价格将逐步由市场竞争形成，垄断性的输、配电价格由政府制定。电力监管机构科学界定输、配电界面，明确输、配电的成本构成，选择相关企业进行监管试点，重点是对国家电网、南方电网及所属 30 家省级电网企业的输配电成本及财务情况进行了统计、汇总、分析，将有关情况发布通报。一直以来，输配电成本都属于敏感点，但国家电监会扎实工作，取得重要突破，2011 年，制定出台了《输配电成本监管暂行办法》，引起较大的社会反响。

（四）加强跨区跨省价格监管，规范电能交易收费行为

跨区跨省价格监管是国家授予电力监管机构的一项重要职责。根据《关于明确发展改革委与电监会有关职责分工的通知》规定，区域电网输配电价由国家电监会审核，报国家发展改革委核准，具体程序是：电网经营企业主报国家电监会，抄报国家发展改革委，国家电监会审核并报国家发展改革委核准后批复实施。跨省电网输配电价由国家发展改革委审核，征求国家电监会意见，具体程序是：电网经营企业主报国家发展改革委，抄报国家电监会，国家发展改革委征求国家电监会意见后批复实施。数年间，国家电监会始终依法依规做好跨区域输电价格审核和调整工作，促进跨区域电能交易和跨区域电网协调发展，优化资源配置，维护市场各方的合法权益；组织开展了跨省跨区电能交易价格专项检查，落实有关电价政策，规范跨省跨区电能价格收费行为，编制发布跨省跨区通道电能交易价格监管报告，提出了明确的监管意见。

（五）建言电价改革和电价调整，促进合理电价机制形成

尽管电力监管机构没有销售电价、上网电价等主要电价制定权，仅具有电价调整建议权，但监管机构充分发挥有限职能的实际作用，积极就电价改革和调整建言献策。10年间，国家电监会以国家电价改革方案确定的原则为依据，以市场化改革为取向，以区域电力市场为平台，同步推进上网电价、输配电价和销售电价改革，建立销售电价与上网电价的联动机制，加大销售电价结构性调整；针对电力企业成本变化的影响以及市场供求的变化情况，对电价调整提出建议，以缓解电力企业经营困难，促进电力行业发展。

知识链接：

国家电监会批复跨区工程输电价格

2013 年 1 月 7 日，国家电监会公告批复了国家电网公司投资经营的向上线（四川向家坝至上海南汇）和锦苏线（四川锦屏至江苏苏南）±800 千伏特高压直流示范工程输电价格。向上线输电价格为每千瓦时 0.10 元，暂按单一制电量电价执行；锦苏线特高压直流线路输电价格为每千瓦时 0.0856 元，送出工程输电价格为每千瓦时 0.0144 元，暂按单一制电量电价执行。

2012 年 2 月 17 日，国家电监会发文批复灵宝背靠背跨区域工程和德宝直流跨区域工程输电价格及输电损耗率。灵宝背靠背工程输电价格为 45 元 / 千千瓦时，暂按单一制电量电价执行，输电损耗率暂定为 1%。德宝直流工程输电价格为 44.14 元 / 千千瓦时，暂按两部制电价执行，容量电价与电量电价之比为 3：7。其中容量电价为 70.64 元 / 千瓦·年，容量电费由联网双方共同承担，四川省电力公司承担 70%，陕西省电力公司承担 30%；电量电价为 31 元 / 千千瓦时，由购电方承担。输电损耗率暂定为 3%。

此前，我国已有陕西神木送河北南网、晋东南—南阳—荆门特高压交流试验示范工程、宁东—山东 ±660 千伏直流示范工程的输电价格已获国家电监会批复。①

---

① 资料来源：据国家电监会公布的公开资料整理。

（六）加强电价成本信息披露监管，促进信息公开、透明

作为事关广大人民群众、电力行业企业的核心内容，电价成本信息的公开和透明意义重大，但也面临困难与障碍。10 年间，电力监管机构不断加强对价格及相关信息资料的统计分析并定期向社会披露，逐步解决监管机构与电力企业、发电企业与电网企业信息不对称问题，增加社会公众对电价信息的知情权，增加电价等信息的公开、透明、对称，维护市场主体的合法权益。2006 年以来，国家电监会每年定期发布电力工程造价信息，还发布了《电力工程造价发布办法》，为合理定价、规范市场提供了翔实的电力工程造价数据，促进了电企加强成本管理，进而提高了整个行业的效率（见图 2-4）。

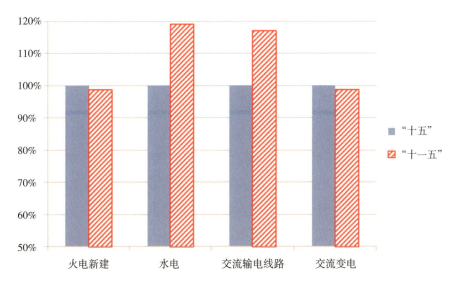

图 2-4　各类电力工程"十一五"与"十五"造价对比①

---

① 资料来源：国家电监会：《"十一五"期间投产电力工程项目造价监管情况通报》。

（七）加强电力价格检查、确保电价政策落实到位

从 2003 年起，电力监管机构每年组织开展电价专项检查工作，重点检查电价政策执行情况，规范企业价格行为，确保上网电价、销售电价以及节能减排电价政策执行到位。电力价格专项检查的开展，有效保护了电力生产者、经营者、使用者的合法权益，规范了电力市场秩序，对促进产业结构调整、转变经济运行方式起到了重要的推动作用。以落实差别电价政策为例，国家电监会 2004 年便开始实施差别电价大检查，2010 年协同国家发改委等六部委开展了规模空前的差别电价大检查，各省份出台优惠电价的行为基本被叫停，降低发电企业上网电价的行为得到制止。

知识链接：

"十一五"电力工程造价变化原因分析

"十一五"期间投产电力工程单位造价，火电工程总体呈下降趋势，水电工程总体呈上涨趋势，风电工程在持续上涨后开始出现回落趋势，交流输电线路工程总体呈上涨趋势，交流变电工程总体呈下降趋势。"十一五"期间投产电力工程决算单位造价与"十五"期间相比，火电新建工程下降 1.4%、水电工程上涨 19.08%、交流输电线路工程上涨 17.93%、变电工程下降 1.35%。

电力工程造价变动的主要原因有：技术进步和节能减排政策促使大容量、高参数机组投产比例提高是火电工程单位造价持续降低的重要原因；建设征地和移民安置补偿标准提高导致了水电工程造价持续上涨；技术进步、国内风机制造水平提高以及市场竞争因素促使主要设备价格下降，成为风电工程单位造价降低的重要原因；随着经济发展，线路路径选择越来越困难，路径曲折系数增大，拆迁赔偿费用大幅度上涨，导致输电线路工程建设成本增加；技术进步、采用大容量变压器和优化设计促使变电工程单位造价逐步下降。①

---

① 资料来源：国家电监会：《"十一五"期间投产电力工程项目造价监管情况通报》。

知识链接：

2010 年六部门电价大检查简况

　　2010 年，国家电监会协同国家发展改革委，会同工业和信息化部、监察部、环境保护部、国家能源局等六部门，在全国范围内组织开展了节能减排电力价格大检查，严格落实对高耗能企业差别电价政策，坚决纠正地方越权实施优惠电价，严肃查处电力企业不执行脱硫电价政策的行为。这次大检查，坚决纠正了 22 个省（自治区、直辖市）越权实施的对高耗能企业优惠电价措施，督促全国享受脱硫电价的 603 家燃煤电厂正常启动脱硫设施，扣减了脱硫设施非正常运行脱硫加价款，全面清理和规范了上网电价秩序。①

知识链接：

国家电监会披露的部分电价问题

　　2010 年，国家电监会对全国主要电力企业 2009 年度电价执行情况和厂网电费结算情况进行统计和汇总分析，并对内蒙古、吉林、甘肃、江苏、河南、湖南、广西、云南等 8 省（区）2009 年度电价执行和电费结算情况进行了重点检查，形成了《2009 年度电价执行及电费结算监管报告》。该报告披露：内蒙古、陕西、甘肃、

三、加强电力交易监管，确保电力市场公平公正

　　电力交易公平公正，是电力市场公平公正的主要内容和直接体现。10 年间，电力监管机构一手抓培育电力市场，一手抓现有电力交易监管。在市场建设中，加强电力交易监管，建立完善公开、公平、公正的电力市场交易机制，维护市场秩序，保护市场主体的合法权益，实现电能交易的活跃与增长，充分发挥市场在资源配置中的决定性作用，更好地促进了电力工业节能减排和可持续发展。

　　（一）积极推进电力市场建设，探索多种类电力交易

　　一直以来，电力监管机构都将市场建设视作重点，投入了相当大的精力推动。以 2007 年为分界，前期主要推动区域电力市场的建设试点，6 个区

---

① 　资料来源：国家电监会：《2010 年及"十一五"电力行业节能减排情况通报》。

域均形成了建设方案，走得最远的东北电力市场进行了试运行；后期主要进行灵活电力交易的探索，在直购电试点、发电权交易、跨省跨区交易、电力辅助服务等方面均有所突破。

（二）建立五项制度，加强厂网界面监管

厂网分开后，发电企业与电网企业成为不同的投资主体，利益诉求出现偏差。为营造厂网和谐关系，共同保障电力安全可靠供应，电力监管机构特别重视厂网界面的监管工作。10 年间，初步形成了五项制度，实现了厂网和谐共处。其一，电力交易合同（协议）制度逐步完善。电能交易合同

青海、宁夏、河南、湖南、四川、广西、云南等省区均不同程度地存在优惠电价问题。广西柳城供电分公司未严格执行国家电价政策，部分枯水期电价按丰水期执行，降低销售电价。内蒙古包头市供电局未按规定执行分类电价，对应执行居民照明电价的包头市迦南福利院用电，执行非居民照明电价。甘肃永靖西河硅锰有限责任公司一座 6300 千伏安的矿热炉应该执行限制类差别电价，实际上 2009 年 3—11 月进行了电价优惠。内蒙古部分限制类、淘汰类企业也未执行差别电价，在检查抽取的 79 份供用电合同过程中发现，有 36 户应执行差别电价的企业列入国家鼓励类名单。甘肃省电力公司 2009 年 12 月送四川电量 3340 万千瓦时，输电价格为每千瓦时 8.2 分钱，远远超过每千瓦时不得超过 3 分钱的国家规定标准。江苏、安徽、河南、湖南、广西等在上网侧实行峰谷分时电价政策，普遍存在降低上网电价的现象。[1]

覆盖了年度基数电量交易、跨省（区、市）交易、发电权交易、大用户直接交易等主要交易品种，成为厂网之间的重要文件。其二，电力调度交易信息披露逐步规范。电力监管机构自 2003 年就陆续出台了有关办法，对电力调度交易机构信息披露工作提出要求。网站、厂网联席会议、信息发布会成为电力调度交易信息披露的主要方式。其三，厂网联席会议制度全面

---

[1]　资料来源：国家电监会：《2009 年度电价执行及电费结算监管报告》。

知识链接：

2010 年度全国电力交易与市场秩序监管报告发布

2011 年 8 月 31 日，《2010 年度全国电力交易与市场秩序监管报告》在京发布，这是国家电监会第五次发布电力交易与市场秩序监管报告。报告显示，2010 年电力市场秩序明显好转，电力交易合同（协议）备案制度逐步完善，电力调度交易信息披露逐步规范，厂网联席会议制度全面实施，电力交易与市场秩序监管约谈约访工作制度化。同时，全国范围内发电厂并网运行管理实施细则和辅助服务管理实施细则工作逐步深入，有效促进了电力系统安全稳定经济运行和电能质量的提高。

然而，由于电价形成机制、电力体制等方面的原因，2010 年电力交易与市场秩序中还存在一些突出的问题，主要包括：跨省（区、市）电能交易市场导向不够，部分跨省（区、市）电能交易输电收费环节多、输电费、网损偏高；部分跨省（区、市）存在接力、对冲问题；发电机组电量分配和调用机制还不够科学，部分地区大小机组的电量倒挂，系统运行不够经济，有的大机组负荷率长期处于偏低水平，大机组的优势未能充分发挥，发电机组发电量有较大优化空间；新建发电机组并网接入系统审核还应进一步增加透明度，将标准、程序、时限公开；发电企业自建送出工程情况较为普遍；部分非常规发电机组运营不规范；少数地区购售电合同条款不公平、要素不完整、支付不到位等。①

实施。厂网联席会议已成为厂网双方沟通交流的重要平台，全国每年省级以上的厂网联席会议有 100 多次。其四，电力交易与市场秩序监管约谈约访工作制度化。以 2010 年为例，全国约谈约访电力企业达 300 余家，基本掌握了电力交易与市场秩序的总体情况和主要问题。其五，完善电力交易与市场秩序监管报告制度。年度全国电力交易及市场秩序监管报告客观反映全国电力交易及市场秩序的基本情况和有关问题，对有关问题进行了披露、评价，提出整改要求。

---

① 资料来源：国家电监会：《2010 年度电力交易与市场秩序监管报告》。

（三）完善跨省跨区交易，实现电力资源高效配置

跨省区电能交易是实现省间电能调剂和网间支援的重要资源配置方式。10 年间，电力监管机构致力于建立健全与跨省跨区电力交易相配套的规章、规则和制度，建立健全市场交易机制，实现电力资源的最佳利用和高效配置。为此，相继出台《跨省跨区电能交易基本规则》，印发《关于开展电力调度监管指标评价工作的指导意见》，发布《发电机组并网运行情况监管报告》，建立健全跨网协商交易制度、电力调度指标化、常态化监管机制，较好地促进了跨区跨省电力交易的开展。国家电监会成立后的 10 年间，跨省区电能交易活跃，除新疆、西藏、海南等省（区）外，六大区域和 27 个省（区、市）均已开展跨省跨区电能交易。同时，六大区域结合地区实际，进行了跨省区交易的市场化探索，其中东北送华北跨区交易首次引入节能环保系数，华东探索跨省集中竞价交易，西北送华中实现挂牌交易，华北开展短时电力支援交易，华中、南方建立水电减弃增发应急交易等。

> **知识链接：**
>
> **跨省跨区电能交易简况**
>
> 2011 年，全国共完成跨省（区、市）电能交易电量合计 6240.20 亿千瓦时，同比增长 7.55%，其中跨区交易电量完成 2664.31 亿千瓦时，同比增长 9.99%，跨省交易电量完成 3575.89 亿千瓦时，同比增长 5.78%。从近三年数据看，跨省（区、市）交易的市场化程度有所提高，但计划安排仍是主要交易方式。其五年前的 2006 年，全国跨地区电能交易达到 3446.8 亿千瓦时，占全国发电量的 12.2%，较上年增长 13.1%。其中：跨区域电能交易 853.1 亿千瓦时，同比减少 0.3%；区域内跨省（区、市）电能交易 2593.7 亿千瓦时，同比增长 18.3%。[①]

---

① 资料来源：国家电监会：《电力监管年度报告（2006）》及《电力监管年度报告（2011）》。

（四）促进电力优化调度，推进辅助服务补偿

电力调度最终决定电力资源的利用状况，在电力系统中属于至关重要的中枢系统。电力监管机构一方面积极促进落实节能发电调度办法，另一方面则努力探索新思路、新路径，主要围绕以下重点开展监管：基于输电通道，研究迎峰度夏、迎峰度冬跨省跨区电力应急和事故支援交易方案，提出优化调度的监管意见；探索建立厂网合同电量和流域梯级水电站电量优化机制，并积极开展试点；加强节能调度监管，在跨省跨区电能交易中引入节能环保参数，显著提升高效环保大机组的外送电能力；积极协调消纳水电、风电、核电等清洁能源电量，落实可再生能源全额保障性收购监管；加强电能交易信息的披露，适时发布电能富余和短缺信息，撮合市场主体自主进行余缺调剂。

与此同时，电力监管机构还进一步推进辅助服务补偿及运行管理考核机制的试运行，研究风电参与辅助服务的市场化补偿机制，促进系统备用容

> **知识链接：**
>
> **南方电监局调度定点监管试点工作**
>
> 南方电监局选取广东、广西、海南电力调度中心作为试点，开展年度调度定点监管和电力调度监管指标试评价工作，并在试评价中不断完善指标体系和评价方式，为促进调度监管定量化、系统化和标准化奠定了基础。
>
> 为畅通调度信息渠道、准确掌握电网运行信息和存在问题，南方电监局建立了向调度机构派驻监管代表制度，试行向南方电网电力调度控制中心和广东电网电力调度控制中心派驻调度监管代表。监管代表通过听取电力调度机构月度系统运行情况汇报、参加调度系统生产运行电视电话会议、访问调度运行信息系统、询问调度工作人员情况等现场监管方式，及时跟踪掌握系统日常运行情况，规范电力调度机构的信息报送与披露行为，保障电力交易规范有序、公平公正。①

---

① 资料来源：国家电监会：《电力监管年度报告（2011）》。

量的合理性。自国家电监会印
发《并网发电厂辅助服务管理
暂行办法》（电监市场〔2006〕
43号）、《发电厂并网运行管理
规定》（电监市场〔2006〕42号），
并批复各区域实施细则以来，
各派出机构积极组织开展辅助
服务补偿交易实施工作。全国
省级以上电网绝大部分已完成
相关技术支持系统建设并投入
运行。

第三节　促进电力节能减排

　　2009年9月22日，我国在联合国气候变化峰会上承诺到2020年将比
2005年大幅降低碳排放强度，并大力发展可再生能源和核能，争取到2020
年非化石能源占一次能源消费比重达到15%左右；同年12月18日，在丹麦
哥本哈根气候变化会议领导人会议上进一步明确承诺到2020年单位国内生
产总值二氧化碳排放比2005年下降40%至45%。电力工业既是能源生产者
也是能源消耗者，是我国节能减排的重点领域，在节能减排和应对气候变
化中责任重大。数年间，电力监管机构全面落实国家产业政策，重点推进
节能减排监管，促进电力工业转变发展方式，督促相关企业履行社会责任，
有效提升电力工业发展水平和企业竞争力。

---

① 　资料来源：据国家电监会公布的公开资料整理。

一、制定和完善电力行业节能减排规章和办法

依法开展节能减排是出发点。10 年间，电力监管机构认真贯彻落实国务院多次召开的全国节能减排会议精神，成立节能减排和淘汰落后产能监管工作领导小组，建立了电力行业节能减排组织领导机制，制定了相关工作制度和监管工作计划，印发《关于进一步加强电力行业节能减排监管工作的通知》（电监稽查〔2010〕17号），指导电力企业积极做好节能减排工作。同时，电力监管机构建立完善电力企业节能减排统计报表制度，颁布电力企业节能降耗主要指标的监管评价国家标准，建立了较为完善的节能减排管理、评价、考核、问责等相关制度体系，促进了节能减排工作

> **知识链接：**
>
> 2011 年全国节能减排工作电视电话会议
>
> 　　2011 年 9 月 27 日，国务院召开全国节能减排工作电视电话会议，全面动员和部署"十二五"节能减排工作，强调要从战略和全局高度认识节能减排的重大意义，全面落实节能减排综合性工作方案，下更大决心、花更大气力，打赢节能减排持久战和攻坚战，建设资源节约型、环境友好型社会。
>
> 　　"十一五"时期，我国节能减排取得显著成效，我们以能源消费年均 6.6% 的增速支撑了国民经济年均 11.2% 的增长。节能减排工作有力促进了产业结构调整和技术进步，为应对全球气候变化作出了重要贡献。当前，节能减排形势还相当严峻，必须充分认识节能减排的极端重要性和紧迫性，增强忧患意识、危机意识和责任意识，以科学发展观为指导，坚持节能减排思想不动摇，工作不松懈，力度不减弱，步伐不放缓，全面落实"十二五"节能减排综合性工作方案，务求取得预期成效。
>
> 　　会议提出五点要求：着力调整优化产业结构，促进节能减排；坚持以科技创新和技术进步推动节能减排；完善节能减排长效机制；加强节能减排能力建设；推进重点领域节能减排。①

---

①　资料来源：中国政府网：《国务院 27 日召开全国节能减排工作电视电话会议》。

合力的形成。

二、加强发电权交易监管

发电权交易、水火置换、小火电关停替代电量交易等多种形式的灵活交易，是在国家节能减排战略和"上大压小"能源政策的背景下应运产生的。发电权交易是一场由自下而上转而自上而下开展起来的具有市场化因子的电力交易行动（见图2-5、图2-6）。2006年开始在各地出现，国家电监会2007年底在江苏、四川、河南、黑龙江等地进行了深入调研，2008年制定发布《发电权交易监管暂行办法》，指导各地进行探索，在全国推进发电权交易，发电权交易

知识链接：

"十二五"电力行业节能减排监管工作要求

2011年，国家电监会印发《关于加强"十二五"电力行业节能减排监管工作的通知》，提出了"六个加强""四个推动"的工作措施，明确了"十二五"电力行业节能减排工作"十个明显成效"的目标。

"六个加强"：加强跨省跨区电力调度交易监管，加强发电权交易监管，加强可再生能源发电监管，加强发电市场准入监管，加强信息报送和披露监管，加强行政执法工作。

"四个推动"：推动节能减排技术改造和创新，推动脱硫脱硝设施建设，推动燃煤机组烟气自动在线监测系统建设，推动资源综合利用。

"十个明显成效"：在电能余缺调剂上取得明显成效，在提高高效环保机组发电利用小时数上取得明显成效，在提高水电、风电、太阳能发电质量和非化石能源占比上取得明显成效，在提高发电机组装备水平和"上大压小"工作上取得明显成效，在提高信息准确性、及时性、完整性上取得明显成效，在确保节能减排政策落实上取得明显成效，在有效降低单位电量能耗上取得明显成效，在不断减少电力污染物排放上取得明显成效，在建立节能减排常态监管机制上取得明显成效，在提高粉煤灰和脱硫石膏等的综合利用上取得明显成效。[1]

---

[1]　资料来源：国家电监会：《关于加强"十二五"电力行业节能减排工作的通知》。

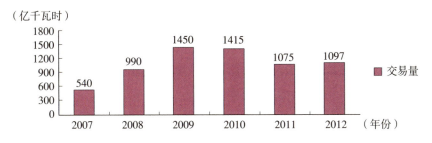

图 2-5　2007—2012 年度全国发电权交易情况①

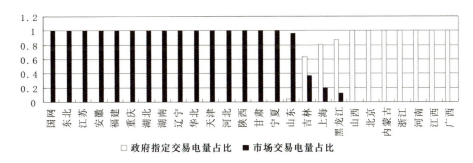

图 2-6　2010 年各省市各发电权交易机制占比情况②

的范围和规模逐年增大。实践证明，这类交易可以在不触动现有价格体系和利益格局的情况下，提高发电效率，促进节能减排。2007 年，全国共有 23 个省份开展了发电权交易，累计完成交易电量约 540 亿千瓦时。2012 年，全国共有 21 个省份开展发电权交易，交易电量累计 1097.48 亿千瓦时，同比增加 2.9%，折合节约标煤 833.14 万吨，减排二氧化硫 21.49 万吨，减排二氧化碳 2166.68 万吨。

三、建设节能减排在线监测平台

节能减排在线监测平台建设与使用，是电力监管机构的一项重要创举。

---

① 　资料来源：国家电监会历年发布的电力监管年度报告。

② 　资料来源：国家电监会：《2010 年度全国电力交易与市场秩序监管报告》。

2006 年，国家电监会开展对火电企业的二氧化硫减排情况专项调查，调查内容就包括脱硫装置以及在线监测装置安装运行情况。2007 年，国家电监会推动烟气脱硫实时监控及信息管理系统试点工作，并将其纳入节能减排重点工作。2011 年，则是火电燃煤机组烟气排放在线监测系统全面建设的一年。国家电监会在全国范围内实现了派出机构与辖区内各省级电网调度中心火电机组烟气自动在线监测系统联网。至此，监管机构可实时查看发电企业烟气排放中二氧化硫浓度等各项指标数据，对发电企业脱硫设施投运率、脱硫效率等指标进行监测和预警。作为全国第一家开展脱硫脱硝在线监管的省份，江苏电监办被江苏省人民政府评为"十一五"全省污染减排先进单位。

全国火电脱硫脱硝工作进展迅速。截至 2012 年底，全国大部分燃煤火电机组已安装脱硫设施，脱硝设施开始大规模建设，华能、大唐、华电、国电和中电投等发电集团已投运脱硝机组容量超过 9000 万千瓦，大部分火电企业二氧化硫、氮氧化物达标排放率在 95％以上，为完成国家污染物减排目标作出了应有的贡献。

四、推进电力行业节能减排技术改造与创新

在节能减排过程中，技术改造、技术升级、技术创新发挥着重要的基础性作用。长期以来，电力监管机构积极指导电力企业切实落实节能减排任务措施，在技术研发、节能环保设施技术改造等方面加大投入，较好地支撑了电力节能减排任务的完成。2012 年，全国 6000 千瓦及以上火电机组供电标准煤耗降到 326 克 / 千瓦时，同比降低 4 克 / 千瓦时，较 2002 年的 383 克 / 千瓦时下降了 58 克 / 千瓦时，累计下降幅度 14.9％；全国发电厂用电率 5.27％，同比下降 0.11 个百分点，较 2002 年的 6.15％下降 0.88 个百分点，累计下降幅度 14.3％；电网输电损失率 6.62％，虽然较 2010 年和 2011 年有所上升，但较 2005 年的 7.18％下降 0.56 个百分点，较 2000 年的 7.7％

下降 1.08 个百分点。

五、开展环保专项检查和节能减排专项督查

专项检查和督查成为节能减排监管的重要手段。多年来，国家电监会、国家发展改革委、国家能源局、环境保护部联合执法，加强对燃煤机组脱硫设施投运情况的监督检查，开展燃煤机组脱硫设施监管，推动燃煤发电机组污染物排放实时在线监测系统建设，加大行政处罚力度；组织开展全国整治违法排污企业保障群众健康环保专项行动，督促火电企业提高脱硫设施运行维护水平，脱硫设施的投运率和脱硫效率进一步提高；大力开展电力行业节能减排专项督查。其中，国家电监会多次组织节能减排督查工作组赴电力企业开展节能减排情况专项督查，针对发现的典型问题，分别向电网企业和发电企业印发了整改通知，并及时跟踪整改情况，促进电力行业节能减排工作不断改进与完善。

---

① 资料来源：国家电监会：《电力监管年度报告（2010）》。

六、贯彻落实国家产业政策，促进小火电机组关停工作

"上大压小"是国家"十一五"期间推出的重要举措。这一组合拳的出击，长期难以关停的老小机组问题由此得到了顺利解决，从不愿意关停转向争先恐后关停转变。数年间，国家电监会严格贯彻落实国务院批转国家发展改革委、能源办关于加快关停小火电机组若干意见的通知(国发〔2007〕2号)精神，全力推进小火电机组关停，做好各项相关工作，尤其是妥善解决关停后3年内电量指标的发电权交易，确保了关停工作的顺利开展。统计数据显示，2007年全国计划关停小火电机组1000万千瓦，实际关停1438万千瓦、机组553台，完成当年目标的143.8%；"十一五"期间全国累计关停小火电机组7683万千瓦，超过国家下达的5000万千瓦关停计划2683万千瓦，全国供电标准煤耗平均累计下降37克/千瓦时，2010年平均供电标准煤耗335克/千瓦时。

七、促进并网消纳，支持可再生能源发展

从2005年开始，国内以风电为代表的新能源发电开始出现爆发式增长，几近连年翻番。不可否认，为实现2020年非化石能源消费比重15%的目标，风电等新能源需要作出更大贡献，但风电、太阳能装机的爆发式增长，加上其间歇性、随机性、波动性的特点，使得其消纳成为一个难题。因此，近几年来，提高电网运行的可靠性和调峰能力，提高新能源发电的消纳能力，尽量避免弃风、弃水、弃电，可再生能源电量的全额保障性收购，就成为电力监管机构的重点工作之一。国家电监会早在2006年就起草制定了《电网企业全额收购可再生能源电量监管办法》，并于2007年正式公布与实施。该办法将监管职责、监管措施和法律责任进一步细化，监管工作有法可依。在国家电监会等单位和部门的大力支持下，我国可再生能源实现了快速、高效发展。截至2012年底，全国水电装机容量24890万千瓦，并网

风电 6083 万千瓦，并网太阳能发电 328 万千瓦。

八、加强节能减排信息披露，增加信息透明度

按照国务院节能减排要求，开展电力行业节能减排信息披露工作和节能减排监管标准的制定工作，是电力监管机构的任务之一。从 2008 年开始，国家电监会会同国家发展改革委、国家能源局、环境保护部连续多年向社会发布年度电力行业节能减排情况通报，总结了电力行业节能减排成效、采取的措施，分析了存在的问题，提出了监管意见，有效促进了电力行业节能减排的开展，顺利完成了行业节能减排目标（见表 2–5）。

表 2–5　"十一五"电力节能减排相关指标完成情况[①]

指标	2005 年基准值	2010 年			
		目标值	实际值	目标完成情况	目标来源
供电煤耗（克标准煤／千瓦时）	370	355	333	2008年实现	能源发展"十一五"规划
综合线损率(%)	7.21	7.00	6.53	2007年实现	同上
发电水耗(千克／千瓦时)	3.10	2.80	2.45	2008年实现	同上
电力二氧化硫排放总量（万吨）	1350	951.7	956	2009年实现	全国主要污染物排放总量控制计划

---

① 资料来源：国家电监会：《2010 年及"十一五"电力行业节能减排情况通报》。

指标	2005 年基准值	2010 年			
		目标值	实际值	目标完成情况	目标来源
脱硫机组投运容量(亿千瓦)	0.53	"十一五"期间投运 3.55	截至 2010 年底脱硫机组 5.78 亿千瓦(烟气脱硫机组 5.6 亿千瓦),"十一五"期间累计新增逾 5 亿千瓦	实现	节能减排综合性工作方案
工业固体废物综合利用率(%)	55.8	60.0	粉煤灰综合利用率 68.0%；脱硫石膏综合利用率 69.0%	实现	"十一五"规划纲要

第四节　切实维护人民群众的根本利益

对供电企业的供电行为实施监管,是体现政府意志、保护消费者利益、提高企业管理水平的有效途径。供电监管最终目的就是切实有效保障人民生活用电,规范供电企业供电服务行为,推进政风行风建设,逐步建立和完善保障人民群众基本用电权益的公共服务体系,让人民群众享受到优质、高效、便捷的供电服务。把保障人民生活用电放在首要位置,是电力监管切实践行"以人为本、监管为民"宗旨的根本要求。连续几年,电力监管机构以保民生、促和谐为目标,以体现供电企业为民服务的社会责任为核心作用,在保障民生用电、维护人民群众的根本利益方面做了大量卓有成效的工作。

一、建立健全法制体系，供电监管有法可依

知识链接：

2011 年供电监管报告披露的部分问题

福建某供电有限公司、吉林某供电公司、海南某供电局部分变电站为单电源进线、单变压器运行方式，存在较大停电风险。

云南某供电公司部分 10 千伏线路因线路输送容量不能满足负荷要求、供电线路半径过长、单变单线弱连接等问题，导致故障停电次数及停电持续时间增加。

贵州部分边远地区供电企业存在配电线路供电半径大、导线截面小等问题，影响供电能力。

新疆某电力工业有限公司供电区域分散，电网电压等级低，电网薄弱，10 千伏配网线径小、供电距离长，造成电网供电能力受到限制。

黑龙江某农电公司、某电业局分别按照分段开关操作时间、停电作业时间统计供电可靠率，均未按实际送电时间统计。

山东某供电公司、陕西某县供电分公司统计报表中部分电压监测仪的运行时间与实际在线运行时间不符。

新疆某热电公司、某电力工业公司、某电力有限责任公司由于用户资料缺失项目较多，无法考核各业务环节时限。①

2006 年 6 月，为了加强供电服务监管，规范供电服务行为，维护电力使用者的合法权益和社会公共利益，根据《电力监管条例》和有关法律、行政法规的规定，国家电监会制定发布了《供电服务监管办法（试行）》（国家电监会第 8 号令），成为当时维护供电市场秩序的基本规范和供电企业应遵守的基本准则。2009 年 11 月，适应新形势需要，在总结调整的基础上，修订 8 号令出台了《供电监管办法》（国家电监会第 27 号令），对供电服务监管的目的、对象和原则，监管内容、监管措施以及处罚办法等进一步作了明确规定。同时，国家电监会还推出了《供电服务规范》等一系列规范性文件，形成了较为完善的供电监管法规体系。

---

① 　资料来源：国家电监会：《2011 年供电监管报告》。

二、加强供电服务检查，积极解决供电问题

2006 年，国家电监会在全国范围内针对供电企业供电质量、供电服务、用电业务办理时限及向用户受电工程提供服务等情况进行了全面检查。监管机构采取听汇报、看现场、查资料、召开用户座谈会、发放调查问卷、明察暗访等多种形式，对全国不同类型的 360 多家供电企业进行了检查，检查供电服务窗口 382 个，召开电力用户座谈会 108 次，走访用户 384 户，并召开新闻发布会发布了《供电服务情况监督检查报告》。此后数年时间，监管机构持续组织开展供电检查，并发布供电监管报告，成为供电监管的重要抓手。2011 年 4 月至 6 月，国家电监会及派出机构在全国范围内选取部分供电企业开展了现场检查。从全国已取得电力业务许可证（供电类）的 2951 家供电企业中，选取了 35 家省级供电企业、91 家地（市）级供电企业、89 家县级供电企业，共计 215 家受检供电企业，检查共发现各类问题 492 例，涉及供电企业 186 家。

三、突出重点领域监管，切实保障民生用电安全可靠

在保障民生用电中，监管机构强化对人民生活用电情况实施监管，对保障性安居住房的用电报装服务和居民生活用电收费情况实施监管，这些重点监管内容，以人为本，扎根基层，贴近群众，赢得社会的广泛好评。

在保障人民生活用电情况监管方面，要求供电企业准确预测负荷缺口，合理编制有序用电方案和应急预案措施，优先保障居民生活用电；严格执行政府批准的有序用电方案，充分利用负荷控制等手段，力争做到限电不拉路；认真履行停限电告知义务，至少提前 1 天，将停电时间、停电线路、停电区域以适当的方式和渠道公告，不得随意拉限居民生活用电；对电力故障应及时抢修，缩短居民停电时间。

在保障性安居住房的用电报装服务和居民生活用电收费情况监管方面，

居民用电服务质量专项行动

2011 年 10 月 26 日，为全面提高居民用电服务质量，建立健全保障人民群众基本用电权益的公共服务体系，切实实现好、维护好、发展好人民群众的根本利益，国家电监会正式启动了覆盖全国的居民用电服务质量监管专项行动。

专项行动既切合人民群众和政府的需要，也切合了电网企业提升供电服务水平的内在要求，得到各方热烈响应和积极参与，专项行动如火如荼地展开了。各派出机构按照国家电监会的统一部署，开展辖区内的专项行动，主要负责同志亲自选点抓示范。在电力监管机构督导下，电网企业也迅速行动，配电网投资建设力度加大，合表用户"一户一表"改造加速，服务水平不断提高。

2012 年 6 月 15 日，国家电监会在北京召开提高居民用电服务质量监管专项行动现场会。时任国务院副总理李克强对会议召开作出重要批示：电力是保证现代经济和社会正常运行的基本要素。通过大力实施居民用电满意工程，有效缓解了部分群众用电的难题。随着人民生活水平不断提高，居民用电需求会越来越大。希望广大电力工作者继续努力，提高电力稳定供应能力和服务水平，加快解决无电地区、无电人口用电问题，推进居民规范有序安全便利用电，为改善民生，促进消费作出新贡献。

2013 年 1 月 23 日，国家电监会在京召开专项行动总结暨人民群众用电满意工程工作部署电视电话

监管机构要求供电企业对保障性住房的报装、接电等各环节提供及时便捷的服务，保障用电需求；要求供电企业严格按照法定计量机构核准的计量装置公平公正核收电费；对居民欠费停电应执行国家有关规定，同时，加大"一户一表"改造力度，不得随意分摊电费。

四、对信息公开实施监管，完善信息公开方式和渠道

信息公开是监管的重要手段，也是透明监管的根本要求。监管机构要求电网企业将有序用电方案和应急预案及时报备政府有关部门和电力监管机构，并完善信息的公开方式和渠道；与企业建立有效的联动机制，对有关停限电的投诉要及时通报供电企业并全程跟踪监

管；建立常态化监管机制，对供电企业未履行保障居民生活用电责任等情况进行披露和处罚；会同政府有关部门，在辖区内建立市、县级的"居民用电服务质量优质服务示范区"，及时总结推广好的经验和做法。

综上所述，通过加大供电服务监管，尤其是居民用电专项监管，使得供用电服务和质量发生了根本转变：配电网供电能力显著提升，2012年全国城市用户供电可靠率达到99.9456%，同比2011年提高0.0166个百分点。居民用电难题得到缓解，国家电网公司、南方电网公司及内蒙古电力公司增加缴费网点4.4万个，全国大部分省份大中城市地区正在形成"十分钟缴费圈"，农村地区正在实现"村村设缴费点"；居民用户低电压难题得到一定缓解，解决

会议，决定在专项行动基础上，在全国范围内深入持久开展人民群众用电满意工程，服务民生行动再次升级、升华。居民用电服务质量监管专项行动成为供电服务监管的一个精彩缩影。①

知识链接：

农村"两率"简况

农村"两率"（即供电可靠率、用户受端电压合格率）是反映农村地区供电质量的主要指标。目前，我国经济发展呈现地区间和城乡间的不均衡，西部地区和农村地区供电可靠率和电压合格率长期偏低，成为制约当地经济发展和人民生活水平改善的瓶颈。

2011年，国家电监会开展了全国范围农电"两率"标准测算，于2012年初发布了有关农电"两率"标准，将全国农电"两率"从高到低大致分为三个档次：第一档为北京、天津、上海、山东、江苏、浙江等经济发达省份，农电"两率"分别为99%和94%左右；第二档为华中、西北、东北及南方大部分省份，农电"两率"分别为97%和92%左右；第三档为一些欠发达地区以及地方供电企业辖区，"两率"指标相对较低。②

---

① 资料来源：据国家电监会公开发布材料整理。
② 资料来源：国家电监会：《电力监管年度报告（2011）》。

了 1000 万户低电压用电问题；合表用户以及弃管小区用户用电难题逐步缓解；故障抢修时间进一步缩短；政府保障性住房用电服务水平显著提升；无电地区无电人口用电问题正在加快解决，2011 年以来，已解决 16 万无电户用电问题，南方电网提前实现了"十二五"期间电网覆盖范围内"户户通电"目标（见表 2-7、表 2-8）。

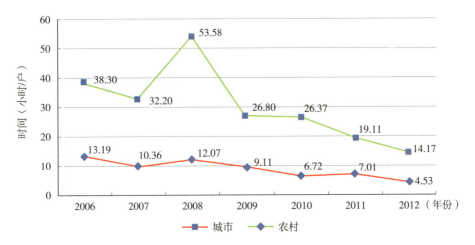

图 2-7　2006—2012 年城市、农村用户平均停电时间趋势[①]

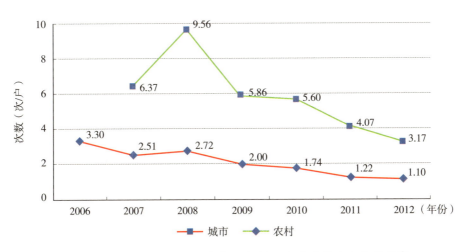

图 2-8　2006—2012 年城市、农村用户平均停电次数趋势[②]

[①] 资料来源：电力可靠性管理中心：《2012 年全国电力可靠性指标》。
[②] 资料来源：电力可靠性管理中心：《2012 年全国电力可靠性指标》。

第五节　切实加强电力稽查

在电力监管实践中，电力稽查是不可或缺的重要内容，是我国电力监管机构的重要职责之一。电力稽查是电力监管的事后控制部分，其直接作用是发现电力违法违规行为，并为电力监管机构作出行政处罚决定而收集证据、查明事实。加强稽查及行政执法，可以实现教育、惩治、淘汰市场违规者、保护守法者合法权益、引导市场主体行为等作用，实现电力市场优胜劣汰的选择功能。10年间，电力监管机构不断完善稽查制度，打造监管热线民生通道，深入查处电力违法违规行为，调解和裁决电力争议纠纷，为维护市场秩序、树立监管权威、构筑和谐电力发挥了积极作用。

一、完善稽查制度，规范行政执法行为

没有规矩，不成方圆。电力监管特别是稽查工作需要有一套完备的法律法规和制度作为依据。国家电监会不断建立健全稽查和行政执法的规章制度，颁发了有关电力稽查业务的规章5部、规范性文件6个以及62种文书样式。

（一）建立投诉举报处理机制

国家电监会出台了《电力监管机构举报处理规定》和《电力监管机构投诉处理规定》两部规章，印发了《关于明确处理电力举报投诉工作流程的通知》（办稽查〔2006〕7号）和《电力监管机构举报奖励办法》；2006年8月，在全国开通了12398电力监管投诉举报热线；部分派出机构还设立了投诉举报专用场所，如投诉举报中心、投诉举报大厅等，基本建立起投诉举报受理、分理、办理的工作机制。

（二）建立电力争议调解和裁决机制

知识链接：

监管机构查处的违法违规典型案例

　　某电力公司根据省发改委的批复，建设了两期 110 千伏输变电工程，省电力公司以该输变电站建设不符合电力系统统一规划的原则为由拒绝接入系统，因此发生争议。2006 年，经监管机构调查、核实、协调，妥善处理了此案，双方当事人均表示满意。

　　2007 年，电力监管机构接到河北某社会施工企业投诉，反映当地县电力局利用垄断地位，为用户指定自己下属的施工单位，对该社会施工企业承担的工程则拖延送电或拒不送电等问题。电力监管机构组成调查组进行了现场调查，在取得相关证据后，责成县电力局对存在的问题进行了整改与处理。

　　河北省某小区居民投诉市供电公司借城网改造之机，强迫小区业主交费更换电表，并在电价中搭收其他费用。2008 年 1 月，电力监管机构按照职责范围进行了受理，并开展了现场调查。在查明事实后，责令供电公司按照国家规定的电价标准，将多收取的电费退还用户，并赔礼道歉，对相关人员进行处罚并在系统内进行了通报。①

　　国家电监会出台了《电力争议调解暂行办法》和《电力并网互联争议处理规定》两部规章，印发了《电力争议调解工作程序规则》和《电力并网互联争议处理工作程序规则》及相关文书样式。设立争议调解庭，组建了一支以稽查部门人员为主的电力争议调解员队伍，部分派出机构还建立了"电力争议调解专家库"，形成了完善的争议处理工作机制。

（三）建立违法违规行为查处机制

　　国家电监会出台了《电力监管机构行政处罚程序规定》，印发了《关于开展行政处罚工作有关事项的通知》（办稽查〔2007〕4 号），并制定了 27 种文书样式，明确开展行政处罚工作的原则、组织机构、工作流程和方式。国家电监会和各

---

①　资料来源：国家电监会历年电力监管年度报告。

派出机构陆续成立了行政处罚委员会，设立电力监管机构罚没收入账户，使行政处罚相关工作机制基本健全。

二、查处违法违规行为，树立电力监管权威

查处违法违规行为，并依法采取通报、责令改正以及行政处罚等方式进行处理，是电力监管机构维护电力市场公平、树立监管权威的有效手段。2007 年，电力监管机构直接查处电力违法违规案件 200 多起，其中涉及消费者权益的案件 100 多起。2008 年，直接查处电力违法违规案件 224 起，对 11 起案件作出了罚款和撤销许可证等行政处罚。2009 年，电力监管机构共立案查处违法违规案件 74 起，罚款 171.9 万元，其中国家电监会直接立案查处违法违规案件 5 起。2010 年，电力监管机构共立案查处违法违规案件 57 起，罚款及没收违法所得共计 373 万元，保障了各市场主体的合法权益，有力震慑了违法行为当事人。

三、组织专项治理，重拳治理突出问题

针对市场存在的突出问题，组织开展专项治理，是维护市场秩序的重要方式。2010 年，国家电监会在全国范围内组织开展了"新建发电机机组进入商业运营调试差额资金分配专项治理"和"供电企业用户受电工程'三指定'专项治理"，在整个电力监管历程中留下了浓墨重彩的一笔。

差额资金是指新建发电机组调试电量上网电价与其商业运营电价差额形成的资金，主要用于补偿为新建机组调试运行提供服务的发电企业和电网企业。2010 年，国家电监会在电力行业开展了"新建发电机机组进入商业运营调试差额资金分配专项治理"。在专项治理前，在应分配差额资金的区域和省级电网公司中只有 7 家制定了差额资金分配方案，其余 26 家电网企业未进行分配。通过企业自查自纠，有 19 家电网企业按规定对差额资金

进行了分配。经集中排查确认，2007 年 7 月 1 日至 2009 年 9 月 30 日期间，全国（内蒙古电力公司除外）并网新建机组形成差额资金共计 44.01 亿元。

截至 2010 年 8 月，各网省电力公司均按要求出台了分配方案，向发电企业分配的差额资金由专项治理前的 1.56 亿元上升为 10.02 亿元。

"三指定"是供电企业为用户受电工程指定设计单位、施工单位和设备材料供应单位的行为。为规范用户受电工程市场秩序、维护用户的合法权益，针对用户反映的突出问题，2010 年，电力监管机构集中力量开展了"供电企业用户受电工程'三指定'专项治理"。专项治理开展以来，受到社会的广泛关注，当年电力监管机构收到"三指定"方面的案件线索 60 余起。2011 年，"三指定"专项治理继续深化，对 2010 年供电企业用户受电工

知识链接：

监管机构 2012 年披露的"三指定"典型案例

内蒙古某供电局对用户受电工程的设备，采取推荐等方式让用户选用入围企业的产品，从而限定了用户的自由选择权。部分用户因自行选择设备而影响了用电报装，在向该单位书面检讨后，才给办理相关手续。

甘肃某市农电公司业扩报装流程设置不合理，不利于用户自由选择施工单位，并存在先与用户签订"工程施工合同"，后进行现场勘查、提供供电方案等工作，授意施工单位介入报装申请和供电方案提供等报装环节的行为。

陕西某县供电分公司在《电力工程实施管理办法》中直接指明和确定用户受电工程的设计、施工及材料设备供应单位。

福建某供电分局在低压三相用户工程中通过联合勘测的方式，未经用户委托也未与用户签订施工合同，直接指定特定企业承揽工程，并由其安排相关社会施工队伍实施。

湖北某供电公司指定关联设计单位通过其所属的迁改部介入用户报装流程中的现场勘查和供电方案提供，为供电公司实施指定行为提供了便利。

安徽某供电公司向某电力设计规划研究院提供内部流转的《高压新装（增容）现场勘察工作单》，使该电力设计规划研究院提前进入用户受电工程设计环节，完成用户工程图纸设计。

程"三指定"专项治理
重点抽查企业进行了全
面复查。两年内组织各
派出机构累计检查供电
企业 432 家，发现各类
问题 414 例，向有关供

> 广东某供电局在供电方案中不明确电源接入点的详细信息，仅以某开关房或以某线路表示，客观造成只有熟悉电网结构且能取得电网系统资料的关联设计单位取得承揽业务的优势。①

电企业下达责令改正通知 95 份，并对违法违规行为较为严重的 15 家供电企业依法作出了罚款的行政处罚，罚款金额共计 499 万元，同时，采取经济处罚、调离岗位等方式，严肃处理了相关单位责任人员。通过专项治理工作，在社会上造成了广泛的影响。2012 年 4 月，电力监管机构发布了《供电企业用户受电工程"三指定"专项治理监管报告》，对专项治理的情况进行了全面公开发布，接受社会监督。

四、解决争议纠纷，促进和谐电力建设

电力体制改革以来，出现了与国家电力公司发输配供一体化经营完全不同的市场格局，市场主体呈现多元化局面，行业竞争加剧，市场交易纠纷也随之增加。一方面，电网独买独卖居强势话语权地位，与发电企业之间不可避免地存在矛盾；另一方面，由于供需状况的变化，发电企业之间的竞争也难免发生纠纷。由此，争议纠纷处理成为电力监管机构的重要任务之一，数年来解决了大量案件。据统计，2006—2011 年，累计受理电力争议事件 528 件，主要涉及供用电纠纷、厂网电费结算矛盾、供电营业区划分、小水电站上网争议等方面。通过电话沟通、书面答复、协调、调解庭正式调解以及裁决等方式给予了解决，受到当事人的普遍好评。特别是2010 年，国家电监会成功调解了华电贵州公司和贵州电网公司等 3 起电费

---

① 　资料来源：国家电监会：《供电企业用户受电工程"三指定"专项治理监管报告》。

知识链接：

争议纠纷处理典型案例

华电贵州公司和贵州电网公司因历史遗留问题产生陈欠电费 7.5 亿元。经现场调查调解，贵州电力公司同意在 2012 年 6 月前分三次向华电贵州公司支付 3.19 亿元。2010 年 4 月 2 日，在北京举行了华电贵州公司和贵州电网公司历史争议电费调解协议签字仪式，有力促进了厂网关系的和谐发展。

中电投所属黄河公司与青海省电力公司由于地方政府有关部门出台优惠电价政策产生争议电费 5.89 亿元。经现场调查和多次协商沟通，2010 年 5 月 18 日，国家电监会和国家发展改革委联合下发了《关于对青海省有关部门自行出台优惠电价等问题进行清理的意见》，要求相关部门立即取消自行出台的优惠电价措施，不再出台类似的优惠电价措施，并督促企业认真执行国家电价政策。

浙江省浙能嘉兴发电有限责任公司因机组脱硫改造和机组大修工程安排与浙江电力调度通信中心达不成协议，提请电力监管机构进行协调。2008 年 1 月，电力监管机构组织召开了由政府有关部门和当事人双方参加的协调会议，就如何保障电厂脱硫工程按计划顺利实施同时兼顾电网稳定运行、对社会供电影响最小等问题进行了讨论和协商，当事人双方达成了一致意见。①

结算争议，共涉及金额 17.48 亿元，在社会上引起较大反响。

五、受理投诉举报，维护市场主体合法权益

投诉举报制度的建立，是电力监管接受社会监督的重要方式。多年来，监管机构通过电话、信件、传真、短信、邮件等多种形式，认真受理群众投诉举报，并严格按规定进行了办理；建立并加强了 12398 投诉举报热线及举报短信平台建设和日常维护管理，在重要节假日和重大活动期间，实行 24 小时值班制度，确保 12398 热线随时有人接听，及时化解群众反映的突发事件和矛盾；完善了投诉举报事项跟踪督办、回访工作机制，加强了投诉举报处理人员的管理和培训，投诉举报处

---

① 资料来源：国家电监会历年电力监管报告。

理人员的素质进一步提高，投诉举报的处理时限进一步缩短，群众对投诉举报事项办理结果的满意度进一步提高。

12398 投诉举报热线已成为电力监管机构实践监管为民理念、服务群众的重要窗口。仅 2006 年热线开通后的短短 5 个月内，电力监管机构累计收到有效投诉举报 3946 件。受理 2253 件，当年办理完毕 2120 件，占总受理量的 94.1%。此后，有效信息逐年增加，2009 年突破 10000 件、2012 年突破 20000 件。为扩大电力监管投诉举报工作的社会影响力，自 2009 年开始建立了投诉举报受理情况定期公布制度，在监管机构门户网站和《中国电力报》等行业

知识链接：

2010 年国家电监会 12398 投诉举报受理情况

2010 年，全国共收到电力投诉举报有效信息 16600 件，同比增长 59.9%。电力监管机构对收到的有效信息决定受理 3968 件，占有效信息总量的 23.9%。受理的 3968 件投诉举报事项，12 月底前已办理完毕 3762 件，占受理总量的 94.8%。

收到的有效信息中，供电服务、电价执行和收费、业务许可以及电力安全等四个方面的投诉举报事项相对较多，反映的主要问题有：一、供电服务方面。部分供电企业在用户受电工程中存在"三指定"现象；部分省份为完成"十一五"节能减排任务对企业采取限电限产措施；部分供电企业未经用户同意，擅自更换新电表等。二、电价执行和收费方面。部分供电企业的稽查人员私自处理电力用户窃电，违规收取群众违约用电费，高耗能企业违反国家差别电价政策用电等。三、业务许可方面。部分企业无证或超出许可范围从事电力承装（修、试）业务；部分企业聘用或安排无电工进网作业许可证人员值守、操作配电设备等。四、电力安全方面。部分架空输电线路距居民建筑物或林木植被的安全距离不够；部分高压线路跨越房屋，存在安全隐患，架空输电线路或杆塔被损毁得不到及时修复等。

从统计情况来看，电力监管投诉举报事项呈现以下特点：一、有效信息数量继续呈现较大幅度增长趋势。二、与群众生活密切的相关投诉举报事项数量呈上升趋势。①

---

① 资料来源：国家电监会：《12398 投诉举报受理情况通报（2010 年度）》。

媒体上按季度、月度对 12398 热线接到的投诉举报事项的分布、分类、受理及结案情况进行公布，加大曝光力度，接受社会监督，人民群众和社会各界反映良好。

六、开展联合执法，扩大电力监管影响

电力监管机构与国家有关部委积极协作，开展联合行政执法行动，维护了市场秩序，扩大了电力监管影响。多年来，电力监管机构参加了国家应对气候变化及节能减排工作领导小组，积极推进电力行业节能减排工作；参加了中央综治委护路护线联防专项组和中央综治委公路水路安全联防工作小组，促进电力设施保护和社会和谐稳定；参加了全国电力电信广播电视设施安全保护工作部际联席会议，加大打击盗窃破坏电力设施力度；参加了全国整治违法排污企业保障群众健康环保专项行动，严肃查处和曝光违法排污企业；参加了国务院淘汰落后产能工作部际协调小组，督促供电企业依法对高耗能、高污染企业实施停限电措施；参加了全国建材市场专项整治部际协调小组，切实维护建材市场秩序；参加了国家履行斯德哥尔摩公约工作协调小组，督促电力企业规范持久性有机污染物的处理工作等。

第六节　深化电力改革和市场建设

体制改革与市场建设是电力监管面临的双重任务。体制不改革，市场结构无法形成；市场不完善，监管无落脚之地。2003 年 7 月 9 日，国务院办公厅印发《关于调整电力电信民航体制改革领导小组和工作小组组成人员及单位的通知》，将电力体制改革工作小组办公室设在国家电监会，这意味着在改革中诞生的国家电监会，成为电力体制改革的坚定执行者和电力市场建设的有力推动者。电力监管机构按照"三定"方案和国务院授权，组织

实施电力体制改革方案，提出深化改革的建议，推动电力市场建设，开展大用户直购电试点，既是为监管本身创造用武之地，更是落实党中央、国务院交给的政治任务。

一、解决厂网分开遗留问题，巩固厂网分开改革成果

解决厂网分开后的遗留问题，是巩固厂网分开改革成果，维护市场结构，清晰界定可竞争环节和非竞争环节的重要内容。2002 年电力体制改革最为核心的改革成果，是组建五家发电企业、两家电网企业，实现了厂网分开，然而，厂网分开后遗留了相当数量的问题。这些问题如果解决不好，将使改革成果大打折扣，甚至出现反复和倒退。电力监管机构高度重视厂网分开的遗留问题，2003 年以来，国家电监会会同财政部、国资委等相关部门，以及电力企业，协调解决厂网分开后的遗留问题，这些问题有的是厂网分开过程中出现的，有的是长期历史发展中形成的，主要包括电力资产、财务、产权争议以及发电企业"一厂多制""空壳电厂"等大量问题。问题不断得以解决，进一步巩固了厂网分开的改革成果。2007 年，监管机构经过认真研究发电资

知识链接：

湖北青山热电"一厂三制"破解

2007 年 4 月 13 日，湖北青山热电厂资产划转移交协议签字仪式在武汉举行。这标志着长期以来困扰湖北青山热电厂健康发展的"一厂三制"问题得到妥善解决，同时为解决电力体制改革其他类似遗留问题提供了有益借鉴。

青山热电厂系国家"一五"时期的重点工程，为我国电力工业和地方经济发展作出过重要贡献。在长期的历史发展过程中，由于体制、政策等多方面的原因，青山热电厂形成了"一厂多制"的局面。这不仅增加了企业的管理难度和管理成本，也不利于安全生产和职工队伍稳定，不利于电厂资源优化配置和提高效率，更不利于企业的长远发展。由于涉及面广、政策性强，这一问题解决起来难度也很大。

产划转移交遗留问题，形成具体可行的处理意见，提请工作小组印发《关于电力资产财务划转移交有关遗留问题的通知》(发改能源〔2007〕1885号)，妥善解决涉及40多家发电厂、18家电网企业、346亿元争议资金的资产划转移交过程中的遗留问题。

> 　　电力体制改革工作小组办公室经过半年多时间的调研协调，在国家发展改革委、财政部、国资委等有关部门的协同配合下，在地方政府的大力支持下，相关企业从维护电力体制改革大局出发，尊重历史，实事求是，积极配合有关协调工作，最终形成了解决青山热电厂"一厂三制"问题的方案。
>
> 　　具体解决办法是：考虑到华电青山热电有限公司、华能苏家湾发电有限责任公司经营亏损、资金困难等实际情况，按照"合理补偿、互谅互让、整体解决、简化操作"的原则，由华电集团、华能集团予以适当增资。完成增资后，将华电集团、华能集团持有全部股权无偿划转给国电集团。由国电集团接收华电集团所属青山热电厂全部在册职工和离退休人员。①

二、推进电网企业主辅分离，完成"厂网分开"后又一重大改革任务

　　主辅分离，让市场的归市场，是电力体制改革的一项重要内容。实施电网企业主辅分离改革，实现辅助性业务与电网企业脱钩，推进电网和"三产"、多种经营企业的分离，体现了国家电力改革中打破垄断、充分发挥市场作用的决心。国务院国发〔2002〕5号和国办发〔2007〕19号文件，连续提出关于主辅分离改革的总体思路、改革边界、基本原则和工作方式，积极推进电网主辅分离改革。2003年，监管机构按照工作小组有关主辅分离改革工作的要求，听取部分辅业单位和相关行业协会的意见。2004年，会同工作小组成员单位组织召开主辅分离改革座谈会，进行专题调研，形成了主辅分离工作专报。2005年，积极稳妥推进电力主辅分离改革，研究提出《电力主辅分离

---

① 　资料来源：《青山热电厂挥别"一厂三制"》，《中国电力报》2007年4月16日。

改革实施意见》，提请工作小组审议后报国务院。2009 年，落实国务院有关领导批示精神，与国家发展改革委、能源局和国资委沟通协调，听取国家电网公司和有关辅业单位的意见，推动有关部门成立主辅分离改革专项工作组，再次启动电网企业主辅分离改革工作。2010 年，按照国发〔2010〕15 号文件，配合国家发展改革委、国资委，研究制定《电网主辅分离改革及电力设计、施工企业一体化重组方案》。2011 年，配合国资委完成电网主辅分离和两家电力建设集团的组建工作。

三、积极探索市场化手段，完成 920 项目和 647 项目

根据电力体制改革方案和《国家计委关于国家电力公司发电资产重组划分方案的批复》（计基础〔2002〕2704 号），为支持主辅分离改革，在电网公司预留了 920 万千瓦参股发电资产（简称 920 项目）；为支持电网建设、降低改革风险、支付必要的改革成本，在电网公司暂时保留了 647 万千瓦控股发电资产（简称 647 项目）。

2007 年 5 月 30 日，920 万千瓦发电资产部分股权转让协议签字仪式暨新闻通气会在人民大会堂举行，标志着 920 万千瓦发电资产（即 920 项目）变现工作基本完成。920 项目共有 38 家标的资产，出售总价约为 187 亿元，较账面净资产 119.7 亿元溢价约 56%，变现资金将用以支付电网主辅分离改革成本。作为当时我国并购市场交易金额及影响力较大的项目之一，920 项目是我国政府主导的通过市场化方式处置国有电力资产的成功案例，有效避免了以往行政性划拨导致的一些遗留问题。

同年，国家电监会组织国家电网公司、中介机构，对 647 万千瓦发电权益资产出售变现项目（以下简称 647 项目）开展了尽职调查和资产评估，在多方沟通协调的基础上，提出了 647 项目出售方案建议。12 月 23 日，电监会在京主持举行 647 万千瓦发电资产相关 8 家电厂的安全生产责任及管理权转移协议签字仪式，标志着 647 万千瓦发电资产变现工作的主体任务基本完成。

四、开展电力体制改革重大问题研究

知识链接：

国家电监会重要研究工作简况

2007 年，组织开展世界银行技术援助项目："中国输配电体制改革研究"。

2008 年，结合世界银行项目，对输配电管理体制、输配电价、输配业务分开核算、农电管理体制等后续改革问题进行了深入研究。

2009 年，开展输配电体制改革、调度交易机构设置、输配电价改革、输配电业务分开核算、农电体制改革等课题研究，初步理清输配电体制改革的总体思路和方法路径。

2010 年，系统梳理 2002 年以来电力体制改革的主要成绩、问题和原因，研究起草《关于开展输配电体制改革试点工作的意见》和《"十二五"继续深化电力体制改革的意见和建议》。

2011 年，起草《输配电体制改革实施方案及试点建议》，提出输配电体制改革的目标、主要内容和试点意见。完成《中国电力市场竞争状况及政府管制》等专题研究。

2012 年，对世界主要国家电力体制情况进行比较，研究我国电力改革顶层设计和改革路线图，提出"十二五"深化电力改革的建议，并研究制定开展输配电体制综合改革试点操作方案。[1]

针对"十一五"改革重点工作，电力监管机构高度重视电力体制改革的重大课题研究。2007 年以来，作为电力体制改革重大课题研究工作领导小组组长单位，国家电监会会同国家发展改革委、财政部等部门，确定了"十一五"电力体制改革重大研究课题项目计划、成果形式、牵头单位、组织方式等，组织完成了输配电体制改革、调度交易机制改革、农电体制改革、深化电力体制改革总体设计等课题研究，形成了一批重要的研究成果，为相关政策的出台奠定了良好基础。

五、试点区域电力市场建设，组织推进竞价上网

初步建立竞争、开放的

---

[1] 资料来源：《国家电力监管委员会十年概览》。

区域电力市场，是电改 5 号文确立的"十五"期间电力体制改革的主要任务是之一。国家电监会成立以来，按照《电力体制改革方案》（国发〔2002〕5 号）的要求，大力推进区域电力市场建设，相继印发了《关于区域电力市场建设的若干指导意见》《电力市场运营基本规则》《电力市场监管办法》和《电力市场技术支持系统功能规范》等市场运行规则，努力探索建立区域内发电侧竞争上网等机制，积极稳妥推进区域电力市场建设，先后在东北、华东、南方等地区开展竞价上网试点工作。

> **知识链接：**
>
> 国家电监会拟定电改文件简况
>
> 2003 年至 2004 年，分别拟订并提请电力体制改革工作小组印发了 2003 年、2004 年、2005 年关于深化电力体制改革的意见。
>
> 2005 年，按照国务院领导要求，组织有关单位深入调研，广泛听取国内外有关专家意见，研究并提出了"十一五"深化电力体制改革的建议，报工作小组第八次会议进行专题讨论。
>
> 2006 年，在进一步征求相关各方意见的基础上，与国家发展改革委共同修改形成《关于"十一五"继续深化电力体制改革的意见》，研究拟订《2006 年电力体制改革主要任务及工作分工》。
>
> 2007 年，会同有关部门完成《关于"十一五"深化电力体制改革的实施意见》的修订和报批，经国务院审定后，以国办发〔2007〕19 号文下发执行。①

在东北地区实行"两部制电价＋全电量竞争"的市场模式，目的是打破省间壁垒，促进区域协调发展；在华东地区探索"全电量竞争＋差价合同"模式，尝试在现有的电价和电量分配制度下，稳步引入竞争机制，并构建市场风险控制机制；南方电力市场则是"单一制电价＋部分电量竞争"模式。东北电力市场 2005 年 1 月开始试运行，华东电力市场 2006 年 4 月和 12 月进行了两次调电试验（合计 10 天），南方电力市场 2005 年 12 月启动了模拟运行。此外，华中、华北、西北区域

---

① 资料来源：《国家电力监管委员会十年概览》。

知识链接：

区域电力市场建设试点情况

1. 东北电力市场建设试点情况

东北电力市场是我国最早进入试运行的电力市场，于2003年2月启动，采取"两部制电价加全电量竞争"方式。2004年1月开展单一制电价模式下的月度竞价模拟运行，6月开展两部制电价模式下的月度竞价模拟运行，同年12月进行试运行。先后完成2005年年度竞价、月度竞价以及2006年年度竞价。

2. 华东电力市场试点情况

华东电力市场试点工作于2003年6月启动，实行"全电量竞价加差价合同"的竞争方式。2004年5月18日开始月度竞价模拟运行，2005年10月28日启动包括日前竞价在内的综合模拟运行，共进行了7个场景的综合模拟。2006年4月和12月开展了两次调电试验，共按市场模拟运行了10天，取得了较好成效。目前，华东电力市场已经具备了进入正式试运行的基础条件。

3. 南方电力市场试点情况

2004年4月9日，南方电力市场建设工作正式启动，2005年11月进入模拟试运行阶段，2006年有11家发电企业、22台机组新加入市场模拟运行，使参加模拟运行的市场主体达到29家，其中发电主体25家（61台机组），购电主体4家。模拟运行进展顺利，基本达到了检验市场模式和规则、考验技术支持系统，培育市场主体的目的。

也分别结合实际，研究拟定了相应的建设方案。2007年，区域电力市场建设进入总结阶段，相关工作处于暂时停滞状态。

区域电力市场试点具有独特历史意义，在多个方面产生了积极作用：一是初步发挥了市场配置资源的基础性作用。东北电力市场试运行使得黑龙江省和蒙东地区送出电量分别同比增长112%和54%，实现了东北区域内的资源优化配置；华东电力市场通过调电试验表明，市场配置资源的效果显著，华东地区电能资源流向更为合理；从南方电力市场模拟交易结果看，成交结果与国家西电东送战略相符。二是推进了节能降耗。华东电力市场调电试验表明，市场在促进节能降耗和减少污染方面具有明显优势，相比计划调度方式，华东电力市场运行10天，节约标准煤7000吨以上，减排二氧化硫140吨以上，减排二氧化碳 1.8 万吨以上。三是提高了电力安全生产水平。东北电力市场试运行当年，竞价发电企业设备可用小时数达 8022 小时，同比提高 360 小时，非计划停运次数减少，设备健康水平得到提高。四是促进了发电企业降低成本和提高效率。东北电力市场试运行当年，发电企业市场观念逐步建立，竞价发电

> **4. 积极完善其他区域市场的建设方案和规则**
>
> 2006 年，华中电力市场建设主要以方案研究、情况调研为主，在市场模式研究上取得了积极进展，提出了以双边交易为主、日前竞价为辅的市场模式。6 月份，电监会先后启动华北、西北电力市场研究，成立了市场建设方案拟定领导小组。市场建设方案框架已经明确，在市场模式、大用户参与市场以及监管机制等问题上都取得较大突破。①

企业努力降低建设成本和运营成本，供电煤耗同比减少 0.96 克，全年节约用煤 11 万吨左右。五是探索了新的上网电价机制。东北电力市场试运行后，初步实现了由计划管理机制向市场竞争机制的转变，政府对企业的生产干预减少，新的上网电价机制逐步形成；华东电力市场调电试验期间，价格基本反映各省市电力供需实际，共减少购电费用 1.3 亿元；南方电力市场模拟运行平均上网电价达到 338 元 / 千千瓦时，比 2006 年南方区域常规统调火电实际平均上网电价降低 12%。六是强化了市场监管。通过对市场运行的监管，初步探索取得了在市场竞争条件下履行监管职能、提高监管效率、对市场主体形成有效监管的有益经验。

客观来看，区域电力市场建设也暴露出电力体制改革面临的深层次问题，比如，市场竞争主体的培育问题、电价形成机制问题、市场模式问题、电力监管与改革的深化问题，以及市场风险的防范问题等，这为下一步深化改革积累了经验。

---

① 资料来源：国家电监会历年监管年度报告。

六、培育区域平台，开展电力灵活交易

2007 年以来，区域电力市场建设试点进入总结阶段，电力监管机构基于现实需求，开始培育区域平台，推进电力灵活交易，监管机构加强市场建设的重心大转移，进入规范跨省区电能交易和灵活交易阶段。几年来，重点推进的交易包括：积极推进大用户直接交易试点；培育区域电力市场平台，规范跨省跨区电能交易；配合国家"上大压小"和节能减排政策，推进发电权交易等灵活交易；推进辅助服务交易制度建设。

特别是开放大用户的用电选择权，成为电力市场化改革的一项重要任务，也是推动电力市场深度运行和电价改革的破题之举。2005 年、2006 年，监管机构分别在吉林碳素和广东台山进行局部试点，效果良好，至今仍在运行。2009 年，又遴选 15 家符合国家产业政策、具备直购电条件的电解铝企业开展直购电试点工作。截至 2013 年国家电监会重组前，全国共有吉林、广东、辽宁、安徽、福建、江苏、黑龙江等 7 个省份开展直购电试点工作。此外，监管机构与内蒙古自治区政府共同启动了内蒙古电力多边交易市场，探索了大用户直接交易新机制。据统计，2011 年全国直购电量 81.94 亿千瓦时，经国家批准与发电企业直接交易的大用户直购电试点单位有吉林碳素、辽宁抚顺铝厂、安徽铜陵有色、广东台山市 6 家、福建省 6 家等。而在 2005 年全国仅吉林碳素 1 家，交易电量 3.9 亿千瓦时。

第四章　电力监管的评价与思考

10年电力监管取得了积极成效：推进电力体制改革和市场建设，加强电力监管法律法规体系建设，有效开展专项监管业务，形成了电力监管的共同价值标准，牢固树立了监管就是服务的理念，促进了电力行业的快速发展。然而，电力监管依然面临改革不彻底、体制机制不顺、法律支撑不足、工作程序不畅、机构建制不健全等现实约束。从电力监管走向能源监管，原有经验需要借鉴，但同时更需要进一步探索与实践。

第一节　电力监管取得的成效

电力是关系国计民生的重要基础产业和公用事业，是国民经济和社会发展不可或缺的生产资料和生活资料。电力的安全、稳定、可靠供应事关国民经济全面、协调、可持续发展，事关社会和谐稳定，事关人民幸福安康。自2002年电力监管启动以来，监管机构认真履行职责，取得了积极的监管成效。

一、电力监管法律法规体系建设得到加强

法规制度是监管的基础。10年间，围绕建立和完善电力监管法律体系，

国家先后出台了《电力监管条例》《电力安全事故应急处置和调查处理条例》等行政法规。同时，国家电监会先后出台部门规章（电监会令）31 个，以及为数众多的其他规范性文件，初步形成了较为完善的监管法规体系，为依法监管提供了依据。

知识链接：

十年电力监管法制建设主要成果

一、行政法规

1. 电力监管条例（国务院第 432 号令）

2. 电力安全事故应急处置和调查处理条例（国务院第 599 号令）

二、部门规章

1. 国家电力监管委员会安全生产令（国家电监会 1 号令）

2. 电力安全生产监管办法（国家电监会 2 号令）

3. 水电站大坝运行安全管理规定（国家电监会 3 号令）

4. 电力生产事故调查暂行规定（国家电监会 4 号令）

5. 电力二次系统安全防护规定（国家电监会 5 号令）

6. 承装（修、试）电力设施许可证管理办法（国家电监会 6 号令）

7. 电力争议调解暂行办法（国家电监会 7 号令）

8. 供电服务监管办法（试行）（国家电监会 8 号令）

9. 电力业务许可证管理规定（国家电监会 9 号令）

10. 电力市场运营基本规则（国家电监会 10 号令）

11. 电力市场监管办法（国家电监会 11 号令）

12. 电力监管信息公开办法（国家电监会 12 号令）

13. 电力企业信息报送规定（国家电监会 13 号令）

14. 电力企业信息披露规定（国家电监会 14 号令）

15. 电工进网作业许可证管理办法（国家电监会 15 号令）

16. 电力监管机构行政处罚程序规定（国家电监会 16 号令）

17. 电力监管机构举报处理规定（国家电监会 17 号令）

18. 电力监管机构投诉处理规定（国家电监会 18 号令）

19. 电力监管执法证管理办法（国家电监会 19 号令）

20. 电力监管机构现场检查规定（国家电监会 20 号令）

21. 电力并网互联争议处理规定（国家电监会 21 号令）

22. 电网运行规则（试行）（国家电监会 22 号令）

23. 电力监管报告编制发布规定（国家电监会 23 号令）

24. 电力可靠性监督管理办法（国家电监会 24 号令）

25. 电网企业全额收购可再生能源电量监管办法（国家电监会 25 号令）

26. 关于废止部分电力监管规章的决定（国家电监会 26 号令）

27. 供电监管办法（国家电监会 27 号令）

28. 承装（修、试）电力设施许可证管理办法（国家电监会 28 号令）

29. 国家电力监管委员会行政复议办法（国家电监会 29 号令）

30. 电力争议纠纷调解规定（国家电监会 30 号令）

31. 电力安全事故调查程序规定（国家电监会 31 号令）[①]

二、电力监管组织架构日益完善

组织体系是监管的保障。10 年间，围绕电力监管体系建设，国家电监会组建了 6 个区域电监局、12 个省级电监办，在没有设立独立监管机构的省（区、市）也设立了业务办，初步实现了电力监管机构的全覆盖。2012 年 12 月 6 日，电监会华中电监局西藏自治区业务办在拉萨揭牌成立，标志着全国 31 个省（区、市）全部有了电力监管机构。电力监管队伍的专业性得到进一步加强。

10 年间，围绕构建电力安全监督管理体系，监管机构组建了全国、区域、省三级电力安全生产委员会和专家委员会，成立了国家和省级电网大

---

① 资料来源：《国家电力监管委员会十年概览》。

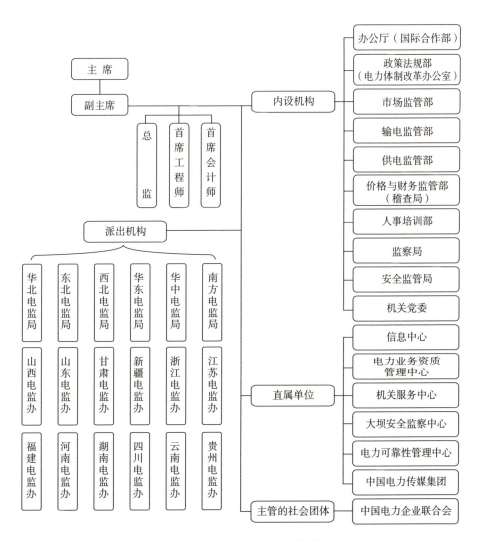

图 2-9　国家电监会组织机构

面积停电应急指挥机构，不断健全安全监管组织体系，与政府有关部门和电力企业一道工作，使电力安全生产得到了加强（见图 2-9）。

三、电力体制改革得到进一步深化

体制改革和市场建设是监管的载体。10 年间，围绕推进电力体制改革，监管机构认真贯彻落实党中央、国务院的决策部署，积极组织、参与和配合有关部门，按期完成 920 万千瓦发电资产股权转让和 647 万千瓦发电权益资产出售变现的组织实施工作，分类解决了厂网分开遗留问题，努力探索建立区域内发电侧竞价机制，推进大用户直接交易试点，积极培育电力市场。

10 年间，围绕输配分开、电价改革等重大问题，进行了深入研究，初步形成了把改革的着眼点和立足点放在培育和建立多买多卖电力市场格局的共识上，明确了立足我国国情，采取更加务实有效的方式深化输配电体制改革、电价改革等价值取向。

10 年间，围绕输

知识链接：

电力监管组织体系建设历程

2002 年 3 月，国务院印发《电力体制改革方案》，要求设立国家电力监管委员会。2003 年 2 月，国务院正式批准"三定"方案，明确国家电监会设 7 个职能部门，机关事业编制 98 名。中国电力企业联合会由国家电监会主管。同年 3 月 20 日，国家电监会在北京长安街正式挂牌。

2004 年 1 月，根据中央机构编制委员会办公室批复，国家电监会设立党组纪检组，同时设立监察局。2004 年 4 月，中央机构编制委员会办公室批复，同意国家电监会设立安全监管局。

2004 年，信息中心、资质中心和机关服务中心等三个事业单位相继成立。大坝中心、中国电力报社正式划归电监会。电力可靠性管理中心则于 2006 年正式纳入电监会体系。

2004 年 4 月，中编办批复，明确国家电监会设立 6 个监管局，由区域监管局分别向 11 个省会城市各派驻监管专员和工作人员。5 月，东北电监局正式挂牌成立。同年，华东、华中、南方等三个区域电监局先后成立。2004 年 12 月 31 日，首个城市电监办——成都电监办正式挂牌。

2005 年，随着华北、西北电监局正式成立，6 个区域监管局全部组建完成。同年，杭州、昆明、贵阳电监办也正式挂牌。进入 2006 年后，太原、济南、福州、南京、兰州、郑州、长沙等 7 个城市电监办相继宣告成立。

2010 年 7 月 1 日，中央编制委员会办公室批复，派出机构仍按 6 个区域设置，在 12 个省（自治区）

设立电力监管专员办公室。随后，原 11 个城市电监办陆续完成了更名。新组建的新疆电监办则于同年 12 月 27 日揭牌成立。

　　在没有设立完整电力监管机构的省（区、市），则陆续设立了电力监管业务办公室。随着 2012 年 12 月 6 日西藏业务办的设立，电力监管业务在全国范围内实现了全覆盖，组织机构初步完善。①

配分开、电价改革等重大问题，进行了深入研究，初步形成了把改革的着眼点和立足点放在培育和建立多买多卖电力市场格局的共识上，明确了立足我国国情，采取更加务实有效的方式深化输配电体制改革、电价改革等价值取向。

四、电力监管业务得到深入开展

　　专项监管是监管的重要内容。10 年间，围绕建立和完善市场准入制度，监管机构先后出台了 10 多项行政许可规章，颁发发电类许可证 28664 家、供电类许可证 2970 家、输电类许可证 38 家、承装（修、试）电力设施许可证 11154 个、电工进网作业许可证 180 余万个，基本实现企业持证经营、电工持证上岗，并不断加大对持证企业和人员的监管力度，促进了市场主体守法依规经营。围绕完善电力监管手段和措施，监管机构建立了电力交易合同备案、电力调度信息报送、监管约谈约访、监管报告发布等制度，在规范电力市场秩序、促进电力公平交易、构建和谐厂网关系、保障电力健康发展等方面发挥了积极作用。围绕维护消费者合法权益，监管机构不断加强监管力度，开通了 12398 投诉举报热线，开展了全国供电服务质量检查，每年依法查处千余起消费者投诉案件。特别是 2011 年以来，监管机构在全国组织开展了提高居民用电服务质量监管专项行动，得到各级政府、电力企业和人民群众的广泛支持和普遍好评，取得了阶段性成果。配电网

---

① 　资料来源：《国家电力监管委员会十年概览》。

投资建设力度不断加大，供电能力不断提升，服务水平不断提高，一些居民用电难题得到有效改善。10 年来，国家电监会经过多方面探索，积累了电力监管经验，加强了电力监管与各级政府之间的联系，加强了对电力行业、企业的服务，在一定程度上树立了电力监管的旗帜。特别是 2012 年 7 月至 8 月，国家电监会突出寓监管于服务理念，在我国内地除西藏外的全部 30 个省（自治区、直辖市）首次组织有关政府部门、企业、用户等多个方面分别召升了电力监管工作座谈会，向与会者介绍了电力监管机构职能、电力监管工作的主要成效，共有 28 个省（自治区、直辖市）党委、政府的领导同志出席会议并讲话，电力企业、电力用户就电力改革与发展事项踊跃发言，会议作了广泛的问卷调查，从数十个方面征集了各方对于电力监管机构和电力监管工作的意见建议。

五、电力监管促进了行业快速发展

在电力监管机构与电力行业企业的共同努力下，十年间，电力行业实现了快速、高效发展，安全、稳定供应，装机容量大幅增长，电网规模跃居世界第一位，电力可靠性进一步提升，为经济社会发展提供了良好的电力能源支撑。

（一）电力建设实现了跨越式发展

截至 2012 年底，全国发电装机容量达到 11.44 亿千瓦，年发电量 4.94 万亿千瓦时，分别是 2002 年底的 3.2 倍和 3.01 倍；全国 220 千伏及以上输电线路总长度达到 50.58 万公里，变电容量 24.97 亿千伏安，分别是 2002 年的 3.58 倍和 6.7 倍；装机容量、发电量和电网规模均居世界第一（见图 2-10、图 2-11）。

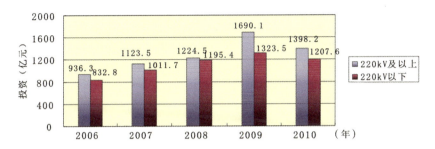

图 2-10 国家电网公司"十一五"期间输配网建设与改造实际投资情况

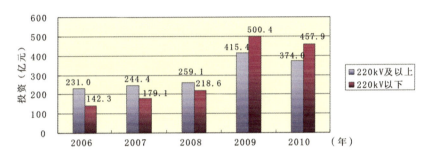

图 2-11 南方电网公司"十一五"期间输配网建设与改造实际投资情况①

（二）转变发展方式进展明显

随着新能源和可再生能源的快速发展，电力结构逐步优化。2012 年底全国水电总装机达到 2.49 亿千瓦，年发电量近 8556 亿千瓦时，均居世界第一；核电已投运装机 1257 万千瓦，在建规模占世界 40% 以上；风电并网规模达到 6142 万千瓦，居世界第一位；太阳能发电装机规模超过 340 万千瓦。

（三）技术装备水平显著提高

30 万千瓦以上火电机组占火电装机容量比重约为 75.6%，60 万千瓦及

---

① 资料来源：国家电监会：《2011 年供电监管报告》。

以上占火电机组容量 40.15%，百万千瓦级超临界机组建成投产 40 余台，洁净煤发电技术得到广泛应用，1.5 兆瓦以上风电设备制造技术位居世界前列，特高压等先进输电研发应用居世界领先水平。

（四）电力节能减排成效明显

2012 年全国火电供电标准煤耗为 325 克 / 千瓦时，比 2002 年下降 15.14%，达到世界先进水平；烟气脱硫机组占燃煤火电总装机容量的 90%，单位电量二氧化硫排放 2.26 克 / 千瓦时，比 2005 年减少了 50% 以上，好于美国同期 2.45 克 / 千瓦时的排放绩效。

第二节　电力监管积累的宝贵经验

经过 10 年的探索和实践，电力监管在多个层面积累了较为宝贵的经验。电力市场建设得到进一步推进，监管理念进一步深化，价值标准进一步明确，监管能力日渐加强，监管方式方法日趋丰富，专项监管成效明显。这些经验既是继续推进电力体制改革和电力工业发展的重要基础，更是推动和深化整个能源体制改革和监管实践的有益借鉴。

一、形成了电力监管的共同价值标准

电力监管的价值判断标准，是在 10 年历程中逐步形成、发展和成熟的。从探索与实践的效果来看，电力监管的共同价值标准主要有五条。

电力监管的好坏自觉置于国家利益的大局中去衡量、去检验。深刻理解并全面贯彻党中央、国务院的各项方针政策，找准工作的着力点和切入点，切实提高了电力监管的主动性和自觉性，自觉维护国家电力能源战略利益和战略安全。

电力监管的成败自觉置于电力事业安全发展、科学发展、又好又快发展的历史进程中去衡量、去检验。没有电力事业的发展，就没有电力监管的价值。面对新的形势，坚持以监管促改革，以改革促发展，全面履行电力监管职责，切实为电力事业科学发展创造了良好的市场环境。

电力监管的得失自觉置于促进地方经济社会各项事业的科学发展、又好又快发展中去衡量、去检验。按照"稳增长、控物价、调结构、惠民生、抓改革、促和谐"的总体要求，着力加强电力监管，寓监管于服务之中，通过有效监管，为地方经济社会发展提供了安全稳定可靠的电力保障。

电力监管的优劣自觉置于积极稳妥务实地推进电力体制改革的进程中去衡量、去检验。坚持经得起历史检验、改革举措在复杂条件下能切实可行的原则，加强调查研究、科学论证，与其他部门一道，尽职尽责，为深入推进电力体制改革而不懈努力。

电力监管的功过自觉置于实现好、维护好、发展好人民群众根本利益的要求中去衡量、去检验。深入开展提高居民用电质量监管专项行动，使之成为人民群众真正得实惠的利民工程、惠民工程和满意工程，让人民群众安全用电、可靠用电、放心用电、满意用电。

二、牢固树立了监管就是服务的理念

电力监管10年实践，彻底改变了传统体制条件下电力管理主体和管理对象之间不平等的行政隶属关系，实现了监管主体和监管对象的身份平等，牢固树立了监管就是服务的理念。电力监管虽然也对市场进行干预，但它是按照授权依法依程序进行的一种监督和管理，监管的理念是为产业的发展和竞争提供一个好的环境。在实践中，监管机构牢固树立并大力践行监管就是服务的理念，准确把握监管和市场的边界，摆正监管位置，把为电力发展服务、为电力市场主体服务作为监管工作的出发点和归宿，努力为电力发展创造良好的法律环境、市场环境和社会环境。

（一）监管要为国家能源发展战略服务

电力监管必须全面贯彻落实党中央、国务院的各项方针政策，自觉维护国家能源战略利益和战略安全。遵循国家电力能源发展战略规划，确保国家电力能源的重大布局、重大结构、重大政策落实到位。围绕国家电力能源规划的组织实施，针对电厂项目与输电项目，清洁能源发电项目与储能、调峰调频电源项目之间的衔接，积极主动地提出监管建议。积极配合有关部门，针对转变发展方式、发挥产业差别化电价杠杆作用、推动建立产业政策倒逼机制、走能源资源集约可持续发展的道路，提出监管建议。

（二）监管要为地方经济社会发展服务

电力监管必须强化信息统计，及时开展电力经济形势的分析研究，提出对策措施建议，充分发挥电力作为经济发展"晴雨表"和"温度计"的作用，为地方党委、政府提供决策参考。及时主动地加强电力余缺调剂监管，缓解电力供需矛盾，为地方经济社会的发展提供电力保障。配合有关部门，落实配套措施，支持分布式电源科学、合理的发展，促进地区资源能源优势转化为具有竞争力的、生产力布局合理的产业优势。完善配套政策，加大力度推进大用户直购电，重点支持高新技术产业和资源能源消耗水平全国领先、具有竞争优势的电力大用户开展直购电试点，促进产业结构调整和地方经济发展。监督清洁能源政策的落实，积极支持具备条件的地区科学发展清洁能源，针对支持风电、太阳能发电集中式开发和分布式开发相结合提出监督建议，针对鼓励就地消纳、促进清洁能源利用效率最优化和投资效益最大化提出监管建议。利用产业差别化电价，为地方政府优化产业布局、调整产业结构、培育优势产业提供监管建议。配合地方政府开展城镇化建设，督促电力企业加快旧城配电网建设和改造，为提升城市承载力和扩大内需创造条件。

（三）监管要为电力行业发展服务

电力监管必须加强新能源并网发电安全监管，促进新能源发电安全发展、科学发展。加强可再生能源保障性全额收购政策落实情况的监管，切实维护好企业的合法权益。加强清洁能源发电效率监管，促进清洁能源项目、储能项目、调峰项目合理配套，提高电网对清洁能源发电的消纳能力，提高电网运行的可靠性，尽量避免弃风、弃水、弃光。按照确保安全和效率最大化的原则，加强对输配电效率的监管，并就优先解决输配电通道瓶颈项目建设、大容量及远距离输送电力方式提出积极的监管意见。加强发电企业成本监测预警，并就煤电矛盾疏导、企业经营管理、债权债务等问题提出积极的监管意见，促进企业健康发展。加强厂网协调，构建和谐关系，通过公正公平监管，维护厂网双方合法权益。

（四）监管要为人民群众服务

电力监管必须深入开展提高居民用电质量监管专项行动。围绕人民群众可靠用电加强监管服务，支持电网企业加大配电网建设力度，不断提高供电能力，切实解决用户低电压问题，提高用电可靠率和用电电压合格率。围绕人民群众放心用电加强监管服务，确保及时抢修用电故障，确保不随便拉限居民生活用电，确保准确计费和收费。围绕保障政府保障性安居工程通电用电加强监管服务，畅通保障性住房接电绿色通道，提高服务效率和水平，依法依规减免有关收费。围绕保障人民群众合法用电权益加强监管服务，加快解决无电地区、无电人口用电问题。围绕将提高居民用电服务质量监管专项行动提升为惠民工程、满意工程加强监管服务，认真总结专项行动中的好经验、好做法，并上升到制度化、常态化层面。

三、电力监管成为推进改革和发展的重要力量

电力改革是电力发展的根本出路，也是我国经济体制改革的重要内容。改革开放以来，随着我国电力市场化改革的不断深入，电力市场结构和产业结构发生了深刻变化，市场主体多元化、利益关系多元化、产业结构分离化的特征日益明显。传统的电力管理体制的弊端日益突出，已经不能适应电力改革发展新形势的要求。电力监管10年实践证明，电力监管方向是对的，设立电力监管机构的决策是正确的，符合社会主义市场经济的总体要求，符合行政管理体制改革的基本方向，电力监管成为推进电力体制改革和发展的重要力量。

（一）依法管理迈出重要步伐，促进了管理手段的转变

传统电力管理是基于所有权关系和行政隶属关系的以行政手段为主的管理。社会目标的实现和各类经济关系的确立，主要依靠行政手段的力量。电力改革后，随着政企分开的实现和电力市场主体所有权关系的多元化，单纯地依靠行政手段已经无法适应新形势的要求。监管机构大力加强电力监管法规体系建设，制定和颁布电力监管规章（电监会令）31个，初步形成了以《电力监管条例》为核心的电力监管法规体系。在实际工作中，严格按照法律法规授权开展工作，按照法律法规规范监管行为，做到监管工作有法可依、有章可循。在与电力市场主体没有行政隶属关系和所有权关系的条件下，依靠法律和规则，较好地规范了电力市场秩序，实现了监管目标。

（二）探索了市场条件下电力管理新方式，促进了管理方式的转变

传统电力管理重事前审批，轻事后监管，在管理方式上主要依赖行政审批。随着我国市场经济体制的不断完善和电力市场化改革的逐步深入，市场主体的自主权不断扩大，行政审批的范围越来越小。实践中，电力监

管机构逐步摸索出一些在市场化条件下实施监管的有效方式，制定了购售电合同范本及并网调度协议范本，规范了购售电关系和并网调度关系；大力推进监管信息公开和信息透明，在监管工作中引入了监管报告制度，面向社会发布了一批监管报告和监管通报，定期发布电力监管统计信息，督促电力企业及时披露生产调度运行信息；牵头组织和参与了安全生产、供电服务、电价执行、环境保护等多项检查活动，加强了对电力企业政策法规、技术标准等执行情况的持续性监管，提高了管理的有效性。同时也推动了政府相关部门管理方式的转变。

（三）适应了电力管理专业性要求，提高了管理的专业化水平

电力生产具有发、输、配、供同时完成和瞬时平衡的特征，电力管理的技术性很强。特别是在电力发展进入大电网、大机组、高电压的情况下，电力管理的技术性要求更高。同时，电力管理又是一项专业性强的工作，从经营成本的审核、电价的核定，到对系统安全、普遍服务等方面的管理，都具有很强的专业性。电力监管机构健全了电力监管组织体系，成立了电力安全生产专家委员会和电力监管标准委员会，形成了一支具有较高专业水平的电力管理力量；颁布了规范电力日常运行管理的一系列规章制度，制定和完善了与电力监管相关的一系列电力生产技术标准，开展了电力安全性评价工作，组织指导了电力安全事故调查处理工作；及时向政府提出有关电力发展的统计信息和意见建议，为政府决策提供有力支持。电力管理工作更加具体，更加深入，更加专业，有效地提高了电力管理效果。

（四）推进了电力体制改革，提高了电力产业市场化程度

市场化是电力体制改革的方向。电力市场化改革的过程就是行政权力不断释放、垄断行为不断得到限制的过程。电力监管机构既不是传统体制的既得利益者，又与垄断企业没有利益上的过多瓜葛，因此是最坚定的改革力量。根据改革任务分工，监管机构努力推动了电力体制改革的持续深

入：厂网分开的改革任务基本完成，发电领域的竞争态势初步形成；区域电力市场建设稳步推进，大用户直购电试点取得初步经验；电力主辅分离工作取得重大进展，厂网分开遗留问题处理接近尾声。电力市场化程度不断提高，电力体制改革取得了阶段性成果。

（五）探索了政监分离模式，加强了市场监管

2002 年电力体制改革前，电力管理职能被分散在多个政府机构，国家多个部门既管微观又管宏观，职能交叉、多头管理的情况十分严重。改革后，电力行政管理职能统一交由国家发展改革委行使，提高了电力产业政策的协调性和统一性。同时，新体制在一定程度上改变了前一时期政监不分的情况，实现了一定程度上的政监分离，成立了专门的监管机构，加强了监管力量，在电力市场化改革不断深入的情况下，为规范电力市场秩序、维护用户合法权益、促进电力和谐发展起到了重要作用。

从 10 年的实践看，电力监管机构履行职能、发挥作用，靠的既不是行政权力，也不是与监管对象之间的所有权关系，而是法律法规和在监管实践过程中探索出来的市场化管理方式。这是与社会主义市场经济和依法治国的总体要求相一致的，是符合我国电力体制改革和行政管理体制改革的基本方向的，是适应电力工业的内在规律的。实践表明：电力监管是适应社会主义市场经济要求和电力产业发展新情况新特点的行之有效的管理方式，在启动电力市场化改革的同时，建立有效的监管制度、设立专门的监管机构，是政府面对市场不越位、不缺位的正确之举。

第三节　电力监管的局限及尚待解决的问题

电力监管的 10 年实践具有重大深远的历史意义。其中，国家电监会的成立，标志着我国电力工业管理体制由传统的政府行政管理向适应市场经

济要求的依法监管的重大转变，标志着电力行业深层次的体制创新和制度创新迈出实质性步伐。虽然 10 年间电力监管进行了广泛探索，并在一定程度上积累了成熟经验，但电力监管的效用并未得到充分发挥，特别是体制机制的局限和监管职能不足等多重因素的叠加影响，极大地制约了电力监管效能的发挥。

一、电力监管作用的有效发挥受到多重制约

电力体制改革和电力市场发展的政策目标根本上是为了促进电力行业遵循市场规律，充分发挥市场配置资源的决定性作用，提高电力行业的运营效率和投资效率，确保资源环境可持续发展。无论是市场建设还是价格改革，无论是结构优化还是转变政府职能，实践证明，强化电力监管都是重要的保障。但是，我国现行的电力管理体制和职能配置，难以适应电力市场化改革和电力科学发展的需要，一定程度上影响和制约着电力监管作用的充分发挥，继续推进电力监管的探索和实践，面临诸多困境。

（一）监管机构职能不完善，监管手段缺乏，监管的权威不足

2002 年电力体制改革后，电力工业结构发生了巨大变化，但电力管理基本维持了原来的部门分工格局，多头分散管理的问题依然没有解决。主要管理职能分散在不同的管理部门，职能重叠、相互掣肘的情况十分突出。虽然设立了专业的监管机构，但并没有赋予统一完整的电力监管职能，由于缺少价格审批和投资准入这两个最重要的监管职能，导致电力监管机构缺乏有效的监管手段，影响了监管有效性。传统的行政管理方式在电力工业管理中依然占据主导地位，发挥主导作用。电力监管机构夹在强势的政府宏观经济管理部门和强势的国有特大型企业之间，工作相当艰难。

（二）监管体系不完备，监管力量不足，难以适应监管工作需要

国家电监会机构设置和人员配备是按照国发〔2002〕5号文确定的框架原则设计的。在实践中，电力监管职能已发展到电力安全、市场、行政许可、供电服务质量等领域，覆盖了发、输、配、供等电力生产各个环节，以及电力建设市场、施工市场和人员等各个方面。《电力监管条例》明确规定电力监管是对整个行业的监管。但在监管职能不断扩大后，监管机构人员编制和组织体系并没有随之调整。全国只在6个区域和12个省（区）设立了派出机构。监管机构层级、人员数量，远远不能适应我国地域广阔、人口众多的特殊国情，不能适应我国电力行业规模庞大、主体众多和电力服务量大面广的情况，导致电力监管存在明显的"缺位"问题，不少地方出现了电力监管真空。

（三）电力市场化程度低，国有电力企业改革不到位

按照国发〔2002〕5号文的设想，到"十五"期末，区域电力市场基本建立，大多数发电企业都要通过区域电力市场，实行竞价上网。但受电力供需环境变化等多种因素的影响，区域电力市场建设进展缓慢。迄今为止，区域电力市场整体上尚处于试点和模拟阶段，离真正的市场交易尚有较大的差距。发电企业上网电量仍然主要由政府分配，上网电价依然主要由政府确定，电力市场化交易比例低，市场发育水平不高。监管工作开展缺乏必要的市场环境，电力监管实际上"无市可监"，无法通过实施市场监管发挥作用、扩大影响。

我国的电力监管对象主要是国有企业，其中又以国有特大型企业为主。这些企业，不仅经济规模巨大，而且政治影响力大。个别垄断性主体电力企业缺乏自觉接受政府监管的意识，使监管措施落实困难，影响监管效果。同时，在现行体制条件下，监管对象与政府有着千丝万缕的联系和利益关系，使其可以绕过监管机构，直接向政府寻求支持。在这种情况下，监管

行为容易受到被监管企业和其他政府部门的双重压力，甚至产生监管胁迫现象，导致监管失效。这种特殊情况，增加了我国电力监管工作的难度，影响了电力监管功能的发挥。

（四）电力监管的制度保障和法律法规支撑不够

监管工作的开展必须以明确的法律法规为前提，赋予监管机构明确的法律地位。国外一般都是先立法、后改革。我国证券法、保险法以及银行业监管法也都赋予了相应监管机构明确的法律地位，但电力监管机构成立后，《电力法》一直没有得到修改。《电力监管条例》作为行政法规，法律效力较低，在法律法规之间发生冲突（如在供电营业区划分、许可证管理等）时，电力监管机构往往处于不利地位，影响了电力监管工作的正常开展，损害了监管机构的权威性。

（五）政府职能转变滞后，传统的行政管理方式依然占据主导地位

电力监管体制改革，首先是政府自身的改革。如果政府仍用传统的计划手段管理电力工业，不退出对电力资源的行政性分配，则监管体制发挥作用的前提就不存在。我国电力改革虽然引入了监管制度，设立了专业监管机构，但与电力管理相关的政府部门职能转变相对滞后。电价监管和投资准入监管等应该由监管机构承担的职能仍留在政府有关部门，传统的行政管理方式在电力工业管理中依然占据主导地位、发挥主导作用。电力监管改革单兵突进，缺乏必要的政府职能转变的配套支持，影响了监管工作成效。一些市场观察者评价，国家电监会长期处于大权旁落的有名无实状态，电改 5 号文赋予的"价格监管"和"市场准入监管"两大主要市场监管权力仍归国家宏观管理部门。为放开的电力市场所设计的国家电监会，电改 10 年间一直没有等到竞价上网的电力市场，这也是国家电监会之于同行业的权威远逊于银监会和保监会等同级机构的重要原因。观察者亦称，除了缺乏最重要的价格监管权、项目准入权和电力调度权外，10 年间，电力

市场进展甚慢、远未成形，导致电力监管机构呈现出"花瓶"和"无市可监"的尴尬境况，而同为市场监管机构的证监会、银监会、保监会，却因职能的相对完善，与之形成鲜明反差。

除上述几个原因之外，对电力监管的认识存在局限以及我国特殊的文化背景和国情环境等也都是影响电力监管作用发挥的重要因素。但综合比较而言，导致目前监管作用难以充分发挥，监管效果打了折扣的主要原因还是监管职能不充分，监管体制不完善。到 2012 年底，电力行业管理职权依然分属国家发展改革委、国家能源局、国家电监会、国资委、财政部等多个部门，多头管理、职能交叉等问题突出。要进一步深化电力监管，就必须加强顶层设计和总体规划，理顺电力行业管理体制。

二、进一步深化电力体制，创造电力监管良好外部环境

2002 年以来，我国电力体制改革在曲折徘徊中前行，其目标、方向和任务是明确的：还原电力商品属性，形成由市场决定电价的机制，以价格信号引导资源有效开发和合理利用；构建电力市场体系，促进电力资源在更大范围内优化配置；支持新能源和可再生能源开发利用，积极发展分布式能源，促进能源结构优化；逐步打破垄断，有序放开竞争性业务，调动社会投资特别是民间资本积极性，促进市场主体多元化；转变政府职能，进一步简政放权，加强电力统筹规划。要完成这些目标和任务，必须解决四个方面的重大问题。

（一）调整电力产业组织结构，建立市场竞争基础

国际经验表明，输配分开是实现电力市场有效竞争、电力双边交易、价格机制发挥作用的基本前提，是电力市场化改革无法回避的重要问题。我国 2002 年开始实行的电力市场化改革，只是在发电领域实现了竞争，输电、配电、售电环节仍然维持了一体化的组织结构，形成了电网公司在发

电侧和需求侧双边的"独买独卖"格局。由于输配不分和缺乏透明的输配电价，电力市场主体不完善，市场作用难以发挥，阻碍了电力市场化价格机制和煤电价格传导机制的形成。进一步深化电力体制改革，应当继续推进电力产业结构重组，通过输配分开打破电网独买独卖的垄断局面，以确保电网无歧视开放和电力公平交易的电力调度和交易组织体系，为充分发挥市场在电力资源配置中的决定性作用提供体制保障。

（二）推进电价改革，建立市场化电价形成机制

目前，电力上网电价和销售电价还由政府定价，输配电价尚未完全明晰，电煤价格到销售电价之间无法建立起市场化传导机制。从现阶段经济发展水平看，我国工业和商业用电价格在国际上已处于较高水平，仅靠继续调高电价疏导煤电矛盾、解决电力企业经营困难的空间有限。电价改革的基本方向是"放开两头、管住中间"，属于自然垄断环节的输电价格和配电价格由政府制定，属于竞争环节的上网电价和销售电价应由市场来决定。应加快推进电价改革，尽快形成能够真实反映资源稀缺程度、环境损害成本和市场供求关系的电价机制，合理疏导电煤价格上涨因素，有效化解煤电矛盾。

（三）放开民营资本准入，实现电力投资主体多元化

目前，电网建设仍然保持国有独资的产权形式，电力行业对民营资本开放的领域仅限于电源建设和发电市场，而且民营及外资发电企业装机容量占全国总装机容量的比重极低。由于电价机制扭曲，投资回报率难以保证，民营资本无法获得稳定的投资收益，已进入的民营企业近年来纷纷退出。投资主体多元化是解决电力供应短缺和促进电力行业改革发展的重要基础，应进一步放开市场准入，鼓励民营资本和外资投资发电、配电领域，培育和健全市场主体，进一步提升电力行业的市场化水平，提高电力行业经营效率。

（四）全面推行节能发电调度，建立节能减排长效机制

我国发电调度长期以来一直采用电厂或发电机组大致平均分配发电量指标的办法，这种平均主义分配发电量的体制和电力调度体制严重制约了市场在电能优化配置中的作用，导致高能耗产业的进一步扩张，影响国家节能减排目标的实现。当前已在部分省份试点的节能发电调度办法，可打破传统的计划发电调度体制，形成一套鼓励先进、奖优罚劣的市场化运行机制，鼓励可再生、节能、高效、低污染的机组优先发电，限制高耗能、高污染机组发电，更好地发挥市场配置资源的基础性作用，有助于催生节能、环保新电价机制的形成，建立起市场化的节能减排长效机制。在建立竞价上网的市场机制之前，节能发电调度可以成为有效的过渡措施。

第四节　从电力监管到能源监管

2013 年以来，国际上能源安全的重要性进一步凸显，能源管理体制从分散趋向集中，我国也在探索建立能源综合管理模式。随着我国电力监管机构的重组调整，职能职责重新分配，电力监管进入了新阶段。"政监分离"的电力监管向"政监合一"的能源监管转变，进一步扩大了监管范围，从单纯的电力监管逐步向煤炭、石油等领域监管扩大。10 年电力监管所积累的经验、建立的标准、形成的理念，将为能源监管的开展提供有益借鉴。

一、国际上能源管理体制从分散趋向集中

能源安全是国家经济安全的重要方面，它直接影响到一国经济的可持续发展和社会稳定。世界各国非常重视建立完善的能源管理体制，以更加有效地保证该国安全和可靠的能源供应。比如，美国、加拿大政府都设有

能源主管部门和能源监管机构，能源主管部门主要负责能源发展和安全的大政方针及相关的政策研究，而能源监管机构则主要负责具体的监管政策的制定和执行。俄罗斯则成立能源部，集中管理全国能源，目标是最大限度地有效利用资源和能源潜力，促进经济增长，确保能源和生态安全，提高国民生活水平。印度长期实行高级别的、分散的能源管理模式，近年来，印度政府特别重视对能源部门的统一领导，着力建立一个由电力部、煤炭部、石油天然气部、原子能部和计划委员会的功能部委组成的最高能源委员会，确保经济长期增长。可见无论是发达国家还是发展中国家，都比较青睐综合能源管理模式。

二、我国探索建立能源综合管理模式

能源产业既涉及石油、天然气等国家短缺战略物资，又涉及煤炭、电力等国民经济命脉部门。同时，能源内部各行业之间的关联性和互动性很强，是一个有机的整体。这些就决定了能源产业需要国家在宏观层面上进行战略管理和统筹协调。从根本上讲，能源管理是一个宏观问题，它离不开国家经济与社会发展战略、国家投资政策、价格杠杆等宏观政策和手段的综合运用。但到 2012 年底，我国能源管理呈多部门分散态势，煤炭、电力、石油、天然气以及其他可再生能源的管理职能分散在 10 来个部门，没有一个集中的能源主管部门，这种模式与我国的能源供应、储备和安全等方面的需求是不相适应的。从现实情况来看，这种多头管理，造成运行成本过高，宏观调控乏力。国内能源供应近年来多次出现大起大落，"电荒""煤荒""油荒"等情况，拉闸限电、煤炭供应相应告急等问题，均与政府能源宏观调控手段乏力有关。甚至由于没有能源方面的综合管理部门，中国在国际能源合作中缺少话语权。

我国能源产业的可持续发展，离不开能源管理体制的改革与完善。需要从国家战略和国家安全的高度来构建一个宏观管理部门，承担起类似加拿大、美国、俄罗斯、印度等国家能源部的职能，对能源工业实施宏观集中管理。这个新设立的能源综合管理机构，应该是一个高层次、有权威、国家层面的机构，同时又不能完全独立于宏观调控体系之外。这个机构可以是议事性质的机构。与此同时，可以考虑依托现有宏观调控部门，设置一个专门负责能源管理的机构，可由这个机构统一管理煤炭、电力、石油、天然气等传统能源及风能、太阳能、生物质能等新能源产业的发展。

基于这样的现实需求和共识，在2010年国务院决定成立国家能源委员会的基础上，2013年《国务院机构改革和职能转变方案》决定整合国家电监会和国家能源局职能，重组建立了新的国家能源局，在加快形成统一高效的能源监督管理体制，强化政府在能源战略、能源规划、能源政策、科技创新等方面的综合管理，加强对垄断环节和市场交易的专业监管，实现能源的可持续发展和保障能源的安全可靠供给等方面迈出了新的步伐。

事实上，这并非国家能源管理体制变革的唯一方案，业界也提出多种可选择方案。比如，将国家电监会、有关部门价格司、国家能源局合并成立大能源部；国家电监会升格为国家能源监管委员会，同时在原国家能源局基础上组建能源部。此外，还有观点认为应按照产业管理重新成立电力工业部、煤炭工业部、石油工业部等。这些方案的提出，尽管当前没有成为现实选择，但随着能源领域的实践与探索将提供可能性的选择方向。

三、电力监管经验成为能源监管有益借鉴

2002年，我国开始探索和实践电力监管;2013年，成立综合性国家能源局，将电力监管内置于能源管理体系内部，开启了新的管理和监管探索。来自于电力监管的基本理念、方式、手段，很自然就延伸适用于能源监管的实践。

（一）强化服务理念

新组建的国家能源局向宏观战略、宏观规划、宏观政策、能源改革和

能源监管等领域转移，微观管理上简政放权，简化办事程序，提高办事效率，并强调事后监管，逐步构建"小政府、大社会、强监管"的管理格局。而在国务院机构改革和职能转变的大势下，能源监管必须强化服务理念，以求转变职能、改进作风，服务于国家能源安全和发展战略，服务于地方经济社会发展，服务于行业发展，服务于民生需求。

（二）促进市场化改革

新组建的国家能源局继续坚持市场化方向，统筹推进电力体制改革。国内外多年来的实践证明，只有使市场在资源配置中发挥决定性作用，才能真正提高能源生产和使用效率，实现能源资源优化配置，提高能源服务质量和水平。而能源市场化建设的总体目标是建立市场化交易体系和价格形成机制，形成统一开放、主体规范、交易公平和价格合理的现代能源市场体系。推进改革、促进市场建设，亟须通过能源监管，促进多元市场主体的培育，加快能源市场交易平台和体系建设，推动形成能产生价格信号的交易机制，实现节能减排和发展方式的根本转变，使价格信号有效地引导能源投资、生产及消费，并通过强化市场监管，确保市场公平开放、有序竞争。

（三）发挥独立监管优势

多年的电力监管实践说明，独立监管可以不受其他政府机构和相关企业的不当影响，在促进政企分开、政监分开方面具有显著的优势。当前，能源监管的独立性内置于能源管理部门，在监管权力配置上相对独立，但依然没有改变政府职能的交叉和重叠。随着经济体制改革和能源市场的成熟，发展趋势将必然是能源监管机构与国家宏观管理部门、能源管理部门的分离，独立监管是能源监管发挥作用最为重要的前提和基础。

（四）坚持依法监管

与传统行政管理部门相比，现代能源监管机构虽然集中了制定规则、执行法律与裁决争议等多项权力，但其权力的行使必须遵守依法行政或依法监管原则。在我国能源管理中，《能源法》起草多年没有出台，1995年制定的《电力法》和其他一些法规已经越来越不适应电力工业发展的实际，电力监管在许多方面也正是因制度的限制导致其作用难以有效发挥。其他能源领域的法律法规大都也是从原来的集中计划经济时期沿袭下来的，难以满足市场改革的要求。要实现能源的依法监管，及时研究修订有关的法律法规，将是依法监管的前提和根本保障。缺乏制度保障的能源监管，将无法使市场参与主体对监管机构的行政行为产生合理预期，也就无法保证市场公开有效竞争。

（五）加强信息公开

从多年的实践看出，监管信息公开、公众参与和社会监管，是电力监管取得成效的重要环节，这也是透明度监管原则的必然要求。能源监管必须坚持透明度原则，进一步完善政府信息公开制度，将监管依据、监管过程、监管程序与监管结果及时对公众公开，接受公众监督，只有这样，才能获得公众认可，提高能源监管的有效性。

（六）突出重点监管

结合我国国情和能源工业发展实际，能源市场建设要按照整体设计、分步实施、试点先行、稳妥推进的原则推进。结合能源市场化改革，简政放权和职能转变后，能源监管机构要实行同步、有效监管，促进能源发展战略、规划、政策的有效实施，继续加强重点监管。这些重点监管内容为：加强市场监管，维护公平公正的市场秩序；加强能源管网公平开放监管，确保市场主体的公平无歧视接入和管网之间互联互通；加强能源管网垄断环节的成本价格监管，促进企业降低成本，提高效率；加强能源交易监管，规范现有各类交易，修改完善市场交易制度，扩大交易规模，积极开展能形成有效市场价格信号的交易机制试点，促进建立真正有利于资源优化配置的市场化机制；加强供电等能源监管，促进企业提高服务质量和水平，保障能源用户权益和普遍服务义务落实；加强能源安全监管，保障相关系统安全稳定运行和可靠供应。

\\\\\\\\\\\\\\\\\\\\\ 本篇小结 \\\\\\\\\\\\\\\\\\\\\

1. 独立、专业的电力监管是我国电力体制改革过程中具有历史必然性的一环，是借鉴国际经验作出的现实选择。国家电监会的成立，是电力工业管理由传统行政管理向适应市场经济需要的专业监管转变之始。

2. 电力监管明显具有开端、发展、深化三个不同的阶段特征。2002 年到 2006 年，主要是推动区域市场建设，探索监管方向；2007 年到 2010 年，进一步强化监管；2011 到 2012 年，重点加强专项监管，监管方式方法和手段更加明确有效。

3. 电力监管 10 年，在深化电力体制改革、推进电力市场建设，加强电力安全监管、市场秩序监管、节能减排监管、供电服务监管方面，取得了积极成效；积累了成熟经验，树立了监管就是服务的理念，成为推进改革和发展的重要力量。当然，电力改革不彻底、监管职能极其有限等多种因素对电力监管作用的有效发挥形成了制约。

4. 从电力监管到能源监管，不是电力监管的终结，而是电力监管的延续、深化和拓展，其服务理念、市场理念、独立监管理念、依法监管理念、透明监管理念、重点监管理念等一脉相承。

第 三 篇
探索中的中国能源监管

中国能源监管正处于不断探索和创新过程中，为什么监管、监管什么、怎么监管始终是摆在监管者面前的现实问题。2013年以国家能源局重组为标志，能源监管呈现新的格局，特别是在政府职能转变和简政放权的大背景下，能源监管面临新的机遇和挑战。围绕规划、政策、规则和监管"四位一体"，必须理清监管思路，创新监管方式，全面履行监管职责，维护能源市场秩序公正公平，促进能源行业健康可持续发展。

第一章　新常态下能源监管的历史使命

当前，中国经济发展进入新常态。

探索中国能源监管道路，建立在对经济社会发展状况、能源行业基本特征的准确把握和科学判断基础上。2013 年以国家能源局重组为标志，我国能源监管的新格局初步形成。与此同时，经济发展的新常态和政府职能转变的新要求，赋予了能源管理部门新的历史使命和责任，也为能源监管指明了方向。

第一节　能源监管的实践基础

改革开放以来，我国能源事业取得了长足发展。目前，我国已成为世界上最大的能源生产和消费国，形成了煤炭、电力、石油、天然气以及新能源和可再生能源全面发展的能源供应体系，能源普遍服务水平大幅提升，居民生活用能条件极大改善。能源的发展为消除贫困、改善民生、保持经济长期平稳较快发展提供了有力保障。但是，我国能源发展也面临着诸多挑战，如能源消费总量近年来增长过快，能源结构不合理，能源利用效率不高等。

一、能源消费总量居世界首位，但人均消费水平不高

近年来，我国能源消费快速增长。据统计，2013 年全球一次能源消费量为 181.9 亿吨标准煤。其中，中国是世界第一大能源消费国，能源消费总量约占全球的 22.4%，占比高出排名第二的美国 4.6 个百分点，是排名第五的日本的 6 倍多（如表 3-1 所示）。但目前中国人均能源消费水平还比较低，2013 年中国人均能源消费量约为 3 吨标准煤，远低于发达国家平均水平。如经济合作与发展组织(OECD) 国家为 6.3 吨标准煤 / 人，美国、德国、日本分别为 10.3 吨标准煤 / 人、5.8 吨标准煤 / 人、5.3 吨标准煤 / 人。随着经济社会发展和人民生活水平的提高，中国未来能源消费还将大幅增长。

表 3-1　2006—2013 年国际一次能源消费量[①]

(单位:亿吨标准煤)

年份 国家(地区)	2006	2007	2008	2009	2010	2011	2012	2013	2013 年占比 (%)
世界	157.4	161.7	163.8	161.8	170.8	174.7	178.3	181.9	100.0
OECD 国家	81.3	81.8	81.0	77.1	80.0	79.1	78.3	79.0	43.5
非 OECD 国家	76.2	79.9	82.8	84.7	90.8	95.7	100.0	102.8	56.5
中国	25.3	26.9	28.2	30.1	33.4	36.4	39.0	40.7	22.4
美国	33.3	33.9	33.1	31.5	32.6	32.4	31.5	32.4	17.8
欧盟	26.1	25.7	25.6	24.2	25.0	24.2	24.1	23.9	13.2
俄罗斯	9.7	9.7	9.8	9.3	9.6	9.9	10.0	10.0	5.5
印度	5.6	6.0	6.4	6.9	7.3	7.6	8.2	8.5	4.7
日本	7.6	7.5	7.4	6.8	7.2	6.9	6.8	6.8	3.7
加拿大	4.6	4.7	4.7	4.4	4.5	4.7	4.7	4.8	2.6

---

① 　资料来源:《BP 世界能源统计 2014》(*BP Statistical Review of World Energy 2014*)。

年份 国家（地区）	2006	2007	2008	2009	2010	2011	2012	2013	2013 年占比 （%）
德国	4.9	4.6	4.7	4.4	4.6	4.4	4.5	4.6	2.6
巴西	3.0	3.2	3.4	3.4	3.7	3.8	3.9	4.1	2.2
韩国	3.2	3.3	3.4	3.4	3.6	3.8	3.9	3.9	2.1
法国	3.7	3.7	3.7	3.5	3.6	3.5	3.5	3.5	2.0
伊朗	2.8	3.0	3.1	3.2	3.2	3.4	3.4	3.5	1.9
沙特阿拉伯	2.3	2.4	2.6	2.7	2.9	3.0	3.2	3.3	1.8
英国	3.2	3.1	3.1	2.9	3.0	2.8	2.9	2.9	1.6
墨西哥	2.5	2.5	2.5	2.5	2.5	2.7	2.7	2.7	1.5
印度尼西亚	1.7	1.9	1.8	1.9	2.1	2.3	2.3	2.4	1.3
意大利	2.6	2.6	2.6	2.4	2.5	2.4	2.3	2.3	1.2
西班牙	2.2	2.3	2.2	2.1	2.1	2.0	2.0	1.9	1.1
土耳其	1.4	1.5	1.5	1.5	1.6	1.7	1.8	1.8	1.0
南非	1.7	1.8	1.8	1.8	1.8	1.8	1.8	1.7	1.0

二、能源结构不合理，资源环境压力不断增大

近年来，我国不断加大能源结构调整力度，大力发展清洁能源，但能源消费结构中以煤为主的特征明显，清洁能源比重偏低，天然气及非化石能源占比均低于世界平均水平。根据 BP 的统计数据，2013 年中国煤炭消费占比为 67.5%，较世界平均水平（30.1%）高 37.4 个百分点；清洁能源占比为 14.7%，较世界平均水平（37.1%）低 22.4 个百分点（如图 3-1 所示）。化石能源特别是煤炭的大规模开发利用，对生态环境造成严重影响。大量耕地被占用和破坏，水资源污染严重，二氧化碳、二氧化硫、氮氧化物和有害重金属排放量大，臭氧及细颗粒物（PM2.5）等污染加剧。未来相当长

时期内，化石能源在中国能源结构中仍占主体地位，保护生态环境、应对气候变化的压力日益增大，迫切需要能源绿色转型。

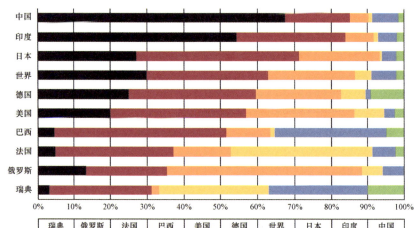

	瑞典	俄罗斯	法国	巴西	美国	德国	世界	日本	印度	中国
■ 煤炭	3.332107	13.37914	4.928741	4.815076	20.11221	25.01478	30.05957	27.12241	54.50835	37.49838
■ 石油	28.02358	21.89891	32.34422	46.73273	86.67655	34.4846	32.87459	44.07482	29.45515	17.78795
■ 天然器	1.903697	53.23752	15.52122	11.9231	29.61439	23.16292	23.72565	22.18973	7.782428	5.099349
■ 核能	29.69502	5.599492	88.59903	1.166701	8.294148	6.7739	4.423976	0.697096	1.266772	0.877617
■ 水能	27.25006	5.86561	6.231046	80.69825	2.714855	1.427184	6.722309	8.923926	5.014766	7.231953
■ 其他可再生能源	9.795543	0.019336	2.375746	4.664143	2.587841	9.136627	2.193911	1.992026	1.972531	1.504753

图 3–1　2013 年世界主要国家一次能源消费结构[1]

三、能源利用效率较低，单位 GDP 能耗较高

近年来，我国节能降耗取得重大进展。随着技术水平及经营效率不断提高，能耗强度逐年下降，2014 年能源消费弹性系数为 0.3，创 1998 年以来最低值。但从国际上看，中国单位国内生产总值能耗不仅远高于发达国家，也高于世界平均水平。根据世界银行与 BP 的相关数据计算，2013 年全球单位 GDP 能耗为 2.41 吨标准煤／万美元。中国为 4.41 吨标准煤／万美元，为世界平均水平的 1.8 倍，与美国（1.93 吨标准煤／万美元）、日本（1.38 吨标准煤／万美元）、德国（1.24 吨标准煤／万美元）等主要发达国家相比差

[1]　资料来源：根据《BP 世界能源统计 2014》（*BP Statistical Review of World Energy 2014*）相关数据计算。

距较大（如图 3-2 所示），能源利用效率仍然有待提高。

（吨标准煤 万美元）

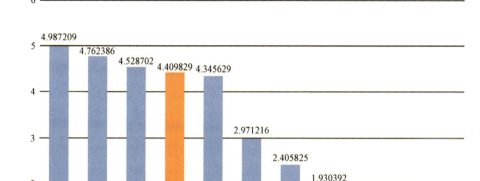

图 3-2　2013 年世界主要国家单位 GDP 能耗①

注：GDP 是以 2013 年现价美元相关数据计算。

从国内来看，行业和地区间的能源效率差距较大，高耗能行业和高能源消耗地区的能源效率相对较低。尤其是中国西部地区能源丰富，但经济水平相对落后，能源效率远远低于东部地区。其次，中国仍未完全摆脱粗放型的经济增长方式，能源密集型产业技术落后，第二产业特别是高耗能工业能源消耗比重过高，钢铁、有色、化工、建材四大高耗能行业用能占到全社会用能的 40% 左右，需要大量的能源消耗作为经济支撑，加剧了能源供求矛盾。

① 资料来源：根据《BP 世界能源统计 2014》（*BP Statistical Review of World Energy 2014*）和世界银行（World Bank）相关数据计算。

四、能源对外依存度逐年提高，能源安全形势严峻

随着我国能源需求量的逐年上升，能源对外依存度也呈现逐年上升的态势。根据相关的统计数据，2012 年中国煤炭进口量达到 2.1 亿吨标准煤，占当年全球煤炭进口总量的 19.7%，比日本、印度分别多 0.5 亿吨标准煤和 0.9 亿吨标准煤，是世界上最大的煤炭进口国。2014 年，煤炭净进口量为 2.85 亿吨，对外依存度为 6.9%。石油方面，自 1993 年我国从石油出口国变成石油净进口国，以后石油进口数量逐年增长。2011 年，中国原油对外依存度首次超过美国，达到 55.2%。2014 年中国石油对外依存度首次突破 60%，为 60.4%；原油对外依存度为 59.3%，继续呈现上升趋势（如图 3-3 所示）。天然气方面，我国天然气消费增速远高于世界平均水平，2014 年同比增速达到 8.9%，其中进口天然气量为 590 亿立方米，同比增长 13.1%。2006 年以来天然气对外依存度持续攀升，2014 年突破 30.4%（如图 3-4 所示）。

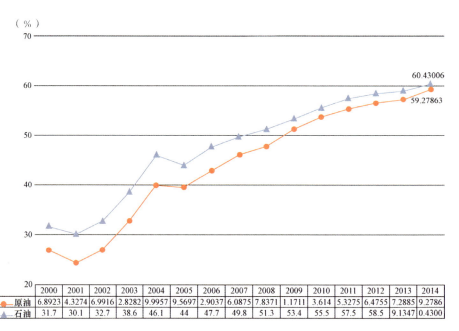

（%）	2000	2001	2002	2003	2004	2005	2006	2007	2008	2009	2010	2011	2012	2013	2014
原油	6.8923	4.3274	6.9916	2.8282	9.9957	9.5697	2.9037	6.0875	7.8371	1.1711	3.614	5.3275	6.4755	7.2885	9.2786
石油	31.7	30.1	32.7	38.6	46.1	44	47.7	49.8	51.3	53.4	55.5	57.5	58.5	9.1347	0.4300

图 3-3 2000—2014 年中国石油与原油对外依存度[①]

① 资料来源：根据国家统计局及海关总署相关数据计算得出。

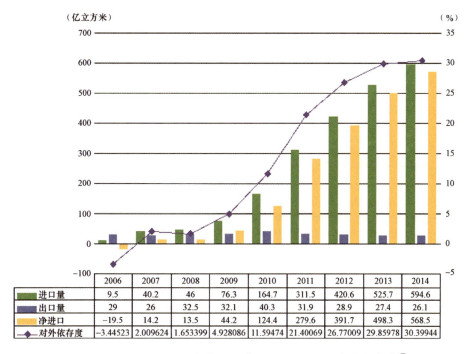

（亿立方米）	2006	2007	2008	2009	2010	2011	2012	2013	2014
进口量	9.5	40.2	46	76.3	164.7	311.5	420.6	525.7	594.6
出口量	29	26	32.5	32.1	40.3	31.9	28.9	27.4	26.1
净进口	−19.5	14.2	13.5	44.2	124.4	279.6	391.7	498.3	568.5
对外依存度	−3.44523	2.009624	1.653399	4.928086	11.59474	21.40069	26.77009	29.85978	30.39944

图 3-4　2006—2014 年中国天然气进出口量及对外依存度[①]

　　我国能源储备规模较小，应急能力相对较弱。随着国际局势变化，石油海上运输安全风险加大，跨境油气管道安全运行问题不容忽视。同时，国际能源市场价格波动也增加了保障国内能源稳定供应的难度。如何扭转能源对外依存度的逐步提高的趋势，保障国家能源安全，成为中国能源发展过程中最重要的问题之一。

五、能源资源禀赋区域差异大，能源行业以大型国有企业为主

　　我国的能源资源分布极不均衡，能源分布和能源消费地区不一。中国的能源分布总体上呈现西多东少、北多南少的格局。煤炭主要分布在华北

---

① 资料来源：2006—2012 年数据来自《中国能源统计年鉴 2012》，2013—2014 年数据来自海关信息网（http：//www.haiguan.info/）。

和西部地区，而石油主要分布在东北部，天然气则主要集中在西南部，而水能则主要分布在西南地区。而我国的能源消费地则主要分布在东南沿海地区，大规模、长距离的北煤南运、北油南运、西气东输、西电东送，不仅对能源的使用输送提出更高要求，也由于输送管道等基础设施的垄断性特征，使得对能源的监管难度加大。

受到计划经济和能源行业基础性、自然垄断性等众多原因的影响，我国的能源领域市场主体庞大，形成了以大型、国有垄断企业为主的"巨无霸"格局。目前我国能源领域的国有企业大致达到 3/5 的比重，多家国有能源企业在世界 500 强企业名列前茅。虽然企业的规模优势为我国能源行业的崛起提供了巨大的成长空间，但是所形成的利益集团也对政府管理和行业监管提出了更高的要求和挑战。由于政府是国企的出资人，国有企业与政府之间存在经济和社会的双重联结，有着天然的血缘关系，使得政府在项目核准等环节，更加倾向于大型国有企业，为国有企业的发展保驾护航。同时，由于我国国有企业从计划经济向市场经济的过渡还不成熟，容易造成行政权力与经营活动密切交织在一起。国有企业除了进行自身的经营行为以外，还拥有不少带有行政职能的公共权力，企业掌握的资源相当大。这些资源在某种程度上为权力寻租制造了灰色地带，带来腐败的风险。

六、能源管理体制机制不完善，能源监管体系不健全

我国油气勘探开发领域有效竞争不足，矿权重叠问题仍未解决。电网和油气管网体制与功能属性不匹配，管网企业既是能源输送的唯一平台，又作为市场主体参与上下游交易，影响公平交易。能源行业管理体制难以适应发展需要，能源价格机制不顺，法律法规体系不完善。特别是受到长期的传统计划经济思维的影响，我国能源监管领域的政监不分、政企不分、以政代监、只管不监等现象长期存在。政府职能的界定不清晰、越位、缺位和错位，职能管理分散，管理效能不统一，一直困扰着我国能源行业的

发展。究其原因，主要是政府对传统的行政管理方式驾轻就熟，习惯利用行政手段来干预能源改革和发展，而对现代监管行为比较陌生，无论是国家还是地方能源管理部门，都存在侧重项目管理、投资管理、行政审批的传统做法，监管的重点放在投资准入、价格、生产规模等经济性监管，而对资源保护、安全、环境、质量等外部性问题的社会监管相对薄弱，利用现代市场经济管理的方式进行能源项目的事前、事中、事后监管的能力相对薄弱，能源监管标准缺乏，监管方式单一，科学的现代监管体系还没有建立起来。

中国能源行业发展的现状和特点，决定了中国的能源监管不能生搬硬套别国能源监管的思路和套路，而是需要根据自身的实际情况，遵循能源发展与能源监管规律，走一条具有中国特色的能源监管道路。

第二节　大能源监管格局初步形成

随着我国行政管理体制改革的不断深入，能源管理体制也在不断进行新的探索与尝试。2013 年 3 月，国务院对国家能源管理机构作出重大调整，将原国家电监会和原国家能源局的职责整合，重新组建国家能源局，并进一步强化了其监管职责，能源监管呈现新的格局。

一、能源监管成为能源管理的重要方面

2013 年 5 月，国务院办公厅印发《国家能源局主要职责、内设机构和人员编制规定》（简称国家能源局"三定"方案），赋予国家能源局的主要职责是：拟订并组织实施能源发展战略、规划和政策，研究提出能源体制改革建议，负责能源监督管理等。与重组之前原国家能源局重视项目审批不同，重组后国家能源局的职能和定位有了较大变化，开始向能源战略、规划、

政策、改革等宏观管理领域转移；微观管理上简政放权，简化办事程序，提高办事效率，并强调事中事后监管，逐步构建能源行业管理和能源监管"一体两翼"的新格局。能源监管和能源行业管理是国家能源局的两项重要职责，两个方面相互影响，互为补充。

（一）能源监管是推动能源发展改革的重要举措

国家能源局负责拟定并组织实施能源发展战略、规划和政策，研究提出能源体制改革建议。而其中的能源监管部分则将重点对国家能源规划、产业政策和重大项目实施情况进行监督检查，及时发现问题、督促整改，并提出改建建议，从而促进能源宏观政策的有效实施和调

知识链接：

国家能源局的十二项职责

按照国家能源局"三定"方案，国家能源局主要职责包括12项：

1. 负责起草能源发展和有关监督管理的法律法规送审稿和规章，拟定并组织实施能源发展战略、规划和政策，推进能源体制改革，拟订有关改革方案，协调能源发展和改革中的重大问题。

2. 组织制定煤炭、石油、天然气、电力、新能源和可再生能源等能源，以及炼油、煤制燃料和燃料乙醇的产业政策及相关标准。按国务院规定权限，审批、核准、审核能源固定资产投资项目。指导协调农村能源发展工作。

3. 组织推进能源重大设备研发及其相关重大科研项目，指导能源科技进步、成套设备的引进消化创新，组织协调相关重大示范工程和推广应用新产品、新技术、新设备。

4. 负责核电管理，拟定核电发展规划、准入条件、技术标准并组织实施，提出核电布局和重大项目审核意见，组织协调和指导核电科研工作，组织核电厂的核事故应急管理工作。

5. 负责能源行业节能和资源综合利用，参与研究能源消费总量控制目标建议，指导、监督能源消费总量控制有关工作，衔接能源生产建设和供需平衡。

6. 负责能源预测预警，发布能源信息，参与能源运行调节和应急保障，拟定国家石油、天然气储备规划、政策并实施管理，监测国内外市场供求变化，提出国家石油、天然气储备订货、轮

换和动用建议并组织实施，按规定权限审批或审核石油、天然气储备设施项目，监督管理商业石油、天然气储备。

7. 监管电力市场运行，规范电力市场秩序，监督检查有关电价，拟定各项电力辅助服务价格，研究提出电力普遍服务政策的建议并监督实施，负责电力行政执法。监管油气管网设施的公平开放。

8. 负责电力安全生产监督管理、可靠性管理和电力应急工作，制定除核安全外的电力运行安全、电力建设工程施工安全、工程质量安全监督管理办法并组织监督实施，组织实施依法设定的行政许可。依法组织或参与电力生产安全事故调查处理。

9. 组织推进能源国际合作，按分工同外国能源主管部门和国际能源组织谈判并签订协议，协调境外能源开发利用工作。按规定权限核准或审核能源（煤炭、石油、天然气、电力等）境外重大投资项目。

10. 参与制定与能源相关的资源、财税、环保及应对气候变化等政策，提出能源价格调整和进出口总量建议。

11. 承担国家能源委员会具体工作。负责国家能源发展战略决策的综合协调和服务保障，推动建立健全协调联动机制。

12. 承办国务院、国家能源委员会以及国家发展和改革委员会交办的其他事项。①

整优化，服务能源发展大局。

（二）能源监管依然是能源自然垄断特性的本质要求

能源行业中的电网、油气管网等都具有典型的自然垄断特性、信息不对称等特点，能源监管可以通过对垄断行业或环节的监管，限制和打破行业垄断，促进管网公平开放，能源价格合理，切实维护市场主体合法权益。

（三）能源监管的范畴发生较大变化

与原电力监管的职责相比，重组后能源监管领域进一步扩大，从单一的电力行业拓展到整个能源行业，如负责监管油气管网公平开放，

---

① 资料来源：国家能源局网站，www.nea.gov.cn。

以及电力等能源行业行政执法等；监管内容进一步丰富，除了电力市场秩序、电力调度交易外，还负责监督电力普遍服务政策的实施；价格监管的职责更加明确，如负责监督检查有关电价，与国家发改委的分工更加清晰；电力安全监管职能更加完善，特别是增加了工程质量安全的监督管理职责；留下了进一步拓展的空间，如除电力行政许可以外，还包括依法设定的其他许可，以及负责国务院、国家发改委交办的事项等。

二、政监合一的新格局及其现实选择

国家能源局的重组，标志着我国能源行业管理体制从政监分离转变为政监合一的模式，一定程度上解决了分散管

知识链接：

能源监管职责的变化情况

国家能源局重组后，原国家电监会直属的18个派出机构划归国家能源局实行垂直管理，负责所辖区域内电力等能源的监督管理和行政执法工作，以及电力安全监管工作。

能源监管的职责在国家能源局内部主要划归市场监管司和电力安全监管司。其中，市场监管司的主要职责是：组织拟订电力市场发展规划和区域电力市场设置方案，监管电力市场运行，监管输电、供电和非竞争性发电业务，处理电力市场纠纷，研究提出调整电价建议，监督检查有关电价和各项辅助服务收费标准，研究提出电力普遍服务政策的建议并监督实施，监管油气管网设施的公平开放。电力安全监管司的主要职责是：组织拟订除核安全外的电力运行安全、电力建设工程施工安全、工程质量安全监督管理办法的政策措施并监督实施，承担电力安全生产监督管理、可靠性管理和电力应急工作，负责水电站大坝的安全监督管理，依法组织或参与电力生产安全事故调查处理。

国家能源局派出机构主要监管职责包括：监管电力市场运行，规范电力市场秩序；监管电网和油气管网设施的公平开放；监管电力调度交易，监督电力普遍服务政策的实施；负责电力等能源行政执法工作，依法查处有关违法违规行为，监督检查有关电价；负责除核安全外的电力运行安全、电力建设工程施工安全、工程质量安全的监督管理以及电力应急和可靠性管理，依法组织或

参与电力事故调查处理；负责组织实施电力业务许可以及依法设定的其他行政许可；负责法律法规授权以及国家能源局下达的或交办的有关事项。①

理、分业管理、分段管理的问题，初步形成了横向互动、纵向联动的大能源监管格局。这是基于现实的一种务实和理性的选择。当然，从发展的角度来看，争议也在所难免。

（一）对政监合一的争议

对于为何要将国家电监会与国家能源局合并，能源行业及专家们也是具有多种观点。一些观察者认为，国家电监会此前权责与级别不对等，空有虚名，与国家能源局合并之后力量加强，有利于监管；而另一些观察者则认为，能源领域需要监管的不仅是电力行业，天然气、煤炭、石油等领域也需要加强监管，但又不能为此都单独设立监管机构，将国家电监会与国家能源局合并，能源局内部再设立多部门扩大监管领域，也是顺理成章之事；还有一些观点认为，2003 年国家电监会挂牌成立，标志着我国开始尝试"政监分离"的能源治理模式。10 年的电力监管实践，为促进电力行业科学发展发挥了作用，为探索中国特色能源监管道路积累了经验。但由于监管职能不充分、监管法律不健全等原因，电力监管成效还不够显著。当前的调整只是过渡阶段，将国家电监会与国家能源局合并，增加国家能源局职能，为日后成立大能源部做准备。从国际经验看，各国的能源治理是"政监分离"还是"政监合一"没有统一的、固定的模式，采取何种形式，是根据不同国家的具体情况以及能源发展不同阶段的实际需要，进行具体选择。

（二）能源全行业监管的强化

从重组后的国家能源局来看，强化的职责有三项，其中之一就是"完

① 资料来源：国家能源局网站，www.nea.gov.cn。

善能源监督管理体系，加强能源监督管理，推动能源消费总量控制，推进能源市场建设，维护能源市场秩序"。从过去的单一电力监管转变为电力、非电等能源领域一起监管，从过去的微观监管转变为微观、宏观一起监管，从过去的普遍监管转变为普遍、特殊一起监管，开始了从电力的专业监管到能源整体行业监管的转变。这是符合中国能源发展实际的监管路径设计。

事实上，以美国为例，美国就是采取这种大能源监管的模式。美国联邦能源监管委员会是美国电力、天然气和石油等能源市场的综合监管机构，对美国能源市场的有效运转发挥了重要作用。相对于分专业监管，行业监管可以从整个能源产业的高度进行综合监管，尤其是当各能源品种关联性和替代性日益增强时，可以协调不同能源品种间的监管政策。具体来说，将电力、煤炭、油气和新能源等行业监管职能放在一起，更有助于从整体上宏观组织实施能源发展战略、规划和政策等，也可以避免对能源投资造成障碍和扭曲。

（三）政监合一的理性选择

国家电监会与国家能源局合并重组后，由于"政监合一"造就了一个相对强势的能源监管机构，大能源监管成为可能。然而，我国现阶段是否需要一个强势的能源监管机构，选择"政监合一"是否合适，是不是一种能源改革的退步？这就要结合我国的具体情况具体分析。我国实际情况是，能源市场化程度不高，特别是当前我国能源供应安全、能源结构优化、能源效率提高等重大问题尚未解决，需要在国家统一的战略、规划、政策指导下，加强能源行业管理与能源监管的协调。实行"政监合一"，集中实施能源监督管理职能，既能打通"政""监"之间的隔阂和壁垒，减少"令出多门""多头监管"等内耗现象，降低管理成本，增强行政活力，保障监督权威；又能促进"政""监"之间的融合和联动，增强能源监管力量，形成能源监管合力，提高能源监管效能。同时，在一段时期内，国家发改委在价格和准入方面仍将发挥主导作用，难以纳入真正意义上的监管范畴，这是制度性问题，短期内改变的可能性不大，我国能源监管模式的选择很大程度取决于对这一点的认识。考虑到我国能源领域实际情况和权力分配格局，采用"政监合一"有其合理性。未来随着能源市场化改革的推进，是否把能源监管机构独立出来，过渡到"政监分离"，可以根据届时的情况具体分析选择。

三、能源监管面临的现实问题

国家能源局重组后，能源监管面临许多机遇，但依然存在不少困难和挑战。在被监管的能源行业中，电力监管经历了 10 年的实践，进行了许多有益探索，但煤炭、油气行业监管方面尚处于起步阶段，经验和能力明显不足，其行业监管的众多职能分散在政府各级部门中，如何协调相互关系、开展有效监管成为能源监管机构面临的重要问题。

（一）监管机构不健全，监管力量短缺

国家能源局下设 18 个垂直管理的派出机构，包括 6 个区域能源监管局和 12 个省（自治区）能源监管办，但派出机构尚未覆盖到全国所有省份。派出机构人员数量少，且大部分是电力专业人员，缺少煤炭、油气领域专业人才。对于现有能源行业来说，监管机构以及人员配置远远不够，监管力量较为短缺。

（二）监管职能不完整，综合协调能力不强

国家能源局被赋予能源监管职能，但具体的能源监管涉及众多管理部门，参与电力、煤炭、石油、天然气监管的国家政府部门多达 10 余个，例如，能源价格制定和政策执行的监管主要在国家发改委，能源补贴问题涉及财政部，能源资源开发涉及国土资源部等。由于监管职能过于分散，造成能源监管体系被肢解，并有多方面的重叠。现有的监管模式导致了监管工作综合协调能力不强，各个部门之间、中央与地方政府之间在监管目标、利益及步调等方面难以保持一致。

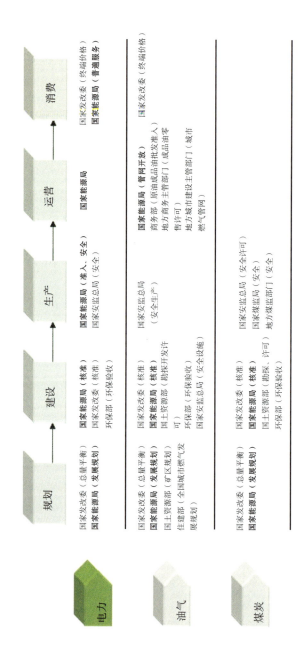

图 3-5 我国能源行业各环节监管（管理）体制现状

（三）监管范围不充分，监管内容缺失

目前，国家能源局基本实现对电力规划、建设、生产、运营和消费各环节的监管（见图3-5），但对煤炭、油气行业部分领域尚存在监管"真空"，特别是在具有自然垄断性质的天然气长距离运输和城市配送系统方面。另外，对占据市场优势地位的能源企业可能滥用市场权力的行为缺乏有效监管。国家安全生产监督管理总局也只是负责煤炭安全监管，对市场秩序、产品质量等方面没有专门的监管机构。

（四）监管法规不完备，监管依据不足

我国目前仅起草了《能源法》（征求意见稿），尚未正式颁布，且仅有4部能源单行法，分别是《电力法》《煤炭法》《节约能源法》和《可再生能源法》，还没有石油、天然气等主要行业的单行法，使得我国在重要能源领域的建设、管理和运营不能有效规范和依法监管。同时，前3部能源单行法由于制定时间早，很多内容已经不适应我国经济社会发展的现状，亟待修订。此外，有关能源（非电行业）市场准入、价格成本、市场秩序等方面法律法规和监管标准欠缺，造成能源行业投资和运行秩序不规范，计划与市场、垄断与竞争的深层次矛盾无法解决。

第三节　能源监管面临的新形势

党的十八大以来，党中央、国务院以新常态来判断中国经济，并将之上升到战略高度。新常态将贯穿我国"十三五"乃至更长时期的经济发展，是我国经济迈向更高水平的必经阶段。能源是经济发展的命脉，事关国计民生和国家安全，能源发展必须主动适应新常态，积极应对机遇和挑战。

一、能源监管面临新常态

（一）能源作为国家安全发展战略的地位更加突出

习近平总书记和李克强总理等中央领导同志多次主持召开会议，作出一系列重要指示和批示，为我国能源发展明确了行动纲领、发展方针和重大任务，这充分表明能源作为国家发展战略的地位愈加凸显。2014 年 6 月 13 日，习近平总书记亲自主持召开中央财经领导小组第 6 次会议，明确提出了我国能源安全发展的"四个革命、一个合作"战略思想，即：推动能源消费革命，抑制不合理能源消费；推动能源供给革命，建立多元供应体系；推动能源技术革命，带动产业升级；推动能源体制革命，打通能源发展快车道；全方位加强国际合作，实现开放条件下能源安全。这是新中国成立以来，党中央首次专门召开会议研究能源安全问题，标志着我国进入了能源生产和消费革命的新时代。2014 年 4 月 18 日，李克强总理亲自主持召开新一届国家能源委员会首次会议，审议通过《能源发展战略行动计划》，明确了"节约、清洁、安全"三大能源战略方针和"节能优先、绿色低碳、立足国内、创新驱动"四大能源发展战略，部署了增强能源自主保障能力、推进能源消费革命、优化能源结构、拓展能源国际合作、推进能源科技创新等能源发展改革的重点任务。

（二）能源发展方式继续加快转变

目前，我国已成为世界最大的能源生产国和消费国，但长期高能耗的经济增长方式，使能源排放量大幅度增长。转方式、调结构是当前和今后较长一段时期我国经济发展的一项重要任务，必须更加重视提高能源发展的质量和效益，提高能源利用效率和清洁化水平，推动能源发展从高消耗、高污染和粗放增长方式向高效、清洁和集约增长方式加快转变，这就需要能源发展和监管要有新思路、新举措。在全国"十三五"能源规划工作会议上，能源管理部门提出要增强国内油气供应能力，清洁高效开发利用煤炭，大幅提高可再生能源比重，安全发展核电，切实推进能源节约，大力优化能源结构，增强能源科技创新能力，推动能源消费革命、供给革命，促进能源转方式、调结构，实现 2020 年非化石能源占比 15% 的目标，实现能源可持续健康发展。这表明，今后我国能源领域将从旧有的要素驱动、投资驱动转向创新驱动，逐步形成绿色低碳循环发展新方式。

（三）能源市场化改革全面深化

当前，全面深化改革的态势已经形成，共识不断凝聚，效果正逐步显现。在这样的新常态下，只有加快推进能源体制机制改革，为能源发展提供良好的制度安排，才能真正实现发展方式转变，让市场在能源资源配置中发挥决定性作用，更好发挥政府作用，在放管结合中进一步释放市场活力。能源领域改革的总方向是打破垄断，推进市场化改革。党的十八届三中全会作出《中共中央关于全面深化改革若干重大问题的决定》，其中明确指出，经济体制改革和全面深化改革的重点，核心问题是处理好政府与市场的关系，使市场在资源配置中起决定性作用和更好发挥政府作用。习近平总书记在中央财经领导小组第 6 次会议上突出强调，要构建有效竞争的市场结构和市场体系，形成主要由市场决定能源价格的机制，转变政府对能源的监管方式。建设统一开放、竞争有序的市场体系，是使市场在资源配置中起决定性作用的基础。但市场不是万能的，在市场机制失灵情况下，加强政府监管就成为促进市场公平公正、维护市场主体合法权益的必要手段。

从电力方面看，2015 年 3 月 15 日，以中共中央和国务院的名义印发的《关于进一步深化电力体制改革的若干意见》（中发〔2015〕9 号）正式出台实施，这在能源领域改革历史上尚属首次，体现了党中央、国务院对电力体制改革工作的高度重视。中发〔2015〕9 号文确定了"建立健全电力行业'有法可依、政企分开、主体规范、交易公平、价格合理、监管有效'的市场体制"的总体目标，明确了"三放开一独立三强化"的重点任务，提出了"坚持安全可靠、坚持市场化改革、坚持保障民生、坚持节能减排、坚持科学监管"的基本原则。新一轮电力市场化改革正式拉开序幕，将不断释放电力发展的内生动力和市场活力。从油气方面看，打破"三桶油"垄断在2014年有了新的突破，油气管网率先开放，迈开打破油气管网自然垄断的第一步。进入"十三五"后，我国将继续推进油气改革，有望建立科学合理的油气矿业权准入、退出和流转机制，鼓励各种社会资本进入油气勘探开发领域，在油气管网建设运营体制改革方面，将推动供需双方直接交易。

（四）法治型政府建设全面推进

建设中国特色社会主义法治国家是我国政治体制改革的一大目标，这是发展社会主义市场经济的客观需要，是社会文明进步的重要标志，是国家长治久安的重要保障。党的十八届四中全会通过的《中共中央关于全面推进依法治国若干重大问题的决定》，对依法行政、建设法治政府作出了全面部署，并从"依法全面履行政府职能"等6个方面系统地论述了建设法治政府的主要内容和要求，清晰地勾画出了一个可以使广大人民群众满意的法治政府的框架。从推行依法行政到确立建设法治政府，既是依法行政的深入推进，也可以说在依法行政基础上向着更高的一个法治化目标的迈进。随着市场经济的建立和社会发展，政府职能已被明确定位为"经济调节、市场监管、社会管理、公共服务"，需要我们自觉运用法治思维、法治理念、法治程序、法治方式来谋划和推动能源发展和监管工作，促进能源运行法制化，主动适应依法治国新常态。

（五）能源保障和改善民生能力不断加强

经过长期发展，我国已形成较为完善的能源供给体系，技术装备水平明显提高，生产生活用能条件明显改善，但依然面临诸多亟待破解的矛盾和难题，如天然气应用快速发展与保障民生用气长供久安的矛盾、人民群众日益增长的用能需求与能源普遍服务不到位的矛盾等。随着城镇化进程、小康社会进程的加快推进，人民群众对过上更加幸福美好的生活有了更多、更高的追求目标，保障和改善民生日显重要和紧迫。

党的十八大以来，习近平总书记多次发表重要论述，阐明自己的"民生观"，指出保障和改善民生的重要意义，提出当前和今后一段时期民生工作的着力点，强调保障和改善民生是一项长期工作，没有终点，只有连续不断的新起点。中央经济工作会议把"加强保障和改善民生工作"作为当前和今后一段时期的一项重要任务。这就要求能源监管必须自觉强化民生为先、民生为重、民生为本的宗旨意识，把保障改善民生作为一切工作的出发点和归宿，贯穿于能源发展和监管工作的全过程，抓住人民最关心、最直接、最现实的利益问题，着力解决当前最迫切解决的能源矛盾和问题，确保人民群众安全用能、可靠用能、满意用能。

（六）职能转变、简政放权深入推进

当前，政府围绕使市场在资源配置中起决定性作用和更好发挥政府作用，以转变职能为核心，大力推进简政放权，简化行政审批，减少微观事务管理，有力地激发市场活力、劳动者创造力和经济发展能量。李克强总理在研究部署"十三五"国民经济和社会发展规划编制启动工作时指出，研究编制"十三五"规划，要着力用结构性改革破解结构性难题，用简政放权激发市场活力和释放发展潜力，用科技创新、大众创业增添经济发展新动能，用提升开放水平拓展发展空间，使经济更有效率、社会更加公平、发展更可持续。国务院机构改革和职能转变动员电视电话会议上，李克强总理明确提出，不仅要取消和下放权力，还要改善和加强政府管理；既要防止放不到位，又要防止出现监管"真空"，一定要走出"一放就乱、一乱就收、一收就死"的怪圈。全国"两会"政府工作报告中，李克强总理再次强调：要加强事中事后监管。坚持放管并重，建立纵横联动协同管理机制，实现责任和权力同步下放、放活和监管同步到位。

由此可以看出，简政放权将继续成为"十三五"政府机构改革、职能转变的主线。深化推进简政放权，加快在垄断行业等领域的改革，从根本上释放市场和社会活力，是新形势下政府职能转变的一项十分重要和迫切的任务。在这样的新常态下，如何有效坚持放管结合，成为能源发展与监管亟待解决的重要课题。政府简政放权、职能转变需要后续监管跟进跟上，这对能源监管工作提出更紧迫的需要和更高的要求，在权力和责任同步下放的同时，调控和监管必须同步跟进，以避免监管缺位、错位、越位、不到位，确保放而不弃、活而不乱、管而不死、统而不僵。

（七）能源国际合作格局不断变化

当今世界的能源供求格局正悄然发生着变化，全方位、立体化的能源合作已成国际主流。作为世界重要的能源生产、消费大国，中国正在参与和融入到国际能源合作的大潮中。在中央财经领导小组第 6 次会议上，我国明确提出了"全方位加强国际合作，实现开放条件下能源安全"这一总体思路。党和国家领导人在多次出访中，紧扣建立能源多元供应体系、实现开放条件下能源安全这一主题，与世界主要能源大国开展对话，商讨合作大计，以国际视角、全球眼光构建大国能源格局：中俄能源伙伴关系全面缔结，与中亚能源合作更趋深入，海上能源新"丝路"渐趋明朗。高访频繁，拓展了我国能源行业与世界市场的合作渠道，西北、东北、西南和海上四大油气运输通道建设得到巩固和扩大，"丝绸之路经济带"、"21 世纪海上丝绸之路"、中印缅孟经济走廊、中巴经济走廊，使中国与世界有了更广泛的能源合作平台。能源外交正日益成为推动我国与世界能源大国紧密合作的新常态。能源监管要站在国家全局长远的战略高度，务实推进重大能源国际合作，保障能源安全可靠供应，推动优势能源技术与装备"走出去"。

二、新常态对能源监管提出更高要求

我国经济发展新常态对能源监管提出了更多、更高要求。为更好地适应和引领新常态，与时俱进地抓好能源发展和能源监管，需要进一步理清监管思路，突出重点，勇于探索与实践，积极寻求突破和转变。

（一）改革是监管的动力之源

改革是监管的原动力，解决能源发展和监管中问题的根本出路在改革。统筹推进包括电力体制改革在内的能源体制改革，必须坚持市场化方向，只有使市场在资源配置中发挥决定性作用，才能真正提高能源生产和使用效率，实现资源优化配置，提高能源服务质量和水平。现实来看，国家能源管理部门和监管机构应抓住新一轮能源和电力体制改革全面深化的契机，着力推进电力、油气和能源价格等重点领域改革，大力培育电力等能源市场，积极推动重要法律法规的制定、修订；坚持简政放权与加强监管同步，坚持能源管理与能源监管并重，不断创新能源监督管理机制体制；进一步下放审批审核权限，建立以规划定项目、项目与规划联动机制。

（二）服务是监管的价值所在

能源是国民经济的先行官，把监管寓于服务之中，在服务之中体现监管的价值，紧紧围绕中心，主动服务大局，自觉融入科学发展大业，强化正确的价值观导向，自觉将监管置于国家利益的高度、能源科学发展的进程、经济社会发展的大局、人民群众的根本利益中去衡量检验，进一步转职能、改作风、抓大事，切实提高履职尽责的能力和水平。能源管理部门和监管机构应把贯彻执行国家能源监管政策法规与服务政府中心工作结合起来，避免能源监管工作与地方中心工作"两张皮"，在强化规划的指导、引导和约束作用中，切实改进能源宏观管理，推动地方政府制定地方能源发展规划，把国家能源大政方针政策落到实处。

（三）保障民生是监管的重要目标

能源关系国计民生。能源管理部门和监管机构应把保障和改善民生作为头等大事，以民生、民情、民意为导向，抓住国家高度重视、行业普遍关注、群众反映强烈的问题，确定能源改革发展和监管的重点，更好地把改革、发展、监管与服务民生有机结合起来，努力在保障和改善民生上不断取得新进展，应当切实加强行政执法力度，做好能源违法违规行为的立案调查和行政处罚工作；强化 12398 热线的服务功能，畅通投诉举报的渠道，使广大能源企业和消费者的诉求能得到有效解决；积极开展能源争议调解和仲裁工作，及时化解能源争议纠纷和矛盾。

（四）有效性是监管的生命线

有效性是监管的生命线。能源管理部门和监管机构应当加快能源监管组织体系建设，确保放权与监管齐头并进；加强监管信息系统建设，完善信息报送和披露制度，在国家和地方层面做到行政管理信息和监管信息互通、信息共享，确保对取消和下放项目的知情权，积极探索全过程和闭环式监管。通过建立有序高效的监管工作体系，能源管理部门负责牵头制定有关监管政策，拟定监管规则和市场规则，拟定年度监管重点和工作方案，制定统一的处罚标准和程序；能源监管机构要依据能源管理部门制定的规划、政策、标准，对企业和地方的落实执行情况实施监管，对违规情况进行通报或处罚，并将监管情况反馈能源管理部门。

（五）转变创新是监管与时俱进的内在要求

新的能源管理和监管格局形成后，要求能源监管机构要积极适应经济发展和体制改革的新形势，特别是要迅速适应能源监管范围不断扩大、职能不断拓展、内容不断增多的新变化，在转变中求创新，在创新中促转变，进一步转变监管理念、方式、方法，进一步创新监管工作思路、体制、机制，积极探索监管职能的有效实施方式，破解监管难题，促进能源事业科学发展和可持续发展。在监管中，注重增强监管公共服务，创新公共信息提供方式，更多更好发挥行业协会等社会中介组织的作用，及时化解行业自身发展中的突出矛盾，提高能源领域社会管理和公共服务能力；加强能源领域各行业协会信息服务功能，准确搜集、统计、汇总行业供需信息，及时做好信息发布，充分发挥信息在平衡供需、优化开发时序和安排生产进度等方面的作用；发挥行业协会的桥梁纽带作用，及时通报行业最新动态和重大工作进展情况，了解能源企业面临的困难和诉求，共同研究解决问题的对策措施。

（六）自身能力建设是监管的基础

加强监管能力建设是一项基础性的工作，更是一项着眼长远的工作。能源监管的范围已经从原来的电力行业拓展到整个能源行业，监管内容也进一步丰富，这势必对能源管理部门和监管机构提出了更高要求，特别是监管机构要切实加强转型学习，加强监管人员教育培训，着力提高监管人员的素质能力，广泛开展能源专业知识以及经济、法律等方面的学习，不断深化对能源发展规律性的认识，提高改革创新和依法监管的本领，增强责任意识和担当精神，尤其是发现问题、解决问题的能力，建设一支有担当、敢作为的干部队伍，为完成能源改革、发展和监管目标任务提供坚强保障。

第二章 能源监管的新思路和新探索

新形势、新任务要求新思路和新举措。

随着改革与发展、实践与探索的推进，我国能源管理部门和监管机构积极开拓进取，勇于创新，对能源监管的认识也在不断深化，能源监管的思路、目标和任务不断明确，能源监管的方式方法也在不断尝试，能源监督管理体制机制方面的创新也在悄然发生着变化，为推进能源事业全方位科学发展奠定了良好的基础。

第一节 能源监管的基本思路

为适应能源监管的新形势、新任务，加强职能转变和简政放权后的事中、事后监管，能源监管机构认真总结梳理电力等能源监管相关经验，2014年4月，正式印发了我国的《能源监管行动计划（2014—2018年）》，明确了未来5年能源监管总体目标、重点任务和相关措施，更好地指导和促进能源监管规范有序开展。

一、能源监管的总体目标

（一）监管目标的影响因素

能源监管总体目标的确定，要遵循能源行业健康发展的一般规律，也应充分考虑我国能源管理的体制状态、能源行业发展情况等国情实际，从既有利于整个行业长远发展的战略发展需要，又有利于保证体制改革平稳有序推进的现实需要出发进行具体设计。

在实践中，我国能源监管必须明确三个核心因素：一是能源是国民经济发展的重要基础，也是重要的公用事业，能源安全关系到国家安全；二是能源行业部分环节具有自然垄断特性，信息不对称问题比较突出；三是我国市场经济体系还不健全，法制建设仍需不断完善，市场主体不合格、不清晰、与行政职能相交叉的问题尚未有效解决，违规行为时有发生，市场失灵与政府失灵同时存在。

（二）监管目标的主要内容

综合考虑多方面因素，我国能源监管的总体目标是：建立透明高效的能源监管体系，保障国家能源政策规划有效执行，积极推进能源市场建设，逐步规范能源市场秩序，促进能源非竞争性环境公开公平，保障国家能源安全稳定供应，切实维护市场主体利益和社会公共利益，促进能源行业清洁高效可持续发展。

结合现阶段我国能源行业的基本特征，监管目标可以具体划分为：

规划布局方面。能源战略、规划、政策法规有效落实，国家能源规划、地方规划和企业规划协调发展，重大能源项目建设规范有序，国家能源布局不断优化，资源配置能力和效益显著提高。

能源市场方面。电力等能源市场化程度不断提高，市场交易秩序规范有序，交易过程公开、透明，市场主体种类和数量进一步增加，市场交易日趋活跃。

关键环节方面。重点能源工程建设成本得到有效控制，垄断环节运营成本公开透明，能源价格机制进一步理顺，管网开放共享程度显著提高，重要输电通道、管道等利用效率大幅提高。

安全保障方面。国家能源安全保障能力显著增强，避免电网大面积停电事故，人身伤亡事故明显减少，安全生产基础显著加强，突发事故应急响应能力显著提高。

可持续发展方面。能源结构不断优化，可再生能源占比逐步提高，能源行业污染物排放量可控在控，大气污染防治重点区域能源消费总量控制目标得以实现。

普遍服务方面。能源服务质量和水平显著加强，能源普遍服务政策落实到位，农村用电"两率"显著提高，无电村、无电户问题得到基本解决。

二、能源监管的核心理念

监管理念是开展监管工作的目的、要求和行动指南，是对能源监管的目标、功能、体系的深层次思考。在电力监管探索与实践中，监管机构已经开始使用监管理念来审视和剖析监管工作，如"监管服务"的理念、"以人为本"的理念、"有效监管"的理念、"依法监管"的理念等。随着能源管理体制改革的持续推进，人们对监管本质的认识也在不断深化。在总结电力监管理念的基础上，我国能源管理部门提出了"依法依规、公平公正、服务大局、监管为民"的能源监管理念。

依法依规。就是以完善法规、建立制度、规范程序为重点，以宣传教育、严格管理、强化监督为保障，以提高干部队伍的监管能力和水平为基础，一切依照法律法规办事，严禁随心所欲，既不能失职不作为，又不能渎职乱作为。

公平公正。就是视公平公正原则为监管的生命，平等对待每一个监管对象，公正解决每一起市场纠纷，公平维护能源投资者、经营者、使用者的合法权益，不偏袒、不歧视，切实做到大公无私、公道正派、公正权威、公平合理。

服务大局。就是牢固树立政治意识和大局意识，紧紧围绕党和国家中心工作，坚持寓监管于服务之中，胸怀大局、立足本职、履行职责，服务国家能源战略，服务地方经济发展，服务能源行业和能源企业。

监管为民。就是坚持以人为本、执政为民，实现好、维护好、发展好人民群众的根本利益，一切以人民群众的评判来检验工作成效，为人民群众提供安全、可靠、放心、满意的能源供应。

三、能源监管的重点任务

能源行业点多面广，错综复杂，千头万绪，能源监管必须突出重点，务求实效。立足能源行业实际，当前能源监管的重点任务主要包括四个方面：简政放权和职能转变，市场竞争的公正透明，能源安全及突出问题，民生保障等。

（一）转变职能，简政放权，确保取消和下放的审批事项落实到位

围绕党中央、国务院转变职能、简政放权的要求，根据取消和下放的审批事项确定能源监管的重点任务。这方面主要包括：有关能源行政审批事项取消或下放到地方的情况，确保不以任何形式的许可、备案等替代审批；取消和下放审批事项后能源行业落实《节约能源法》《可再生能源法》等能源法律法规，贯彻优化能源布局、淘汰落后产能、煤电节能减排升级改造等重大能源政策执行情况；取消和下放审批事项后地方和企业落实国家能源规划、年度执行情况，地方及企业规划和国家能源规划协调匹配情况，以及落实火电项目地方优选情况等；能源项目建设落实情况监管，是否存在"未批先建""已核未建"和"批建不一"等情况。

（一）建立能源市场体系，解决市场公平公正透明问题

围绕建立健全中国特色社会主义能源市场机制体制，从解决市场公平公开透明着手确定能源监管重点任务。这方面主要包括：加强电力市场准入监管，做好许可证的核发和持证企业持续性监管工作，强化电力许可证与项目核准的衔接；加强电力市场秩序监管，继续推进电力市场建设，强化跨省跨区电力交易监管和用电秩序，实现电力从投资到运营全过程监管；加强煤炭市场秩序监管，特别是煤炭生产、运输、销售等环节的市场行为监管，促进市场公平，维护煤炭市场有序平稳运行；加强油气市场秩序监管，规范油气市场秩序，维护公平竞争秩序，防止利用垄断地位损害消费者和其他市场主体合法权益的行为；加强能源垄断环节监管，特别是能源成本监管和价格监管，以及电网、油气管网等的公平开放监管，确保"放开两头，管住中间"。

（三）抓住突出矛盾，强化能源安全

围绕能源发展面临的突出矛盾，确定能源监管重点任务。这方面主要包括：强化电力安全监管，坚持把防范重大及以上电力事故放在首位，加强电力隐患排查和整改，对重大隐患实行挂牌监督，努力确保电力系统安全、人身安全和水电站大坝安全；强化煤矿瓦斯治理，坚持抽采与利用并举，由被动治理转向主动防范，不断提高瓦斯抽采利用率，有效控制重特大瓦斯事故发生；强化油气设备监管，坚持国内国外两个市场，根据国内外市场供求变化情况，及时提出油气储备调整建议，保障国家油气供应安全；强化可再生能源发电并网消纳监管，促进可再生能源发展，统筹解决弃风、弃水、弃光问题，不断提高清洁能源在能源消费中的比重；强化"窝电"与缺电情况监管，统筹电网与电源、电源与调峰调频备用，跨省跨区余缺调剂等，切实提高电力系统运行效率，缓解部分地区"窝电"与缺电并存的矛盾；强化能源行业节能减排监管，着力提高节能环保大机组发电利用小时数，完

善辅助补偿机制，充分利用市场手段激励和引导节能减排，抓好国家大气污染防治行动计划确定的能源领域有关工作的落实，建立能源行业污染防治长效机制。

（四）关注民生，服务群众

围绕老百姓所思所想所盼，从人民群众最关心、最迫切、反映最强烈的问题着手确定能源监管重点任务。这方面主要包括：强化电力普遍服务监管，科学确定电力的公用事业属性，督促电力企业严格履行社会责任，共同实现电力普遍服务目标，尽快解决无电地区人口用电问题和政府保障性安居工程用电问题；继续实施人民群众用电满意工程，督促电网企业切实提高供电服务质量和水平，保障人民情况安全用电、可靠用电、满意用电，不断提高人民群众用电满意度；确保民生用气长供久安，督促地方政府与油气企业签订民生"煤改气"保供协议，加强天然气运行监测，及时协调油气企业解决民生用气中的问题，确保老百姓冬季天然气供应；畅通 12398 能源监管投诉热线，倾听群众呼声，及时解决事关群众切身利益的问题，将12398 热线打造成重要的能源监管民生通道。

四、能源监管的基本要求

为确保能源监管目标、任务的实现，切实发挥好能源监管的作用，推动破解长期制约能源科学发展的难题，能源监管对自身提出了基本要求。

（一）围绕中心，服务大局

能源监管要牢固树立宗旨意识，自觉把服务党和国家工作大局作为监管工作的基本出发点，深刻理解并全面贯彻党的十八大以来关于能源发展和改革的各项部署，找准工作的着力点和切入点，切实提高监管的主动性和自觉性，维护好国家能源战略利益和战略安全。

（二）依法监管，公开透明

监管的主要职责是监督检查政策法规的执行，其本身的特点决定了监管工作必须实事求是、公开透明。要加快建立和完善能源监管法律法规、标准体系，实现有法可依，把依法监管、公平公正理念贯彻于监管工作的各个环节，确保权限合法，程序清晰，事实清楚，证据确凿，处理得当，并将日常监管与稽查工作结合起来，根据具体情况采取约谈、通报、督促整改、行政处罚等措施，对违法违规行为起到震慑作用，从而真正促进能源行业突出问题的解决。

（三）以点带面，务求实效

能源监管要突出重点，找准关键，实施有限监管、有效监管。要以点带面，提高监管深度，集中力量关注重要领域、关键环节和重大问题，重点解决关系人民群众切身利益和制约能源行业科学发展的突出问题。实践中，可以考虑采取驻点监管、定点监管等方式，真实了解情况，直面矛盾问题，对驻点、定点情况进行深入剖析，真正做到深入基层、掌握实情，以点带面，总结规律，诊断服务、促进提升。

（四）闭环监管，形成合力

能源监管和能源行业管理相互影响，互为补充。要进一步理顺监管机构与专业管理部门之间的关系，发挥好能源监管参与、知情、监督、评价、反馈、处理、建议等作用。特别是按照国务院职能转变和简政放权要求，正确处理好政府与市场、管理与服务、中央与地方等方面的关系，加强事前、事中、事后监管，在规划、政策和项目核准等方面，形成制定、检查、反馈、处理、完善的闭环，从而促进产业结构调整和优化升级。

（五）改革创新、勇于探索

能源监管没有现成的经验可以借鉴，必须结合监管工作实际，不断创新监管工作思路和工作机制，积极探索履行监管职能的有效方式，实现能源监管的"转型升级"。积极探索和加强非现场监管，主动适应能源互联网、大数据应用发展要求，积极运用大数据、云计算、"互联网+"等现代信息技术手段，依托在线审批监管平台加强后续监管。要善于借用社会和中介组织力量，更好地发挥舆论、媒体的宣传和监督作用。

第二节　能源监管机制的探索

根据政府职能转变、简政放权的新形势，国家能源管理部门基本不再直接核准项目，而是通过能源规划、年度计划等方式，指导和规范地方政府主管部门的核准。在政监合一的能源管理模式下，能源管理部门如何做到放管结合、无缝对接，防止监管缺位、错位、不到位，更加有效地履行能源监督管理职责，迫切需要管理机制的创新。2013年以来，经过不断探索和总结，规划、政策、规则、监管"四位一体"的能源行业监督管理新机制逐步形成，而根据这一新机制的内在要求，在监管层面，则建立了相应的闭环监管工作机制，与"四位一体"协同推进，使得监管的针对性、有效性、闭合性和可追溯性的特点显现出来。

一、规划、政策、规则、监管"四位一体"

（一）"四位一体"机制的探索和形成

"四位一体"机制的产生，源于政府机构改革、职能转变的大背景。

2013 年以来，我国陆续取消和下放了一批能源行政审批事项，并选择了政监合一的能源管理模式。对于能源管理来说，国家如何确保能源项目建设的规范有序，确保能源规划、政策的有效落实，是摆在面前的急迫任务，这必然要求研究构建规划政策统领、法规制度严密、管理透明规范、监管务实有效的能源后续监管体系，做到既放权到位，更监管到位。

从整个管理内容和监管方向来看，能源规划、能源政策、能源规则、能源监管是能源行业监督管理的四个重要方面，具有相因性、相承性和协同性，处于同等重要地位，要同步跟进，相互协调，相互促进，不能厚此薄彼，有所偏废。规划是能源监督管理的重要措施，政策是能源监督管理的基本依据，规则是能源监督管理的具体要求，监管是能源监督管理的有力保障（详见图 3-6）。

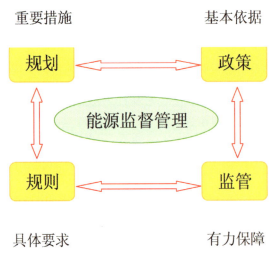

图 3-6 "四位一体"能源监督管理新机制示意图

按照"四位一体"的要求，做好能源管理必须实现"四个同步"：同步明确并落实规划和计划，必须遵循发展规划、空间布局和产业政策，有效放权和授权；同步明确并落实项目审核条件、标准、流程，必须遵循清洁高效、配置合理的原则，把好项目准入关；同步明确并落实规范市场秩序

知识链接：

规划、政策、规则、监管"四位一体"的形成过程

2013年6月，国家能源局印发《国家能源局关于落实简政放权加强后续监管工作的若干意见（试行）》，要求今后的工作中更加注重能源规划，更加注重市场监管，更加注重改善管理，更加注重法制建设。由此，将规划、监管、管理（政策）和法制（规则）放在了更加突出的位置。

2014年，在全国能源工作会议上，国家能源局首次提出要创新能源项目审批（核准）备案机制，更多地通过规划、计划、政策和监管"四位一体"实施项目管理。这成为"四位一体"机制的原型。

2014年8月20日，国家能源局正式下发《关于创新能源监督管理机制的指导意见》，从能源规划、能源政策、能源标准、能源行政审批、能源监管五个方面，明确提出了"四位一体"能源监督管理机制的指导意见，并强调要以改革的精神、改革的思想、改革的方法推进创新能源监督管理机制工作，积极探索通过战略规划、政策、标准和监管来管好能源，摆脱忙于具体能源项目审批的被动局面，把更多的精力用于能源发展战略研究、中长期发展规划拟订和重大政策措施落实上。

2014年12月25日，在2015年全国能源工作会上，国家能源局进一步提出要积极探索建立规划（计划）、政策（规定）、规则、监管"四位一体"机制，同时，更加明确了"四位一体"机制的具体要求，强调通过"四个同步"，即，同步明确并落实规划和计划，同步明确并落实审核责任、条件、标准、流程，同步明确并落实市场秩序的规则，同步明确并落实监管主体、监管责任、监管办法，确保放权放得下、接得住、落得实、管得好。①

的规则，引导市场主体依法依规从事能源开发建设和经营；同步明确并落实监管主体、责任和办法，按照谁审核、谁负责、谁处理的原则，严格落实审核、管理和监管责任制。

正是基于这样的认识和实践，经过一年多的探索、研究与实践，"四位一体"管理机制逐步清晰起来，并得到不断完善。这是在"政监合一"模式下能源监管领域的大胆创新和尝试，也是建立健全中国

---

① 资料来源：国家能源局网站，www.nea.gov.cn。

特色社会主义能源行业监督管理体系的创新成果，对做好新时期新常态下能源行业监督管理具有重要的指导作用。

（二）"四位一体"机制的深层内涵及本质要求

1. 规划

规划，一般是指比较全面长远的发展计划，是在对未来整体性、长期性、基本性问题的思考和考量的基础上设计的行动方案。在能源领域，能源规划决定着能源行业发展及能源产业布局，关系到能源市场运营效率、资源优化配量效果等。目前，能源规划主要通过年度计划等方式具体实施，是能源监督管理的重要措施。切实改进和加强能源规划，是做好能源管理的出发点。

明确能源规划的功能定位，增强能源规划的导向性、科学性、系统性。能源规划必须符合能源发展的客观规律，适应经济社会的客观要求，体现能源发展的中长期布局。要建立健全能源规划体系，明确各类能源规划的定位、范围，控制能源规划层级和数量，形成层次分明、科学完整、功能明确、衔接有序的能源规划体系。同时，强化能源规划衔接，按照专项规划服从总体规划、下级规划服从上级规划的原则，确保各类能源规划之间协调一致。

规范能源规划制定程序和建立专家咨询制度。一方面，研究制定能源规划制定办法，明确能源规划的功能定位、工作原则、体系种类、基本内容、职责分工以及制定能源规划的前期研究、编制草案、听取意见、规划衔接、审议批准、公开发布等程序。另一方面，建立健全能源规划专家咨询制度，充分发挥专家学者在能源规划制定中的作用，国家层面成立能源发展规划专家工作组，对能源发展规划进行动态管理，半年一修订、一年一调整。此外，完善公众参与能源规划制定工作的制度，广泛听取意见，特别要听取能源监管机构的意见。

增强能源规划的可操作性，使能源规划成为能源项目审批、核准、备案的重要依据，原则上能源项目应提前纳入能源规划。一方面，根据能源规划确定的重大项目布局和要求，制定年度实施计划或者2—3年实施计划，分解落实能源规划确定的重点项目和保障措施。另一方面，加强能源规划的实施管理，健全规划实施机制，开展能源规划实施情况、实施过程、实施效果的监督检查和评估，做好能源规划的滚动调整。

进一步转变能源规划管理方式，从目前的管项目为主转为管规划为主。能源管理部门要把主要精力放在宏观战略、宏观规划、宏观政策的制定等领域，把工作重点放在制定和监督实施国家能源发展规划、核准地方能源发展规划，转变管理机制，建立以规划定项目、项目与规划联动的机制。所有项目的审批和核准，都必须在规划范围内，对不在规划范围内的项目一律不准审批和核准。

2. 政策

政策，一般是指国家为了实现一定历史时期的路线和任务而制定的国家机关的行动准则，包括采取的相关措施和规定。在能源领域，能源政策（规定）要体现能源战略规划的要求，符合能源体制改革方向，明确能源发展方向，量化能源发展目标，保障能源战略、规划、计划、项目的有效实施，是能源监督管理的基本依据。

注重能源政策统筹协调。事关全局的、关系全国统一市场规则和管理等事项的能源政策由国家统一规定，涉及地区性事项的能源政策由地方按照事权划分规定；长期的、稳定的、成熟的能源政策要通过法定程序制定法律、法规和规章，暂行的、试行的、探索性的能源政策要制定规范性文件。现行有效的能源政策要通过公告、白皮书等形式向社会发布。

加强能源政策体系建设。能源政策应明确能源市场准入、能源市场规则、能源运行管理，确定行业发展重大事项和政策措施，解决能源发展的重大、具体问题。对鼓励类的能源事项，应放宽市场准入，充分发挥补贴、贴息、配额、税收等措施支持其做大做强；对限制类的能源事项，应强化节能、节地、节水、环境、技术、安全等市场准入标准、监管规则约束其适度发展；对禁止类的能源事项，应制定明确的禁止清单，强化能源总量控制、大气污染防治等方面的禁止措施，加强跟踪、监控，做到令行禁止。

规范能源政策制定。一是修订能源立法规则，制定规范性文件管理规定，明确能源政策的前期研究、立项、起草、听取意见、合法性审核、审议批准、公开发布等程序。二是突出能源政策的针对性、有效性和可操作性，增加目标明确的专项能源政策，减少一般综合性能源政策。三是加强对能源政策贯彻执行情况的监督检查，及时根据经济社会发展、能源市场建设等情况研究制定相关能源政策。

3. 规则

规则，一般是指规定出来供大家共同遵守的条例或章程，具有普遍性和制约性。在能源领域，能源行业规则是能源监督管理的具体要求。通过制定能源行业规则，明确能源行业的准入门槛、市场规则，以及标准、程序等要求，引导市场主体依法依规从事能源开发建设和经营活动，促进能源市场发育和能源行业的发展壮大。

明确能源项目审批的流程、标准和程序，精简审批前置条件。应建立健全网上审批机制和网上公示制度，实现依据公开、标准公开、条件公开、程序公开、受理公开、过程公开和结果公开。同时，制定能源市场准入的负面清单，各类市场主体可以平等进入清单之外的领域。

制定完善日常监督管理的规章制度，如电力市场运行和监管办法、电网公平开放管理和监管办法、电力企业成本监管办法、页岩气监管办法、油气管网监管办法、分布式能源管理和监管办法、可再生能源并网运行管理和监管办法等。

完善能源标准体系。一方面，推进能源领域国家标准建设，制定能源行业标准，促进提高能源企业标准。有序推进能源重点领域标准制定，加快制定能源领域节能节地节水、环境保护、安全等方面的标准，逐步提高相关标准的技术指标。另一方面，加强能源监管标准建设，对专业性和技术性较强的能源监督管理事项尽快制定监管标准。同时，加强能源标准与能源规划、政策、审批的相互衔接、相互协调，将能源标准的实施情况及时反馈到能源规划、政策制定和能源项目审批中。

4. 监管

监管，一般是指市场经济条件下政府为实现某些公共政策目标，对微观经济主体进行的规范与制约。在监管中，主要通过对特定产业和微观经济活动主体的进入、退出、资质、价格，以及涉及国民健康、生命安全、可持续发展等行为进行监督、管理来实现。在能源领域，监管是能源监督管理的有力保障，应坚持运用法治思维和法治方式履行能源监管职责。

强化对能源规划、计划、政策和项目的监管。对能源规划、计划和政策执行情况建立常态监管机制，及时发现问题，提出监管意见和建议，促进能源规划、计划、政策的有效实施和能源结构的优化。加强能源项目核准及开工建设情况监管，对项目落实核准文件情况进行监管评价，确保能源项目建设规范有序。对不符合国家有关规划和产业政策要求的项目，依法予以处理。对取消和下放的能源行政审批项目，明确监督管理责任，确保取消下放的项目能够落得实、管得住。

创新能源监管方式。广泛使用现代科技和信息技术实施监管，建立能源审计制度、第三方评估机制，对重点领域进行监测预警。建立科学、规范的抽查制度、责任追溯制度和违法经营黑名单制度，提高监管效能。善于借用社会和中介组织力量，充分发挥社会中介组织的作用，通过合同、委托等方式向社会购买服务，引导能源行业建立自律行为准则。

完善能源行政执法机制。监管机构应根据国家能源法律法规和相关规定，向社会公开能源行政执法权力清单，全面履行能源行政执法职责。整合国家能源管理部门、派出机构、地方能源主管部门的能源行政执法职能，分工协作，协同配合，切实解决多头执法、多层执法的问题。严厉查处日常管理和监管过程中发现的违法违规行为，切实解决能源行业有法不依、执法不严等问题。

规范能源行政执法行为。监管机构应制定现场检查、投诉举报处理、行政处罚等能源行政执法程序规定，细化执法流程，明确执法环节和步骤，规范执法自由裁量权。强化执法监督，组织开展执法情况检查评估，建立健全能源行政执法责任制。

二、闭环监管机制

适应规划、政策、规则和监管"四位一体"的新机制，对于能源监管来说，必须探索建立规范的工作机制，有效解决"一抓就死、一放就乱"的难题，确保"放管结合、放而不乱"，实现能源管理与监管的无缝衔接，形成监管合力。2013 年 7 月，国家能源管理部门制定了全程闭环监管工作机制，提出"全程参与、有效衔接、相互配合、形成闭环"的总体思路，坚持监管和管理并重，积极构建职责明确、界面清晰、分工协作、沟通顺畅的工作关系，形成监管合力，强化有效监管，与能源规划、能源政策和能源规则同步推进。

（一）闭环监管机制的基本流程

闭环监管机制就是要创新监管模式，正确处理好能源管理体系中专业管理部门、监管业务部门、派出机构、地方能源管理部门以及能源企业之间的关系，形成政策制定、检查、反馈、处理、完善的闭环，实现工作的标准化和行为过程的规范化，从根本上堵塞工作漏洞，提高工作效率（有关部门及机构之间的具体职责分工和关系详见图 3-7）。

1. 专业管理部门负责组织拟定能源规则、计划、政策、标准和实施项目管理等，在工作过程中，必要时邀请监管业务部门和派出机构参加，或征求监管业务部门和派出机构意见，并将有关结论性意见或文件抄送监管业务部门或派出机构，原则上不直接组织实施监管。

2. 监管业务部门根据规划、计划、政策、标准和项目管理文件，以及有关监管制度、监管标准，负责拟定监管工作计划和方案，并负责联系派出

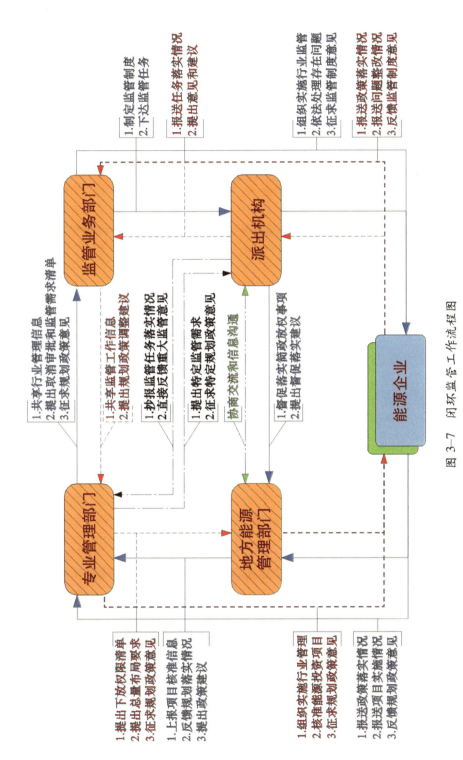

图 3-7 闭环监管工作流程图

机构，原则上不直接参与地方一线监管；但重大监管事项，可会同有关专业管理部门和派出机构直接组织实施。监管业务部门在拟定监管制度和标准、工作计划和方案过程中，应征求专业管理部门和派出机构意见。

3.派出机构根据能源管理部门制定的监管制度和标准、监管计划和方案，负责组织实施具体监管业务，包括督促地方政府落实简政放权事项，并提出监管意见建议。在组织实施具体监管工作中，要严格规范监管工作流程，不断提高监管效能。

4.地方能源管理部门根据国家能源规划和总量控制目标，组织实施行业管理，核准能源投资项目。在制定地方能源发展规划的过程中，应当征求当地派出机构的意见，并与派出机构共享行业管理信息。

5.派出机构实施监管工作的结果，应按要求报送监管业务部门和有关专业管理部门，并抄送地方能源管理部门。监管业务部门根据监管工作结果，分析汇总形成监管报告，并抄送有关专业管理部门。专业管理部门根据监管结果，评估规划、政策等的执行情况，及时加以修订完善。

（二）闭环监管的具体要求

闭环监管的目的，就是要将能源行业管理与能源监管有机结合起来，将现有的国家能源局、派出机构和地方能源管理部门的力量整合起来，形成监管合力。闭环监管要取得实效，在具体实施过程中还应突出"五个结合"。

1.突出放管结合

专业管理部门取消和下放审批事项，既要通知地方发改委（能源局），又要同步要求其接受监管业务部门和当地派出机构的监管；同时，要抄送监管业务部门和派出机构，适时发出监管委托书，委托其就取消和下放审批事项及配套要求与条件的执行情况进行监管。因没有委托监管导致放权后失管、失控、出现问题的，要实行问责制。

2.突出上下结合

监管业务部门负责制定全国监管工作计划，要将监管业务部门"自上而下"的专项监管与各派出机构"自下而上"的问题监管相结合，监管部门重在掌握情况，拟定年度专项监管计划，统筹协调，组织指导，总结经验，健全法规，形成机制；派出机构重在执行，根据年度专项监管计划和当地实际，具体实施专项监管和问题监管，实现上下配合，形成工作合力。

3. 突出点面结合

无论是日常监管还是专项监管，都要突出重点、以点带面、点面结合。既要以驻点监管为点，带动专项监管，又要以专项监管为点，带动日常监管。不搞面面俱到，也不能蜻蜓点水，务必深入解剖，做深、做专、做精。

4. 突出条块结合

派出机构既要接受国家能源局垂直领导，加强与监管业务部门、专业管理部门的协同，形成监管合力，推动"条"上的监管，又要针对当地能源发展面临的突出矛盾，加强与地方政府有关部门的协同，取得支持和帮助，实施"块"上的监管。

5. 突出标本结合

通过监管，及时发现和解决制约能源科学发展的矛盾和问题，维护公开公平公正的能源市场秩序，维护能源消费者的合法权益；同时，积累经验，总结提炼，上升到制度层面，建立长效机制，切实发挥市场在资源配置中的决定性作用，更好发挥政府作用。

第三节　能源监管方式的创新

科学的监管方法，是能源监管取得实效的保证，而对于我国刚刚启动的能源监管来说，监管方式方法的创新并没有现成的模式。在探索与实践中，能源监管机构认真学习研究国内外的一些成果，特别是借鉴我国审计、环保、金融等领域的行政执法经验，重点强化依法监管、专项监管和问题监管，建立健全监管报告制度，突出能源监管的针对性、实效性、公正性，切实提高能源监管的效率和效能。

一、依法监管

依法监管，顾名思义就是所有监管工作都应严格按照法律法规的规定开展，法无授权不可为。市场经济是法制经济，市场与法规是能源监管这辆马车的两个轮子。党的十八届三中全会作出关于全面深化改革若干重大问题的决定，解决了"马车"的一个轮子；党的十八届四中全会作出关于全面推进依法治国若干重大问题的决定，解决了"马车"的另一个轮子。两个轮子都解决好，能源监管的"马车"将走得更快更稳更好。

（一）依法监管的内容

依法监管是能源监管的基本要求。能源监管法律法规体系建设滞后，一定程度上制约了监管工作的开展，影响了监管工作的效果。按照有法可依、有法必依、执法必严的要求，进一步推动监管法律法规体系建设，明确监管的内容、措施和工作流程等内容。

1.建立健全能源监管法规体系

按照有利于我国能源市场化改革和社会主义市场经济发展的要求，遵循能源发展规律，借鉴国外先进的理念和做法，走中国式的能源监管新路。根据不同能源产业特点，大胆探索、摸索规律，积极推动相关法律、法规、政策的制定、修订，逐步形成能源行政执法体系、机制和手段。当前，要抓紧制定《能源监管法律体系建设五年规划》，成立各法律修订工作小组，有序推进各项工作；推动《能源法》《电力法》《煤炭法》等的制定和修订；推动《能源监管条例》《海洋石油天然气管道保护条例》等能源行政法规的制定；加快制定和完善煤炭、油气市场秩序监管的相关制度；完善和细化能源监管的流程、格式和运转机制，促进能源监管工作规范化、程序化。

2. 严格依法依规开展监管业务

能源监管机构是行政执法机构，能源监管队伍建设对依法行政至关重要。针对能源监管队伍的现状，必须加强学习培训，充实队伍，提高能源监管机构工作人员的法律意识、法律素质，提高能源监管机构工作人员敢于和善于依法监管、服务社会的能力和水平，增强能源监管机构工作人员的社会主义法治理念，增强能源监管机构依法行政的自觉性。

3. 强化能源监管法规执行力

一是加强能源监管法规的宣传教育，让国民了解能源监管的性质和相关法规，为严格执法营造良好的社会氛围。二是理顺能源监管组织体系，完善能源监管工作机制，关口前移，重心下移，加强一线监管力量，形成高效、顺畅的行政执法体系。三是对有关监管的法规和规章制度的执行严格要求、严格管理和严格监督。

4. 依法查处违法违规案件

发挥专业监管、依法监管的优势，严肃查找问题，严格依法处理问题。对需要整改的，要明确整改要求和期限，严格督促整改；对违法违规情节较重的，要利用警告、停产整治、罚款、没收违法所得等行政手段；充分发挥社会舆论监督作用，畅通投诉举报渠道，及时向社会披露违法违规行为；对涉嫌犯罪的，及时移送公安机关，依法追究其刑事责任。

（二）依法监管的程序

为了提高监管的严肃性和权威性，能源监管必须依法对监管工作流程进行详细设计和规定。一般来说，依法开展监管可以分为4个阶段，10个环节（见图3-8）。

1. 准备部署阶段

包括三个环节：调查研究，掌握情况；抓准问题，明确重点；制定方案，动员部署。这一阶段的主要任务是：充分了解分析拟监管事项的有关情况，明确监管任务，组建工作组，围绕监管目标确定监管的范围、内容和重点，

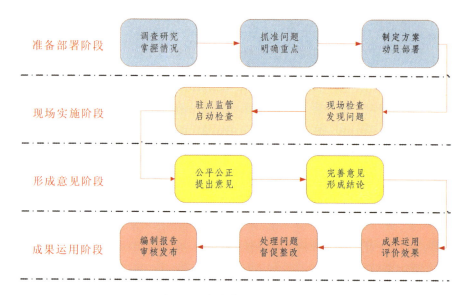

图 3-8　依法监管流程图

编制工作实施方案，制发监管通知书等，为正式实施监管做好准备工作。

2.现场实施阶段

包括两个环节：驻点监管，启动检查；现场检查，发现问题。这一阶段的主要任务是：正式启动现场检查工作，核实相关情况，发现存在的问题，并进行深入细致地分析，以及对证据进行固定等。在现场检查时，可以采取座谈、查看、询问等方式，根据需要查阅、复制与监管事项有关的文件、资料，对可能被转移、隐匿、损毁的文件、资料予以封存，并对相关人员进行询问。在询问当事人以及采取相关行政强制措施前，应当依法出示执法证件，执法人员不得少于 2 人。

3.形成意见阶段

包括两个环节：公平公正、提出意见；完善意见，形成结论。这一阶段的主要任务是：总结梳理现场监管情况，对存在的问题，研究提出处理意见，向监管对象反馈情况，必要时征求相关部门的意见，完善监管意见，形成正式的监管结论，做到客观准确，公平公正，合法合理，经得起实践的检验。

4.成果运用阶段

包括三个环节：编制报告，审核发布；处理问题，督促整改；成果运用，评价效果。这一阶段的主要任务是：严格依法处理监管发现的问题，同时，按照闭环监管要求，正确评价和运用监管成果。对发现的问题分类处理：应当责令整改的，印发整改通知书限期改正；应当依法处理的，印发监管决定书作出处理决定；应当行政处罚的，按规定进行处罚；不属于职责范围的，制作移送处理书交有关部门处理。

二、专项监管

专项监管，是指能源监管机构主要采用现场检查的方法，对能源领域的某一特定事项，向有关能源企业、地方政府、部门、单位和个人进行的专门监管活动。能源监管量大面广，在当前人手和精力有限的情况下，平均用力，面面俱到，势必会分散力量，劳而无功。专项监管可以达到集中治理、提高监管深度、形成示范效应的目的，可避免常规检查带来的重复检查、多头检查的低效率等问题。

2013 年至 2014 年，国家能源管理部门围绕制约能源行业科学发展的突出问题和关系人民群众切身利益的问题，紧抓主要矛盾，突出关键事项，分两批集中组织开展了 20 项重点专项监管，取得了良好的成效。实践证明，开展专项监管，是加强和改进监管工作的重要举措，是把监管工作做专、做精、做深、做实的有效方式。专项监管在监管目标、监管内容、监管范围、监管方式、监管方法、监管要求等方面都具有鲜明的特色。

（一）专项监管目标

专项监管通过对特定范围、特定问题进行监管，集中力量，解剖麻雀，应实现三个方面的目标：

一是解决实际问题，针对现场监管发现的问题和难题，提出解决问题的意见和建议，形成现场监管报告。要敢于直面问题，善于发现和解决问题，通过解决问题的多少来衡量专项监管的成效。

二是总结工作经验，提出在全国范围进行常态深度监管的思路。要深入基层、深入一线，认真总结归纳，分析共性问题，提出该项工作今后在全国开展的工作思路和建议。同时，研究提出建立专项监管程序、制度和办法的建议，促进监管工作规范化、制度化。

三是探索完善闭环监管工作机制和方法。按照规划、政策、规则、监管"四位一体"的要求，监管机构要同专业管理部门密切配合，形成工作合力，力求在规划、政策、标准和项目核准等方面，探索出一套闭环监管工作机制和有效方法，适应能源管理和监管有机结合的要求。

（二）专项监管内容

专项监管坚持问题导向，突出监管的针对性、有效性。重点是围绕党和国家工作大局，结合能源监管职责，认真梳理行业、市场、群众反映的突出问题，着力针对不符合公开、公平、公正要求的，具有典型性、苗头性、倾向性、全局性的重大问题，拟定年度重点专项监管计划并组织实施。总体来看，当前国家能源管理部门的专项监管主要集中在以下几个方面：

一是能源政策规划和项目建设监管，包括能源项目审批简政放权落实情况专项监管、火电规划和建设情况专项监管、电力企业大气污染防治专项监管、成品油质量升级专项监管等，重在加强简政放权后续监管，更好地促进国家能源重大政策、规划的有效实施和能源结构的调整优化。

二是务实为民、满意用电监管，包括人民群众满意用电专项监管、用户受电工程市场秩序专项监管等，旨在提高供电服务水平，解决老百姓最现实的用电问题和群众切身利益问题，确保用上电、用好电。

三是能源市场公平监管，包括可再生能源发电并网专项监管、电力交易市场秩序专项监管、县调发电企业许可制度执行情况专项监管、500（330）千伏在建项目许可制度执行情况专项监管等，着眼于维护公平公正的市场秩序，促进能源资源的优化配置，保障市场主体的合法权益。

四是电力安全监管，包括建设施工安全生产专项监管、信息安全专项监管、电网安全风险管控专项监管等，目的是保持电力安全生产形势持续稳定的良好局面，为经济社会发展和人民生活水平提高创造良好的电力保障。

（三）专项监管范围

专项监管不是全国一哄而上，而是重点选取有代表性、典型性的一个或几个省份进行驻点监管。不搞大而全的普查，不面面俱到、全面铺开，而是要通过总结和提炼具体点上的情况，形成向全省、全国进行推广的制度和办法。通过点面结合，现场与非现场相结合，达到以点带面的效果。

（四）专项监管方式

专项监管实行组长负责制，一抓到底。每个专项监管成立一个工作组，组长对专项监管工作负总责，应深入基层、深入一线了解和掌握情况，特别是要协调解决发现的问题，推动监管工作深入有效开展。同时，按照闭环监管的要求，专项监管注重系统上下、内外的协调配合，专项监管工作方案的制定过程中，应充分征求相关专业管理部门、监管派出机构的意见建议。各单位之间应密切配合，分工协作，切实运用好专项监管的工作成果，特别是将监管成果反馈到专业管理部门，形成政策制定、检查、反馈、处理、完善的闭环，最大限度地发挥监管的作用。

（五）专项监管方法

专项监管方法多样，措施有力，尤其强调深度监管。除了采用收集资料、走访企业、召开座谈会等常用方法，更多地采用明察暗访等形式，深入一线实地检查，了解和掌握更新鲜、更丰富、更准确的真实情况。对于违法违规的企业，除了约谈、通报、稽查、处罚、督促整改等措施，还应采取区域限批、集团限批等手段，确保能源产业科学规范有序发展。同时，对监管中发现的共性问题，监管机构还应认真分析监管规则、制度方面的问题和缺陷，制定、修订一批规范性文件。

（六）专项监管要求

为确保专项监管依法、文明、有序开展，工作中应特别注意以下要求：

1.严格依法行政。现场监管要按照行政执法的程序进行，主动出示执法证件，现场执法时不得少于2人。

2.如实记录检查情况。对有关证据资料，按规定请当事人签字盖章。对可能被转移、隐匿、损毁的文件、资料予以封存。必要时，要对相关人员进行询问，并依法做好询问笔录。

3.注意做好保密工作。要严格保守监管中获悉的国家秘密、企业商业秘密。对于监管中获取的有关资料和信息，未经批准不得对外提供和披露，不得用于与监管工作无关的目的。

4.统一工作步调。工作组成员要听从组长安排，按时完成每天的工作任务，检查中未经共同研究，不得对相关问题作结论性表述，不单独发表个人意见。

5.畅通投诉举报渠道。工作组应密切与人民群众的沟通联系，安排专人负责受理群众的来信、来电和来访接待，认真研究处理和反馈。

目前，专项监管已成为能源监管的重要方式。国家能源管理部门每年制定印发年度重点专项监管工作计划（见表3-2），组织相关派出机构具体实施，并在专项监管工作结束后，发布监管报告。

表 3-2　国家能源局 2015 年重点专项监管工作一览表[①]

序号	名称	驻点地区	重点地区
1	能源项目审批简政放权落实情况专项监管	陕西	热电项目:山西、黑龙江、浙江、湖南、广东、甘肃。油气管网项目:上海、重庆、浙江、江苏、广东、四川、陕西
2	电力调度交易与市场秩序专项监管	天津	全国(西藏地区除外)
3	大气污染防治成品油质量升级专项监管	广东	东部地区保供企业所在省份(北京、天津、河北、辽宁、上海、江苏、浙江、福建、山东、广东和海南等)
4	电网企业回购电源项目自建配套送出工程专项监管	江苏	山西、山东、江苏、河南、湖南、四川、云南
5	电网企业输配电成本专项监管	冀北	冀北、黑龙江、陕西、福建、湖南、贵州
6	用户受电工程市场秩序专项监管	广西	天津、陕西、蒙东、安徽、江西、广西、山西、山东、福建、浙江、河南、四川、甘肃、新疆
7	典型电网工程投资成效专项监管	四川、江苏	四川锦屏至江苏苏南 ±800 千伏特高压直流等 8 项典型电网工程

三、问题监管

问题监管,是指监管机构针对辖区内监管对象存在的一个或多个问题点,有针对性地开展检查、指导、规范、查处等工作的监管方式,是一种集检查、调研、办案、维权等于一体的监管模式。当前,问题监管主要由国家能源管理部门的监管派出机构组织实施。

(一)问题监管的意义

监管就是要发现问题,在发现问题的同时解决问题,没有问题的监管

---

① 资料来源:国家能源局网站,www.nea.gov.cn。

就失去其应有的意义，体现不出其存在的价值。在能源监管中，推行问题监管具有十分重要的意义。

1. 规避执法风险

随着我国市场经济的不断发展，能源监管领域日益拓宽，市场主体的维权意识也越来越高，监管机构承担的风险和责任也日趋加重。推行问题监管，可以使监管人员摆脱日常监管等固定模式的束缚，针对具体问题采取措施，既有利于整合执法力量，促进问题的解决，又可以规避执法风险，营造良好的执法环境。

2. 提升监管效能

问题监管是一种从点到面，动态的、针对性很强的监管模式。根据监管地域、监管事项的特点进行梳理和分析问题，列出工作重点，实现由一般性、综合性监管向专业性、具体性监管的转变，不仅增加了监管的深度，而且大大降低执法成本，从而有力推动监管整体工作的开展。

3. 强化专业化监管

问题监管以解决问题为导向，以挖掘问题、分析问题、处理问题为线索和切入点，运用"一题一策"的方法解决区域性、系统性问题，既可以改变传统工作模式，深入推进职能转变，又可以提高行政执法效率，及时留下监管痕迹，强化专业化市场监管。

4. 提高监管水平

实行问题监管，发现问题、明确问题、分析解决问题等环节，需要监管人员具有敏锐的洞察力，从表层监管向深层次监管、粗放型监管向精细型监管转变。因此，问题监管模式，能有效提升执法人员通过抓主要矛盾解决问题的能力和监管执法水平。

（二）问题监管的内容

在监管实践中，强化问题意识、问题导向、问题倒逼，以问题为中心开展监管，问题在哪里，监管就到哪里；主动发现问题，善于分析问题，查找具有普遍性、典型性的问题；讲究方法，积极解决问题，对监管中发现的问题进一步建立健全问题处理机制，确保依法、高效地解决问题。也就是说，问题监管主要包括发现问题、问题分类、解决问题三个方面。

1. 发现问题

收集信息、发现问题是开展问题监管的基础和前提。有效、准确地发现问题主要有以下渠道：一是利用监管信息系统，全面了解掌握行业形势和发展情况，综合分析辖区市场主体的变化情况，重点分析出现的异常情况，以及存在的问题。二是通过投诉、举报发现问题。监管机构受理投诉举报的渠道有 12398 能源监管热线电话、短信、来访、传真、其他部门移送等。三是通过日常监督检查发现问题。在日常监督检查过程中，对可能出现的问题或薄弱环节进行重点抽查。四是通过案件分析发现问题。对典型案件发生的频次、区域集中度、社会影响等进行综合分析，锁定问题。五是通过新闻媒体的报道发现问题。根据媒体披露的信息，迅速对本辖区相关行业进行调查，确认是否存在问题。

2. 问题分类

对发现的问题，不能"眉毛胡子一把抓"，试图一个一个地去解决，当前还不具备这样的人力、物力条件。要坚持简单、科学的原则，对问题进行分门别类，有利于具体操作。一般分为三类：一是重大问题。包括：危害公共安全、人身健康和生命财产安全的问题，如影响国家能源供应安全的事件、电网大面积停电事件等；违反国家能源方针政策，严重扰乱能源市场秩序的问题，如违规建设能源项目、倒卖路条等。二是普遍性问题。包括：国家能源政策落实不到位、相关措施不完善的问题，如新能源发电全额收购及补贴政策落实问题，新能源发电上网问题等；大型能源企业限制竞争、侵犯人民群众利益等社会热点焦点问题，如用户受电工程"三指定"问题等。三是一般性具体问题。包括：无主观故意、社会危害性较小或尚未产生社会危害后果的问题；企业能够主动改正或及时终止违法行为，且主动消除或减轻危害后果的问题；特定地区、特定企业出现的个别问题等。

3. 解决问题

在对问题进行分类后，就要研究对每类问题的处置原则和处置方式。一是要着力研究解决重大问题。重大问题如果处理不善，往往会对能源行业发展和人民群众生命财产造成重大损害。如何解决重大问题？实行"一题一策"的方式，即具体问题具体分析，一个问题一个方法。要结合实际制定详细的工作方案，系统研究该问题产生的原因，必要时组织专家学者进行论证，提出切实可行的措施，组织开展专项监管，积极稳妥地予以解决。二是重点解决普遍性问题。对问题突出、社会影响大的难点、热点问题，可以采取专项监管的方式，即监管机构成立专门的工作组，选取重点地区进行驻点监管，并在此基础上形成在全国推广的经验。三是行政指导解决一般性具体问题。对存在的小问题，首先要进行行政指导，做到预防在先、教育在先、警示在先，轻罚或不予处罚，能有效拉近监管机构与监管服务对象的距离，有利于优化发展环境。

（三）问题监管工作机制

为确保问题监管成效，需要科学的工作机制做保障。如建立年度计划机制、限时督办机制、考核评价机制等，防止监管派出机构"自唱自演、自听自看"。

1. 年度计划机制

问题监管既要全国一盘棋，也要充分考虑各地的实际情况，发挥监管派出机构的主动性。国家能源管理部门重点要加强对问题监管工作的统筹协调，制定年度问题监管工作计划，对重大区域性问题及时协调解决，分析问题原因，提出解决原则和办法。监管派出机构应及时掌握和反映行业发展情况，提出工作计划，报国家能源管理部门。

2. 限时督办机制

在具体工作中，对重大问题，国家能源管理部门应建立挂牌督办制度，在解决时限上提出明确要求，在解决方法上给予全程指导。可以针对某项问题，印发监管任务书，明确问题监管内容、时限和工作要求，解决一个上报一个，确保工作不走形式，不走过场。

3. 考核评价机制

监管派出机构完成问题监管工作后，要及时将监管报告报送国家能源管理部门，经审核后及时向社会发布。同时，国家能源管理部门对监管派出机构每年的问题监管实施情况进行考核，考核结果排名通报，并作为评判各单位工作绩效的依据之一。

2014 年以来，国家能源管理部门每年组织监管派出机构报送年度重要问题监管工作计划，经研究统筹后实施。其中，2014 年下达问题监管工作计划 74 项，2015 年下达重点问题监管工作计划 42 项，并形成了一批有质量、有分量、有影响力的监管报告（见表 3-3）。

表 3-3　2015 年部分重点问题监管工作一览表

编号	名　　称	重点解决问题
1	电力规划及项目建设情况监管	个别电力项目落实规划、计划以及核准要求存在偏差，未按要求建设等
2	火电厂最小运行方式核定	深入挖掘各火电厂低谷调峰能力，缓解电网低谷调峰与供热矛盾
3	电网备用容量监管	随着新能源并网容量不断增长，系统旋转备用容量有增加趋势，不利于电力系统经济运行
4	解决无电人口用电问题三年行动计划项目落实情况监管	个别单位项目资金未落实，项目完成进度缓慢，光伏独立供电项目验收和后期运维单位未确定等。
5	电力用户与发电企业直接交易监管	公平交易问题，信息公开的完整性、准确性和及时性问题等
6	自备电厂节能减排监管	自备电厂在节能减排管理、脱硫脱硝改造等方面的突出问题
7	跨省跨区交易及省间联络线运行情况监管	跨省区交易不够规范，交易流向不太合理，省间联络线未能充分利用等

编号	名　称	重点解决问题
8	非统调电厂并网运行考核和辅助服务补偿监管	考核管理不够公开透明,考核和补偿条款不太合理,信息报送不及时等
9	川渝第三送电通道建设情况监管	电网企业拒不执行国家关于加快建设川渝第三送电通道的文件要求
10	新能源发电项目接入电网情况监管	接入系统建设滞后,并网服务流程烦琐,发电项目建成后不能并网发电等
11	自备电厂运行管理情况监管	自备电厂部分电量未承担国家规定的政府性基金,系统备用费等收费不明确等
12	风电项目规划建设及运营情况监管	风电核准计划执行不到位,项目接入系统和送出工程建设方面存在问题
13	火电机组深度调峰交易监管	风电弃风,电网调峰能力不足
14	天然气企业销售和输送合同签订及执行情况监管	国家能源局《天然气购销合同(标准文本)》落实过程中存在的问题
15	用户受电工程"三指定"行为监管	在用户报装过程中设置障碍,个别地方存在"三指定"行为
16	供热机组发电运行监管	国家"以热定电"政策落实不到位,发电机组供热改造不规范、不合理
17	光伏发电项目计划、建设、并网及补贴结算情况监管	年度规模计划执行不到位,光伏发电项目建设滞后,补贴结算不规范等
18	新建水电项目投资开发秩序监管	水电项目"未核先建""批小建大""核而未建"等
19	电力调度及弃水弃风弃光监管	弃水弃风弃光现象
20	电源与配套送出工程同步建设情况监管	部分配套送出工程建设滞后于电源建设,影响电源如期投运

四、监管报告制度

监管报告是能源监管机构履行能源监管职责,向社会公开发布的文书,反映监管相对人执行有关能源监管法律、法规、规章和其他规范性文件的情况,违反有关能源监管法律、法规、规章和其他规范性文件的行为,以及能源监管机构对违反有关能源监管法律、法规、规章和其他规范性文件行为的处理结果。监管报告是能源监管的重要抓手，是履行能源监管职能的重要方式。通过发布监管报告，披露监管信息，可以增加监管工作的透明度，提高监管工作的有效性，通过社会监督的力量促使监管相对人纠正错误行为，更加自觉接受监督。

（一）监管报告的编制

一般来说监管报告主要有三个部分：基本情况，简要介绍监管事项有关情况、监管工作开展情况等；存在问题，客观描述监管过程中发现的问题，并就问题分类研究分析；监管意见，对存在的问题提出整改要求和期限，对相关政策完善提出监管建议。监管报告应当如实反映监管对象执行法律法规、能源政策等情况，不得隐瞒发现的违法违规行为。编写监管报告应开门见山、简明扼要，切勿避重就轻、长篇大论，要坚持三条原则。

1. 依法依规，客观公正

依法依规是监管工作开展的重要原则，监管报告要立足于现有监管职责和法律法规授权，涉及的所有监管活动都要依照能源行业相关法律、法规和规范性文件等规定开展。而客观公正则要求监管报告内容准确、评价客观公正、问题及处理意见实事求是，经得起事实检验和社会质询。

2. 重点突出，有效监管

能源监管范围广、事情多，不是所有工作事无巨细，面面俱到，都要发布监管报告，而是要突出工作重点，围绕中心，服务大局，发布对社会、行业有影响力的监管报告，内容上突出准和实，做到精准监管、有效监管。要在年初根据工作重点制定监管报告编制发布计划，明确监管工作的重点，进一步增强监管报告的针对性和有效性。

3. 披露问题，社会监督

监管在前，报告在后。监管报告是在监管行为发生基础上形成的，主要披露监管过程中发现的问题和整改意见，并对相关行为进行分析、评价，避免成为统计分析报告。要按照建立全程闭环工作机制的要求，监督政策、规划、标准和项目的执行情况等，敢于披露监管过程中发现的问题，充分发挥社会舆论的监督作用。同时，也要通过监管报告及时提出相关政策、规划调整建议。

（二）监管报告的发布

当前，国家能源管理部门主要针对能源行业出现的突出问题，以及社会和企业比较关注或与人民群众密切相关的问题，组织开展专项监管和问题监管，并在此基础上编制和发布监管报告，监管报告主要有专项监管报告和问题监管报告两种。监管机构在监管工作中，也可以结合当地实际情况灵活运用监管通报等方式披露监管信息。

为提高监管报告的质量，国家能源管理部门成立了监管报告审查委员会，对专项监管报告进行审查。监管派出机构起草的重要问题监管报告，或报告内容比较敏感，可能在社会上产生重大影响的，可根据情况报国家能源管理部门进行全面审查。

监管报告经审查通过，要选择合适的途径和方法，及时发布。对于需要向社会公开的监管事项，按照"事实确凿、问题明显、处分合理、依据充分"的原则，分层次、分区域、多形式进行披露。原则上，专项监管报告由国家能源管理部门统一发布，问题监管报告由监管派出机构自行发布。对于不宜公开的监管事项，采取系统内通报、约谈约访等形式，向监管对象通报监管意见。

（三）监管报告的作用

充分发挥监管报告的作用，是实现有效监管的重要内容。总体来看，无论是原国家电监会，还是重组后的国家能源局，在编制和发布监管报告方面都作了大量的探索和实践，取得较好的成效，积累了一定的经验。当然，由于对监管报告的定位理解不清晰、发布机制不深广、形成氛围不宽松、来源渠道不顺畅，也出现了监管报告效应递减的现象。因此，要更好地发挥监管报告作用，需要进一步深入研究。

1. 明确监管报告的定位

在通报、揭示和披露问题上，按照突出重点、少而精的原则，有什么问题就报告什么问题，什么问题突出就报告什么问题，披露问题要排除各种阻力和干扰，深刻尖锐、切中要害，成为能真正触动被监管对象的报告。监管报告的编制篇幅不宜太长，要言简意赅、通俗流畅，切实提高监管报告的质量。

2. 扩大监管报告发布的覆盖面

必须改变当前只在能源企业、能源行业和能源管理部门内部发布，而要面向全社会特别是公众发布，变向"少数人"为向"多数人"公布，特别应充分发挥宣传媒体的作用，加大对监管报告舆论宣传的力度。

3. 加强披露问题的督促整改力度

强化对监管报告披露的问题分类处理：应当责令整改的，印发整改通知书限期改正；应当依法处理的，印发监管决定书作出处理决定；应当行政处罚的，按规定进行处罚；不属于职责范围的，制作移送处理书交有关部门处理，以提高监管报告的权威性。

4. 注重监管报告的应用

监管报告可以作为拟定行业规划、政策和项目审批、限批的重要依据。对于存在地方主管部门违规审批问题的，要对其所在地区采取区域限批措施；对于存在违规建设问题的企业，要将其列入黑名单限制其新上项目。属于其他单位职责范围的，制作监管建议书向相关单位提出建议（见表3-4）。

表 3-4　2014 年专项监管报告发布一览表^①

序号	报告名称	主要内容	披露问题
1	水电基地弃水问题驻点四川专项监管报告	2013—2014 年四川水电弃水情况及原因分析、有关整改要求和监管建议	现有外送通道能力尚有潜力可挖;局部网架薄弱和特高压输送通道能力受限;火电调度运行管理有待进一步优化等
2	华北华东区域抽水蓄能电站运营情况专项监管报告	华北华东区域抽水蓄能电站基本情况、存在的问题和监管意见	抽蓄电站发展慢;电价机制有待完善;电站作用未充分发挥;投资主体单一等
3	分布式发电并网收购及补贴落实情况驻点河北专项监管报告	河北省分布式光伏发电并网收购及补贴政策落实情况、存在的问题和监管意见	分布式发电规划指标落实慢;并网管理不规范;财税政策执行不到位等
4	2014 年度火电规划及建设工作开展情况驻点安徽专项监管报告	安徽省 2014 年火电规划及建设工作开展基本情况、存在的问题和监管意见	优选办法内容不科学完整;优选过程未充分体现公开原则;部分优选结果未充分体现资源优化配置原则;部分纳入规划和核准在建项目存在违规情况
5	德宝直流等 10 项典型电网工程投资成效监管报告	德宝直流等 10 项电网工程基本情况、存在的问题和监管意见,以及工程投资成效分析评价	个别工程在取得核准文件后调整工程规模未及时上报;部分跨区联网工程功能未能充分发挥;成本管理有待细化;部分工程利用小时数较低等
6	华北、西北地区煤制油、煤制气项目有关情况监管报告	华北、西北地区煤制油、煤制气项目基本情况、存在的问题和监管意见	个别项目未核先建;少数项目与资源配置、环保要求不协调;个别地方能源主管部门核准项目未按要求清理或上报审核

---

① 　资料来源:根据国家能源局网站发布的相关信息整理。

续表

序号	报告名称	主要内容	披露问题
7	重要输电通道运行安全专项监管报告	全国重要输电通道基本情况、运行中存在的主要安全风险和问题、监管意见及建议	电网复杂性和脆弱性增加，运行风险加大；自然灾害、外力破坏影响重要输电通道运行安全；部分重要输电通道设备质量和施工、调试遗留问题给生产运行留下隐患；部分重要输电通道运维管理和应急管理存在薄弱环节等
8	电力企业网络与信息安全专项监管报告	北京、山东、浙江、广东地区电力企业网络与信息安全工作基本情况、存在的问题、监管意见	工作领导机构不健全、责任制不落实；从业人员数量、专业技能不足；部分企业信息安全等级保护工作开展滞后；部分单位网络安全管理、技术措施不到位等
9	电力建设工程质量专项监管报告	2014年电力建设工程质量专项监管情况、存在的问题、监管意见和监管建议	部分工程存在开工前未进行质量监督注册、违规投运等问题；监理人员履职不到位；资质审核把关不严；存在违法转包和违规分包等问题；工程建设强制性标准执行不到位；部分工程实体质量问题突出等

第三章　能源监管务实推进

中国能源监管在实践中不断前行。

2013 年以来，根据我国能源行业行政管理体制的实际情况，结合能源行业存在的重点难点问题，国家能源管理部门及监管机构在监管新思路的指导下，以政策性监管、经济性监管和社会性监管为核心，在能源规划政策执行、能源市场秩序、能源垄断环节、能源行业节能减排、能源安全监管和能源应急管理等方面务实推进能源监管，取得积极成效。

第一节　能源规划政策执行情况监管

能源规划政策执行情况监管，重点是加强能源行政审批事项取消和下放后的同步监管，促进能源规划、计划、政策、项目的有效落实，这是国家能源管理体制改革以来，重组国家能源局之后能源监管面临的一项新任务，是新形势下能源监管的重要内容。

一、能源规划计划执行情况监管

能源规划决定着能源行业发展及能源产业布局，关系到能源市场运营效率、资源优化配置效果等方面，规划通过年度计划和具体的项目得以落

知识链接：

2014 年度火电规划及建设工作开展情况专项监管

为有效落实火电规划、项目核准及建设情况闭环监管，2014 年 10 月至 12 月，国家能源局组织有关派出机构在内蒙古、江苏、安徽、山东、河南、湖南、宁夏、新疆等 8 个省区开展了 2014 年度火电规划及建设工作开展情况专项监管。

本次专项监管主要对 2014 年度各地火电项目优选情况、核准在建和已纳入规划火电项目有关情况开展监管。监管的重点内容是地方能源主管部门是否制定并严格实施火电项目优选评议办法，优选项目是否符合火电项目规划布局原则，核准在建项目进度情况及是否符合国家规定和项目核准文件要求，已纳入规划火电项目进度情况，是否存在"未核先建"问题等。

从监管情况来看，地方能源主管部门总体上能够按照国家能源局要求开展项目优选工作。各地能源企业能够严格执行基本建设程序，积极规范推进火电项目建设。监管中也发现了一些问题，主要有：一是火电项目优选工作的规范性有待提高；二是部分核准在建和已纳入规划火电项目工作进度迟缓；三是存在"未核先建"及"不按核准要求建设"的问题。

针对监管中发现的问题，国家能源局提出了相关监管意见。一方面是进一步加

实。各类规划应衔接协调，遵循专项规划和区域规划服从本级和上级总体规划，下级政府规划服从上级政府规划，专项规划之间不得相互矛盾的原则，以确保整体规划的内在统一。"十二五"期间，国家层面编制了能源发展"十二五"规划，以及天然气、煤炭等行业规划，又编制了页岩气、煤制气、生物质能、太阳能发电等专项规划；每个省市除了制定综合性的能源发展规划之外，还有各种专项规划。能源规划计划执行情况监管重点包括：

地方规划与国家规划的衔接情况。地方规划编制工作按期开展及完成情况；地方规划与国家规划的一致性；能源规划确定的开发次序、开发规模等与能源供需的协调匹配情况。

规划内容的科学合理性。地方规划落实国家能源发展战略及能源产业政策情况；能源重大项目列入规划前开展

论证情况；能源规划发挥优化资源配置，促进能源结构调整以及增强能源利用效率等方面情况。

强制度建设，细化有关规定，明确工作界面，切实保障优选工作"公开、公平、公正"。另一方面是针对监管中发现的"未核先建"，违规建设等问题，应按照"谁核准、谁负责、谁处理"的原则，依法依规予以处理，保障国家规划的严肃性和能源项目建设秩序。[①]

规划计划的有效落实情况。动态掌握地方核准（备案）能源项目规模及实际并发建设运行规模等情况，能源企业按照规划计划进行开发建设情况；是否存在不按规划总量进行产能布局、重复建设、能源开发利用效率低下、发展失衡等问题；是否存在项目开发与计划不一致等情况。

项目优选情况。能源项目优选办法（优选流程、评分标准等）制定以及向项目申请单位公开情况；优选办法与国家能源局的有关要求相符合的情况；优选过程公开透明情况；优选结果公示以及意见采纳情况。

2014 年以来，国家能源管理部门多次组织开展能源规划及项目建设情况专项监管，并按照建立全程闭环监管工作机制的要求，对监管中发现的问题进行细致梳理，及时与地方能源主管部门进行反馈沟通，并把监管结果作为制定政策、规划和项目审批的重要参考，有效促进了行业管理和监管的融合。

二、能源政策标准执行情况监管

国家能源政策和相关标准，是能源监管工作的重要依据。在当前行业立法程序复杂以及能源改革与发展形势多变情况下，国家层面通过制定规范性、政策性文件和标准进行行业管理，并加强对中央重要政策的执行情

---

① 资料来源：国家能源局网站，www.nea.gov.cn。

知识链接：

分布式发电并网收购及补贴政策落实情况驻点河北专项监管

　　2014 年 9 月至 11 月，国家能源局组织开展了分布式发电（主要是光伏）并网收购及补贴政策落实情况驻点河北专项监管工作。总体上看，河北省分布式光伏发电并网收购及补贴落实执行情况较好，光伏产业发展态势良好。

　　监管中也发现，河北省在分布式发电政策执行中还存在规划指标落实慢、并网管理不规范、财税政策执行不到位等实际问题，一定程度上挫伤了市场有关各方参与分布式发电的积极性，影响了分布式发电相关政策的贯彻落实。针对上述存在的问题，国家能源局提出如下监管意见：一是电网企业要严格接网工作规范，不断提高服务水平；分布式发电企业（含自然人项目）要确保项目安全经济运行，不断提高运行管理水平。二是各地政府主管部门应因地制宜，结合实际出台促进分布式光伏发展的配套政策，明晰项目申请、建设、并网流程以及补贴、考核、监管等配套措施。三是建议中央政府有关部门进一步明确规划指标、价格补贴、财政税收、资质质量等方面政策、措施。①

况监管意义重大。党中央、国务院高度重视国家能源战略以及管理，国家能源管理体制改革以来，能源管理部门陆续出台了一系列重要的行业管理政策文件和标准，并不断加大后续监管力度，取得了很好的社会效果。能源政策、标准执行情况监管重点包括：

　　地方能源政策制定情况。地方按照国家能源政策制定出台相关配套政策措施情况；地方能源政策的科学性和合理性，是否违背国家相关能源政策。

　　企业执行能源政策情况。监督检查企业执行国家能源政策情况，发现存在的问题，及时提出监管意见建议；是否存在选择性执行、变相、消极或错误执行有关政策等问题。

　　企业执行标准情况。国家强制性标准执行情况，非强制性能源行业标准推广和执行情况，企业标准化管理制度落实

---

①　资料来源：国家能源局网站，www.nea.gov.cn。

情况等。

清洁、高效、安全是我国能源发展的基本方针，国家大力支持清洁能源的发展。2013 年，国家出台了一系列支持光伏产业健康可持续发展的政策，继续在光伏发电并网、补贴、金融等方面提供强力支持，但许多企业反映存在政策难以落地等问题。为促进相关政策落到实处，国家能源管理部门及监管机构组织开展了可再生能源发电并网专项监管、分布式发电并网收购及补贴政策落实情况专项监管，以及节能减排电价政策落实情况专项监管等，有效促进了清洁能源的发展。

三、能源项目简政放权落实情况监管

根据国务院机构改革和职能转变要求，国家能源管理部门陆续取消和下放了大批能源项目审批核准权限，工作重心从事前项目审批转到了事中事后监管。行政审批改革既要放，也要接，"自由落体"不行，该管的事不能没人管。作为政府部门，面对已经取消的行政审批事项，一律不再审批、核准，对于下放管理层级的行政审批事项，要明确权限责任，真正放下去，同时，也要创新和加强政府管理，抓好放权后的监管，防止"一放就乱"。从实际情况来看，在放权的大背景下，地方的自主性和积极性被进一步激发，但是部分地方片面追求 GDP 和分省平衡的思路短期内无法扭转，一些能源企业盲目扩大投资和违规建设的冲动仍然较强，"未批先建"等原有顽疾仍然存在，个别地方还因为不按要求规范履职引发了一些新的问题。

为避免简政放权后行政管理缺位、错位，确保能源产业可持续发展，必须加强后续监管，确保"权利和责任同步下放，调控和监管同步加强"。能源项目建设要依照规划、计划、审批、建设的顺序进行，既不能失序，也不能脱节。对于违法违规建设项目，要建立健全纠错机制及时整治，并评估违规行为影响，提出补救措施，实现闭环监管，监管重点包括：

能源项目核准及前期工作情况。了解地方政府承接国家能源项目审批下放后核准工作机制，监督能源企业依法合规开展前期工作，维护能源项目核准及前期工作的有序、规范。如地方政府核准能源项目，符合国家下放（取消）审批时同步明确的要求和标准情况；符合国家能源主管部门产业优化布局和总量控制规模情况；符合环保、节能降耗、资源综合利用等重要产业政策情况；是否存在核准项目超总量规模、违反相关优选原则等情况。

能源项目建设情况。建立项目核准的后续监管机制，规范新建能源项目投资开发和建设秩序，构建公开公平公正的投资建设环境。如能源项目建设程序合法性情况，是否存在未核准开工建设、核准文件有效期内未开工建设等违规行为。新建能源项目投产前的投资主体变动情况，是否存在以非合理价格转让开展前期工作资格或核准文件行为；是否存在投资主体变更未履行合法备案程序等违规行为。能源项目按核准（备案）文件建设情况，是否存在超容量建设、超能力开采、停产整顿项目组织建设、为争取国家补贴指标而虚拟项目、以资源综合利用名义建设低效项目等行为。

2013年以来，国家能源管理部门及监管机构按照放管结合的要求，先后部署开展了能源项目审批简政放权落实情况专项监管、新建电源项目投资开发秩序专项监管、煤制油煤制气项目核查、山西低热值煤发电项目核准权下放监管等后续监管，取得了明显的效果。特别是新建电源项目投资开发秩序专项监管，在社会上引起了较大反响。

近年来，我国电源建设发展突飞猛进，取得了举世瞩目的成就，但是，电源项目建设中的一些投机行为，也给行业造成了极大危害和不良影响。无序开发，投机行为，扰乱了正常的电源项目投资开发秩序，增加了项目的开发建设成本，延误了项目建设进度，影响了项目建设工程质量，对企业的正常生产经营和电源建设目标的实现，以及维护公平竞争的市场环境都造成了很多隐患。特别是2013年以来，国家陆续出台了一系列促进光伏发电等新能源发展的产业政策，各地积极制定配套政策和实施方案，优化项目备案（核准）程序，调动了项目投资开发的积极性，光伏发电、风力发电等呈现出良好的发展态势。但是，也有一些地区和项目存在政策尚未完全落实、配套措施缺失以及备案（核准）程序不透明等问题，甚至出现新建电源项目投资开发的投机行为。

2014年9月，《分布式光伏遭遇"倒卖路条"尴尬》的媒体报道，在社会上引起轩然大波，其影响程度广泛乃至国务院领导同志专门对此作出了重要批示。为进一步规范新建电源项目投资开发秩序，坚决制止新建电源项目投产前的投机行为，2014年10月，国家能源管理部门在全国范围内组织开展新建电源项目投资开发秩序专项监管，重点对各省光伏发电、风力发电、生物质发电以及火电项目备案、核准和投资开发情况进行监管。

知识链接：

分布式光伏遭遇"倒卖路条"尴尬

在国家大力发展分布式光伏发电之际，越来越多的企业正进入这一领域掘金。江苏林洋新能源有限公司便是其中一家。不过，在寻求电站开发及开工过程中，林洋新能源也遇到了麻烦。比如，屋顶资源问题、"路条"问题、融资难问题等，都在考验着分布式光伏发电的执行效果和前景。

据介绍，林洋新能源资金比较充裕，不仅负债率低，还有充分的各大银行授信，但并没有"路条"。让拿"路条"的企业跟有技术有钱的企业合作，就像二道贩子倒买倒卖，无形中项目成本肯定要增加，的确现在有些政策有不合理的地方，需要调整、细化。实际情形可能更加严峻。买卖电站的事情比较多，不仅拿到"路条"的可以卖，拿到核准的也可以卖，建了一半可以卖，建完了也可以卖，这些都导致很多电站不负责任地建设，建完以后就卖了。①

通过专项监管，能源监管机构全面梳理掌握了电源项目投资开发的基本情况，摸清查实了电源项目投资开发环节的各种问题。总体上看，全国

---

① 资料来源：《第一财经日报》2014年9月15日。

新建电源项目投资开发秩序较好。但是，部分地区在电源项目投资开发环节也出现了资源配置不公正、管理不规范和不同程度的投机获利等问题，有些地方出现"倒卖路条"现象，给电源项目投资开发造成了不良影响。

第二节　能源市场秩序监管

市场秩序监管是能源监管的重要职责。党的十八大以来，中央作出全面深化改革的决策部署，要求充分发挥市场在资源配置中的决定性作用，降低能源市场准入门槛，加强市场秩序监管，公平公正维护投资者、经营者、使用者的合法权益。

一、电力业务许可监管

电力业务许可监管是在市场经济条件下政府对电力行业实施准入监管的一项重要手段，不论是已建立了较为成熟完备电力市场体制的国家，还是目前处于市场化改革进程中的国家，都广泛采用这种手段对电力行业实施监管。我国电力市场化改革以来，通过实施厂网分开、重组发电和电网企业、逐步建立区域电力市场等一系列改革措施，传统的电力产业管理格局被打破，电力投资主体日益多元化，市场主体的数量日趋增加。建立电力许可监管制度，明确市场准入标准，是推进电力市场化改革和电力行业发展的客观要求。

电力业务许可主要分为三大类：第一类是电力核心业务许可类，包括发电、输电、供电（配电、售电）业务；第二类是除核心业务以外的其他业务许可类，包括设计、安装、建设、维修、试验、设备制造、压力容器和计量仪表入网等业务；第三类是重要工作岗位类，即重要作业岗位关键操作人员的职业资格认证。

为促进电力企业依法持证经营，发挥电力业务许可在维护电力市场秩序，保障电力系统安全、优质、经济运行等方面的作用，国家建立了许可证的颁发、变更、注销等证照管理制度，涵盖了从准入监管、日常行为的持续性监管和违规处罚的全过程。

（一）电力企业执行许可制度情况监管

电力供应安全与社会稳定和人民生活密切相关，电力的生产、输送、供应等业务有着特殊的技术标准和要求。根据国家法律法规要求，从事发、输、供电业务的企业，应当分别取得发电类、输电类、供电类电力业务许可证，并按许可范围开展业务。截至 2015 年底，全国共颁发发电类电力业务许可证（6 兆瓦及以上）7415 家，输电类电力业务许可证 40 家，供电类电力业务许可证 3007 家，发输供领域基本实现了许可普及。

许可制度执行情况监管重点包括：一是依法持证情况。除国家能源管理部门规定可豁免许可的情况外，从事发电、输电、供电业务的企业持有电力业务许可证情况，按照规定使用许可证情况，新建发电机组是否取得电力业务许可证后进入商业运营。二是许可条件保持及变更情况。电力企业按许可管理制度要求保持许可条件情况，按时报送自查报告情况；发生名称、住所等登记事项变更，电力设施新建、扩（改）建、转让、退役，变更供电区域，从事跨国（境）电力交易业务等，是否按规定办理变更或备案。三是依法经营情况。电力企业遵守监管规章、市场运行规则和电力调度规则情况，及时报送和披露信息情况，落实节能减排等产业政策情况，火电机组是否按要求开展脱硫、脱硝、除尘改造。四是遵守承装（修、试）电力设施许可及电工进网作业许可制度情况。电力企业是否将电网工程及发电项目涉网工程发包给持有相应级别承装（修、试）电力设施许可证的企业，落实进网电工持证作业制度，核实施工单位进网作业人员是否取得电工进网作业许可证。

（二）承装（修、试）企业执行许可制度情况监管

电力设施是电力生产、输送、供应的重要物质基础，其设计标准、生产质量等直接关系到电力系统的安全稳定运行。根据国家有关法律法规要求，承装、承修、承试供电设施和受电设施的单位，应当取得承装（修、试）电力设施许可证，并按许可范围开展业务。许可证按类别可分为承装、承修、承试三类，按级别分为一级、二级、三级、四级、五级。近年来，监管机构着力打破垄断，积极推进电力工程建设市场向民营资本开放，对符合许可条件的民营施工企业依法及时颁发许可证，民营承装（修、试）企业数量增长迅猛。截至 2015 年底，全国共颁发承装（修、试）电力设施许可证 16455 家，其中民营企业占比 75% 以上。

承装（修、试）企业执行许可制度情况监管重点包括：一是依法持证情况。从事承装（修、试）电力设施业务的企业持有相应类别和等级的承装（修、试）电力设施许可证情况；企业申请许可证时是否存在人员、机具设备不全或提供虚假申请材料等问题。二是许可条件保持及变更情况。企业按许可管理制度要求保持许可条件情况，按时报送自查报告情况；发生名称、住所等登记事项变更，解散、破产、倒闭、歇业、合并或者分立，发生生产安全事故或重大质量责任事故，跨区域（省）承揽工程等，是否及时报告并按规定办理相关手续。三是依法经营情况。遵守监管规章要求诚信经营情况，按照许可证类别和等级承揽工程情况；是否存在涂改、倒卖、出租、出借许可证，超越资质承揽工程，违规分包，未落实进网电工持证作业制度等问题。

（三）进网作业电工执行许可制度情况监管

电工进网作业属于技术性较强的工作，直接关系到电网安全稳定运行和电工自身安全。根据国家法律法规要求，在用户受送电装置上作业的电工，必须经考核合格，取得能源监管机构颁发的电工进网作业许可证。电

工进网作业许可证按类别可分为低压类、高压类、特种类。其中特种类有高压试验、电力电缆、继电保护三个类别。截至2015年底，全国共颁发电工进网作业许可证2808598个。

电工进网作业许可制度情况监管重点包括：一是依法持证情况。在用户受送电装置上从事电气安装、维修、试验、运行等作业的人员，持有能源监管机构颁发的电工进网作业许可证的情况；用人单位是否遵守许可制度要求，按要求配备进网作业电工。二是许可条件保持情况。持证电工专业技能学习情况，包括掌握进网作业规定、学习新技术和接受事故案例教学情况，按时办理续期注册手续情况。三是持证作业情况。电工按照许可证类别进网作业情况；是否符合作业规定要求，遵守安全规定，落实安全保障措施。

知识链接：

部分违反电力业务许可制度的典型案件

2014年9月至12月，国家能源局在河南、上海、山西、黑龙江、江苏、青海、海南、湖北、内蒙古（蒙西地区）等9省（区、市）开展了在建电网工程项目许可制度执行情况开展专项监管，主要对相关电网企业以及电力建设施工企业执行许可制度，工程是否存在转包或违法分包等情况开展检查工作。发现典型违法违规案件：

1. 黑龙江省某电力安装工程有限公司等3家施工企业伪造许可证承揽工程。

2. 上海某电力工程有限公司等4家施工企业未取得许可证，违规从事承装（修、试）电力设施活动。

3. 山西某送变电工程公司等8家企业在工程发包等环节存在违规分包等情况。

4. 四川省某电力建设总公司等5家承装（修、试）电力设施企业出租出借许可证或挂靠借用许可证承揽工程。

5. 上海某电力工程有限公司等承装（修、试）电力设施企业在施工过程中使用无证电工或超许可类别电工。

对上述违反许可制度的行为，国家能源局派出机构依法进行了严肃处理，同时将伪造许可证和无证施工企业列入黑名单，禁止从事承装（修、试）电力设施活动。[1]

---

[1] 资料来源：国家能源局：《2014年在建电网工程项目许可制度执行情况专项监管报告》。

二、电力市场秩序监管

电力市场秩序监管是电力监管的核心内容，对构建政府监管下的政企分开、公平竞争、开放有序、健康发展的电力市场体系具有重要意义。监管目的是规范电力市场主体的行为，确保电力交易规范有序，维护市场主体合法权益，同时解决厂网之间的突出问题，促进厂网关系和谐发展。经过多年的实践，能源监管的主要内容包括发电权交易监管、跨省区电能交易监管、电力用户与发电企业直接交易监管和电价执行及电费结算情况监管等。

（一）发电权交易监管

发电权交易是指发电机组、发电厂之间电量替代的交易行为。开展发电权交易的，是贯彻落实国家节能减排政策的要求，通过能效较高的大机组替代纳入关停计划的小机组发电减少排放；也是规避市场风险的必需选择，在一次能源供应紧张、设备故障或环保成本上升等情况下，发电企业通过向一次能源供应有保障、环保性能好的机组出售发电权，避免亏损或与电网企业签订的合同不能按时完成。

当前，发电权交易的主要交易机制有政府部门指定交易和市场交易两种，交易品种包括计划内关停小火电机组电量替代、提前关停小火电机组电量替代、企业自备电厂电量替代、集团内部电量替代、水火电电量置换等。发电权交易可以在各省（区、市）政府主管部门制定的年度发电计划基础上进行，也可在其他市场化电能交易中开展。在小水电比例较高的省份，原则上以多年平均发电量为基础进行。发电权交易可以通过双边交易方式或集中交易方式进行交易。

发电权交易监管重点包括：一是交易落实节能减排政策情况。高效环保机组替代低效、高污染火电机组发电情况；水电、核电等清洁能源发电机组替代火电机组发电情况。二是交易安全约束情况。发电权交易满足电网安全校核情况，电网企业将安全校核相关参数条件向市场主体公布并向能源监管机构备案情况。三是交易合同签订情况。发电权交易双方签订发电权交易合同或交易确认单情况；合同中交易周期、成交电量、成交价格、结算方式等内容。四是交易网损收取情况。发电权交易引起网损变化时，按照核定的网损率或协商的网损补偿方式进行网损补偿情况；是否存在电网企业违规收取发电权交易服务费等问题。

（二）跨省区电能交易监管

跨省区电能交易是指电力企业与本省区以外的电力企业开展的电能交易，包括跨省（区、市）电能交易和跨大区电能交易。当前开展跨省区电能交易的形式主要有两类：一是有政府文件依据的交易，这类交易的电价（包括输电价、送电价、受电价）、电量分配、电价结算方式有国家、地方有关政府部门出台的文件为依据。二是市场化开展的交易，这类交易主要由电网企业组织市场成员通过市场化方式开展，交易主体包括电网与电网、电网与电厂，交易方式主要有协商、挂牌、委托代理、集中竞价等。

跨省区电能交易监管重点包括：一是交易组织情况。电网企业公平开放电网为跨省区电能交易提供输电服务情况；是否存在电网企业通过组织跨省区交易变相降低发电企业上网电价或未按实际物理电量收取输电费用等问题。二是交易执行情况。电力调度交易机构合理安排电网运行方式情况；依据交易合同的期限和签订次序安排交易计划等情况。三是交易信息披露情况。电力调度交易机构建立跨省区电能交易信息系统情况；电力调度交易机构披露输电价格、输电损耗、联络线稳定限额、成交电力、成交电量、结算等情况。

（三）电力用户与发电企业直接交易监管

电力直接交易是指符合条件的电力用户和发电企业在自愿、互利的基础上，通过规范透明的市场交易机制，自主协商交易电量、确定交易价格，签订直接交易合同。

在电网输电能力、运行方式和安全约束允许的情况下，电网企业应公平、公正地向直接交易双方提供输配电服务，并根据国家批复的输配电价收取输配电费用。即电力用户购电价格由直接交易成交电价、输配电价、政府性基金和附加组成。

电力直接交易监管重点包括：一是交易组织情况。有关部门按照职责分工制定工作方案、交易规则、准入办法，以及输配电价核算工作等情况。二是市场准入情况。参与直接交易的电力用户和发电企业符合国家有关产业政策等情况；是否存淘汰类、限制类企业参与交易等问题。三是交易实施情况。市场主体自愿参与电力直接交易情况；是否存在使用行政命令指定交易对象、交易电量、交易价格，以及指定向特定企业降价让利的行为。四是市场主体和运营机构执行交易规则情况。

（四）电价执行及电费结算情况监管

电价是指电力商品所对应的价格的总称。一般情况下，按照电力生产环节可以划分为：上网电价、输电电价、配电电价和销售电价。电费是指省级及以上电网企业与统调电厂之间发生的电量电费。

电价制度是指从电力成本回收以及促进行业发展和资源节约等角度考虑，采取的不同的电价计费形式和方法。当前，基本的电价制度主要有单一制电价和两部制电价；还有一些在此基础上发展起来的其他电价制度，如峰谷分时电价、丰枯季节电价、可再生能源电价补贴、脱硫电价、脱硝电价、除尘电价，阶梯电价、差别电价、惩罚性电价等。

电价执行及电费结算情况监管重点包括：一是电力企业执行国家电价政策的行为。电力企业贯彻落实政府价格主管部门核定的上网电价、输配电价、销售电价、政府性基金和附加、辅助服务收费标准、各项涉及电力业务的价格和收费政策情况。二是电力企业执行电力市场价格行为。电力企业执行竞价上网的最高最低价以及现货市场报价情况；电力企业发电权交易合同、协议价格执行情况；大用户直接交易的双方协商交易价格及国家规定的输配电价执行情况；电力企业按有关规定协商确定的跨地区输配电价以及向国家有关部门的备案情况。三是发电企业和电网企业之间电费结算行为。《购售电合同》执行情况；上网电量的抄录和确认情况；电量电费的计算、核对、修正和确认情况；电量电费结算方式和支付情况；电费结算信息向监管机构报送情况。

三、煤炭及煤层气市场秩序监管

（一）煤炭市场秩序监管

煤炭是我国的主体能源，对经济社会发展有着重要影响。过去 10 年里，煤炭行业进入高速发展快车道，创造了显著的经济效益和社会效益。与此同时，煤矿投资急剧攀升，煤矿开工建设规模大、范围广，出现部分未批先建等违法违规项目，扰乱了煤炭市场正常秩序，也给生态环境保护、水土保持等带来了较大压力。特别是 2012 年以来，国内煤炭供需形势发生了重大变化，从多年的紧平衡转为宽松，煤炭供大于求矛盾日益突出。受此影响，煤价大幅下跌，煤炭企业经营压力加大，煤炭经济运行面临严峻挑战。目前煤炭生产、运输、销售等环节不同程度存在一些问题，如部分企业无证经营、掺杂使假、以次充好、囤积居奇、污染环境等违法行为，一些地方、部门和垄断企业存在乱加价、乱收费的行为，扰乱了正常的煤炭市场秩序。

煤炭市场秩序监管重点包括：一是煤炭市场信息公开情况。监测煤炭生产、消费、价格以及库存、运力保障等情况，定期发布信息。二是特殊和稀缺煤类开发利用，煤炭储备基地和物流园区，以及进出口情况等。三是煤炭生产、运输情况。生产煤矿回采率情况，是否存在煤炭生产能力超限、煤矿回采率不达标等问题。四是煤炭违规销售情况。是否存在煤炭企业操纵煤价、低价倾销，以及电力企业联合拒签合同等行为。

煤炭行业监管有关部门职权划分

2000年国务院机构改革后，煤炭行业管理职能分散为煤炭资源管理、煤矿安全生产管理和煤炭行业管理。按照现行的管理体制和部门职责，各部门职能分工为：国家能源局负责拟定煤炭发展战略规划、产业政策、核准（审批）固定资产投资项目等工作，根据职责对煤矿建设生产加强监管；国家煤矿安监局负责拟定煤矿安全生产政策、承担国家煤矿安全监察责任等工作，从安全生产角度对煤矿进行监管；国土资源部门负责煤炭资源方面的监督管理；国家发展改革委运行局负责煤炭经济运行方面的协调工作；住房和城乡建设部对煤矿设计、施工、监理企业资质进行管理；财税、环保、水利等部门根据各自职能对煤炭行业涉及事项履行相应监管职责。

由于煤炭资源管理、安全监管、施工设计队伍管理、行业管理等分属不同部门，对煤矿建设的监管也涉及多个部门。从国家能源局的职能看，重点是履行好项目核准审批职责，对未履行项目核准审批程序擅自开工建设生产的行为进行监管。《政府核准投资项目管理办法》（国家发展改革委第11号令）第三十四条规定，对属于实行核准制的范围但未依法取得项目核准文件而擅自开工建设的项目，以及未按照项目核准文件的要求进行建设的项目，一经发

煤炭市场存在的一个突出问题是煤矿违法违规建设现象，在煤炭供大于求的形势下，如果放任让煤矿违法违规建设行为蔓延，必将导致全国煤炭产能产量的无序扩张和增长，对煤炭市场秩序产生一定的冲击，进一步增加煤炭行业脱困难度。近年来，国家能源管理部门对煤炭市场监管特别是煤矿建设秩序监管逐步探索，取得了一定经验，但与煤矿建设领域存在的问题相比，仍有一定差距。一方面，部分煤炭企业行业自律意识不强，守法守规意识淡薄，违反煤矿建设基本程序和法律法规，甚至个别企业将经济利益凌驾于生态环境之上。另一方面，监管主体多、监管责任分散，煤炭监管职能和责任分散于煤炭行业管理、安全生产管理、环境保护等多个部门，没有统一的煤炭监管体制和责任落实体系。同时还存在煤炭管理法律法规不健全，煤矿违法违规处

罚规定不明确等问题。

2014年下半年，党中央、国务院领导对部分省份煤矿未批先建、无证生产问题作出重要批示，要求严格责任落实，加强监督问责，坚决制止违法违规建设生产行为。为深入贯彻落实中央领导批示精神，国家能源管理部门在全国范围内组织开展了煤矿建设秩序专项监管，监管的范围是重点产煤省（区）建设煤矿，重点查处未按规定履行项目核准手续擅自开工建设（开始井筒开挖或表土层剥离）或已建成投产的煤矿。

（二）煤层气市场秩序监管

煤层气又称为"瓦斯"，是一种与煤炭伴生的非常规天然气。我国煤层气资源非常丰富，仅次于美国和加拿大。国家十分重视煤层气的开采利用，出台了一系列的政策措

现，相应的项目核准机关和有关部门应当将其纳入不良信用记录，依法责令其停止建设或者限期整改，并依法追究有关责任人的法律责任。①

知识链接：
煤矿建设秩序专项监管

2014年11月至12月，国家能源局在全国范围内组织开展了煤矿建设秩序专项监管。国家能源局派出机构会同有关省级发展改革委（能源局）、煤炭行业管理部门成立了12个督查组，对河北、山西、内蒙古、辽宁、黑龙江、安徽、山东、河南、四川、贵州、陕西、甘肃、青海、宁夏、新疆等16个产煤省（区）及新疆生产建设兵团组织开展了现场检查。

根据监管报告披露，煤矿建设秩序中存在的突出问题有三个方面：一是部分地区未经核准擅自开工建设规模较大；二是部分项目存在核准外其他建设生产手续不合规问题；三是少数违规项目停工停产要求未落实。针对专项监管发现的问题，国家能源局提出了四个方面监管建议：一是科学调控煤炭总量；二是严格执行违规煤矿停工措施；三是督促补办煤矿项目核准手续；四是加强煤矿建设项目过程监管。②

---

① 资料来源：根据中国政府网及相关部门网站信息整理。

② 资料来源：国家能源局网站，www.nea.gov.cn。

施，但在执行过程中还存在一些问题。

煤层气市场秩序监管重点包括：一是煤层气勘查开发对外合作执行情况。合作企业是否按照合同加快勘查开发进度，是否存在圈占资源、倒卖合作权益等行为。二是煤层气市场定价机制落实情况。未进入城市公共管网的煤层气销售价格由供需双方协商确定，进入城市公共管网的煤层气销售价格不得低于同热值天然气价格；是否存在不当干预煤层气价格的行为。三是煤层气（煤矿瓦斯）发电上网及加价政策落实情况。煤层气（煤矿瓦斯）项目环评、用电、接入电网情况，电网企业全额收购其发电量情况。

四、油气市场秩序监管

目前，我国油气市场还存在不同程度的垄断行为，拥有管道的少数企业凭借其垄断地位实施歧视性服务，常常出现影响市场公平公正的问题。比如，当前天然气市场方面，为解决北方地区采暖季用气紧张问题，进入冬季前，天然气销售企业会与下游燃气企业对接确认采暖季（跨年度）供气量。由于市场管理和运作体系尚不完善，上游企业的天然气供应信息不够公开、透明，上下游企业信息不对称，对气量供需互不摸底、相互试探，衔接不够顺畅，往往已进入冬季仍不能明确气量。同时，天然气价格机制有待进一步理顺。目前，天然气价格实行分级管理，门站价格由国家管理，销售价格由地方政府管理，多数地方没有建立上下游价格联动机制，上游门站价格调整后下游销售价格存在疏导不及时现象，城镇燃气企业经营压力大。此外，居民与非居民用气交叉补贴，工业用气较稳定，且冬季用气高峰需承担调峰责任，但价格与居民用气严重倒挂，不太合理。

油气市场秩序监管重点包括：一是油气交易合同的制定、签订及执行情况。是否存在油气企业利用垄断地位在合同中加入不公平条款行为；是否存在无合同交易情况。二是油气交易中价格政策执行情况。是否存在油气企业利用垄断地位操纵价格等行为。三是油气供应保障情况。是否存在油气企业随意中断油气产品供应等问题。四是落实天然气"压非保民"政策情况。制定、执行天然气应急预案情况；紧急情况下压非民生用气、保民生用气措施落实情况。五是有序"煤改气"情况。企业实施"煤改气"前落实气源及签订合同等情况。

近年来，国家能源管理部门重点针对保障天然气稳定供应开展了相关监管工作，促进天然气合理有序利用。如针对京津冀地区在采暖季天然气供应紧张的现象，组织开展了专

> **知识链接：**
>
> **京津冀地区天然气供应基本情况**
>
> 京津冀地区主要通过陕京一、二、三线及永唐秦线、港清线、冀宁线、大唐煤制气专用线等管线供应管道气，气源主要来自陕北长庆气田、新疆塔里木油田、大港油田、中亚和西亚进口管道气、渤西海上气、进口 LNG、内蒙古克什克腾大唐煤制气等。京津冀地区现有天然气用户约 1276 万户，主要包括居民用户、燃气电厂及其他工业用户等。2014 年京津冀地区天然气用气量约为 201.5 亿立方米，同比增长 9.2%，增量气主要用于新建燃气电厂和锅炉"煤改气"项目。①

项监管工作，重点是督促地方政府相关部门认真做好天然气利用项目规划计划的制定、落实和日常供气保障管理，积极与天然气供应企业沟通对接，扎实开展供暖季天然气供需衔接工作。完善需求侧管理，加强天然气突发事件应急管理，建立健全天然气供需信息报送、分析和协调联动机制，促进天然气合理有序利用。同时，要求相关天然气企业积极配合政府主管部门工作，不断加强基础设施建设和运行维护，努力增加天然气供应，认真执行《天然气利用政策》和有序供气用气相关规定，落实年度天然气平衡计划，保障天然气稳定供应。

---

① 资料来源：国家能源局网站，www.nea.gov.cn。

第三节　能源垄断环节监管

能源行业的部分领域属于自然垄断性环节，如电网、油气管网等，处于垄断地位企业容易利用其在行业的特殊地位，获取不正当利益，造成市场的不公平竞争，需要监管机构重点加强监管，促进相关信息的公开透明，维护公平公正的市场秩序和市场主体的合法权益。

一、价格与成本监管

长期以来，我国对能源自然垄断企业的成本监管不足，难以确定合理价格水平，这也是人们屡屡对电价、油价调整质疑的深层次原因。因此，必须加强对能源垄断企业的价格与成本监管，进一步理清内部成本，有效区分经营性成本与政策性负担，控制合理的价格水平。当前，能源监管重点加强跨省跨区输电价格监管、电网企业输配电成本监管、典型电网工程投资成效监管和油气管网设施成本监管。

（一）跨省跨区输电价格监管

跨省区输电价格是指区域电网之间联网的输电价格和跨区域专项输电工程的输电价格。跨省区电能交易的购电价格由售电价格、输电价格（费用）和输电损耗构成。目前，我国跨区输电线路一般按工程逐一核价，仅特高压交流试验示范工程和德宝直流输电线路采用两部制电价，其他大部分输电价格采用单一电量电价，价格全部由用户方承担的方式。我国跨区输电价格审核管理以国家能源管理部门为主，电网经营企业主报国家能源局，抄报国家发展和改革委员会，国家能源局审核并报国家发展和改革委员会核准后批复实施。

跨省跨区输电价格监管重点包括：一是输电线路项目合规性情况。输电线路是否获得国家批准，有关具体建设项目是否符合批准文件要求等。一是输电线路价格执行情况。跨地区电能交易价格机制是否合理和完善，在交易中是否存在违规压低上网电价、额外收取费用等问题；交易电量、送电电价以及电网收取的费用等交易和价格信息是否公开透明。三是输电线路价格成本控制情况。线路建设资本金、贷款、输电容量、利用小时、收益率、线损等价格参数变动是否合理；线路建设过程中各项成本支出是否合理，企业是否按照要求合理控制成本。四是输电线路效益发挥情况。输电线路是否发挥了联网或专项输电工程效益，是否促进了电能交易以及交易电量等。

（二）电网企业输配电成本监管

电网企业输配电成本是指电网企业为输配电能及提供劳务在输配环节所发生的各种耗费，包括材料费、工资、福利费、折旧费、修理费、输电费、委托运行维护费和其他费用等成本项目。考虑电网企业经营所具有的自然垄断属性、信息不对称性、电网企业的价格由国家管制等诸多因素，必须强化电网企业成本监管。2015 年 3 月 15 日，《中共中央国务院关于进一步深化电力体制改革的若干意见》（中发〔2015〕9 号）正式印发，其中明确将按照"准许成本加合理收益"原则，核定电网企业准许总收入和输配电价。这有利于建立健全电网企业成本约束机制和激励机制，提高政府定价的科学性、合理性和透明度，促进独立的输配电价格机制建立，也有利于政府部门、监管机构对电网企业的监管及社会公众对电网企业的监督。

电网企业输配电成本监管重点包括：一是输配电成本核算行为。电网企业建立健全输配电成本核算制度，输配电成本与其他业务成本分类核算，输配电成本计量、归集、分配，划分收益性支出与资本性支出的情况；以及其他有关输配电成本核算情况。二是输配电成本支出情况。电网企业执行国家规定的成本支出范围和标准，建立健全成本管理和控制制度，各项输配电成本费用支出合规性的情况；以及其他有关输配电成本支出的情况。三是输配电成本发生的重大变化。电网企业输配电成本项目及其构成内容和金额，输配电成本核算采用的会计政策，发生的各类投资、筹资、兼并重组和资产处置等重大事项对输配电成本产生的重大变化。四是影响输配电成本的内部交易和关联交易。电网企业发生的购销业务、提供或接受劳务、资金往来等重大内部交易和重大关联交易价格的公允性，以及对输供电成本的影响。五是输配电成本信息的真实性、完整性。电网企业是否按要求向能源监管机构备案输配电成本核算制度，报送的各会计期间的成本报表及其说明和专项报告等成本信息，数据是否真实，内容是否完整。

为进一步规范电网企业输配电成本行为，促进输配电价改革和电力市场建设，国家能源管理部门 2015 年 8 月部署开展了电网企业输配电成本专项监管，范围覆盖冀北、黑龙江、陕西、福建、湖南、贵州 6 个地区，重点是摸清电网企业资产状况，输配电成本支出范围和构成、成本归集方式、成本管理政策等内容，全面、深入了解电网企业输配电成本信息。

（三）典型电网工程投资成效监管

电网工程是指与电能的输送、分配有关的工程，广义上还包括把电作为动力和能源在多种领域中应用的工程。同时可理解到送变电业扩工程。电网工程包括交流输电线路工程、交流变电工程、直流输电工程、特高压输电工程、电厂送出工程、网架加强工程等。电网工程投资成效是指通过对电网企业投资建设的工程项目造价资料、运行情况、电价成本、社会效益等分别进行指标计算和深入分析，评析电网工程项目的造价控制、经济效益、运行实效和环保实效。

典型电网工程投资成效监管重点包括：一是项目造价情况。对工程核准投资、初设概算和竣工决算等相关造价资料进行分析；采用设计容量和实际输送电量分别计算造价指标，将实际运行成果与建设成本挂钩，评析项目经济性及造价控制过程的有效性。二是运行实效情况。从工程技术指标方面，对比设计预期分析工程运行实效，主要包括工程投运后在系统中的实际作用、输送电量、工程可用率、输电损耗等。三是电价成本情况。利用收集的建设成本投资、运行成本明细、损耗率等实际运行数据，测算输电成本，与收集的各工程现行（或已核准）输电价格进行对比分析。四是社会效益情况。从促进经济发展、缓解环保压力等方面对工程的社会效益进行综合分析，剖析工程完工后场地环境保护、噪声影响控制等方面情况，对比工程设计能力，分析工程环保实效。

表 3-5　部分典型电网工程造价控制情况表[①]

序号	工程名称	投产竣工时间	估算投资（亿元）	概算投资（亿元）	决算投资（亿元）
1	山西左权电厂送出工程	2011	3.69	3.68	3.09
2	±500 千伏葛沪直流综合改造工程	2011	80.32	84.23	65.88
3	±500 千伏德宝直流工程	2010	57.11	56.12	47.69
4	晋东南—南阳—荆门 1000 千伏交流示范工程及扩建工程	2008 2011	102.87	99.92	93.70
5	西宁—格尔木电气化铁路供电 330 千伏输变电工程	2011	8.05	7.52	4.01
6	鄂赣第三回 500 千伏联络线工程	2009	3.82	4.11	3.94
7	金安桥水电站送出工程	2011	11.43	11.30	10.63
8	±500 千伏海南联网 I 回工程	2009	12.00	24.80	23.14
9	德宏—博尚—玉溪 500 千伏输变电工程及博尚串补加强工程	2009	28.91	28.33	26.28
10	内蒙古临河北 500 千伏输变电工程	2010	6.75	5.83	4.54

（四）油气管网设施成本监管

油气管网设施成本是指油气管网设施运营企业之间及其向上、下游用

---

① 资料来源：国家能源局：《德宝直流等 10 项典型电网工程投资成效监管报告》。

户开放使用其油气管网设施输送、储存、气化、液化和压缩等相关服务环节发生的费用支出。具体成本项目包括：直接材料、燃料（原油、天然气、其他燃料）、动力（外购电、自发电、其他）、人员费用、制造费用（折旧及摊销、修理费、其他）、其他等。

油气管网设施成本监管重点包括：一是油气管网设施成本核算行为。油气企业是否建立健全油气管网设施成本核算制度；油气管网设施成本与其他业务成本是否分类核算；成本计量、归集、分配是否合理；收益性支出与资本性支出的划分是否合理。二是油气管网设施成本支出情况。油气企业执行国家规定的成本支出范围和标准是否符合规定；是否建立健全成本管理和控制制度；各项成本费用、人员费用、制造费用等支出是否合规；其他有关成本支出是否规范。三是油气管网设施成本发生的重大变化和事项。油气企业成本项目及其构成内容和金额是否发生重大变化；成本核算采用的会计政策发生是否重大变化；发生的各类投资、筹资、兼并重组和资产处置等重大事项对成本是否产生重大变化。四是油气管网设施成本信息的真实性、完整性。油气企业是否按要求向能源监管机构备案成本核算和管理制度，报送的各会计期间的成本报表及其说明和有关专项成本报告等成本信息是否真实、完整。

二、电网公平开放监管

我国电力体制改革的基本思路是"放开两头，监管中间"，即在发电侧和售电侧引入竞争，同时加强对中间电网环节的监管力度。在当前"电网、调度、交易一体化"的行业组织模式下，加强电网公平开放监管十分必要，有助于建立公平、开放、高效的电力市场体系。

（一）电力调度监管

电力调度监管是指对电力调度机构履行电网运行组织、指挥、指导和协调职能，保障电网的安全、优质、经济运行情况的监管。我国电网运行实行统一调度、分级管理的原则。调度机构分为五级：国家调度机构，跨省、自治区、直辖市调度机构，省、自治区、直辖市级调度机构，省辖市级调度机构，县级调度机构。下级调度机构必须服从上级调度机构的调度。调度机构调度管辖范围内的发电厂、变电站的运行值班单位，必须服从该级调度机构的调度。

2002年，电力体制改革实现厂网分开，发电侧市场主体多元化，调度机构不再只是一个生产部门，而是关系到众多发电企业的效益和利益平衡，需要强化电力调度部门对发电企业的服务意识，严格规范调度行为，维护发电企业的合法权益。因此，电力调度监管应当依法依规进行，并遵循公开、公正和效率的原则。

电力调度监管重点包括：一是电力调度机构提供调度服务情况。电力调度机构按照公平、无歧视开放电网的原则提供调度服务情况，与电力市场主体签订、执行并网调度协议等情况。二是电力系统运行方式编制和执行情况。电力调度机构为满足电力系统安全、稳定、经济运行，编制、执行发电、供电调度计划等情况。三是电力调度机构公开、公平、公正调度情况。电力调度机构执行发电计划、电力交易合同偏差情况，是否存在未按有关规定及时报送、披露调度信息，或信息不真实、不准确、不完整等问题。四是电力调度机构执行国家有关安全生产管理规定的情况。电力调度机构开展电力系统安全稳定分析情况，按照国家有关规定进行安全校核和运行方式调整等问题。五是电力调度对象执行电力调度指令情况。是否存在电力调度对象拒不执行电力调度指令等情况。

（二）电力并网互联监管

电力并网互联包括新建电源接入电网以及电网与电网之间的互联。当前电力体制改革未完全到位，在实际监管工作中，发电企业普遍反映电网企业的接网意见回复时限长、不同项目回复时限差异大、环节多、透明度低等问题，甚至有些电源项目建成后，由于电网企业承担的配套送出工程迟缓，为了尽早上网发电，不得已承担了配套送出工程的建设费用。同时，为促进资源的优化配置和余缺调剂，不同电网之间有时需要进行电力交易，如果互联双方达不成协议，可能影响电力交易的正常进行，需要监管机构进行居中协调和裁决。

电力并网互联监管重点包括：一是发电企业新建电源接入电网工作情况。发电企业接入电网新建电源项目的合规性情况，接入系统委托设计和建设规范性情况，电网企业新建电源项目接入电网工作制度及其备案情况，电网企业书面答复接网意见的时限情况。二是电网企业与发电企业签订接网协议书情况。电源项目核准后，双方签订并网协议时限情况；双方接网协议报监管机构备案情况；双方关于接网协议书执行情况，是否存在因单方原因造成投产时间迟于接网协议约定时间并给对方造成损失的问题。三是新建电源项目接入电网信息公开情况。发电、电网企业新建电源项目信息公开制度情况；全过程规范管理的信息档案制度情况；所公开有关信息的真实性、全面性和准确性情况。四是电网企业互联调度协议争议情况。电网企业之间签订互联调度协议执行情况；重点监管电力并网互联争议可能危及电力系统安全稳定运行或者造成其他重大影响的情况；监管机构出具的电网争议裁决书执行情况。

（三）发电厂并网运行管理

发电厂并网运行管理是指针对并网发电厂的一次调频、跟踪发电调度计划曲线、非计划停运、自动发电控制、自动电压控制、调峰等项目进行考核管理，考核产生的资金再全部返还给并网发电企业。电力调度机构在能源监管机构授权下按照调度管辖范围具体实施所辖电网内并网电厂运行的考核和结算，考核结果报能源监管机构备案后执行，依据考核结果并网发电厂承担相应的经济责任。

为保障电力系统安全、优质、经济运行，促进厂网协调，提高发电机组并网管理水平，维护电力企业合法权益，重点从以下几个方面加强监管：一是发电厂并网运行管理实施情况。省级及以上调度机构应在能源监管机构的授权下按照调度管辖范围具体实施并网运行管理工作，并网发电厂依据考核结果承担经济责任；是否存在电力调度机构未按要求开展并网运行管理，未及时开发技术支持系统或者原并网考核文件未停止执行的问题。二是发电厂并网运行考核情况。电力调度机构按照并网管理细则要求对已投入商业运行（或正式运行）并网发电厂进行考核的情况；是否存在电力调度机构擅自变更更考核标准，计量不准确，擅自修改发电机组运行数据，违规减免考核，瞒报非计划停运的问题。三是发电厂并网运行资金结算情况。发电厂并网运行资金应以扣减电量或收取费用的方式用于考核奖励是否存在电网公司未及时将考核结果报能源监管机构，未经能源监管机构公示备案即结算，产生的考核资金未及时返还并清零的问题。

（四）并网发电厂辅助服务管理

辅助服务是指为维护电力系统的安全稳定运行，保证电能质量，除正常电能生产、输送、使用外，由并网发电厂提供的辅助服务，包括一次调频、自动发电控制、调峰、无功调节、旋转备用、黑启动等。有偿辅助服务是指并网发电厂在基本辅助服务之外所提供的辅助服务，包括自动发电控制、有偿调峰、旋转备用、有偿无功调节、黑启动等，按照补偿成本、适当收益的原则，对发电企业提供的有偿辅助服务予以补偿。

并网发电厂辅助服务管理重点包括：一是发电厂辅助服务管理实施情况。省级及以上电力调度机构应在能源监管机构的授权下按照调度管辖范围具体实施辅助服务管理；是否存在电力调度机构未按要求开展辅助服务管理、未及时开发技术支持系统的问题。二是发电厂辅助服务调用情况。电力调度机构应遵循"按需调度"的原则，根据发电机组特性和电网情况，合理安排发电机组承担辅助服务。是否存在电力调度机构擅自变更补偿标准，计量不准确，擅自修改发电机组数据，违反"三公"原则调用辅助服务问题。三是发电厂辅助服务资金结算情况。按照专门记账、收支平衡、适当补偿的原则建立辅助服务补偿机制；是否存在电网公司未及时将补偿结果报能源监管机构，未经能源监管机构公示备案即结算，产生的补偿资金未及时分摊并清零的问题。

三、人民群众用电满意工程及供电监管

为了深入贯彻落实科学发展观，提高用电企业的管理水平，实现最广大人民群众的根本利益，电力监管部门（原国家电监会时期）2011年至2012年在全国开展了"居民用电服务质量监管专项行动"，到2013年能源管理体制改革之后把这个行动提升为"人民群众用电满意工程"，主要目标是利用三年时间，基本实现居民用电"两个不准、五个提高"，城乡用电一体化取得重大突破，居民用电服务质量要全面提

高，特别是要解决无电村、无电户的问题，电压不合格、居民用电申压不够问题，以及老百姓缴费难问题，在城里实行"十分钟交费圈"，在农村"村村设点"，每个村都有一个收电费的地方，切实保障人民群众能够享受到优质、高效、便捷的供电服务。

电全部实现绿色通道。故障抢修到达现场时限，城区不超过45分钟，农村不超过90分钟。全国实现城市"十分钟交费圈"和农村"村村设交费点"。

4. 提高人民群众用电普遍服务覆盖率。"十二五"期间全面解决376万无电人口用电问题，2013年力争解决120万。

5. 提高配电网供电能力。实现配电网投资增速与居民用电需求增长相匹配，配电网"卡脖子"问题有效解决。①

2015年，国家能源管理部门进一步强化供电监管，并要求从七个方面突出抓好供电监管工作。

（一）硬件重点抓投资

突出抓好供电能力监管，督促供电企业加大配电网升级改造力度。摸清配电网投资、建设、运营效率情况。按年度开展110千伏及以下电网供电能力和运营效率情况调研和监管评价，督促供电企业持续提高供电能力，满足人民群众用电需求。

（二）软件重点抓服务

突出抓好供电服务监管，针对业扩报装、停限电、电量计量、收费行为、故障抢修等供电服务中存在的问题，加大供电服务监管力度，加大对重要节假日和迎峰度夏、迎峰度冬期间居民供电服务情况的监管力度，督促供电企业持续提高供电服务水平，使人民群众获得优质、高效、便捷的供电服务。

---

① 资料来源：国家能源局网站，www.nea.gov.cn。

（三）机制重点抓公开

突出抓好供电企业信息公开机制建设和公开情况监管，继续开展供电监管信息系统试点工作，逐步推进全国供电监管信息系统建设工作。建立完善规范的信息公开机制，针对用电业务办理流程、制度以及用户受电工程市场等方面存在的信息公开不规范问题，加大监管力度，督促供电企业提高工作透明度，切实保障广大电力用户的知情权、参与权和监督权。

（四）数据重点抓"两率"

突出抓好供电"两率"监管，在城乡结合部和农村地区持续开展供电"两率"数据监测。针对用户供电可靠性基础数据录入、统计分析和用户电压监测点科学布点及数据统计工作，以及"频繁停电"和"低电压"问题，督促供电企业开展问题整治。对"两率"数据漏报、瞒报、虚报等弄虚作假行为要予以曝光，督促供电企业提高"两率"水平，保障人民群众"用好电"。

（五）民意重点抓投诉

突出抓好供电投诉举报监管，畅通 12398 投诉举报渠道，提高 12398 能源监管热线知晓度和工作满意率，建立投诉举报事项的跟踪督办和回访机制，加大投诉举报事项的处理力度，对反映的热点、难点问题和线索，督促供电企业闭环整改，切实解决人民群众反映的问题。

（六）方式重点抓抽查

突出做好供电监管抽查工作，采取实地抽查、明察暗访等方式，结合本地实际情况，分析、查找具有普遍性、典型性的问题，提高供电监管的针对性；避免监管工作"遍地开花"、面面俱到，集中时间和人员力量，对重点地区和企业开展重点抽查，建立发现问题、通报反馈、整改复查的闭环机制，提高供电监管的有效性。

（十）市场重点抓"三指定"

持续开展用户受电工程"三指定"专项治理，依法严查违法违规行为，防止用户受电工程市场中"三指定"违规行为反弹，确保用户受电工程市场公平开放。

"七个重点抓"明确了供电监管工作的重点、主要内容和具体措施等，反映了广大电力用户及利益相关方的实际需求和重点关切。通过"七个重点抓"，着力发现和解决实际问题，促进供电能力、供电质量和服务水平持续提高，实现"五个持续，五个保障"的工作目标。即：持续提高供电能力，保障人民群众"用上电"；持续提高"两率"水平，保障人民群众"用好电"；持续提高供电服务质量，保障人民群众"好用电"；持续整治不合规收费，保障人民群众合法权益；持续治理"三指定"违规行为，保障用户受电工程市场公平开放。

四、油气管网公平开放监管

油气管网设施开放是指油气管网设施运营企业之间及其向上、下游用户开放使用其油气管网设施输送、储存、气化、液化和压缩等相关服务。近年来，我国油气行业得到快速发展，国家鼓励和引导民间资本进入石油天然气领域，从事页岩气、煤层气、煤制油、煤制气等非常规油气资源开发以及油气产品终端销售业务，上、下游市场主体逐步走向多元化。与此同时，作为油气领域的重要环节，我国油气管网设施建设、运营主要集中于少数大型央企，主干油气管网处于高度垄断经营状态，部分省份也出现了天然气管网由地方企业垄断经营的现象。

随着相关市场主体对于油气管网设施公平开放的需求日益凸显，国家能源管理部门在 2014 年正式印发《油气管网设施公平开放监管办法（试行）》（以下简称《办法》）。《办法》的出台旨在促进油气管网设施公平开放，提高管网设施利用效率，保障油气安全稳定供应，规范油气管网设施开放相关市场行为，在目前油气行业纵向一体化的体制下，解决上、下游多元化市场主体的开放需求问题。

《办法》规定，油气管网设施开放的范围为油气管道干线和支线（含省内承担运输功能的油气管网），以及与管道配套的相关设施；在有剩余能力的情况下，油气管网设施运营企业应向第三方市场主体平等开放管网设施，按签订合同的先后次序向新增用户公平、无歧视地提供输送、储存、气化、液化和压缩等服务。

此外，为加强油气管网设施公平开放监管和油气企业成本监管，国家能源管理部门还专门制定规定，就有关信息报送工作提出具体要求。在广大油气企业的大力支持下，国家能源管理部门积极探索，以信息报送为切入点，依法依规开展监管，在油气管网设施公平开放监管方面取得了较好开局。

油气管网公平开放监管重点包括：

油气管网设施运营企业开放设施情况及提供服务情况。是否有在油气管网设施运营企业有剩余能力的情况下，拒绝向第三方市场主体平等开放管网设施的问题。

油气管网设施的接入申请和受理情况。油气设施运营企业按签订合同的先后次序向新增用户公平、无歧视开放使用油气管网设施等情况。

油气管网设旋使用合同签订与执行、信息公开与报送情况。

油气管网设施的输送（储存、气化、液化和压缩）能力和效率情况。

信息公开和披露情况。油气管网设施运营企业每季度公开油气管网设施的接入标准、输送（储存、气化）价格、申请接入的条件、受理流程等信息情况，油气管网设施运营企业向提出申请的上、下游用户披露相关设施运营情况等。

第四节　能源行业节能减排监管

能源行业是我国节能减排的重点领域，在节能减排和应对气候变化中，责任重大。加强节能减排监管是贯彻落实科学发展观、转变经济发展方式的客观需要，是能源行业走资源节约型、环境友好型之路的根本途径，是能源企业履行社会责任、提升竞争力的必然选择，也是能源监管机构坚持执政为民、对历史和人民负责的神圣职责。

一、电力行业节能减排监管

电力燃煤约占全国煤炭消费总量的 50%，电力行业在节能减排中发挥重要作用，电力行业的节能减排也一直受到政府部门的重点监管和全社会的关注。经过多年积累，电力行业节能减排持续取得新的成就，电力生产结构不断优化，可再生能源发电比例逐步提高，烟尘和二氧化硫、氮氧化物等的排放得到有效控制。

（一）发电企业节能减排监管

燃煤火电是能耗大户和污染排放大户，是推进节能减排的重点行业，燃煤发电过程中会产生大量的粉尘、二氧化硫、氮氧化物，对环境造成大量污染。以 2013 年为例，全国单位火力发电烟尘排放量为 0.34 克 / 千瓦时，比上年下降 0.05 克 / 千瓦时；二氧化硫排放 780 万吨，同比下降 11.7%；氮氧化物排放 834 万吨，同比下降 12%。

发电企业节能减排监管重点包括：

脱硫脱硝、除尘设施改造及运行情况。发电企业按计划完成脱硫、脱硝、除尘设备改造情况；设备改造是否及时、烟气管道旁路是否拆除；环保设施的日常运行维护情况；烟气排放在线监测系统联网运情况。

主要污染物排放指标情况。实际运行中二氧化硫、氮氧化物和粉尘等主要污染物达标排放情况，排放浓度是否超过当地执行的大气污染排放限值标准。

节能降耗工作情况。发电企业完成政府下达的煤电升级改造计划情况，改造后供电煤耗是否达到相应标准；综合厂用电率等主要指标情况；发电燃煤消耗量与发电量增长率对比合理性情况。

资源综合利用情况。地方政府核准的资源综合利用发电项目，符合国家能源产业政策、规划和计划情况；电厂的建设和运行遵守相关产业政策和核准文件情况，重点是热电比、燃煤掺烧比例等基本参数是否符合标准。

（二）电网企业节能减排监管

电网企业在节能减排中能够发挥重要作用，包括减少线损率、支持可再生能源发展和节能调度等方面。据统计，2014 年电网线损率 6.34%，较上年下降 0.34%，降幅较大。线损率在前两年有所反弹后，2014 年回到较

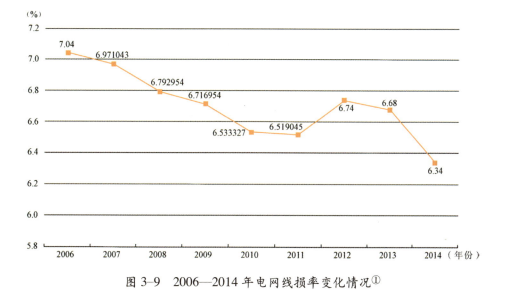

图 3-9　2006—2014 年电网线损率变化情况①

---

① 数据来源：历年《电力工业统计资料汇编》、国家能源局网站（http://www.nea.gov.cn）。

低水平，基本达到《能源发展"十二五"规划》提出的"到 2015 年线损率达到 6.3%"的目标（见图 3-9）。

电网企业节能减排监管重点包括：

电网线损管理情况。电网企业技术降损情况、管理降损情况；电网输电效率、供电效率及线损指标情况。

保障可再生能源项目并网情况。电网企业按照《可再生能源法》要求，保障可再生能源项目及时并网情况；全额收购可再生能源电量情况，是否存在非正常弃风、弃水和弃光等行为。

保障资源综合利用项目并网情况。电网企业安排符合规定的热电联产和利用余热余压发电的机组并网运行情况；相应资源综合利用电价执行情况；对热电联产机组按照"以热定电"原则安排电量情况。

节能发电调度情况。电网企业优化安排火电机组运行方式情况，高效机组发电负荷率以及发电利用小时数增长情况。

（三）可再生能源发电全额保障性收购监管

可再生能源是指风能、太阳能、水能、生物质能、地热能、海洋能等非化石能源。目前，我国可再生能源发电已步入全面、快速、规模化发展的重要阶段，市场规模不断扩大。但在快速发展的同时，也出现了就地消纳和送出困难等问题，弃水、弃风、弃光现象时有发生，影响了可再生能源发电的健康发展。2009 年，国家对《可再生能源法》进行了修订，实行可再生能源发电全额保障性收购制度。

《可再生能源法》规定，国务院能源主管部门会同相关部门，按照全国可再生能源开发利用规划，确定在规划期内应当达到的可再生能源发电量占全部发电量的比重，制定电网企业优先调度和全额收购可再生能源发电的具体办法，并由国务院能源主管部门会同国家电力监管机构在年度中督促落实。电网企业应当与按照可再生能源开发利用规划建设，依法取得行政许可或者报送备案的可再生能源发电企业签订并网协议，全额收购其电网覆盖范围内符合并网技术标准的可再生能源并网发电项目的上网电量。电网企业还应当加强电网建设，扩大可再生能源电力配置范围，发展和应用智能电网、储能等技术，完善电网运行管理，提高吸纳可再生能源电力的能力，为可再生能源发电提供上网服务。

可再生能源发电全额保障性收购监管重点包括：

可再生能源发电项目并网接入情况。电网企业建设或者改造可再生能源发电项目配套电网设施情况；电网企业为可再生能源发电及时提供上网服务情况，是否按照有关示范文本与可再生能源发电企业签订

<aside>
知识链接：

可再生能源发电并网专项监管

2014年1月至3月，国家能源局在甘肃开展了为期3个月的可再生能源发电并网驻点专项监管。总体来看，近年来甘肃风电、光伏等可再生能源进入规模化快速发展阶段，可再生能源的开发建设，对甘肃能源结构调整、生态环境改善发挥了积极的作用，促进了甘肃资源优势向经济优势的转化，带动了甘肃经济的发展。监管过程中发现，目前甘肃省可再生能源发电并网存在六个方面的主要问题：一是早期风电建设缺乏统筹规划；二是电源、电网建设配套衔接不够；三是存在弃风、弃光现象；四是可再生能源电价补贴不到位；五是电网企业办理接入系统、并网验收工作不完善；六是"三公"调度执行不够公开透明。①
</aside>

购售电合同和并网调度协议。

优先调度可再生能源发电情况。电力调度机构按照国家有关规定和保证可再生能源发电全额上网的要求，编制发电调度中长期计划并组织实施情况。

保障性全额收购情况。除不可抗力或者危及电网安全稳定的情形外，是否存在限制可再生能源发电出力行为；跨省区消纳可再生能源情况。

全额保障性收购信息公开情况。可再生能源发电未能全额上网的有关

---

① 资料来源：国家能源局网站，www.nea.gov.cn。

信息公开情况；将可再生能源发电未能全额上网改进措施向能源监管机构报告情况。

可再生能源电费结算情况。电网企业结算可再生能源电费和补贴的及时性、规范性情况；发电企业申请可再生能源电费补贴情况。

二、炼油行业节能减排及成品油质量升级监管

炼油行业是高耗能高污染排放产业，在降低能耗、实现国家节能减排目标过程中扮演着重要角色，实现低碳绿色循环发展是炼油行业必须面对的重要任务。同

知识链接：

我国成品油质量升级启动时间表提前

2015 年 4 月 28 日的国务院常务会议，确定加快成品油质量升级措施，推动大气污染治理和企业技术升级。此次国务院常务会议有一段内容颇具指标性意义："将全国供应国五标准车用汽柴油的时间由原定的 2018 年 1 月，提前至 2017 年 1 月。"成品油质量升级的"时间表"提前，也代表着国家对于大气污染整治的步伐加快，也是为环保打出一个提前量。

完成油品质量升级的任务，炼油企业将增加技改投资约 680 亿元，"可以进一步带动装备等相关行业有效投资和生产。"从现在的情况来看，炼油类企业还是垄断企业，它们在成本上的控制，某些情况下需要倒逼。作为企业属性，炼油企业在环保技术升级方面具有责无旁贷的义务。同时，掌握脱硫设备核心技术的相关企业，也将在此次油品升级过程中，享有科技生产力所带来的直接利好。这也是资源起到市场决定性作用的意义所在。

会议提出"有关部门和各地要做好衔接，加强支持。要严格标准，强化监管，促进油品质量加快升级"。落实往往是最为关键的，这不仅是要求在发改委等职能部门方能，还在于市场上对于油品全面升级的口径转换。譬如，一些达不到燃油标准的老旧车淘汰就要提到议程上来；汽车厂商的环保标准提升和升级，推出相应的车型来保障市场供需。从根本上说，这样的"最后一公里"，其重要性丝毫不亚于顶层设计的"开始一公里"。①

---

① 资料来源：环球网，http://www.huanqiu.com。

时，油品质量也直接影响到机动车尾气污染物的排放，特别是 2013 年初，北京连续的雾霾天气让人记忆犹新，北京等地区 PM2.5 为代表的大气环境问题，重要原因之一就是随着汽车保有量的快速增长，尾气排放造成的。为此，国务院制定印发了《大气污染防治行动计划》，要求加快石油炼制企业升级改造，力争在 2015 年底前，京津冀、长三角、珠三角等区域内重点城市全面供应符合国家第五阶段标准的车用汽、柴油，在 2017 年底前，全国供应符合国家第五阶段标准的车用汽、柴油。同时，加强油品质量监督检查，严厉打击非法生产、销售不合格油品行为。

炼油行业节能减排及成品油质量升级监管重点包括：

炼油综合能耗情况。炼油企业生产中，能源总量消耗控制情况，主要包括各种燃料消耗量、动力（电、蒸汽）消耗量和耗能工质（不包括作为原料用途的能源）使用量等。

原（料）油加工储运环节的损失率情况。炼油企业在加工、储运等环节的管控情况，是否有效减少原（料）油和外购原料的损失率。

原（料）油加工的主要技术指标情况。主要包括新鲜水单耗、综合商品收率、轻油收率、汽煤柴润收率等主要技术指标的管控情况。

主要污染物排放情况。炼油企业在锅炉、催化裂化烟气中等环节安装并运行水处理、脱硫脱稍等环保设施情况；生产运行中污染物达标排放情况。

成品油质量升级情况。炼油企业落实成品油质量升级行动计划配套实施方案情况；淘汰落后产能任务完成情况；行动计划中明确的汽柴油生产标准的执行情况；是否存在违规生产、销售不合格油品等行为。

三、煤炭行业节能减排监管

长期以来，煤炭消费一直占全国能源消费总量的 70% 左右，煤炭开采、加工、运输、使用过程中会产生大量污染物。当前，煤炭行业仍然面临着结构不合理、原煤入洗率低、生产方式粗放、节能减排机制不完善、标准不健全、能源利用效率低等突出矛盾和问题，节能减排的任务仍然十分艰巨。

煤炭行业节能减排监管重点包括：

淘汰落后产能情况。煤炭企业按各级政府相关计划完成兼并重组以及落后产能的关停、淘汰情况。

煤炭生产、运输等环节的节能减排指标情况。煤炭企业能效指标管理机制情况；煤炭生产、运输等环节的污染物排放情况，对各种煤堆、料堆是否实现全密闭储存或建设防风抑尘设施，是否实现废水、固体废弃物、粉尘等污染物达标排放。

煤炭产品质量情况。煤炭供需双方按照约定的指标（灰分、挥发分、发热量、硫分、热稳定性等）进行煤炭交易情况；执行国家规定的煤炭质量标准情况，是否存在违规销售和使用劣质煤的行为。

分散燃煤治理情况。地方政府主管部门以及有关企业民用清洁燃煤供应保障情况；燃煤设施清洁改造情况。

四、节能环保电价监管

为促进节能减排政策的有效实施，国家相继出台了一系列电价措施，如差别电价、惩罚性电价、脱硫脱硝电价政策等。当前，节能减排电价政策在执行中还存在一些问题，如：脱硫电价政策加价补贴在部分发电权交易和跨省区交易中未能体现；可再生能源电价附加所收取的资金远远难以满足补贴需求，缺口越来越大，入不敷出；差别电价政策实施范围更新不及时，未实行动态管理，政策执行力度不足；由于地方政府重视程度不一致，惩罚性电价政策执行情况参差不齐，政策未能全面贯彻落实等。

节能环保电价监管重点包括：

差别电价及惩罚性电价执行情况。差别电价、惩罚性电价的加价范围、标准、加价电量、加价收支情况；执行差别电价、惩罚性电价的企业名单更新情况；对能耗、电耗达不到行业标准的产能，实施差别电价和惩罚性电价等情况。

环保电价执行情况。脱硫、脱硝、除尘设施及监测系统运行情况；脱硫、脱硝、除尘电费结算及电量、电费扣减情况；可再生能源发电上网电量全额收购、项目接网补贴情况；公共可再生能源独立电力系统补贴情况；电费结算及可再生能源电价附加收支情况等。

优惠电价情况。是否存在违反国家电价政策，擅自出台对钢铁、水泥、电解铝、平板玻璃等高耗能行业或其他电力用户实行优惠电价措施的行为。

五、能源消费总量控制监管

近年来，我国大气污染状况日益严重，与煤炭等能源的消费直接相关。对此，国家出台了《能源行业加强大气污染防治工作方案》，其中提出，在保障经济社会发展合理用能需求的前提下，控制能源消费过快增长，推行"一挂双控"措施，即能源消费总量与经济增长挂钩，能源消费总量和单位国内生产总值能耗实行双控制。

能源消费总量控制监管重点包括：

国家能源发展"十二五"规划中各省市分解落实情况。督促和帮助地方政府按照国家能源发展规划，分解能源消费总量指标，并且采取有效措施落实目标。

需求侧管理情况。推动电力、油气等主要能源供应领域完善需求侧管理措施，帮助地方政府和企业完成能源消费总量、单位 GDP 能耗等约束性指标。

能源项目能源消耗指标情况。燃煤发电厂、液化天然气储存站等重点能源项目一次能源消费总量情况，是否通过优化燃料配比，完善运行方式等措施，降低一次能源总量消耗水平。

第五节　能源安全监管和应急管理

能源行业的安全与经济社会发展和人民群众的利益息息相关，承担着重大的经济责任、政治责任和社会责任。加强安全监管和能源应急管理工作，提高对能源突发事件的应急处置能力，对于保证能源行业安全运行，维护社会稳定和人民群众根本利益具有十分重要的意义。随着能源行业的快速发展，安全监管工作面临着新的形势和新的情况，按照"管行业必须管安全、管业务必须管安全"的要求，国家能源管理部门需要健全能源安全监管工作机制，落实能源企业安全生产主体责任，确保能源行业安全可靠发展。

一、电力安全监管

近年来，电力系统坚持安全第一、预防为主、综合治理的方针，以保证人身安全、电网安全、水电站大坝运行安全为重点，成功应对凝冻、台风、洪水等极端气象灾害，保证了电力系统安全稳定运行和电力可靠供应。但我国电力安全方面仍然存在一些问题和风险，如电力系统运行控制难度不断增加，电网大面积停电风险依然存在；自然灾害和外力破坏对电力设施安全影响日益严重，电力系统防灾抗灾能力有待进一步增强；电力建设人身伤亡事故多发，安全形势依然严峻等，需要不断加大电力安全监管力度。

（一）发电安全监管

随着我国电力生产的快速发展，发电行业正在向大容量、低功耗、低污染、规模化、科学化的方向发展，技术要求越来越高，安全隐患的概率

知识链接：

我国天然气发电存在的六大安全问题

燃气发电具有能源转换效率高、污染物排放少、启停迅速、运行灵活等特点。近年来，我国燃气发电产业持续快速发展，为优化能源结构、促进节能减排、缓解电力供需矛盾发挥了重要作用。在运行方式上，除部分地区供热机组外，我国燃气发电机组多以调峰调频为主，调峰调频机组容量约占燃气发电机组总容量70%。受调峰调频需要和天然气供应影响，燃气发电机组启停次数较多、年利用小时数较低，且地区差异较大。为切实加强燃气发电安全监督管理，提高燃气发电机组安全可靠运行水平，促进燃气发电产业健康发展，2013年，国家能源局组织开展了燃气发电机组运行安全专项监管，并发布了监管报告。

监管报告披露了燃气发电的六大问题：一是燃气发电核心技术未完全掌握，制约燃气发电产业发展；二是燃气发电设备设计制造质量存在问题，影响机组运行可靠性；三是机组性能不能完全适应运行要求和环境条件，影响设备寿命；四是燃气发电并网运行存在薄弱环节，影响安全生产；五是燃气发电无序发展问题较为突出，天然气供应与发电不协调；六是燃气发电无序发展问题较为突出，天然气供应与发电不协调。①

不断上升。同时，在发展的转折期安全管理体制也出现相应的问题，如对安全问题不重视，安全意识缺乏、管理方式陈旧、专业的管理人员匮乏、应急措施不完善等，都给发电厂的安全生产带来了隐患。发电厂一旦发生安全问题，势必会造成大范围和大强度的损坏，不仅会给整个电网造成影响，严重的情况下还会造成电厂设备的严重损坏，甚至会出现人员伤亡的事故，给社会生产和人身安全造成巨大的影响。

发电安全监管重点包括：

安全主体责任落实情况。发电企业贯彻落实安全生产有关法律法规和标准规范情况；安全生产管理机构设置和管理制度制定落实情况；发电安全生产标准化建设情况；安全生产教育培训工作等情况。

发电机组（火力发电机

---

① 资料来源：国家能源局网站，www.nea.gov.cn。

组、水力发电机组、核电机组非涉核部分、风电场、光伏发电站等统称为发电机组）并网运行安全管理情况。

设备设施安全管理情况。重要发电设施安全管理情况；燃煤发电厂液氨罐区等危险源、脱硫脱硝等环保设施、贮灰场安全管理情况；水电站防汛安全管理等情况。

防范电力事故措施落实情况。隐患排查治理和风险预控工作开展情况；反事故重点要求落实等情况。

(二) 电网安全监管

电网安全生产是一个庞大、复杂，且理论性、操作性都很强的系统工程。随着电力系统的不断扩大，电网的结构和运行方式也变得越来越复杂多变，在电力系统任一地点发生故障，均将在不同程度上影响到电网的正常运行，特别是在主干线上的故障，如果不及时准确地进行处理，可能会导致电网大面积停电甚至电网瓦解，造成重大经济损失。

当前，我国电网安全运行面临的突出风险和问题主要体现在以下几个方面：

电网结构日益复杂，运行控制难度越来越大。

随着电网规模持续扩大，电网运行特性发生深刻变化，系统联系日趋紧密，安全约束相互关联，运行控制难度日益增大；同时，大量新元件、新技术的广泛应用，在提高电网运行调节能力的同时，也对运行管理水平和控制技术手段提出了新要求。

自然灾害和外力破坏对电网安全运行的影响日益增大。

我国疆域辽阔，地理条件复杂，台风、暴雨、冰雪、雷击、地震、泥石流、地质塌陷等自然灾害发生频次和强度均呈上升趋势，严重威胁着电网安全。因山火、施工等外力破坏造成线路故障停运时有发生，电网跨越铁路、高速公路协调难度大，各种影响电网安全的风险因素叠加。

风、光等新能源发电大规模集中接入增加了电网安全风险随着风电、光伏装机占比不断增加，对电网的影响从局部扩大到主网。多数风电基地远离负荷中心，当地电网结构薄弱、缺乏有效支撑，风电随机性和反调峰性致使局部电网调峰、调压、调频控制困难，一些受端电网潮流随风电出力变化而波动较大。另外，由于部分风电机组性能无法满足要求、风电场设计安装存在隐患、并网检测手段不足、运维和调度管理能力薄弱等原因，导致风机脱网时有发生。

安全管理工作仍需要进一步加强。电力企业安全工作基础仍不平衡，安全管理水平差距较大，部分企业依然存在安全管理职责履行不到位，违章违规现象尚未根本解决等问题，需要进一步加强基础管理和细节控制。

电网安全监管重点包括：

安全主体责任落实情况。电网企业贯彻落实安全生产有关法律法规和标准规范情况；安全生产管理机构设置和管理制度制定落实情况；电网安全生产标准化建设情况；安全生产教育培训工作等情况。

电网安全运行情况。电网企业安全生产工作开展情况；电网设备、设施安全运行等情况。

电网安全风险管控工作开展情况。电网安全风险的识别、分级、监视及控制情况；电网安全风险管控与电网规划、电网建设、生产计划安排、物资管理、隐患排查治理、可靠性管理、应急管理等工作的衔接情况。

防范电力事故措施落实情况。隐患排查治理工作开展情况；反事故重点要求落实等情况。

防范电网大面积停电事故。这是电力安全生产的核心任务，也是能源监管机构和电网企业的重中之重。2013年，国家能源管理部门组织各电力企业开展了电网安全风险管控专项监管，通过系统梳理，全国共排查出电网运行安全风险301项，其中，可能导致特别重大电力安全事故的3项，可能导致重大电力安全事故的22项，可能导致较大电力安全事故的75项，可能导致一般电力安全事故的201项。

（三）电力建设施工安全监管

我国电力安全生产态势总体平稳，但电力建设施工安全形势非常严峻。初步统计，2014 年发生电力建设人身伤亡责任事故 17 起、死亡 30 人，同比分别上升 113% 和 173%，2015 年上半年，全国发生一般电力人身伤亡责任事故 17 起，死亡 24 人，其中电力建设人身伤亡事故 4 起，死亡 9 人。电力建设施工安全方面还存在较多问题，如对安全生产认识不到位，安全意识淡薄；安全管理制度不健全，安全生产费用使用不规范；资质审查不严，存在无资质和超资质范围施工、违规分包、以包代管问题；施工现场安全管理混乱，事故隐患多；未按要求组织安全教育培训，职工安全意识淡薄等。

电力建设施工安全监管重点包括：

> **知识链接：**
>
> **电力建设工程施工安全监管措施**
>
> 根据《电力建设工程施工安全监督管理办法》，国家能源局及派出机构在电力建设工程施工安全监管方面的措施有：
>
> （一）能源局及派出机构，包括组成的专家组，在进行施工安全检查时，有权力调取相关企业安全管理相关资料进行查阅，发现违规行为及时给予纠正，并针对企业的安全管理状况，提出相关建议。
>
> （二）能源局及其派出机构在施工安全检查中，发现有重大生产安全事故隐患，一是要挂牌督办，责令及时整改，二是在分析评估隐患本身存在危害的同时，还要分析在整改过程中，是否会出现其他危害因素，整改前或整改过程中无法保证安全的，可以作出暂时停止施工的处理，或要求作业人员从危险区域撤出，从而保证作业人员生命安全。
>
> （三）能源局及其派出机构可以约谈存在生产安全事故隐患整改不到位的单位。
>
> （四）建立电力建设工程施工安全领域相关单位和人员的信用记录，并将其纳入国家统一的信用信息平台，依法公开严重违法失信信息。①

---

① 资料来源：国家能源局网站，www.nea.gov.cn。

安全主体责任落实情况。电力建设相关单位，包括电力建设单位、勘测（勘察）单位、设计单位、施工单位和监理单位，贯彻落实安全生产有关法律法规和标准规范情况；安全生产管理机构设置和管理制度制定落实情况；隐患排查治理工作开展情况；安全生产教育培训情况。

资质管理情况。施工企业资质、安全生产许可证制度和对分包商的资质审查情况；承包商和分包双方安全生产责任和监管责任落实情况。

安全生产标准化建设情况。电力勘测设计企业、电力建设施工企业安全生产标准化建设情况；电力建设工程项目安全生产标准化建设情况。

现场施工安全管理情况。新建、扩建、改建、拆除等电力建设工程施工活动安全管理情况；施工工期压缩、设计方案变更、工程标准改变和安全投入等情况。

（四）电力工程质量监督管理

电力工程质量监督管理是电力行业监督管理的重要内容。多年来，依照《建设工程质量管理条例》等法律法规，在各级政府主管部门、质监机构和电力企业共同努力下，电力工程质量监督工作成效显著，保障了电力工程建设质量和电力系统安全稳定运行。为了更好地履行监管职责，国家能源管理部门进一步完善了电力工程质量监督管理体系，规范监督行为，形成"国家能源局归口管理、派出机构属地监管、质监机构独立监督、电力企业积极支持"的工作机制。具体是国家能源局负责全国电力工程质量监督的归口管理，指导电力工程质监总站工作。总站受国家能源局委托承担电力工程质量监督技术性、服务性工作，拟定相关规章制度并督促落实，指导各中心站业务工作，负责国家试验示范工程和跨区重大电力工程项目的质量监督，参与电力工程竣工验收和重大质量事故的调查处理，完成国家能源局交办的其他任务。国家能源局派出机构负责所辖区域内的电力工程质量监督管理，指导中心站工作。

电力工程质量监督管理重点包括：

电力工程质量责任落实情况。建设单位、总承包单位、勘查单位、设计单位、施工单位、监理单位、检测试验单位工程质量责任落实情况。

电力工程质量管控措施制定落实情况。建设单位、总承包单位、勘查单位、设计单位、施工单位、监理单位、检测试验单位工程质量监督和管控体系建立、质量管控措施制定落实情况。

电力工程质量监督机构工程质量监督工作情况。电力工程质量监督机构执行国家有关法律法规和规章制度，依法开展电力工程质量监督工作情况。

（五）电力可靠性监督管理

> **知识链接：**
> **电力建设工程质量专项监管**
>
> 2014年7月至10月，国家能源局组织开展了电力建设工程质量专项监管，并发布了监管报告。从专项监管情况看，大部分电力工程质量监督机构、电力工程建设单位及参建各方都比较重视工程质量监督管理工作，能够依法履行工程质量监督和管理职责，保持质量管理体系有序运转，在电力建设规模不断扩大的情况下，总体保持了电力工程质量基本受控和持续健康发展。但是，专项监管也发现许多亟待解决的问题。据统计，专项监管共检查工程项目81项，检查组共发现问题935例，其中质量管理方面问题477例，实体质量方面问题458例。所发现问题中，涉及输变电工程方面的问题363例，火电建设工程方面问题151例，水电建设工程方面问题60例，风电建设工程方面问题320例，垃圾发电工程方面问题41例。[1]

电力可靠性监督管理是电力安全生产监督管理的重要内容。随着我国电网的快速发展，交直流混联运行、大规模新能源发电设备接入等新情况、新问题相继出现，电网的复杂性和脆弱性大幅增加。加强电力可靠性监管，对确保电力系统安全稳定运行、提高电力企业管理水平能够、提升装备制造安装质量等具有重要意义。多年来，我国不断完善电力可靠性管理法规

---

[1] 资料来源：国家能源局网站，www.nea.gov.cn。

知识链接：

2014 年度电力可靠性指标主要情况

2014 年，全国 10 万千瓦及以上常规火电机组（不含燃气轮机组，以下同）加权平均等效可用系数为 91.96%，比 2013 年降低 0.12 个百分点。火电机组台年平均利用小时为 4900.26 小时，比 2013 年减少 337.8 小时。常规火电机组共发生非计划停运 786 次，非计划停运总时间为 61099.74 小时，台年平均分别为 0.48 次和 33.00 小时，较 2013 年台年平均减少了 0.06 次和 0.5 小时。

2014 年，全国 4 万千瓦及以上容量的水电机组平均等效可用系数为 92.60%，比 2013 年提高了 0.89 个百分点；水电机组台年平均利用小时为 3520.44 小时，较 2013 年增加了 263.5 小时；水电机组发生非计划停运 245 次，非计划停运总时间为 6629.33 小时，比 2013 年减少了 1038.84 小时；台年平均分别为 0.3 次和 9.04 小时，较 2013 年台年平均减少了 0.07 次和 1.66 小时。

2014 年，全国电网 220 千伏及以上电压等级 13 类输变电设施可靠性指标呈下降趋势。其中：全国电网 220 千伏及以上电压等级架空线路可用系数为 99.492%，同比降低 0.361%；220 千伏及以上电压等级变压器可用系数为 99.857%，同比降低 0.101%；220 千伏及以上电压等级断路器可用系数为 99.926%，同比降低 0.051%。

制度标准，开展有效监管和技术服务，创新可靠性管理手段和技术，电力设备可靠性水平稳步提高，全国用户供电可靠性水平稳步提升。据统计，截至 2014 年底，我国参与可靠性统计的 100 兆瓦及以上火电、40 兆瓦及以上水电机组每台每年非计划停运次数分别为 0.48 次、0.30 次，是 30 年前的 1/12、1/16。全年"零非停"机组越来越普遍，连续运行机组不断增多，指标远远领先于北美国家水平。

电力可靠性监督管理重点包括：

主体责任落实情况。电力企业电力可靠性管理工作体系建立情况；电力可靠性管理制度制定落实情况；电力可靠性管理信息系统建立及电力可靠性信息采集分析情况等情况。

发电设备可靠性情况。发电主要设备以及重要发电辅助设备运行可靠性等情况。

输变电设施可靠性情况。发电侧、电网侧输变电设施运行可靠性情况；赢流输电系统运行可靠性等情况。

（六）水电站大坝安全监管

水电站大坝作为重要基础设施，其运行安全事关下游人民群众生命财产安全和社会公共安全，确保大坝运行安全意义重大。我国高度重视水库大坝运行安全工作，不断健全大坝安全监督管理体系。原国家电监会于 2004 年 12 月颁布《水电站大坝安全管理规定》。国家能源局重组后，及时进行了修订，并以国家发改委令的形式颁布了《水电站大坝运行安全监督管理规定》（以下简称《规定》）。《规定》进一步健全了政府监督、主管部门监管、运行单位执行的电力行业大坝安全监督管理体系，明确电力企业是大坝运行安全的责任主体，国家能源局负责大坝运行安全监督管理，其派出机构具体负责本辖区大坝运行安全监督管理；国家能源局大坝安全监察中心负责大坝运行安全技术监督服务，为开展大坝运行安全监督管理提供技术支持。

水电站大坝安全监管重点包括：

大坝安全注册登记（备案）情况。电力企业依法开展水电站大坝安全注册登记（备案），并及时整改注册检查中发现的安全隐患和问题。

大坝安全运行状态。电力企业按照规定开展水电站大坝安全定期检查和特种检查，并及时整改检查中发现的安全隐患和缺陷情况。

大坝安全监测和信息化工作情况。电力企业按照规定开展水电站大坝

> 2014 年，全国 10 千伏用户平均供电可靠率 RS1 为 99.940％，平均停电时间 5.22 小时 / 户。其中，城市（市中心 + 市区 + 城镇）用户平均供电可靠率 RS1 为 99.971％，同比提高了 0.013％，相当于我国城市用户年平均停电时间由 2013 年的 3.66 小时 / 户减少到 2.59 小时 / 户；全国农村用户平均供电可靠率 RS1 为 99.935％，同比提高了 0.03％，相当于我国农村用户年平均停电时间由 2013 年的 8.30 小时 / 户减少到 5.72 小时 / 户。[①]

---

① 资料来源：中国电力企业联合会网站，www.cec.org.cn。

安全监测工作情况；大坝运行安全信息化建设以及大坝运行安全信息报送情况。

大坝除险加固情况。电力企业按照"专项设计、专项审查、专项施工和专项验收"要求治理大坝缺陷和隐患的情况。

二、能源企业网络与信息安全监管

随着互联网技术的快速发展，现代电力系统生产运行越来越依赖于计算机通信及程控技术。但当我们在享受信息化技术带来的高效和便捷的同时，电力行业所面临的网络与信息安全风险也与日俱增。2000 年以来，我国相继发生了"二滩电厂停机事件""故障录波器事件""逻辑炸弹事件""换流站病毒感染事件"等多起电力行业网络与信息安全事件，造成了不同程度的事故影响，威胁到了电力系统安全稳定运行，同时也暴露出了我国电力行业在网络安全接入、电力监控系统安全防护、信息安全等级保护、人员信息安全培训等方面存在薄弱环节，需要进一步提升电力等能源行业重要信息基础设施的网络安全防护能力。

能源企业网络与信息安全监管重点包括：一是网络安全管理情况。能源企业网络安全管理制度制定及落实情况。二是技术防护及安全防护情况。能源企业网络安全技术防护体系建设情况；网络安全防护工作开展情况。三是网络安全应急工作情况。能源企业网络安全应急工作体系建设情况；网络安全应急工作开展情况。

三、能源应急管理

近年来，自然灾害和外力破坏等外部因素引发的能源供应风险日益突出，能否及时做出响应，将影响和损失降到最低，能源应急尚缺乏不同领域之间、不同企业之间的协调联动，如何实现以电力应急为主向全方位能源应急方式的转变，实现应急资源的有机整合，保障能源供应秩序，是亟待解决的问题。目前工作重点是电力应急管理和核电厂应急管理。

（一）电力应急管理

加强电力应急管理，提高预防和处置电力突发事件能力，对正确、有效、快速地处置电力突发事件，最大限度地减少影响和损失，维护国家安全、社会稳定和人民生命财产安全具有十分重要的意义。近年来，随着各方对电力应急体系建设的不断重视，电力应急体系的建设逐步展开，初步形成了统一、规范、高效的应急工作机制，但目前部分电力企业应急管理工作仍存在一些薄弱环节和突出问题，直接影响了电力应急工作的有效开展。主要表现为：应急救援力量分散、应急管理薄弱、应急人员和装备数量不足、应急法制不健全、应急预案操作性差、缺乏必要的应急演练等。

电力应急管理重点包括：

应急管理责任落实情况。电力企业应急指挥机构设置情况；应急管理组织体系和应急联动机制建立情况；应急管理制度制定落实情况。

电力应急管理情况。电力企业应急体系建设情况；电力突发事件应急预案编制、评审、备案、演练等情况。

电力应急能力建设情况。电力企业应急投入情况；电力应急救援队伍建设和物资储备管理情况；应急培训等情况。

应急处置情况。电力企业隐患排查、监控、治理、防范工作情况；在电力突发事件发生后的应急处置等情况。

（二）核电厂应急管理

核应急是指针对核电站可能发生的核事故，进行控制、缓解、减轻核事故后果而采取的紧急行动，所有核电国家都设有核应急机构。中国是国际原子能机构成员国，同时也是"核应急国际公约"及"核安全公约"的缔约国，承担着相应的国际义务。针对可能受到的影响，我国核电站的周边划分有 5 公里、10 公里等不同的应急区域。在核电站建设和运营过程中，根据国家规定，必须建立完备的应急计划、应急设备和应急体系，并进行定期的应急演习，确保核电站在可能发生事故时周边群众能及时安全地得到转移。

核电厂应急管理重点包括：一是核电厂场内应急计划制定情况。二是核电厂场内应急计划执行情况。三是核电厂场外电源应急保障及常规侧电力安全情况。四是核电厂场内应急演习情况。

四、煤矿瓦斯防治监管

煤矿瓦斯防治是煤矿安全生产的重中之重，抓好煤矿瓦斯防治，是坚持以人为本、落实科学发展观的要求，是保护生命、保护资源、保护环境的"民生工程"，对遏制煤矿瓦斯事故，增加清洁能源供应，减少温室气体排放，都具有重要意义。我国瓦斯地质条件复杂，国有煤矿中，高瓦斯和煤与突出矿井占一半左右。整体生产力水平偏低，生产矿点多、小煤矿多，装备水平和生产工艺落后。

国家能源管理部门高度重视煤矿瓦斯治理工作，坚持治理与利用并举，把煤矿瓦斯防治与煤炭产业结构调整结合起来，着力提升煤炭工业生产力水平，推进煤炭工业安全发展、节约发展、清洁发展和可持续发展。

煤矿瓦斯防治监管重点包括：一是推进省级煤矿瓦斯防治办公室标准化建设，健全议事协调、指挥督查、统计考核等工作制度。二是煤矿企业瓦斯防治能力评估制度落实情况，加强评估结果执行情况监督检查。三是煤矿安全改造中央预算内资金拨付、到位、使用、管理情况，煤矿企业按照批复的方案加快项目实施情况。四是加强瓦斯防治工作督导，组织专家对瓦斯灾害严重和事故多发地区进行"会诊"，督促地方政府采取有效措施，扭转瓦斯事故多发的被动局面。

五、油气储备监管

随着我国经济的高速发展，对油气的需求量也逐年增加，尽管我国油气行业取得了长足发展，但仍然跟不上国内油气需求的增长速度。我国从1993年起变成了石油净进口国，并且进口量逐年增加。一旦油气进口量不足或者国际油气价格剧烈波动，我们就可以暂时启用国家油气储备，避开国际油气价格的剧烈波动给我国经济发展和社会稳定带来的影响，同时也减缓给我国油气行业带来的冲击。

2014年下半年以来，国际油价持续走低，为中国建设石油储备带来契机。目前国家石油储备基地建设取得阶段性成果，国家统计局2014年11月20日称，国家战略石油储备一期工程已经完成，4个储备基地储备原油9100万桶（1243万吨）。截至2013年，国家战略石油储备二期工程7个储备基地已经完成2个；国家战略石油储备二期工程中储油能力合计约7250万桶的4个基地区可能于2015年建成启用。尽管如此，中国国家石油储备仍处于较低水平，中国目前的石油储备大约相当于30天的进口量，远低于国际能源署建议的不低于90天净进口量的标准。在加强国家战略石油储备基地建设的同时，国家还加强了商业原油库存建设。2015年1月28日，国家发展改革委出台《关于加强原油加工企业商业原油库存运行管理的指导意见》，明确要求所有以原油为原料生产各类石油产品的原油加工企业，均应储存不低于15天设计日均加工量的原油。

因此，必须强化油气储备监管，重点包括：加强商业石油、天然气储备监管，监督企业义务储备建设进度；监督国家石油、天然气储备规划和政策实施情况，及时提出相关意见和建议；加大油气储运设施安全保护监管力度，确保油气管道安全稳定运行。

第四章 能源监管开始转型升级

国家能源管理体制改革以来，我国能源监管主动适应国家治理体系和治理能力现代化的需要，监管思路进一步理清，监管任务更加明确，监管措施不断丰富，监管效果逐渐显现，初步实现了能源监管的转型升级。能源监管由电力监管转变为全方位的能源监管，煤炭、油气领域的监管取得突破；由比较笼统的、宽泛的监管转变为具体的、针对性更强的问题监管、专项监管；由"就监管论监管"转变为着眼于解决实际问题的闭环监管，尤其是围绕简政放权同步加强事中事后监管；由分散监管转变为"全国一盘棋"，实现了横向互动、纵向联动、同频共振，形成了监管合力。

第一节 能源监管取得初步成效

2013 年以来，我国能源监管坚持围绕中心、服务大局，按照规划、政策、规则、监管"四位一体"的要求，边实践边探索，进一步理清监管思路，健全闭环监管机制，各个方面都取得了实实在在的成效，有效促进了国家能源规划、政策的落实，切实维护了公平公正的能源市场秩序，保障了能源行业安全稳定可持续发展。

一、能源规划、计划、政策的实施得到有效落实

为促进能源行业政策方针的落实，确保能源行政审批权限下放后"放而不乱、放而不散"，国家能源管理部门和监管机构组织开展了能源项目审批简政放权落实情况专项监管、2014 年火电项目规划及建设工作开展情况专项监管、新建电源项目投资开发秩序专项监管、煤矿建设秩序专项监管等，选择重点省份和地区，对各地的简政放权承接机制及国家规划、计划、产业政策的落实情况进行全面梳理和深入检查，对体制机制设计、规划计划实施和项目建设运营过程中存在的问题进行了披露，并提出了有针对性的意见和建议。按照大气污染防治相关要求，重点对京津冀、长三角、珠三角地区 30 万千瓦级以下燃煤机组（含自备电厂）进行监管，确保节能减排政策落到实处。组织开展了山西低热值煤发电项目核准相关情况监管，以及煤制油、煤制气项目有关情况监管等，对拟核准项目符合国家有关政策的情况，煤制油、煤制气项目有关指标参数情况等进行核查，提出存在的问题以及监管意见和建议，促进能源项目稳步有序开发建设和能源结构的调整优化。

二、电力体制改革和市场建设继续积极推进

国家能源管理部门和监管机构坚持遵循市场经济基本规律和电力工业运行客观规律，充分利用电力体制改革的有利时机，积极争取各方取得共识，推动电力市场建设，不断丰富完善电力交易机制。根据党中央、国务院印发的电力体制改革工作方案，国家能源管理部门会同国家发改委等部门起草了输配电价改革、推进电力市场建设等 6 项配套文件，其中，国家能源局牵头起草交易平台与交易机制、零售市场开放和规范燃煤自备电厂管理等方面的配套文件，并于 2015 年 11 月由国家发改委、国家能源局联合印发。在价格调整和完善价格机制方面，会同国家发改委出台了《关于降

低燃煤发电上网电价和工商业用电价格的通知》，制定了完善市场决定价格机制等一系列能源价格政策，进一步发挥市场机制的作用。

国家能源管理部门和监管机构全面推进电力用户与发电企业直接交易。组织召开电力用户与发电企业座谈会，交流直接交易经验，研究分析推进过程中存在的问题。组织起草了《关于促进电力用户与发电企业直接交易的指导意见》，进一步规范直接交易工作。认真做好直接交易输配电价的组织测算工作，明确测算原则和方法等内容，协助国家发改委批复了部分省（区）的大用户输配电价。此外，制定印发直接交易有关规则，强调按规则组织直接交易规范开展。目前全国已有 20 多个省份开展了直接交易，个别条件成熟的地区如广东还开展了直接交易的深度试点工作。

三、大量能源行业的突出问题得以解决

为有效缓解部分地区的弃风、弃水等问题，国家能源管理部门和监管机构组织开展可再生能源发电并网专项监管、水电基地弃水及水电消纳专项监管、节能减排发电调度专项监管、电力企业大气污染防治专项监管、节能减排电价专项监管等。同时，为促进市场的公平公正，组织开展电力交易秩序专项监管、分布式发电并网收购及补贴落实情况专项监管、抽水蓄能电站运营情况专项监管。在监管中发现的问题，监管机构采取约谈、通报、责令改正和行政处罚等方式及时处理，解决了一些突出问题和矛盾，并会同派出机构认真分析监管规则、制度方面的问题和缺陷，制定、修订了一系列规范性文件。此外，监管机构还就重点地区开展专项监管，赴海南对海南省缺电问题进行调研，提出缓解电力供需矛盾的措施建议；赴东北地区调研风电核电受限情况，分析东北地区弃风及弃核原因，提出东北地区减少风电核电限电措施建议；开展先进燃煤机组调研，对一批节能减排成效较为突出的燃煤电厂先进机组进行调研，提出了相关建议。

四、能源垄断环节进一步公开透明

国家能源管理部门和能源监管机构结合能源行业的特点和实际，突出对重点领域和关键环节的监管，有效促进了能源垄断环节公开透明、公平公正，维护了市场主体的合法权益。在扎实开展电网公平开放监管中，国家能源监管机构出台了《新建电源接入电网监管暂行办法》《光伏发电运营监管暂行办法》，促进电源公平无歧视接入电网；通过加强供电服务监管，有效提升了人民群众用电满意度；通过深化典型电网监管工作，进一步促进电网工程前期科学论证规划，提升电网工程投资成效和运行成效；通过深入开展能源价格与成本监管工作，审核调整跨区输电线路输电价格，向社会发布《2011—2013 年全国跨区跨省输电线路损耗情况通报》《2013—2014 年度全国电力企业价格与成本情况监管通报》等，及时披露电网企业输配电成本信息等。

五、市场主体和人民群众的合法权益得到切实维护

国家能源管理部门和能源监管机构完成了 12398 热线变更和用途拓展工作，全面部署 12398 热线用途拓展后的运行管理、投诉举报处理等工作，不断加大 12398 热线宣传和投诉举报事项处理的公开力度；定期向社会通报全国电力投诉举报事项办理情况，引起了社会高度关注；充分发挥稽查工作的警示和震慑作用，积极处理群众能源监管投诉举报及市场主体之间的争议纠纷，严肃查处能源行业违法违规行为。2014 年，国家能源管理部门共收到能源监管投诉举报有效信息 28783 件、受理 1937 件，调解能源市场主体之间争议纠纷案件 53 件，涉及标的金额 1692 万元，立案查处能源行业违法违规案件 145 件、罚款 298 万元，切实解决了一批涉及群众切身利益的问题，依法维护了能源市场的秩序。

为切实保障人民群众的切身利益，针对人民群众最关心、最迫切、反

映最强烈的问题，国家能源管理部门和能源监管机构组织开展人民群众满意用电专项监管、保障天然气稳定供应专项监管、用户受电工程市场秩序专项监管，圆满完成了农村地区春节保供电工作任务，促进了农村供电服务质量和供电服务水平的提升，保障供暖季居民生活用气不受影响，切实维护人民群众的合法权益。如对北京电力公司涉嫌"三指定"等行为，已依法作出行政处罚，并责令其认真整改，同时还提出了相应的监管意见。这些工作，获得地方政府部门、人民群众的普遍认可和好评，树立了国家能源管理部门和能源监管机构的良好形象。

六、煤炭、油气领域监管迈出新步伐

国家能源管理部门和能源监管机构克服煤炭、油气领域监管工作内容新、手段少等困难，积极主动开展工作；加强油气管网公平开放监管，制定印发《油气管网设施公平开放监管办法（试行）》，在社会上引起较大反响；对少数地区供暖季高峰时段天然气供应紧张情况进行调研，开展民生用气"长供久安"监管工作，印发《关于加强天然气合理使用监管的通知》；参与上海石油天然气交易中心筹建，起草了相关交易业务监管办法；建立了油气企业信息报送制度，印发《关于做好油气监管相关信息报送工作的通知》；建立天然气供需情况日报制度，每日报送天然气供需情况，开展"煤改气"情况统计，对民生用气情况进行监测与预测预警。

七、能源行业安全生产形势持续稳定

在国家能源管理部门和能源监管机构的监管下，能源领域特别是电力安全监管基础性工作扎实推进，电力安全监管法规建设进一步加强；电网安全风险管控、网络与信息安全和电力工程建设施工安全等专项监管取得较好成效；保障了迎峰度夏及汛期的供电安全和水电站大坝运行安全，保持了电力安全生产形势持续稳定，满足了经济社会发展和人民生活对电力的需求；成功应对了台风、地震等自然灾害，圆满完成了抗战胜利 70 周年阅兵活动、北京"两会"、南京青奥会、上海亚信峰会等重要保电任务。

八、能源监管法规和标准体系进一步完善

为确保能源监管依法依规、公开透明，国家能源管理部门和能源监管机构积极推动《能源法》《电力法》等的修订工作，起草完成《能源监管条例（送审稿)》，制定修编多项监管制度性文件；组织编制《能源监管工作手册》，进一步明确监管的内容、措施和工作流程等内容，指导监管派出机构更加有效地开展监管工作。此外，还制定印发了《关于规范监管工作流程和监管文书的通知》，明确了开展专项监管的工作程序和监管文书样式；制定印发了《关于印发专项监管工作方法和流程的通知》，明确了专项监管工作各阶段的任务和要求，并提供了详细的工作流程图。

能源监管标准化相关工作大力推进。国家能源管理部门和能源监管机构就能源监管标准体系、工作机制等内容进行系统梳理，对部分在编标准进行了意见征求和技术审查工作；印发了《风力发电场、光伏电站并网调度协议示范文本》《风力发电场、光伏电站购售电合同示范文本》《天然气购销合同（标准文本)》，促进能源企业及用户认真履行合同，规范能源市场秩序。

第二节 能源监管的基本经验

2013 年以来，国家能源管理部门和能源监管机构紧紧围绕党和国家工作大局，以规划、政策、规则、监管"四位一体"为依托，以依法监管为基本要求，以闭环监管为工作机制，以专项监管和问题监管为重要方式，开

展了卓有成效的工作，积累了一定的经验，成为下一阶段深化能源行业改革和加强能源监管的宝贵财富。

一、围绕中心、服务大局是能源监管的根本出发点

能源行业是关系国计民生的重要基础产业和公用事业，能源的安全、稳定、可靠供应事关国民经济全面、协调、可持续发展，事关社会和谐稳定。能源监管是推动能源科学发展的重要举措，各项监管工作必须始终围绕党和国家工作中心，服务党和国家事业发展大局，推动能源行业又好又快发展，保障能源安全生产和可靠供应，满足经济社会发展和人民生产生活用能需求。为此，国家能源管理部门和监管机构提出了"四项监管服务"的理念：积极主动尽责地为国家能源发展战略和利益服务，积极主动尽责地为地方经济社会发展服务，积极主动尽责地为能源行业发展服务，积极主动尽责地为人民群众服务。"四项监管服务"得到政府相关部门和社会的一致肯定，树立了监管机构的良好形象。

二、依法监管、公平公正是能源监管的基本要求

依法监管是依法行政理念在监管工作中的具体体现，是监管工作的基本要求，是防范监管风险最有效、最根本的保证。多年来，无论是电力监管还是能源监管，监管机构都将依法依规、公平公正视为监管的生命，在具体监管工作中，严格按照规定的内容和程序开展，有效防范了可能出现的法律风险，确保了监管过程的公开透明，取得了被监管对象的信任和支持。为确保能源监管工作依法依规、公平公正，每一项监管工作开始之前，都要制定详细的工作方案，明确监管的内容、措施和工作流程等内容，确保监管工作顺利开展。在监管过程中，始终严格公开透明执法，认真听取被监管对象的意见建议，主动接受企业和社会监督，力争每一项监管决定

都能做到客观公正。

三、闭环监管、无缝衔接是能源监管的良好机制

能源监管是能源行业管理的重要组成部分，监管的成效直接影响到能源规划、政策实施的效果，两者是一个有机联系的整体。为更好地发挥能源监管的作用，国家能源管理部门和监管机构依托能源规划、政策、规则、监管"四位一体"的内容，建立健全闭环监管工作机制，比如，国家能源局相继制定印发《关于落实简政放权加强后续监管工作的若干意见（试行）》《关于印发建立全程闭环监管工作机制意见（试行）的通知》等文件，以此来推进能源监管和能源管理无缝衔接的实现。

按照"四位一体"要求和闭环监管机制，监管机构在制定监管工作方案时，提前征求专业管理部门的意见，监管过程中及时发现问题并按照职责进行查处纠正，或者向有关部门提出监管建议。专业管理部门在制定能源规划、政策时，要同步提出加强监管的需求，特别是对下放权限的能源行政审批权事项，明确简政放权后的主要监管内容和监管要求。同时，按照"权力和责任同步下放，调控和监管同步加强"的要求，简政放权到位后，问题的处理就应该由接受权力的部门负责。对发现的问题，要按照"谁负责、谁处理"的原则进行处理。而监管机构的监管派出机构职责是按照统一要求，具体实施监管工作，及时发现存在的问题，反馈给有关省（区、市）能源主管部门，并督促其整改处理，确保相关措施落实到位。通过闭环监管，有效形成了工作合力，促进了能源规划、政策的实施和调整优化。

四、专项监管、问题监管是能源监管的重要方式

为解决能源监管量大面广、人少事多等现实困难，国家能源管理部门和监管机构先后组织开展了重点专项监管和重要问题监管。一是组织开展

了能源项目审批简政放权落实情况等多项重点专项监管，对发现的相关问题，通过约谈、通报、责令改正和行政处罚等方式及时处理，解决了一些突出问题和矛盾，并认真分析监管规则、制度方面的问题和缺陷，制定、修订了一批规范性文件。各方面对专项监管给予了高度关注，多家主流媒体进行了宣传报道，产生了积极的社会影响。二是组织派出机构开展重要问题监管。为解决部分派出机构"自唱自演、自听自看"的问题，针对各地能源行业出现的苗头性、倾向性和典型性问题，先后报送重要问题监管工作计划116项，经研究统筹后执行，形成了一批有质量、有分量、有影响力、能切实解决问题的监管报告，切实发挥了监管的效果，提高了监管的权威性。实践证明，专项监管、问题监管的方式直接管用、有用有效，是开展能源监管的重要方式。

第三节　能源监管亟待进一步创新

当前，能源监管依然存在许多亟待解决的问题，如能源监管的法律法规还不够完善，机制还不够健全，上下衔接还不够顺畅，工作程序还不够规范，监管成果评价和应用还存在缺失，监管的针对性、实效性和公正性还有待加强，等等，必须进一步完善和创新能源监管机制，切实发挥好能源监管的作用。

一、运用法治思维和法治方式履行能源监管职责

监管需要依法，市场的治理和监管效能的发挥就必须树立法治思维，采取法治方式。因此，要做好能源监管，就必须抓紧推动能源重点领域立法修法，建设法治化能源市场环境，做到重大改革于法有据、决策与立法紧密衔接，推进能源监管制度化、规范化、程序化。一是尽快制定《能源监

管法律法规体系建设五年规划》，成立领导小组和若干工作小组，进行顶层设计，明确具体修订工作计划和责任部门；二是采取制定、修正、修订等多种方式全面开展法律法规的立、改、废工作，尽快满足工作需求；三是对法律空白区域和市场出现的监管真空，及时制定监管规章和规范性文件，确保市场秩序规范有序；四是在法律法规的修订过程中，要将能源局的发展战略、重点工作，逐步上升为法律意志。同时确定重大决策、项目审核等的工作程序，确保规范和透明。

二、强化能源行业的全过程监管

全过程监管是能源监管的重要内容，它包括事前、事中和事后等多个方面。具体来看：

（一）事前积极参与规划监管

在目前"政监合一"的情况下，把监管机构参与能源发展规划计划制定、实施、评价、问责的职能程序化，监管机构要出具地方能源发展规划计划书面监管意见，并与地方能源发展规划计划一起上报国家能源主管部门，增强能源监管机构对规划计划的发言权和主动性。

（二）事中强化项目备案监管

只要符合相关项目核准条件，按照合规程序就可核准项目，但考虑到项目开工建设、投运使用要受到规划计划和总量规模的"盘子"制约，必须对已核准项目实行项目备案，方可开工建设和投运使用。把是否列入发展规划、计划，是否在总量规模控制内，是否为核准项目，开工准备条件是否成熟，新建能源项目备案内容与核准文件是否一致，作为项目备案的必要条件，考虑工作职能和工作方便，设想在电力建设工程质量和安全监管环节上设置项目备案要求。同时还根据不同容量规模、不同机组项目的特点，按照国家产业政策、环保政策的要求，在项目可研、规划选址、用地预评、水土保持、节能减排等方面设置项目备案的前置条件，做到好中选优。

（三）事后强化行政许可监管

以行政许可为抓手，在项目建设、项目运行环节，分别对新建项目相关合同和协议签订、备案及执行情况是否按规定报告，项目并网安全性评价和项目整套启动验收是否已通过，调度和并网运行相关要求是否满足，《并网调度协议》和《购售电合同》是否已备案，并网启动前质监机构各阶段监督检查、专项检查和定期巡视检查提出的工程质量整改意见是否全部整改闭环，质监机构相关工程质量证明是否出具，电网企业（调度）组织的涉网安全检查发现的问题是否整改闭环，进入商业运营是否通过，临时运营证明或发电业务许可证是否颁发等内容进行监管，并以书面监管意见形式反馈给相关部门，也可以监管报告形式公开通报。对违规项目，采取惩罚性监管措施，如扣罚该地区规划容量、项目（企业）电价打折、不支持银行提供贷款、不发运行许可证、不准机组进入商业运营、扣减"三公"电量、取消运行中享有的国家优惠政策等等，充分发挥许可证的作用，使违规项目付出更昂贵的成本代价。

三、同步推进简政放权与后续监管

在政府简政放权、放管结合、优化服务的新形势下，要进一步创新能源监督管理机制，坚持和完善规划（计划）、政策（规定）、规则、监管"四位一体"的要求，切实做到"四个同步"，确保简政放权放得下、接得住、落得实、管得好。一是同步明确并落实规划和计划。各级能源管理部门必须遵循发展规划、空间布局和节能高效的要求，有效放权和受权。二是同步明确并落实审核责任、条件、标准、流程。各级能源主管部门必须遵循清洁高效、配置合理的条件，把好项目准入关，不得随意审核、放任自流。三是同步明确并落实市场秩序的规则。各项目业主必须要遵守市场规则，公平守法经营，不得弄虚作假、违规违法，扰乱公正公平的市场秩序。四是同步明确并落实监管主体、监管责任、监管办法。各级能源主管部门必须遵循谁审核、谁负责、谁处理的原则，严格落实审核的责任制、管理的责任制和监管的责任制。各级能源主管部门受权后要履行审核和管理的责任，国家能源主管部门派出机构履行专项监管和问题监管的责任，各级能源主管部门要支持国家能源主管部门派出机构的专项监管工作，及时提供项目审核的有关情况、资料和信息。国家能源主管部门派出机构要配合各地依法依规受权履责工作。

四、建立健全监管考评机制

监管的效能，必须通过一套健全的考评机制来衡量，主要应当在三个方面作出进一步的实践和创新。

（一）监管业务综合考核评价制度

主要对重点监管业务的开展情况和完成情况进行综合评价，促进各单位切实提高监管工作的主动性、针对性和时效性。要按监管业务的责任主体，分为独立完成、牵头完成和配合完成三种情况进行考核，重点考核评价：能源监管规章制度和规则、标准制定情况；专项监管工作完成情况；围绕市场建设推进改革的重要举措及实施情况；监管工作机制建设及完善情况；其他开创性工作情况。

（二）专项监管业务考核评价制度

主要对专项监管工作开展情况、专项监管报告完成情况以及实际效果进行考核评价，体现专项监管的"闭环管理"，着力提高专项监管效能和专项监管报告质量。重点考核评价：监管立项、监管目的、方案制定、组织实施、监管结论、整改情况及成效、发布披露方式和总体评价等。

（三）现场检查（督查）考核评价制度

主要针对专项监管业务开展的现场检查（督查）进行过程控制和效果评估，着力提高现场检查（督查）的必要性、针对性和时效性。重点考核评价：检查（督查）立项及方案制定、组织实施、检查（督查）结论、整改情况及成效和总体评价等。

五、完善能源行政执法机制

要做到依法监管，更要完善能源行政执法机制，包括如下内容：全面履行能源行政执法职责，梳理并向社会公开能源行政执法权力清单；严厉查处违反能源法律、法规和国家有关规定的行为，切实解决能源领域有法不依、执法不严等问题；完善能源行政执法体系，整合国家能源主管部门、地方能源主管部门、监管派出机构的能源行政执法职能，分工协作，协同配合，切实解决多头执法、多层执法和不执法、乱执法问题；规范能源行政执法行为，严格按程序执法，制定修改能源行政执法程序规定，细化执法流程，明确执法环节和步骤，规范执法自由裁量权；组织开展执法情况检查评估，强化执法的具体措施，建立健全能源行政执法责任制。

六、建立完善监管报告的应用机制

监管报告的质量和分量，可以用来衡量和评价能源监管的成效。监管工作要针对重点、难点和焦点问题，要敢于直面问题、敢于披露问题、敢于动真碰硬，争取每年发布有质量、有分量、有影响力、能切实解决实际问题的监管报告，提高能源监管的针对性、实效性、权威性、严肃性和公正性。

专项监管和问题监管工作结束后，都要发布监管报告。监管报告要及时、准确反映能源规划、政策落实情况及存在的问题，合理出具处理意见，科学提出监管建议。监管建议要作为今后行业规划、政策拟订的重要依据。对处理意见限期整改落实不到位的地方和企业，除采取约谈、通报、稽查、处罚等督促整改措施外，还要采取区域限批、集团限批等手段，确保党中央、国务院重大能源规划和政策落实到位，确保能源科学规范有序发展。

同时，可以将监管报告的质量和社会效果将作为年终考核、干部选拔任用的重要依据。加强目标考核，才能调动工作上的积极性。建立监管报告考核评价制度，对每项监管开展情况、监管报告完成情况，以及质量和实际效果进行考核评价，对专项监管业务的完成情况进行综合评价，将评价结果作为年终考核的重要依据，作为干部选任的重要依据。

七、广泛使用现代科技和信息技术实施监管

建立能源审计制度、第三方评估机制，发挥社会各方特别是社会舆论的监督作用。科学界定政府、中介组织、企业的权责，完善能源项目咨询评估制度和后评价制度。监测能源运行情况，特别是加强对高风险重点领域的监测、预警。完善常态化监管机制，建立科学、规范的抽查制度、责任追溯制度、经营异常名录和违法经营黑名单制度，提高监管效能。拓展提升能源监管信息系统，依托监管信息系统逐步将非现场监管作为主要的监管手段。完善监管信息反馈制度，将监管情况及时反馈到规划、政策、标准、项目审批，形成规划、政策、标准、项目审批、监管的环节决策、执行、反馈的全过程闭环式监督管理。

\\\\\\\\\\\\\\\\\\\\\\ **本篇小结** \\\\\\\\\\\\\\\\\\\\\\

1. 能源监管必须立足中国能源现实情况：我国能源消费总量居世界首位，但人均消费水平不高；能源结构不太合理，资源环境压力不断增大；能源利用效率相对较低，能源对外依存度逐年提高，安全形势严峻；能源资源禀赋区域差异性大，能源企业以大型、国有垄断企业为主；体制机制不顺，发展动力不足。

2. 我国能源行业管理体制实现从"政监分离"到"政监合一"的转变，一定程度上解决了分散管理、分业管理、分段管理的问题，初步形成了横向互动、纵向联动的能源监管新格局。

3. 国家能源管理部门提出了规划、政策、规则和监管"四位一体"能源行业监督管理新机制，建立健全了闭环监管工作机制。逐步探索完善了依法监管、专项监管、问题监管等方式，建立健全了监管报告制度，切实提高了监管的效率和效能。

4. 在新的监管思路引导下，能源监管从五个方面推进：能源规划政策执行情况监管，能源市场秩序监管，能源垄断环节监管，能源行业节能减排监管，能源安全监管和应急管理。

5. 能源监管工作主动适应国家治理体系和治理能力现代化的需要，监管思路进一步理清，监管任务更加明确，监管措施不断丰富，监管效果逐渐显现，监管正在转型升级。

第四篇
中国能源监管远景展望

能源与全球政治经济和公众生活休戚相关。国际政治经济风云变幻，以及新技术的发展，都会深刻影响能源领域。当前和长远时期，中国能源发展面临机遇和挑战，中国能源监管更面临新形势。立足现实，着眼长远，面向全球开放环境去选择有效的能源监管模式，建立与能源生产和消费革命相适应的能源监管体系，需要广泛深入的探索和实践。

第一章　国际能源发展趋势及未来格局

在过去的 100 多年间，能源从满足人们生活需要的一般要素演变为制约人类社会发展的重大问题，也成为当今国际政治、经济、军事、外交关注的焦点。今后较长一个时期，世界能源将进一步呈现全球化、多元化、清洁化和高效化的发展趋势，能源的战略属性和金融属性进一步增强，保障能源安全、保护生态环境与应对全球气候变化成为世界能源发展面临的主要挑战。世界主要国家不断调整能源战略，更加突出能源科技创新、能源战略管理、能源国际合作、能源供应多元化、能源节约、新能源和可再生能源发展。世界能源发展进入新一轮战略调整期，特别是能源的新技术革命，将推动世界能源发展逐步由资源依赖型向科技主导型转变。

第一节　传统能源发展趋势

当前，世界能源消费继续增势强劲，传统能源在世界能源总体消费中占据着主体地位。2010 年以来，能源供应更加趋紧。能源生产能力增长缓慢，能源消费需求却快速上升。传统能源大部分属于不可再生资源，能源消费量的快速上升使得传统能源未来的发展趋势成为关注焦点。

一、煤炭发展趋势

煤炭是世界重要的三大能源之一，2014年煤炭消费量占世界能源消费总量的28.9%。世界煤炭资源丰富，可采储量为10316亿吨，其中，中国为1145亿吨，占世界总储量的11.1%，居世界第三位。

今后数十年里，在发达国家陆续进入油气时代的背景下，以中国为代表的发展中国家，煤炭仍将作为比较现实和不可替代的能源基础。由于全球能源需求的重心正向新兴经济体转移，到2035年左右，以中国、印度和中东地区为代表，将消费全球能源增长量的1/3，所以，发展中国家煤炭开采利用的发展将极大影响着未来世界煤炭的发展趋势。

然而，发展中国家的煤炭产业仍然存在整体技术水平低、人员素质不高、产品单一、安全生产形势严峻、运输瓶颈、环境破坏严重等诸多问题。面对这样的现状，世界煤炭的发展必须走科技含量高、资源消耗低、环境污染少、经济效益好、安全有保障的发展道路，全面实现节约发展、清洁发展和安全发展。

在能源革命的背景下，煤炭资源的低碳化综合利用是世界煤炭行业的主要发展趋势，随着世界低碳经济的进一步发展以及世界对于环境可持续发展的更高要求，煤炭资源低碳化利用所带来的环境收益将变得十分重要，在合理有效的利用煤炭资源的同时，将环境污染的程度降到技术可行的最低水平将是世界煤炭产业发展的方向和目标。

二、石油发展趋势

世界常规石油资源丰富，但分布极不均衡。中东地区石油资源最为丰富，最终可采资源量达到1840亿吨，约占全球总量的37%；北美和前苏联地区大致相当，分别占全球的17.1%和16.4%。全球126个油气资源国中，常规石油资源量超过100亿吨的国家只有沙特阿拉伯、俄罗斯、美国、伊朗、加拿大、伊拉克等 13 个国家，这些国家可采资源量总和超过全球资源总量的 3/4（见表 4-1）。

表 4-1 世界常规石油资源分布①

	地区	美国地质调查局（亿吨）	占世界比重（%）
1	中东	1757	36.6
2	北美	618	17.1
3	中亚—俄罗斯	773	16.4
4	南美	517	10.3
5	亚太	276	7.9
6	中南非	214	4.3
7	北非	185	3.9
8	欧洲	175	3.6
	全球合计	4515	100

石油是不可再生能源，是工业产业不可或缺的重要战略物资。不仅我国对石油依赖程度与日俱增，在世界范围内，石油在能源中的战略地位也是无可替代的。从趋势上看，在不久的将来，石油的供需结构将发生重大变化。

经合组织（OECD）国家的石油消费正在下降，到 2035 年，将只占全球石油消费的 1/3，即现在的一半。非经合组织的新兴国家石油需求增长十分迅速，尤其以中国和印度为代表。中国的石油需求将由原来的 600 万桶/天增长为 2035 年的 1600 万桶/天，超过美国，成为世界最大的石油进口国与消费国。2020 年以后，印度将成为全球石油消费增长最大的国家。2035 年，亚洲将成为全球最大的石油贸易中心。北美将实现能源独立，转

_____

① 资料来源：根据美国地质调查局网站信息整理。

变为石油出口区，开辟新的战略运输通道。新产生的供需关系地缘变化意味着全球石油贸易重心的重新构建，这将对加强合作确保石油安全带来诸多影响。

全球炼油厂将面临前所未有的复杂挑战。液化天然气和生物燃料产量的提升，煤制油或气制油技术的发展，使大部分液态燃料不经炼油系统即可直达消费者。亚洲与中东地区的成品油需求与供应正在趋于平衡。许多经合组织国家的能源需求下降，成品油出口竞争加剧，不得不关闭一部分炼油产能。从现在到 2035 年的这段时间内，全球有将近 1000 万桶 / 天的炼油产能处于高风险状态，包括经合组织国家的炼油厂，尤其欧洲的炼油厂风险最大。尽管如此，炼油厂仍需要通过投资满足柴油每天 500 万桶的激增需求，这是汽油增量的 3 倍多。

石油石化作为一项高科技密集型产业，其勘探开发技术以及石油石化行业信息化技术的发展也将突飞猛进，将极大提高石油的二次开发效率，提高原油的实际产量，同时提高石油产业的竞争力，使其获得极大的提升。

三、天然气发展趋势

世界常规天然气资源非常丰富，但分布极为不均。前苏联地区天然气资源最丰富，最终可采资源量为 139 万亿立方米，约占全球总量的 29%。其次为中东地区，最终可采资源量为 128 万亿立方米，约占全球总量的 26%。北美和亚太地区大致相当，约占全球的 13.5% 和 13.1%。天然气可采资源量超过 5 万亿立方米的国家有俄罗斯、美国、伊朗、沙特阿拉伯、卡塔尔、中国等 21 个国家，这些国家天然气可采资源量总和约占全球总量的 85%（见表 4-2）。

表4-2 世界常规天然气资源分布①

	地区	美国地质调查局（万亿立方米）	占世界比重（%）
1	中亚—俄罗斯	138	28.5
2	中东	111	26.2
3	北美	66	13.5
4	亚太	37	13.1
5	欧洲	30	6.3
6	南美	30	6.2
7	北非	14	3.6
8	中南非	12	2.7
	全球合计	438	100

天然气作为清洁能源，正在被越来越多的国家重视和利用，其在未来能源供应中也将占有越来越重要的地位。2011年，全球液化天然气贸易总量约2.4亿吨，多数国际机构预测，2030年前后天然气可能超过石油成为世界第一大能源。

与其他化石燃料相比，天然气兼具灵活性和环境效益，因此更具发展优势。在过去的10年间，天然气价格的地区差异非常显著，尤其是美国页岩气的蓬勃发展，带动了北美天然气价格的下降。美国天然气价格约为2.6美元/百万英热单位（约0.58元/立方米），是欧洲价格的2/3，日本的价格比欧洲还高。但随着天然气市场的全球化，天然气价格的地区差异将逐渐缩小。

在天然气发展上还有很大的空间和资源，有很多技术领域需要进行研究，未来天然气将不断地勘探和开发，其利用率越来越高，随着天然气与石油价格差距甚远的因素消失，加上天然气不便运输的特点，天然气将会

---

① 资料来源：根据美国地质调查局网站信息整理。

更多地用于生产各种化工产品或合成油。

各国将会加大对于液化天然气的贸易和使用，并在此基础上液化天然气贸易将朝着更加流休化的方向转变。从长期来讲，未来液化天然气市场将处于供需平衡的状态，由于全球液化天然气市场内各细分市场的相互影响日益加深，为满足供需平衡，世界各地的液化天然气市场联系将更加紧密。

四、水电发展趋势

水电作为清洁能源，发电成本低，效率高，还有防洪、灌溉、航运、供水等众多的社会效益，在 21 世纪的上半期，作为化石燃料替代品的再生能源中，只有水电资源成为了主要资源。世界上还有 70% 以上的水能资源可供开发，特别是水能资源丰富的发展中国家，水电开发潜力很大。

国际环境组织（IEO）2010 年预测，2007—2035 年世界净发电量将年平均增长 2.3%，相比而言，1990—2007 世界净发电量平均增长为 1.9%。在国际环境组织于 2010 的参考事例中，可再生能源是增长最快的发电能源。世界可再生能源发电量将由 2007 的 18% 增加到 2035 年的 23%，水能发电占据第一位。除水电外，大多数的可再生能源技术在经济上还不能与化石能源竞争。

展望未来，世界水电发展将具有如下趋势：开发水电重视对现有工程的更新改造，从而提高效率，有效全面的利用水资源；抽水蓄能电站将备受重视，加大抽水蓄能电站的总装机容量；加深对水电环境影响评价的研究，尽量减少水电对于周边环境的影响；对水电效率做出客观全面评价，为将来水电的发展打下基础和铺垫；依靠科技进步推动水电建设，用更多的科技手段有效清洁地利用水电资源。

第二节 新能源发展趋势

现代世界经济的发展，急速增加了对能源的需求和大量消耗。面对传统能源供应、使用双重安全的严峻考验，美欧日等主要发达国家率先调整能源政策，采取能源多元化供应战略，鼓励开发新的能源形式，以核能、风能、太阳能和页岩气为主的新能源和新能源产业由此应运而生。由于传统能源消费的压力急剧加大，新能源肩负了重要的历史使命。

一、页岩气发展趋势

页岩气是一种游离或吸附状态藏身于页岩层和泥岩层中的非常规天然气，它具有清洁、高效的特点，成为影响世界能源市场结构的一股强大力量。近年来，随着美国页岩气商业化的成功开发，页岩油气的产量飙升，大幅降低其对进口石油的依赖。因此，页岩气不断引起全世界的重视，其他各国也纷纷加入页岩气勘探开发的研究队伍中。非常规天然气的开发利用技术日趋成熟，将成为常规天然气最现实的替代资源。

据估计，全球页岩气资源约为456万亿立方米，主要分布在北美、中亚、中国、拉美、中东和北非，其中北美最多，但其丰度低，技术可采量占资源总量的比例较低。2012年前后，已实现对页岩气商业开发的国家有美国和加拿大，其中美国已实现大规模商业化生产。

虽然页岩气的勘探开发呈快速发展态势，全球储量也相当惊人，但是由于开采难度大，需要高水平的钻井和完井技术，所以未来全球页岩气的发展仍然有很长的路要走，开采、利用和处理技术将是各个国家研究的重点。

尽管如此，到2014年，已有40多家跨国石油公司在欧洲寻找页岩气，在不久的将来，拉美以及亚洲的国家将会对页岩气的开发做出巨大的投资。

二、风电发展趋势

风电是促进全球节能减排的重要手段之一，在产生风电的过程中，基本不耗费水资源，这是风电行业对紧缺的水资源消耗的特殊贡献。风力发电所需的风资源是就地取材的自然资源，对于需要依赖化石燃料进口的国家，发展风电将在很大程度上帮助这些国家免受进口燃料的各种限制。风电所带来的环境和社会收益，如零排放、零水资源消耗、对空气和水资源的零污染正在得到全世界越来越多的关注。在全球很多市场里，风电也变得更加具有竞争力。

推动风电发展的驱动因素有保障能源安全、不受燃料价格波动的影响、促进区域经济发展、减缓气候变化、减少地区的空气和水污染等。目前，风电市场正在变得更加具有竞争力，而众多政府依然大量补贴化石燃料。

尽管缺乏政策支持以及现有支持政策的不确定性是阻碍风电市场发展的主要因素，由此需要加强国家和国际方面相关的扶持政策，加快对风力发电发展的部署。但是，仍可以看出投资风电行业的需求很旺盛，许多相关项目也都正在实施中，风电市场仍存在许多发展的机会，远比目前人们看到的要多得多。

预计在中国、印度、欧洲和北美，风电行业会进一步大幅增长。一些拉丁美洲国家（特别是巴西），以及亚洲和东欧新的市场有望出现高增长率。基于现在的增长速度，世界风能协会预测：到 2016 年全球风电容量有望达到 500 吉瓦（GW），到 2020 年全球总装机容量将 1150 吉瓦，为全球提供 11.7%—12.6% 的电力，并且实现二氧化碳年减排量 17 亿吨。2030 年超过 2500 吉瓦，以实现对全球电力供应脱碳化的完全承诺。

风电将在未来的能源结构中发挥更加重要的作用。风电的潜力要得到完全的发挥，需要各国意识到气候变化的危害和风电对于减缓气候变化的作用，采取积极政策，并抓紧时间付诸行动。

三、太阳能发展趋势

在各种新型清洁能源中，太阳能被认为是最具发展前景的清洁能源之一。太阳能的主要利用形式为太阳能的光热转换、光电转换以及光化学转换三种主要方式。根据这三种利用方式，太阳能主要包括太阳能光伏、太阳能热能以及太阳光合能三种。

近10年来，全球光伏产业年均增长率为48.6%，成为全球发展最快的新兴行业之一。据欧洲光伏工业协会预测，到2030年，可再生能源在总能源结构中将占到30%以上，而太阳能光伏发电在世界总电力供应中的占比也将达到10%以上；到2040年，可再生能源将占总能耗的50%以上，太阳能光伏发电将占总电力的20%以上；到21世纪末，可再生能源在能源结构中将占到80%以上，太阳能发电将占到60%以上。这说明太阳能光伏将在未来的能源结构中占有重要的战略地位，并将成为未来的一种主要能源形式。

光伏作为重要的新能源产业，并没有像其他成熟产业一样，真正形成全球市场，而是集中在欧美等局部市场。但是，欧洲以外的光伏市场将在最近几年迅速成长，中国、印度、日本、韩国等国家与地区将成为光伏应用新兴市场，根据印度在2010年公布的太阳能计划，印度计划到2022年太阳能发电装机容量增加20吉瓦。

光热利用同样是太阳能利用的重要方面，太阳能热水器是当前太阳能低温应用领域最典型的一种技术，中国是全球太阳能热能利用最多的国家，但以美国、加拿大、墨西哥为代表的中北美市场，以南非等国家为代表的非洲市场，以土耳其、叙利亚等中东国家为代表的中东地区市场正在蓬勃发展，未来的全球太阳能热能技术的应用将呈现繁荣的局面。

四、核电发展趋势

核能作为高效、清洁与安全的能源，是满足世界人口与电力增长需求、应对气候变化以及保障能源安全等的战略选择，是世界二大能源主体之一。1951 年，美国建成了世界上第一个核发电装置，50 余年以来，世界核电已经过了三代，从 21 世纪开始，逐步向第四代迈进。2003 年以来，全球石油需求增长加快，化石能源价格飞涨，大部分国家对能源安全忧心忡忡。在能源供给日趋紧张的形势下，不少研究机构都认为核能将是今后解决能源危机的重要途径，许多国家开始重视核能的开发利用。

世界核电发展趋势主要包括：抓紧改进核电反应堆的建造与运行，进一步提高其安全性与经济性；第四代核反应堆是向突破核电发展停滞状态迈出的重要一步，对未来核电的安全性、经济性、废物设置和防止核扩散都提出了很高要

知识链接：

2035 年与 2050 年全球能源格局

据世界能源理事会（WEC）发布的《世界能源远景：2050 年的能源构想》（2013 年）：全球能源需求将继续增长，到 2050 年将翻番，这主要受非经合组织成员国经济增长的驱动。在"高增长"图景中，2050 年的能源供给（消费）总量将达到 878.8 艾焦（10^{18} 焦耳），较 2010 年的 546 艾焦增长 61%，年均增长 1.53%，增速将从 2010—2020 年的 1.76% 降至 2020—2030 年的 1.53% 和 2030—2040 年的 1.16%，到 2040—2050 年，则降至 0.64%；而在"低增长"图景中，2050 年的能源供给（消费）总量预计为 695.5 艾焦，较 2010 年增长 27%，年均增长 0.68%，增速将从 2010—2020 年的 0.84% 降至 2020—2030 年的 0.64% 和 2030—2040 年的 0.4%，到 2040—2050 年，则为 0.63%。

据 BP 公司发布的《2035 世界能源展望》（2014 年）：从 2012 年到 2035 年，全球能源消费将增长 41%，年均增长 1.5%，增速将从 2005—2015 年的 2.2% 降至 2015—2025 年的 1.7%，再之后 10 年降至仅有 1.1%。

BP 公司的预测与世界能源理事会报告中"高增长"图景比较接近，2035 年能源消费总量预计为 252 亿吨标煤，2050 年全球能源消费总量预计为 300 亿吨标煤。

非经合组织经济体（特别是中国）工业化和电气化所驱动的能源消费高速增长阶段正在结束。2002—2012年，是有史以来能源消费量增长最快的10年，其能源消费在2012—2035年期间年均增长为2.3%。经合组织能源消费在相同时期年均增长仅为0.2%，并在2030年后出现负增长。

根据BP报告预测，2035年前，所有类型的能源消费均有所增长，其中增长最快的是可再生能源（年均6.4%）。核能（年均1.9%）和水电（年均1.8%）的增速均高于能源总体增长速度。化石能源中，天然气消费增长最快（年均1.9%），是超过能源总体增速的唯一化石能源。石油（年均0.8%）增长最慢，煤炭（年均1.1%）增速仅略高于石油。

各种能源的份额缓慢变化。石油的份额继续下降，其作为主导能源的地位将受到煤炭的挑战。天然气的份额稳步上升。到2035年，化石能源的总体份额将由2012年的86%下降至2035年的81%。三类化石能源的份额都将集中在27%左右，在非化石能源中，可再生能源（包括生物能源）的份额将从现在的2%迅速升至2035年的7%，而水电和核能份额将基本不变，分别为7%和5%。

世界能源理事会报告认为，到2050年，可再生能源的增长率会维持在高位。但单从数量上来看，煤炭、石油和天然气

求。加快快中子增殖反应堆的开发建设，这样使核电发展既满足了可持续发展的要求，又满足了防止核扩散的要求。研究开发热核反应堆，如果研究成功，由于地球上核聚变主要原料的含量多达40万亿吨，世界能源几乎可以是取之不尽、用之不竭，人类将较好地解决能源问题。

五、其他新能源及能源技术发展趋势

除了页岩气、风电、太阳能以及核电的发展之外，包括海洋能、氢能、地热能和生物质能等在内的新能源蕴藏量极为巨大，具有较大的发展空间。但它们大多数是分布广泛而品质较低的能源。因此，如何提高发电效率、降低发电成本并安全、可靠运行，既需要解决大量的理论和工程问题，还需要广大科技工作者的不懈努力。

在全球能源危机和环境恶

化的影响下，新型绿色能源开发潜力相当大，受到国际普遍重视，纷纷制定了相关的激励政策和措施，然而各国的开发现状并不一致，所遇到的问题与解决途径也各不相同，相信通过交流能相互促进，减轻全球的能源危机，新能源开发的明天将是辉煌的。

能源技术的发展将为国际经济社会的发展提供数量更多、成本更低、安全高效、清洁绿色的能源供应。当然，能源技术的发展与突破往往具有不可预见性，一项能源技术的

等化石能源仍将占主导。在"高增长"图景中，化石能源在能源供应中的比例将高达77%，而在"低增长"图景中，化石能源的比例为59%，而2010年化石能源在能源供应中所占的比例为79%。

根据世界能源理事会报告"高增长"图景的预测，到2050年，化石能源的总体份额将继续下降至76.6%，三种化石能源的份额都将集中在25%左右，其中天然气份额最高，为26.6%，石油占比最低，为24.6%，煤炭居中，为25.4%。非化石能源中，核能的比重将继续下降至4.2%，可再生能源（包括生物能源）的份额将继续上升至19.2%，其中生物质能11%，水能2.4%，可再生能源5.8%。①

出现往往是突然的，而且有些能源技术马上就会对现有能源结构形成冲击，有些技术则需要相应的配套设施才能发挥作用，但能源技术的不断进步则是毋庸置疑的。目前，高效率电池技术、清洁煤炭利用技术、煤制油煤制气技术、新型发电技术、新太阳能技术是能源技术发展的重点领域。

第三节　世界能源发展面临突出问题

虽然说2050年前，世界能源发展潜力巨大，可以支撑人类发展需要，然而，在能源安全、价格波动、环境保护与气候变化压力等方面面临着突

---

① 资料来源：根据中国经济网、世界能源理事会（WEC）和BP研究报告等资料整理。

出的矛盾和问题。从技术角度来看，"低碳能源"和"近零排放能源系统"是世界能源科技发展的主要方向，也是解决问题的有效方式，而各国在能源竞争中加强能源合作，更是缓解冲突的重要方式。

一、能源安全问题日益突出

2050 年前，亚太、北美和欧洲地区仍为三大石油输入区，其中，亚太地区供需矛盾最为突出。在全球范围内，中东地区石油输出潜力最大，在全球石油供应中的地位越来越重要。前苏联地区也具有较大潜力，并且输出量比较稳定。天然气供需格局与石油相似，亚太、欧洲和北美地区仍将为三大天然气输入区，亚太地区供需矛盾最为突出。未来具有大规模天然气输出潜力的地区仍然是前苏联和中东地区，并且中东地区具有超过前苏联地区成为全球最大的天然气输出区的资源潜力。

世界油气供应集中度越来越高的形势，标志着能源供应安全成为世界地缘政治斗争的焦点。当前，油气资源竞争中的政治因素更加表面化，资源富集地区的政治风险不断加大。美国、欧盟、俄罗斯等大国正激烈争夺世界能源新秩序话语权和主导权，美国对中东等世界主要油气资源地甚至大规模动用武力，俄罗斯则以油气为重塑超级大国地位的重要武器。同时，中国、印度等能源消费大国的崛起也已经引起了世界各方面的关注。近年来，以俄罗斯、委内瑞拉、玻利维亚、厄瓜多尔等为代表开始新一轮油气投资政策调整，相继出台了一系列新政策，对外合作条款日趋苛刻，世界油气资源配置格局和合作方式正在发生深刻变化。

能源安全问题不是一国能够自行解决的，需要各国共同努力和协作。构建包括资源国与消费国、发达国家与发展中国家在内的地区性和全球性的能源安全合作框架体系，将成为多数消费国与资源国共同努力的目标。各国政府将更加注重在国际政治、经济、能源外交总的战略指导下，统筹政治、外交、经贸、外援和军事等各方面力量和措施，做到以政促经、以经带政，相互配合，相互促进，更加积极有效地支持本国能源企业进行海外投资，推动有效利用海外能源资源，实现能源供应安全。

二、能源价格整体呈振荡上升趋势

世界石油、天然气供需将长期处于脆弱平衡，供需基本面总体趋紧，而能源金融属性日益增强，对价格处于高位振荡运行形成有力支撑。随着油气、煤炭资源勘探开发程度不断提高，未来化石能源的边际开展成本将逐步提高，价格的低限也随之上移。在今后较长时期内，新能源及可再生能源的开发利用成本仍然相对较高，随着新能源及可再生能源开发利用规模不断扩大，必然拉动整个能源价格水平的提升。世界经济对高能源价格的承受能力明显增强，特别是发达国家经济结构的优势使其对能源价格的敏感性显著下降。

综合分析认为，在世界石油供需平衡不发生根本改变的情况下，预计未来 40—50 年内，国际石油价格（2007 年不变价格）将位于 70—110 美元 / 桶之间高位运行。由于世界经济的周期波动性、地缘政治的不稳定性、自然灾害的突发破坏性，以及能源市场金融化等因素的影响，国际石油价格将呈现高频、宽幅振荡上升态势，阶段性超高或超低价格不可避免。

而长期以来，世界天然气价格与石油价格密切关联，未来石油价格的高位运行将对天然气高价格形成有力支撑。未来煤炭价格将主要取决于石油、天然气等替代能源价格走势。如果世界核电没有发生颠覆性的衰退，天然铀价格将在中高位上运行，但也不排除突发性的事故导致价格大幅下挫的可能性。

能源价格的整体振荡上升趋势，意味着未来发展中国家难以依靠廉价能源实现工业化。同时，这种价格上升趋势、供需分离程度的加深，使得北美、欧洲、亚太三大消费区的能源供应将更加依赖于国际能源贸易。石油、天然气和煤炭仍将是未来世界能源贸易的主要品种；随着核能开发利用的加快，天然铀的贸易也将逐步增加；天然气贸易地位也将持续提升，贸易规模逐步扩大，跨洲跨国的天然气贸易量占全球天然气贸易量的比重2030年将达到23%左右。北美、欧洲和亚太地区发达国家仍是主要的能源进口国，但以中国、印度为代表的发展中国家未来能源进口增长也较为迅速，构建适应自身要求的国际能源贸易体系将越发重要。

三、环境保护与气候变化压力越来越大

据预测，世界经济社会按照目前速度保持稳步发展，如果不采取极其严格的技术经济措施，以化石能源为主体的能源结构将会使得2030年前全球温室气体排放较快增长的趋势难以改变，二氧化碳大幅减排的设想更难以实现。2030年以后，全球二氧化碳排放增长速度才可能趋于减缓，但排放量因政策的不同出现较大的差异。如果延续当前排放模式，到2050年二氧化碳排放总量将继续增加到550亿吨；如果公众对气候变化和环境更为关切，各国环保政策更为严格，清洁能源开发利用技术取得重大进展，2030年以后全球二氧化碳排放量可能出现下降。

与发达国家不同，发展中国家面临环境与气候的双重压力。欧盟、日本、美国等发达国家通过不断优化产业结构和能源结构、发展核能和可再生能源、加强末端治理等手段，已经成功走过了工业化过程中的环境低谷，实现了环境质量由恶化到好转，气候变化问题在这些国家成为被关注的焦点问题。而多数发展中国家仍处于工业化进程中，能源开发利用所引起的传统生态和环境问题仍是制约能源可持续发展的瓶颈。发展中国家实现经济社会发展将面临环境与气候变化的双重压力，实现经济的可持续发展所面临的挑战远大于发达国家。

以化石能源为主的能源消费结构虽然在较长时期内难以改变，但减缓全球气候变暖的国际努力将改变各国能源消费行为方式和能源发展格局。各国国情差别巨大，虽然在采取共同行动上已有共识，但在责任分担上存

在分歧与斗争，这种国家间的利益之争将在全球共同行动中长期存在，直接关系到发展中国家的经济发展权力和国家利益。

环境保护和气候变化问题将是今后长时期内世界能源科技发展的重要驱动力之一。新一代能源技术的开发，实现由传统能源向低碳能源和近零排放能源系统的转化，是世界能源科技的主要努力方向。未来发达国家在全球能源技术合作与先进技术应用中仍将起主导作用，发展中国家将是先进技术应用最为广阔的市场，同时，发展中国家通过自主创新实现技术赶超的机会依然存在。如果发展中国家在能源技术领域能够取得跨越式发展，则有可能突破工业化时代以来，特别是进入信息化时代后西方发达国家主导世界经济、技术发展的格局，从而引领 21 世纪世界能源发展的潮流，在国际竞争中占据优势地位。

第四节　世界主要国家能源战略调整加速

进入 21 世纪以来，为适应新的国际政治、经济、能源形势，世界主要国家纷纷对本国能源战略进行了调整。美国先后通过 2005 能源政策法、能源战略计划和应对能源领域严峻事实等战略报告，欧盟公布了能源政策绿皮书，日本制定了新国家能源战略和能源基本计划，俄罗斯提出了 2030 年能源战略构想，印度制定了一系列的五年能源发展规划，巴西制定了 2030 年国家能源发展规划等。世界主要国家的能源战略既突出了各自经济、社会、资源等方面的特色，又体现出一系列共同特点（见表 4-3）。

一、能源供应多元化

能源供应多元化是世界各国能源安全和经济发展的重要保障。长期以来，美国一直高度重视能源供应多元化，推进国内油气资源的勘探开发，加快生物质能源规模化、商业化发展，加快氢能和电动汽车研发，促进能源基础设施建设，同时，坚持进口来源多元化，形成多渠道且相对均衡的进口来源格局，避免过分依赖于某一地区，从而有效规避供应中断风险。欧盟提出要实行统一的对外政策，与主要能源生产国和供应国，包括俄罗斯、OPEC 和海湾合作组织建立平等的对话关系，实现能源供应多元化，确保能源安全。日本高度重视能源进口来源多元化，大力推进核能立国计划和新型燃料发展计划，实现核电及可再生能源快速发展。

二、以节能和提高能效为核心

世界各国都把节约能源、提高能效作为能源战略的重要举措。美国 2005 能源政策法详细规定了从能源生产、加工转换到终端利用各个环节的节能配套措施，强调制定和实施最低国家能效标准，出台节约能源和使用节能产品的鼓励政策，鼓励研发投资，积极推广先进节能技术，全面推动建筑节能、交通节能和工业节能，到 2030 年，实现新型汽车的燃油经济性提高一倍，工业部门能效提高 15%。欧盟明确提出了覆盖建筑、交通和工业的 75 项具体节能措施，围绕提高电力产品节能标准、限制汽车排放量、鼓励节能投资、提高发电能效和建立鼓励节能的税收制度等 10 大优先领域，力争在 2020 年前实现节能 20%。日本提出全球节能领先计划，加大节能政策创新和节能技术研发投入力度，构建世界一流的节能政策体系和节能技术体系，开展节能投资评估，建设节能型城市和社区，不断推动工业、建筑和运输等领域的节能工作，争取到 2030 年前将利用效率提高 30%。印度政府把科技进步作为提高能源效率，保障能源安全的重要措施，提出将在役发电厂的总效率从目前的 30% 提高到 34%，新建发电厂从目前 36% 的最低要求提高到 38%—40%。

三、加大国内资源开发力度

各国政府采用一系列优惠财税政策，支持能源科技创新，促进国内资源勘探开发。美国计划在未来 10 年内提供 355 亿美元的税收优惠和其他补助，支持提高采收率等研究和开发项目，促进国内边际油气和煤炭资源的开发利用，推进国内石油、天然气、煤炭的生产；通过采用环境友好的先进技术和工艺，推动环境敏感地区的资源勘探开采，加速对油砂、油页岩、煤层气等非常规油气资源的研究和开发。印度加快煤炭工业体制改革步伐，鼓励私营企业参与国内煤炭开发，通过科技进步提升煤炭生产效率，实现国内煤炭产量基本满足需求；加速国内新区石油天然气的勘探开发，通过科技进步提高采收率。

四、发展新能源和可再生能源

世界主要国家都将发展新能源和可再生能源作为提高国内能源自给程度，保障国家能源安全的重要战略举措。美国主要通过提供资金支持和税收优惠等方式，鼓励太阳能、风能、生物质能、地热能等可再生能源的开发利用。日本积极推动太阳能光伏电池、电动汽车、氢燃料电池车的开发，以实现将石油在一次能源消费总量中的比重从目前的 50% 降低至 40% 的目标。欧盟提出大力开发可以再生能源，计划到 2020 年将可再生能源比例提高到 20%，生物燃料在车用燃料中所占比例达到 10%。印度在原有的非常规能源部的基础上成立了新能源和可再生能源部，通过国家补贴、加强研发，促进新能源和可再生能源发展。巴西则提出要充分利用生物质能源的优势，继续扩大乙醇生产规模；加大对生物柴油技术研究，大力支持生物柴油的推广和使用。

表4-3 2008年金融危机以来主要国家新能源政策[①]

国家	政 策	内 容
英国	2009年7月 公布能源与气候变化白皮书 《英国低碳转换计划》 正式启动向低碳经济转型	计划承诺到2020年,全国40%电力来自可再生、核能、清洁煤等低碳能源
德国	2009年2月 公布新能源建设路线图	计划在未来10年内,将新能源电站的发电能力提高到德国发电总量的20%
美国	2009年1月 提出新能源政策	到2025年,实现美国人所用电能的25%来自可再生能源
日本	2008年11月11日 发布"太阳能发电普及行动计划"	提出2020年、2030年太阳能发电量分别为2005年的10倍、40倍
法国	2008年11月17日 公布可再生能源发展计划	2020年,可再生能源占能源消费总量在30%以上
澳大利亚	2008年12月17日 公布可再生能源立法草案	要求2020年可再生能源发电量占比为20%
丹麦	2009年1月19日 公布2025年能源规划	到2025年,可再生能源在能源消耗总量中的比重达到30%
俄罗斯	2030年前能源战略草案	到2030年,非燃料能源的比重从目前的10%增加到14%

五、核电发展重新进入视野

出于减少温室气体排放和保障能源安全需要,以及随着核电技术的逐步完善,第二代改进型核电技术更加经济、安全、可靠,第三代核电技术在安全性、经济性方面取得重要进展,美国、日本、欧盟等发达国家重新

[①] 资料来源:参见郑新立主编:《中国经济分析与展望（2009—2010)》,社会科学文献出版社2010年版,第415页。

重视核能开发利用，部分发展国家也将核电列入发展规划。美国将发展核电作为国家能源政策的重要组成部分，对新型核电站提供免税和贷款担保，鼓励投资新一代的更安全、更可靠和更防泄漏的核电厂。欧盟在强调核电运行安全的基础上，提出将核能发电占总发电量比例保持在 1/3 左右。日本提出核能立国计划，准备在 2030 年前建造 10 个新的核反应堆，将核电在电力供应中的比例提高到 40% 以上。俄罗斯出台核能发展战略，计划在 2020 年前建造 40 台更大容量的压水堆和新型快堆机组。巴西重启国家核能发展计划，拟于 2020 年前投资 130 亿美元建造 7 座核反应堆，以推进其核能工业自主化，捍卫和拓展本国核能发展权，提高其国际威望。

六、加强能源储备建设

世界经合组织成员国、欧盟各国及部分发展中国家均建立了战略石油储备，形成了比较完善的运作机制。为应对国际能源形势的新变化，美国已经宣布将其战略石油储备能力由原来的 7 亿桶提高到 10 亿桶。日本已经建立了庞大的能源储备体系，储备品种包括原油、成品油、液化石油气和天然气。欧盟不仅建立完备的石油储备制度，并提出对天然气储备进行立法，鼓励成员国建立天然气储备。印度、中国等发展中大国，石油消费规模大，增速较快，也纷纷开始建立石油储备体系。

七、深化国际能源合作

随着能源合作向纵深发展，国际能源使用的范畴更加广泛、形式更加多样。各国在大力支持本国能源企业海外投资的同时，积极开展与主要能源消费国、资源国之间的对话与合作，促进建立更加稳定的世界能源供应体系，保证本国能源供应的稳定。美国坚持能源政策与军事、贸易、经济、环境、安全和外交政策相结合，不断加强与主要消费国和生产国的对话，努力增强对国际能源市场的影响力和控制力。日本积极参与国际能源资源的开发，计划到 2030 年将海外权益油占进口量的比例从目前的 15%提高到 40%；以节能合作为重点，进一步加强与亚洲各国的关系，推进国际及区域性能源环境与气候变化方面的合作。欧盟强调制定共同对外能源政策，加快与中东、南美、非洲、美国、俄罗斯、中国和印度等国建立双边多边合作机制，加紧构建全球能源安全网络。俄罗斯积极推进能源出口品种和出口方向的多元化，支持俄罗斯公司参与国际能源合作，巩固和加强俄罗斯在能源市场的地位，力求在全球能源安全保障体系中发挥更大作用。

八、加快能源科技创新

世界主要国家都充分认识到先进技术是解决能源问题的关键，是提高国家竞争力的重要手段，因此，纷纷提出一系列能源科技创新战略。美国提出必须培养世界领先水平的科技人员，建设世界一流的能源科技基础设施，形成世界一流的能源科技成果，继续保持美国在国际能源产业和能源科技方面的领先地位。欧盟提出要开发世界领先的能源技术，重点加快核聚变、燃料电池、碳捕获与封存、可再生能源、天然气水合物的研发。日本提出引领未来能源技术战略，从 2050 年、2100 年超长期时间出发展望未来能源技术发展，制定 2030 年能源科技战略，重点开发先进燃烧技术、先进能源利用技术、先进节能技术。俄罗斯大力支持新能源研发，重点发展氢能源、燃料电池、天然气水合物的开发及先进核能技术。印度提出化石能源开发利用、新一代核能技术、可再生能源技术、氢燃料汽车技术等多个科技重点攻关方向。

第二章　国际政治经济形势对能源发展的影响

2008 年国际金融危机以来，国际政治经济形势发生剧烈的变化，能源秩序面临重建。随着经济和能源消费重心向东亚的转移，美国为继续争夺世界能源新秩序中的话语权和主导权，迅速启动了东移战略，而由此带来的中东相对真空状态，更加剧了全球能源形势的不稳定。中国、印度和俄罗斯等新兴市场经济国家的继续崛起，在世界能源秩序中发挥着越来越重要的作用。

第一节　美国战略东移和中东局势对国际能源的影响

一、美国战略东移的含义及目的

当前的美国政府加大了推动战略重心东移的力度，也加快了推进战略重心东移的速度。国务卿希拉里·克林顿 2011 年 10 月在《外交政策》杂志发表的题为《美国的太平洋世纪》一文，是对美战略重心东移和未来 10 年亚太战略的重要阐述和全面宣示。无论从政策原则还是实际运作来看，美国战略重心东移的意图已基本清晰。

随着亚太地区经济的迅速发展和一体化进程的加快，这一地区逐渐成为全球的焦点和美国战略利益的所在地。第二次世界大战后亚太地区尤其是东亚诸国所创造的世界经济奇迹，成为了当今世界经济发展最为活跃的空间。据统计，1950 年亚洲的商品和服务占全世界总额的比重仅为 16%，但到 1998 年，由于东亚各国采取市场经济模式和逐渐融入全球经济，这一数字达到了 34%。按此发展趋势，预计在 2030 年这一比例将达到 44%，有可能超出欧洲和美国的总和。21 世纪以来，新兴的"金砖四国"中三个在亚洲（中国、印度、俄罗斯）。2008 年国际金融危机以来，中国等东亚国家在世界中的影响力更加凸显。随着自身经济的发展，中日韩及东盟都发展成为美国重要的贸易伙伴国，中国和日本更是拥有美国大量国债，亚洲尤其是东亚已经发展成为美国最重要的贸易进出口和投资区。"重返亚太"，建立政治经济新秩序，形成亚太地区美国控制的"北约版"组织，主导亚太事务，成为美国战略东移的出发点。

作为美国全球战略的一个重要方面，是防止区域性大国挑战美国的全球主导地位。然而，冷战后，一些区域性大国在东亚不断成长，并在区域乃至全球事务中发挥了日益重要的作用，严重动摇了美国在亚太甚至世界的主导权。亚太地区迅速崛起的大国首先是中国。改革开放 30 多年，中国在经济、军事等各个方面都实现了突飞猛进的发展。同时，在区域一体化中，中国发挥的重要作用也令美国感到忧虑。进入 21 世纪后，美国在亚太外交中不断将中国作为其主要战略防范对手处置。中国近 10 年的经济规模不断扩大，成为世界第二大经济体，仅次于美国；国际贸易量由第 6 位上升到第 2 位，出口额跃居第 1 位，成为最大的资本净输出国和第 2 大对外净债权国。在中国高速增长带动下，东盟 10 国经济也有了令人瞩目的发展，就连属于经济合作与发展组织国家的澳大利亚也因大量向中国输出原材料而使 2000—2010 年间增长率达到 11.91%。据相关研究，近年来以购买力平价计的全球经济增长将近 42% 来自中国，与印度合计可占到近 60%。

无论从美国在亚太的军事调整还是推进跨太平洋伙伴关系协议（TPP）的目的来看，美国战略重心东移的指向是十分清晰的。美国面临的最大外交挑战，就是应对中国崛起。美国《外交政策》采访了 9 位美国权威国际关系理论学者，包括弗朗西斯·福山和约瑟夫·奈在内等学者均持这种观点。美国将亚洲作为应对中国崛起的主攻方向。美国较为普遍的看法是，中国利用美国集中精力和资源打击恐怖主义的间隙，抓住10年战略机遇期发展壮大了自己，尤其大幅提升了在亚洲的影响力，试图在亚洲追求主导地位，将美国挤出这一地区取而代之。实际上，从小布什政府的第二个任期起，美国就已经提出如何应对中国崛起的对策了。奥巴马上台后不过是加大了对中国防范的力度。跨太平洋伙伴关系协议是美制衡中国的又一新招。当然，我国周边国家对我国实力提升后的疑虑加深，也为美国制衡中国提供了机会。

近10年来，俄罗斯调整和发展较快，同时，不断调整国内外政策，依靠其庞大的能源优势和军事科技基础，经济开始逐渐恢复，外交上加强了其在东亚地区作用，尤其是中俄战略协作伙伴关系不断深入发展，使俄罗斯在21世纪依然以世界强国的身份出现在世界政治舞台上。这在美国看来，无疑是一个强大的威胁力量。战略东移，强化亚太，是重振美国、维持其世界主导权的重要战略。

面对着经济上快速崛起的东亚新兴市场经济国家，特别是中国、俄罗斯等，美国正在努力削弱他们的影响，使自己成为亚太的主导者。在政治经济上，美国着力拉拢亚太区域有关国家成为盟友，与之配套的外交活动空前活跃，试图以亚太经合组织代替东盟，以跨太平洋伙伴关系协议干扰和取代东盟与中、日、韩（10+1、10+3）日趋发展的自由贸易区；在军事上，美国加强了其在亚太区域的布局，强化东亚和南亚的军事存在。当然，美国在战略上要继续压制俄罗斯并在与后者的军备竞赛中保持领先地位，决不会退出中东，这样的结果也可能导致其战略重心东移的效果大打折扣。同时，包括俄罗斯在内的新兴市场经济国家综合国力不断壮大，从美国利益出发，需要与这些国家保持更广泛深入的经济合作，以及基本平稳的国家关系乃至军事交往，因此，战略东移还不会以坐失经济发展良机和危及自身的根本利益为代价。

二、美国战略东移对国际能源发展可能产生的影响

第二次世界大战以后，中东地区的原油绝大部分流向大西洋两岸，特别是欧洲和北美，从某种程度上来看，正是廉价的中东原油促进了西方大国的经济复兴。两次石油危机后，东亚的日本和继之而起的"亚洲四小龙"经济迅速发展，分流了中东部分石油出口。21世界的第一个10年，世界主要能源（石油、天然气、煤炭、水电和核电）消费总量年增率2.67%，北美、欧洲和独联体地区增长率仅为0.2%，亚太区域（不包括独联体和中东）却达到6.34%。以2010年能源消费占世界总量计，北美欧洲和独联体共占47.53%，亚太区达38.34%。在亚太区内，同期日本的能源总量年增率为-0.29%，中国和印度则分别达11.54%和5.18%。这些数字表明，世界能源增长中心转向东亚和南亚弧形地带，居前列的是中国和印度。

与此同时，能源构成发生了鲜明的变化。在2000年到2010年，世界石油、天然气和煤炭消费量年增率分别为1.09%、2.85%和4.84%。北美和欧洲依次为-0.17%、1.20%，煤炭消费量呈明显降势，石油呈微弱降势，天然气增长高于本区能源总量增速却小于全球天然气增速。但在亚太区域，石油、天然气和煤炭消费量年增率分别为2.63%、6.92%和9.34%，煤炭消费年增率明显高于能源消费总量年增率（6.34%）。影响煤炭消费快速增长的主要是中国，10年间，中国煤炭消费量年增率为13.21%，大于其11.54%的能源消费量年增率，基础能源消费构成中煤炭的比例由2000年的60.6%提高到2010年的70.3%，煤炭消费量占世界的份额由2000年的22.4%提高到2010年的48.37%。印度是中国之外世界能源消费增长重心东移的一个重要因素，2000年到2010年的能源消费量年增率为5.18%，远远高于世界水平。

能源消费增长重心东移直接影响到国际能源格局，特别是油气进口的地区构成。从2010年与2001年世界石油进口量地区构成的对比中可以发现，北美、日本进口量呈降势，期间年增率分别为0.14%和1.51%；欧洲呈微弱

增势，为 0.01％；东亚和南亚地区同期石油进口年增率为 3.81％，东亚和南亚的全球石油进口份额正在超越美国和欧洲。

能源消费重心的东移，自然是美国战略东移的一个重要影响因素。美国战略东移，无疑是为着激烈争夺世界能源新秩序中的话语权和主导权而来的。可以预见，美国战略东移步伐加快，则亚太区域能源安全将面临严重的不确定性，能源安全风险加大。同时，中东地区的战略真空将导致该地区政治与安全局势的不稳定，从而油气供给风险加大，油气价格将因此呈上升趋势。当然，美国自身能源自给能力的加强对油气价格上升趋势将形成一定的抵消，而经济合作和发展的需求，可能制约美国对能源局势的过度控制。

三、中东局势对国际能源形势的影响

中东是世界主要的石油产区，但该地区长期以来政治及安全局势不稳定，近年来这种不稳定的状态呈现加剧的趋势。这一方面是由于美国战略东移后形成了中东地区的战略真空，导致反美势力的抬头；另一方面是由于穆斯林世界内部复杂的斗争关系，激化了该地区的民族与派系矛盾。

反观中东历史，自 20 世纪以来，相当于一部石油史，任何与之相关的剧烈冲突，其背后无不显现着石油的影子。第二次世界大战后的 20 世纪 50 至 60 年代，中东的廉价石油为美国的黄金 10 年提供了绝佳发展条件；70 年代布雷顿森林体系崩溃后，海湾国家以美元作为石油结算货币，使美元建立起全球影响力；90 年代苏联解体之后，"中东新秩序"计划又为美国在全球推广其霸权主义提供了极好示范。无论是洛克比空难和"9·11"带来的震惊和伤痛，还是两次石油危机带来的冲击和衰退，都无法阻碍美国涉足中东的步伐。而自 2000 年以来，为转移国内矛盾和拉动深陷泥潭的经济，共和党人小布什抛弃了中东和平路线，转向以武力干预为主导的中东新战略。然而高压之下，中东局势却越来越倾向于伊斯兰"纯洁化"，令美国不

断反思其中东战略，并不断收缩其在全球的军事布局。

中东地区政治局势对国际能源发展可能的影响有：一是中东地区局势恶化，美国战略东移进程放缓，石油价格攀升，俄罗斯及委内瑞拉等高成本产油区获益，中国能源安全约束将相对宽松，但要承受由于中东局势恶化导致的高油价；二是中东局势维持现状，美国继续加快战略东移，中国能源安全约束将进一步紧张，但油价下跌可能性增大；三是中东地区实现重大和解，包括巴以妥协、什叶派与逊尼派之间的中长期妥协，这会增强中东地区石油议价能力，石油价格将面临上涨压力，同时美国页岩气企业也将获益，但这种可能性几乎为零。

进入 21 世纪以来，新技术的不断使用，特别是页岩气的革命，新能源的发展，核电的重生，使中东石油地位不断衰落，对美国而言，在忙于战略东移、"重返亚太"期间，建立"中东新秩序"形似鸡肋。

避免地区间的失衡，最好的办法就是合纵连横。但美国重新规划中东战略，也并不意味着中东会立即进入稳定阶段，美国也不会放弃在中东苦心经营近 30 年的秩序。因此，美国开始倾向于通过分割中东的完整性，在多方的对立中实现其以微小存在对整体局势影响的目的。中东地区经历了美国近 20 年"大中东计划"的改造后，基本形成了三方对垒的格局，分别是以伊朗和叙利亚为首的对美政策较为激进的国家；以沙特和阿联酋为首的亲美国家，还有一方为以色列；在三方中，考虑到伊朗是全球头号反美力量，离散伊朗与阿拉伯国家是美国控制中东平衡的最好切入点。

第二节　主要国家经济状况影响国际能源发展

一、中国经济发展新常态对国际能源发展可能的影响

中国经济发展进入新常态以来，宏观经济运行趋稳，能源行业持续深

化改革，加大结构调整和发展方式转变的力度，供应保障能力逐步增强，能源效率进一步提升，有力支撑着经济社会的持续平稳发展，也对国际能源发展产生着深刻的影响。

2013 年以来，我国煤炭行业告别了黄金 10 年，煤炭需求低迷，进口煤冲击不断，煤炭供求日趋恶化，价格持续下跌，消费增速趋缓。石油行业总体运行平稳，国内原油需求稳步增长，对外依存度进一步提高。天然气行业发展迅猛，供需面趋紧，对外依存度继续提升，管网等基础设施建设提速。

尽管我国经济增速逐步放缓，已经告别过去双位数的高速增长，进入中高速增长区间，但总体来看，随着新型工业化、城镇化的逐步推进，农业人口向城市的大量转移，必然意味着生活方式的转变和用能的增加，而且能源消费需求基数大，供需形势依然较为严峻。以石油和天然气为例，在不加以严格控制石油消耗的情景下，2030 年我国石油消费总量有望超过 8 亿吨，进口依存度预计高达 70% 左右，天然气对外依存度也将持续上升。

因此，我国经济发展新常态对国际能源发展可能的影响是双重的：一方面，经济增速的放缓以及经济结构与发展模式的转型将减少对能源的需求，尤其是对煤炭、石油的需求；另一方面，加快部署新型城镇化又将增加对能源的需求。

在新常态下的发展中，我国将更加注重能源安全，积极构建多元化的动态安全保障体系。在当前全球经济一体化的大背景下，我国能源安全将跳出单纯依靠贸易实现的窠臼，构建贸易、储备、投资、运输、金融一体化的安全保障体系，将更加积极主动地实施"走出去"战略，加强国际能源合作，坚持进口渠道多元化，改变石油进口过度依赖中东地区以及石油运输过度依赖马六甲海峡的局面，保障油气来源稳定和通道安全；鼓励境外石油公司来华投资石油产业中下游业务；加快推进油气储备体系建设，进一步放开石油进口权，为有意愿、有条件参与石油储备体系建设的企业提供平等机会和良好环境；积极争取石油等能源产品的国际定价话语权，加快推进石油期货交易中心建设，开发建立基于我国油品、美元计价的石油期货产品。这种发展战略和相关政策无疑将对国际能源发展方向产生深刻影响。

二、印度经济加速发展对国际能源发展可能的影响

作为我国近邻的印度，国土面积 327 万平方公里，居世界第七位；人口超过 11 亿，仅次于我国，居世界第二位；从 1991 年改革以来，印度经济增长率平均超过 7%；印度能源结构以煤炭和石油为主，两项常规能源占据全国能源份额 84%，其中，煤炭占 53%，石油占 31%，天然气占 8%，水电占 6%，其他新能源和可再生能源仅有 2%。

随着经济发展，印度对能源需求日益加大。在亚洲，印度是仅次于中国、日本的第三大石油消费国，居世界第六。由于本土能源资源储存和产量严重不足，对海外能源依存度很高，全国进口能源占国内总消费的比例高达 70%，且继续呈上升趋势。随着能源供给压力日益增大，确保能源安全成为印度对外战略的重中之重。除了加大常规资源的获取外，印度也着力进行新能源的探索。

印度未来经济增长速度将超过中国，成为全球经济增长速度最快的大型经济体。可以预见，在未来如果印度经济持续快速发展，全球能源价格将保持在高位运行，这对于产油国以及煤炭大国是一个利好，对印度周边的中亚天然气大国也有很强的吸引力。印度优越的地理位置有利于其获得更安全更廉价的能源。但未来低碳约束也将越来越强，这对印度和其他新兴市场经济国家都是一个严峻的挑战。

三、俄罗斯与欧洲政治经济发展的不稳定性对国际能源发展可能的影响

当前，俄罗斯与欧盟之间就能源合作问题产生极大分歧，一些事态令

欧盟严重不安，也引起国际社会广泛关注。特别是乌克兰危机，俄罗斯与白俄罗斯的天然气价格分歧，使得欧盟各国感到深深不安。俄罗斯明确表示，天然气出口国必须协调彼此行动。俄罗斯、伊朗和卡塔尔是世界三大天然气生产国，储气总量占世界已探明天然气储量的57%以上。如果这三个国家建立起"天然气欧佩克"，将成为国际天然气行业实际上的垄断者，比"石油欧佩克"更具影响力。欧盟委员会反对三国结盟，因为那样做必然会给欧盟国家的能源安全带来极大威胁。能源问题不仅成为左右欧俄关系发展的一个重要因素，也对整个欧洲的安全局势发展将产生不可低估的影响，甚至对全球经济社会稳定发展也举足轻重。欧盟要求俄方尽快批准已经签署的《欧洲能源宪章》，并向欧洲投资者开放能源市场，但俄方则要求进入欧洲国家的能源供应市场。由于在能源问题上存在的分歧严重，双方未能达成协议。

长期以来，欧盟国家与俄罗斯保持着传统的能源合作关系，俄罗斯是西欧国家的主要能源供应国之一，而新加入欧盟的中东欧国家对俄罗斯能源依赖程度则更大。然而，欧盟与俄罗斯围绕能源问题频频过招：俄罗斯不甘心充当能源供应者，而是要参与包括销售在内的整个过程，使俄罗斯的利益最大化；欧盟采取又打又拉的方法，试图从根源上确保俄罗斯能源供应的稳定。由于双方利益的冲突，因此欧、俄之间的这场能源之争很可能会持续下去。俄罗斯在乌克兰问题上如果不能与欧洲达成一致意见，则欧洲会持续降低对俄罗斯石油和天然气的依赖，但印度经济的快速增长将为俄罗斯的能源提供新的市场机会，从中长期来看，欧洲经济与印度经济增长的此消彼长会抵消对俄罗斯能源的影响。

俄罗斯的"能源外交"对西方构成真正的威胁。在国际石油市场发生巨大变化的同时，国际天然气市场成为新的竞争焦点，而俄罗斯以自身的能源优势正力图在国际天然气市场占据主导地位。俄罗斯与乌克兰、白俄罗斯的天然气纠纷，与欧盟在能源问题上的争论，以及俄罗斯支持建立"天然气欧佩克"的设想等都表明俄罗斯正在利用手中这张王牌来同西方进行

知识链接：

乌克兰危机再度暴露欧洲能源过度依赖俄罗斯

2014年初以来，持续发酵的乌克兰危机再度暴露欧洲能源过度依赖俄罗斯的"软肋"，不少欧洲国家官员和美国国会议员纷纷呼吁美国向欧洲增加天然气出口，以削弱俄罗斯在欧洲能源市场的影响力。但美国天然气出口审批过程缓慢、建设出口终端耗时较长，短期内美国天然气出口总量将远低于欧洲从俄罗斯的进口量，尚无法改变欧洲现有能源供应格局。

能源安全一直是制约欧洲经济发展的重要问题。由于石油和天然气等传统能源相对匮乏，欧洲不仅高度依赖能源进口，而且进口渠道单一，长期受制于俄罗斯的油气供应。以天然气为例，2013年欧洲共消费天然气约5343亿立方米，其中约30%是从俄罗斯进口，且大部分经由乌克兰管道输送。

近年来，由于俄乌两国在天然气供应价格、过境费用和债务偿还等方面发生争端，俄罗斯曾多次停止对乌克兰的天然气供应，其他欧洲国家也饱受"断气"之苦。近期乌克兰局势持续紧张令欧洲国家再次担心天然气供应可能受到影响，深切体会到推动能源供应多元化和摆脱对俄依赖的重要性和迫切性。目前，立陶宛、捷克、保加利亚等国从俄罗斯进口的天然气已占

抗争。

美国被伊拉克问题拖得筋疲力尽，在中东问题上一筹莫展，而俄罗斯积极展开"能源外交"，无疑是对美国的严峻挑战，美国在国际能源市场上的独霸地位受到强烈冲击。21世纪天然气可能像20世纪石油那样成为引起冲突的祸源，并可能成为俄罗斯、伊朗等天然气生产国手中的政治武器。一些学者认为，世界迈入了"新的时代"，能源在这个时代取代核武器，成为了争当超级大国的手段。

当然，西方不会坐视俄罗斯用能源作为武器进行威胁，北约筹划"能源打击"来对付俄罗斯，以防范能源供应中的潜在威胁，确保能源安全问题，甚至提出了动用北约军队来保护供应欧洲石油和天然气重要管道的可能性。

欧俄之间在能源问题上虽然分歧很大，但是并非不可调和。欧洲依赖俄罗斯能源供应的状况短期内很难改变，而俄

罗斯最大的能源输出地也是欧洲，一旦失去这个消费市场，意味着俄罗斯失去了巨额资金的来源，因此欧、俄之间依然存在相互妥协的余地。从欧洲整体安全格局上看，欧盟既是美国的盟友，同时也和同处欧洲大陆的俄罗斯保持合作伙伴关系。欧盟显然不会简单地追随美国来同俄罗斯交恶。

四、美国及日本经济发展趋势对国际能源发展可能的影响

2008 年以来，在严重的金融危机下，金融业和传统产业巨头接二连三轰然倒下，美国短期内难以担纲复兴经济的重任，寻找一个新的产业作为实

到本国消费的 80% 以上。

随着美国页岩气革命带来的国内油气产量大幅增长，美国已超过俄罗斯成为全球最大的天然气生产国。据美国能源信息局预测，未来 30 年美国天然气产量将保持稳步增长，到 2018 年美国将成为天然气净出口国。

事实上，由于建设液化装置和天然气出口终端需获得美国联邦能源管制委员会批准，并需投入大量资金和花费数年时间，即便美国政府迅速批准天然气出口申请项目，短期也无法实现向欧洲供气。更重要的是，由于亚洲天然气进口价格高于欧洲，美国天然气出口到亚洲更加有利可图。美国不少油气企业已与韩国、日本、印度尼西亚等亚洲国家签订了天然气供应的长期合同。业内人士测算，如果欧洲国家天然气进口报价超过亚洲国家，所需支付的费用就会比从俄罗斯进口高 60%，这对乌克兰等国家来说是不可承受的。①

体经济发展的基础是大势所趋。奥巴马曾经提出：谁掌握清洁和可再生能源，谁将主导 21 世纪；谁在新能源领域拔得头筹，谁将成为后石油经济时代的佼佼者。奥巴马政府提出的巨额经济刺激计划是一套以优先发展清洁能源、应对气候变化为内容的绿色能源战略计划，把发展新能源作为增加就业岗位、摆脱经济衰退和抢占未来发展先机的战略产业。同时，美国快

---

① 资料来源：http://www.workercn.cn，2014-03-19。

速大规模地开发新能源技术，是解决全球气候变化和美国能源对外依赖问题的最好办法。乐观者认为，奥巴马的新能源战略将是世界能源革命的开始，可再生的新能源将逐步取代传统化石能源的主导地位，由此催生经济增长模式的重大转变，传统的、不利于环境的经济活动的空间将被不断压缩。新能源战略势必然会给美国乃至世界能源和经济发展带来深远影响。

国内资源短缺促使日本不断加强再生能源及新能源技术的研发和推广普及，加速抢占全球新能源市场，争夺新能源开发的主导权。日本多年来一直积极开发太阳能、风能、核能等新能源，利用生物发电、垃圾发电、地热发电以及制作燃料电池作为新能源，特别是对太阳能的开发利用寄予厚望。经过多年发展，太阳能在日本已逐渐普及，很多家庭都购买了太阳能发电装置。从 2000 年起，太阳能光伏发电、太阳能电池产量多年位居世界首位，约占世界总产量的半壁江山。

当前，随着美国经济增长复苏以及日本经济摆脱低迷的可能性增大，对世界能源市场将形成重大利好，世界能源价格受此影响也将回复高位。

第三章　中国能源监管的现实约束与长远需求

　　未来一段时期，中国能源发展面临新的机遇和挑战。国际政治经济形势的新变化，中国经济结构的转型升级，能源技术和互联网的冲击，以及我国城镇化进程等，都将给中国能源发展带来机遇；而大国战略调整和竞争的不确定性，全球经济不平衡和发展不稳定，技术冲击和体制制约等方面的挑战也是明显的。与此相适应，中国能源监管必须面对能源发展形势，以及监管本身的演化逻辑，正视自身面对的现实约束和长远需求，建立健全能源监管体系，形成与中国能源发展战略、中国经济社会可持续发展战略相互作用、相互促进的良好局面。

第一节　中国能源发展的机遇与挑战

一、中国能源发展的机遇

（一）国际形势的新变化在短期可能带来的发展机遇

　　美俄矛盾的不可调和性为中国获取俄罗斯的石油天然气资源提供了更大的战略空间和战略机遇。这一矛盾在一定时期内化解的可能性较小，因为美俄双方没有明显妥协的余地，一方面俄罗斯认为主权受到了威胁，另一方面美国则认为俄罗斯侵犯了西方价值观的底线，因此，短期内这一矛盾很难得到根本解决。而且除了乌克兰问题之外，在格鲁吉亚、纳卡地区等区域也存在着类似的问题。

中国周边局势变化也存在发展机会。东南亚多数国家对中国经济发展的支持使得我国海上石油通道压力得到缓解，一直以来我国外交政策就在于争取东南亚多数国家的支持，这种外交战略的坚持将会获得长期的回报。

（二）我国经济结构转型升级对能源领域的影响

我国经济结构未来转型将意味着第三产业和高端制造业的快速发展，这一方面意味着节能技术和绿色能源的使用范围将更加广泛，能源供给的结构也将随之变化。煤炭的开发利用将呈现下降趋势，电力的应用范围将进一步扩大，节能技术将在能源生产及输送领域得到更多的采用。另一方面，我国经济结构的转型必然同时伴随着新型城镇化的进程，这一进程导致对能源更多的需求。数据表明，一个城镇居民的能源消耗是一个农村居民的4—6倍，如果未来我国把城镇化率从目前的51%提高到70%，则我国在节能降耗的基础上还需要将目前的能源供给提高3倍才能满足需求。与此同时，实施"一带一路"战略拓展了我国能源供给多元化途径。"一带一路"既是一个政治经济战略，也是一个能源战略，"一带一路"战略的实施有利于我国从本国西部地区以及中亚地区更便利地获得天然气、石油等能源资源，为我国能源安全保障提供战略支撑。

（三）能源技术及"互联网＋"对能源领域的冲击

随着勘探技术的发展，我国将在自身的海陆境内获得更多的能源支撑。例如，可燃冰的开发利用、重油劣质油的提炼、智能电网的建设等都将为我国能源的自给能力的提升提供重要保障。同时，"互联网＋"智慧能源模式和大数据理念创新将对能源领域带来巨大冲击。在能源领域，通过"互联网＋"，有助于促进能源系统扁平化，推进能源生产与消费模式革命，提高能源利用效率，推动节能减排；有助于加强分布式能源网络建设，提高可再生能源占比，促进能源利用结构优化；有助于加快发电设施、用电设施和电网智能化改造，提高电力系统的安全性、稳定性和可靠性。而能源大数据理念则是将电力、石油、燃气等能源领域数据及人口、地理、气象等其他领域数据进行综合采集、处理、分析与应用，加速推进能源产业发展及商业模式创新。

2015年9月26日，在联合国发展峰会上，国家主席习近平发表题为《谋共同永续发展 做合作共赢伙伴》的重要讲话，倡议探讨构建全球能源互联网，推动以清洁和绿色方式满足全球电力需求。全球能源互联网是以特高压电网为骨干网架、以各国泛在智能电网为基础、以输送清洁能源为主导的全球能源配置平台，简单说，就是"特高压电网＋泛在智能电网＋清洁能源"。全球

知识链接：

"互联网＋"智慧能源

一、推进能源生产智能化

建立能源生产运行的监测、管理和调度信息公共服务网络，加强能源产业链上下游企业的信息对接和生产消费智能化，支撑电厂和电网协调运行，促进非化石能源与化石能源协同发电。鼓励能源企业运用大数据技术对设备状态、电能负载等数据进行分析挖掘与预测，开展精准调度、故障判断和预测性维护，提高能源利用效率和安全稳定运行水平。

二、建设分布式能源网络

建设以太阳能、风能等可再生能源为主体的多能源协调互补的能源互联网。突破分布式发电、储能、智能微网、主动配电网等关键技术，构建智能化电力运行监测、管理技术平台，使电力设备和用电终端基于互联网进行双向通信和智能调控，实现分布式电源的及时有效接入，逐步建成开放共享的能源网络。

三、探索能源消费新模式

开展绿色电力交易服务区域试点，推进以智能电网为配送平台，以电子商务为交易平台，融合储能设施、物联网、智能用电设施等硬件以及碳交易、互联网金融等衍生服务于一体的绿色能源网络发展，实现绿色电力的点到点交易及实时配送和补贴结算。进一步加强能源生产和消费协

调匹配，推进电动汽车、港口岸电等电能替代技术的应用，推广电力需求侧管理，提高能源利用效率。基于分布式能源网络，发展用户端智能化用能、能源共享经济和能源自由交易，促进能源消费生态体系建设。

四、发展基于电网的通信设施和新型业务

推进电力光纤到户工程，完善能源互联网信息通信系统。统筹部署电网和通信网深度融合的网络基础设施，实现同缆传输、共建共享，避免重复建设。鼓励依托智能电网发展家庭能效管理等新型业务。①

知识链接：

能源大数据应用前景分析

能源大数据不仅是大数据技术在能源领域的深入应用，也是能源生产、消费及相关技术革命与大数据理念的深度融合，将加速推进能源产业发展及商业模式创新。目前，能源大数据理念尚处于逐步发展过程中。从国外主要实践案例来看，已初步形成了三类应用模式。

一、通过建设一个能源数据综合服务平台，集成能源供给、消费、相关技术的各类数据，为包括政府、企业、学校、居

能源互联网提出了一种全球资源统一规划、共同开发、共同受益的全新模式，不仅可以有效实现全球减排目标，而且可以降低减排成本。同时，全球能源互联网还可以将亚洲、非洲、南美洲等地区丰富的水能、风能、太阳能资源优势转化为经济优势，缩小南北差距，并大幅减少印度、非洲等地的无电人口，实现联合国提出的"人人享有可持续能源"，最终实现公平、开放、全面、创新的国际合作新局面。

二、中国能源发展面临的挑战

（一）大国战略调整带来的不确定性

美国没有放弃遏制中国崛起的战略给我国经济发展以及能源战略带来了很大的压力，东南亚个别国家与中国外交摩

---

① 资料来源：摘自《国务院关于积极推进"互联网＋"行动的指导意见》。

擦增多，南海安全局势不容乐观，印度经济增速有可能超越中国，中国能源安全战略腾挪空间相对变小。

（二）全球整体进入一个安全不稳定期

目前全球政治经济形势与前30年相比，大国之间的摩擦更多，地区矛盾尤其是我国周边地区的矛盾比较突出，中东地区局势的安全性也愈来愈差，这导致我国重要的能源来源地以及重要的能源输送通道的稳定性和安全性越来越不确定。

民等不同类型参与方提供大数据分析和信息服务。该模式中，电网企业具有资金、技术、数据资源等方面优势，具备成为综合服务平台提供方的条件。

二、通过对能源供给、消费、移动终端等不同数据源的数据进行综合分析，将能源大数据、信息通信与工业制造技术结合，设计开发出节能环保产品，为用户提供付费低、能效高的能源使用与生活方式。

三、通过将能源生产、消费数据与内部智能设备、客户信息、电力运行等数据结合，可充分挖掘客户行为特征，提高能源需求预测准确性，发现电力消费规律，提升企业运营效率效益。[①]

（三）能源体制需要加快改革步伐

我国目前的能源体制与我国能源市场及能源监管的需求不相适应。能源市场尤其是石油、天然气、电力等重要能源市场仍以完全垄断与寡头垄断市场结构为主，市场竞争不足，能源服务质量低下，能源价格相对较高。能源监管体制不顺，能源规划不科学，能源政策政出多门，能源安全多头管理等问题，迫切需要加快能源体制机制改革步伐。

（四）能源技术亟待推进

虽然我国能源技术已经取得了长足的发展，但是核心能源技术，高端

---

① 参见孙艺新：《能源领域大数据应用前景分析》，摘自能源观察网。

能源技术仍然缺乏，与能源技术配套的能源利用技术以及能源深加工技术也非常缺乏。这是一个技术系统，既涉及硬件领域也涉及软件领域，我国需要加快落实知识产权保护法来推进全民创新，这是推进我国技术创新的根本对策。

（五）城镇化的巨大能源需求以及环境与气候变化约束强化

新型城镇化进程的推进，对我国能源供给带来了巨大的压力，但气候变化问题构成的硬约束对能源生产以及能源消费都提出了更高的要求，这些问题只能通过提高能源科技水平来解决。在能源科技短板的前提下，这一矛盾是我国短期、中期和长期都将面临的严峻挑战。

第二节　中国能源监管的现实约束

当前，中国能源监管面临着多重现实约束。体制机制方面的职能混淆、职责分散、定位模糊，监管法制建设滞后，综合性能源监管机构缺失，监管手段缺乏等，都是需要正视的问题。

一、体制机制方面的局限

监管职能和政策职能的分离是监管机构职能配置的基本原则之一。我国专业、独立的能源监管机构的设立，意味着能源监管职能和能源宏观政策职能开始实现分离，有助于实现我国能源行政管理的目标，提高能源管理的效率，更好地促进能源市场化改革，实现能源行业的可持续发展。但是，这种职能分离是有限的，我国能源监管职能配置仍然存在不少问题。

（一）职能混淆

能源行政管理部门既承担宏观政策职能，也具有微观监管的职能，而能源监管机构既有监管职能，也有宏观政策方面的部分职能，即政监不分。比如，国家能源局作为国务院的能源行政主管部门，既有研究拟定能源发展战略、规划和政策的职能，也承担诸如电力、石油和天然气管道安全监管等具体执行职能。国家发展和改革委员会既负责能源战略和规划的制定，也负责能源价格监管职能。

（二）职能分散

能源监管机构的分散设置必然导致职能配置的分散。我国能源监管职能的分配总体上是分行业进行的，不同的行业监管职能分配给了不同的监管机构，即政出多门。从能源监管职能的横向分布来看，除了国家能源局的行业监管职能比较集中以外，能源的其他监管职能分布是非常分散的：电力监管职能赋予能源局及其派出机构；煤炭安全监管职能赋予煤矿安全监察局；能源价格监管职能赋予国家发改委；能源国有企业资产监管职能赋予国资委；能源资源监管职能赋予国土资源部；能源环境监管和核电安全监管职能赋予环境保护部；能源大宗商品的贸易监管职能赋予商务部。从纵向分布来看，能源生产的上中下游往往也被人为分割，监管职能分属不同的部门，以煤炭生产为例，煤矿采矿权探矿权的管理属于国土资源管理部门；煤炭生产许可证的颁发和煤炭经营监管、价格监管属于国家发改委和能源局；煤矿生产中的安全监管属于煤矿安全监察局。

（三）职能定位模糊

从政府职能的横向分配规律来看，政府的宏观调控、微观监管和资产监管等职能的设置是有自身的规律的。宏观调控职能具有高度的政策性和政治性，通过法律、法规、政策和战略规划的形式表现出来，一般由政府的行政管理部门掌握和控制；政府的微观监管职能具有高度的技术性和专业性，通过具体的标准、规范和纠纷的解决等形式表现出来，一般由独立的监管机构依靠其专业知识予以执行；政府的资产管理职能具有高度的经济性和效率性，通过设立国有企业、实行国有控股等形式表现，主要目的是发挥国有资产的经济效益，确保资产的保值增值，一般由专门的资产管理部门进行监管。从政府职能的纵向分配规律来看，将政府的决策、执行、监督和咨询职能进行适当的分离，更加有利于政府职能效益的发挥。因此，政府监管职能的定位应当是：以相对独立的地位，利用本身的专业知识和行业标准规范，采用透明的程序和中立超然的态度，有效地解决法律政策执行中的具体技术问题和行业纠纷，监督法律政策的执行。

从我国能源监管职能的分配来看，监管机构的职能定位是模糊的，独立性不高和专业性不强是典型特征。大部分监管机构仍然沿用的是传统政府管理部门的管理模式，受到政府行政管理部门强有力的制约，甚至成为政府管理部门的下属机构。而政府监管机构中专业的监管人才奇缺，难以适应监管专业化的需要。

二、监管法制建设紧迫

改革开放以来，特别是市场经济体制改革的目标确立以后，我国能源监管体制方面的法制建设取得了明显的成就，但也存在诸多问题。

（一）能源法律体系不健全

我国能源法律体系虽然初具规模，但是存在的问题也很突出。首先，缺乏能源基本法。能源领域只存在几部单行的能源法律，缺乏统领全局、解决结构性、整体性、系统性能源问题的能源基本法，致使许多能源领域的基本法律问题长期得不到解决，比如，能源管理体制问题、能源定价机制问题、能源产权问题、能源技术创新问题等。其次，能源单行法有的需要修改以适应新的发展需要，有的能源领域没有制定单行法。我国的《电力法》和《煤炭法》明显具有过渡时期的特征，不能适应能源市场化改革和可持续发展的要求，需要进行修改；我国石油天然气方面只有《石油天然气管道保护法》，石油天然气行业基本法——《石油天然气法》急需制定；核能方面一直没有单行法进行规范，与我国核能大国的地位以及核能国际化、安全化的发展趋势明显不符；能源公用事业方面的法律也一直缺乏，导致能源公用事业主要靠部门规章和地方性法规治理，与我国城市化、现代化发展的进程不协调，能源普遍服务义务和消费者权利保护等机制有待健全。

（二）能源立法滞后发展需要

立、改、废三种立法方式不能很好地结合使用。在世界各国能源法的市场化、生态化和国际化趋势已经十分明显的前提下，中国的能源法律体系建设跟不上可持续发展的步伐，一方面需要进一步转变观念，明确立法的方向，加快能源立法的速度；另一方面需要较好地处理制定新法与修改或废止现行法律之间的关系，将有关法律的废、改、立结合起来。在日本，能源立法的立、改、废比较频繁，比如为了有计划地对矿害予以修复为目的，1952 年，日本制定了《临时煤矿矿害修复法》。为适应日本煤炭矿业政策，该法分别于 1993 年、1996 年、1999 年、2000 年被多次修改，并于 2000 年在实现其立法目的之际被废止。而在我国，《能源法》的制定从 2005 年开始起步，至今还没有出台，《电力法》《煤炭法》已经制定了 10 多年，却尚未全面修订过，越来越不能适应能源发展的需要。

新修改后的《可再生能源法》《节约能源法》等立法都还是比较原则，可操作性不强。目前，有关新能源和可再生能源的诸多规定旨在表明国家对新能源与可再生能源的鼓励和支持态度，意在确立某种制度，甚至一些规定只具有政治宣示的象征意义。这表明我国现行的新能源与可再生能源立法，过度追求抽象概括而未能考虑法律的具体适用性，从而带来了实施上的障碍和适用上的困惑。而且，从目前的立法情况来看，我国《可再生能源法》2005 年制定后，经过 2009 年的修改，国务院一直都没有制定一部行政法规来实施这部法律，这与我国"十一五"期间可再生能源发展速度位居世界第一的现实形成很大反差。

三、职能分散的现实难题

当前，能源监管机构设置专业化、独立化、集中化取得进展，但设置分散、不稳定，缺少综合性的能源监管机构。由于能源行业长期受计划经济体制的影响，行业割据和垄断现象十分严重，导致我国能源监管机构的设置方面存在诸多难题。

（一）机构组织体系配置低

2013 年国家能源局重组后，在国家层面实行"政监合一"的管理模式；原国家电监会设立的 18 个派出机构划转到国家能源局，继续实行垂直管理；在能源监管方式上，初步建立规划、政策、规则、监管"四位一体"的管理体制。但是新的国家能源局依旧是国家发展和改革委员会管理的国家局，其相对较低的职级配置使得监管手段受到国家政府部门的行政性干预较大，影响了能源监管的独立性。

（二）与能源监管职能相关的机构过多过散

受计划经济体制的影响，我国能源行业分割的基本格局仍然没有打破，监管机构的设置基本上是按照原来行业管理的模式来设计的，煤炭、电力、石油天然气、可再生能源、节能和能源效率的监管职能还是分属不同的监管机构，行业分割还非常严重，导致监管机构设置过多，过于分散。

这种分散监管造成两方面问题：一是综合协调能力不强。各个部门间、中央与地方政府间在监管目标、利益及步调上不一致，进而导致部门间综合协调能力不强。另外，由于监管职能分散，监管机构面临职能缺失和监管真空问题。以电力行业为主，由于电力监管机构缺乏投资准入监管职能和价格监管职能，对于一些没有取得电力业务许可证就进入的电力项目，在开展电力业务之前，无权干预。二是重审批、轻监管。政府管理的重点集中在项目审批环节，项目中及项目后监督则相对较弱，导致社会性监管不足。政府将监管的重点放在投资准入、产品和服务价格、产品和质量服务、生产规模等经济性监管，而对资源保护、安全、环境、质量等外部性问题的社会监管相对薄弱。法律依据不足，缺乏严格的能源监管标准和科学的监管手段，监管方式单一。

（三）能源监管机构设置不稳定

我国能源监管机构的设置一直处于变动之中，缺乏应有的稳定性，不利于能源监管政策的贯彻执行，也不利于进行对外合作与交流。原电力监管委员会 2003 年成立，运行 10 年后 2013 年与原国家能源局重组成了新的国家能源局，刚刚运行 3 年；国家煤矿安全监察局 2008 年成立，运行不到 10 年；国家发展改革委 2003 年成立，在 2008 年又进行了较大调整；核安全局 1998 年划入环境保护部，职责也不断发生变化。如此看来，监管机构设立时间最长的也就十几年，而且基本上都随着国务院机构改革进行过相应的调整和改革，这种不稳定的机构设置，对于监管政策的连续性和一致性造成不利的影响，被监管者也往往感到无所适从。

（四）综合性能源监管机构缺失

我国能源监管机构中既有国务院组成部门，也有国务院部委管理的国家局（副部级），缺少综合性的能源监管机构，这对于能源监管政策的统一和协调是不利的。从历史发展过程来审视，我国能源监管体制历史的沿革，没有形成统一的能源监管机构，进而没有整体规划，没有顶层设计，没有建立一套科学的能源监管运行机制和信息收集及分析系统体系，这是能源监管所有问题的根源所在。1988 年，顺应经济体制改革的需要，按照国务院机构改革方案，撤销了煤炭部、电力部、石油部、化工部以及核工业部，成立了对能源统一管理的能源部，同时组建了中国统配煤矿总公司、中国石油化学工业总公司、中国核工业总公司、中国电力企业联合会。当时，这些公司是在原工业部门基础上的"翻牌"，政企合一的性质没有变化，计划经济的管理体制没有打破，传统的管理方式仍然发挥着重要作用，致使能源部没能按当时的设想发挥应有的作用，到1993年撤销。究其实质，当时仍没达到改革的良机，而现在我国的能源行业迫切需要新的顶层设计以迎合可持续发展的需要。

（五）监管手段缺乏

能源监管可以划分为经济性监管与社会性监管。经济性监管手段包括能源市场准入监管、能源价格监管、能源污染排放权交易的监管；能源安全监管与能源环境监管则属于社会性监管。相对于能源监管内容的复杂性，现存的两类监管手段还比较欠缺。一方面，在经济性监管过程中，受限于我国能源行业发展水平，市场化、信息化监管还处在初级阶段；另一方面，由于我国能源立法的滞后，无论是经济性监管还是社会性监管过程中，监管的法律手段都还不到位。

第三节　中国能源监管的战略意义

中国能源监管不能脱离能源行业发展现状及趋势就监管谈监管，也不能无视监管存在的现实约束就监管谈监管。中国能源监管，必须结合中国能源发展战略面临的机遇与挑战，以及监管本身的演化逻辑，具体情况具体分析，以促进能源发展为第一要务，把改革作为能源发展的动力，抓住能源监管本质，形成能源监管与能源行业发展、能源监管与中国经济社会发展相互作用、相互促进的良好局面，走一条与中国能源行业发展和能源市场建设相适应的能源监管道路。

一、适应国家治理能力和治理体系现代化的客观要求

国家治理体系和治理能力是一个国家的制度和制度执行能力的集中体现，国家治理体系的完善程度及治理能力的强弱，是一个国家综合国力和竞争力的重要标志。对任何一个国家来说，如果没有比较完善的国家治理体系和比较强大的国家治理能力，就不可能有效地解决各种社会矛盾和问题，就不可能形成国家建设和发展所必需的向心力、凝聚力，就会导致社会动荡、政权更迭等严重政治后果。中国能源监管正是适应国家治理能力和治理体系现代化的客观要求。

党的十八届三中全会确定了我国全面深化改革的总体目标，社会主义市场经济体制改革已进入攻坚期、深水区，需要敢于啃硬骨头，敢于涉险滩，更加尊重市场规律，更好发挥政府作用。当前能源市场发展滞后，阻碍能源科学发展的体制机制问题突出，需要

> **知识链接：**
>
> **十八届三中全会关于经济体制改革与市场监管的指导思想**
>
> 为贯彻落实党的十八大关于全面深化改革的战略部署，十八届中央委员会第三次全体会议研究了全面深化改革的若干重大问题，作出如下决定。
>
> 1. 紧紧围绕使市场在资源配置中起决定性作用深化经济体制改革，坚持和完善基本经济制度，加快完善现代市场体系、宏观调控体系、开放型经济体系，加快转变经济发展方式，加快建设创新型国家，推动经济更有效率、更加公平、更可持续发展。
>
> 2. 经济体制改革是全面深化改革的重点，核心问题是处理好政府和市场的关系，使市场在资源配置中起决定性作用和更好发挥政府作用。市场决定资源配置是市场经济的一般规律，健全社会主义市场经济体制必须遵循这条规律，着力解决市场体系不完善、政府干预过多和监管不到位问题。

3.必须积极稳妥从广度和深度上推进市场化改革，大幅度减少政府对资源的直接配置，推动资源配置依据市场规则、市场价格、市场竞争实现效益最大化和效率最优化。政府的职责和作用主要是保持宏观经济稳定，加强和优化公共服务，保障公平竞争，加强市场监管，维护市场秩序，推动可持续发展，促进共同富裕，弥补市场失灵。

4.改革市场监管体系，实行统一的市场监管，清理和废除妨碍全国统一市场和公平竞争的各种规定和做法，严禁和惩处各类违法实行优惠政策行为，反对地方保护，反对垄断和不正当竞争。建立健全社会征信体系，褒扬诚信，惩戒失信。健全优胜劣汰市场化退出机制，完善企业破产制度。

5.完善主要由市场决定价格的机制。凡是能由市场形成价格的都交给市场，政府不进行不当干预。推进水、石油、天然气、电力、交通、电信等领域价格改革，放开竞争性环节价格。政府定价范围主要限定在重要公用事业、公益性服务、网络型自然垄断环节，提高透明度，接受社会监督。完善农产品价格形成机制，注重发挥市场形成价格作用。①

以更大的勇气和智慧推进能源体制机制改革。能源产业既具有自然垄断性，又关系国计民生，推进能源市场化改革，需要把遵循市场经济规律与针对垄断行业特点进行治理结合起来，不断探索中国特色能源监管新路。

二、满足国家能源发展战略的长远需求

当前，世界政治、经济格局深刻调整，能源供求关系深刻变化。我国能源资源约束日益加剧，生态环境问题突出，调整结构、提高能效和保障能源安全的压力进一步加大，能源发展面临一系列新问题新挑战。从现在到2020年，是我国全面建成小康社会的关键时期，是能源发展转型的重要战略机遇期。探索能源监管道路，推动能源生产和消费革命，打造中国能源升级版，是

---

① 摘自《中共中央关于全面深化改革若干重大问题的决定》，见新华网。

实施和实现国家能源发展战略的长远需求。

（一）能源革命

能源安全是关系国家经济社会发展的全局性、战略性问题，对国家繁荣发展、人民生活改善、社会长治久安至关重要。面对能源供需新变化、国际能源发展新趋势，保障国家能源安全，推动能源生产和消费革命必须从当前做起，加快实施重点任务和重大举措。

1. 推动能源消费革命，抑制不合理能源消费。坚决控制能源总量，有效落实节能优先方针，把节能贯穿于经济社会发展全过程和各个领域，坚定调整产业结构，高度重视城镇化节能，树立勤俭节约的消费观，加快形成能源节约型社会。

2. 推动能源供给革命，建立多元化供应体系。立足国内多元供应保安全，大力推进煤炭清洁高效利用，着力发展非煤炭能源，形成煤、油、气、核、新能源、可再生能源多轮驱动的能源供应体系，同步加强能源输配网络和储备建设。

3. 推动能源技术革命，带动产业升级。立足我国国情，紧跟国际能源技术革命新趋势，以绿色低碳为方向，分类推进技术创新、产业创新、商业模式创新，并同其他领域高新技术紧密结合，把能源技术及相关联产业培育成带动我国产业升级的新增长点。

4. 推动能源体制革命，打通能源发展快车道。坚定不移推动能源改革，还原能源商品属性，构建有效竞争的市场结构和市场体系，形成主要由市场决定能源价格的机制，转变政府对能源的监管方式，建立健全能源法治体系。

5. 全方面加强国际合作，实现开放条件下的能源安全。在主要立足国内的前提条件下，在能源生产和消费革命所涉及的各个方面加强国际合作，有效利用国际资源。

（二）能源发展战略方针

面对能源发展面临的一系列的新问题和新调整，构建我国清洁、高效、安全、可持续的现代能源体系，需坚持"节约、清洁、安全"的战略方针，并重点实施节约优先、立足国内、绿色低碳和创新驱动四大战略。

1. 节约优先战略。把节约优先贯穿于经济社会及能源发展的全过程，集约高效开发能源，科学合理使用能源，大力提高能源效率，加快调整和优化经济结构，推进重点领域和关键环节节能，合理控制能源消费总量，以较少的能源消费支撑经济社会较快发展。

2. 立足国内战略。坚持立足国内，将国内供应作为保障能源安全的主渠道，牢牢掌握能源安全主动权。发挥国内资源、技术、装备和人才优势，加强国内能源资源勘探开发，完善能源替代和储备应急体系，着力增强能源供应能力。加强国际合作，提高优质能源保障水平，加快推进油气战略进口通道建设，在开放格局中维护能源安全。

3. 绿色低碳战略。着力优化能源结构，把发展清洁低碳能源作为调整能源结构的主攻方向。坚持发展非化石能源与化石能源高效清洁利用并举，逐步降低煤炭消费比重，提高天然气消费比重，大幅增加风电、太阳能、地热能等可再生能源和核电消费比重，形成与我国国情相适应、科学合理的能源消费结构，大幅减少能源消费排放，促进生态文明建设。

4. 创新驱动战略。深化能源体制改革，加快重点领域和关键环节改革步伐，完善能源科学发展体制机制，充分发挥市场在能源资源配置中的决定性作用。树立科技决定能源未来、科技创造未来能源的理念，坚持追赶与跨越并重，加强能源科技创新体系建设，依托重大工程推进科技自主创新，建设能源科技强国，能源科技总体接近世界先进水平。

三、符合能源体制改革和市场建设的发展方向

当前，围绕使市场在资源配置中起决定性作用和更好发挥政府作用，我国政府以转变职能为核心，大力推进简政放权，简化行政审批，减少微观事务管理，有力地激发市场活力、劳动者创造力和经济发展能量。据统计，新的国家能源局重组以来，累计取消和下放了64%的行政审批事项。李克强总理在研究部署"十三五"国民经济和社会发展规划编制启动工作时指出，研究编制"十三五"规划，要远近结合，更加注重以解决长远问题的办法来应对当前挑战。既要以5年为主，衔接2020年全面建成小康社会各项目标，又要考虑更长时期的远景发展。着力用结构性改革破解结构性难题，用简政放权激发市场活力和释放发展潜力，用科技创新、大众创业增添经济发展新动能，用提升开放水平拓展发展空间，使经济更有效率、社会更加公平、发展更可持续。简政放权将继续成为"十三五"政府机构改革、职能转变的主线。监管是简政放权的重要抓手。政府简政放权、职能转变需要后续监管跟进跟上，这对能源监管工作提出更紧迫的需要和更高的要求，在权力和责任同步下放的同时，调控和监管必须同步跟进，以避免监管缺位、错位、越位、不到位，确保放而不紊、活而不乱、管而不死、统而不僵。

市场化是我国能源体制机制改革的方向，其核心原则是"市场的归市场，政府的归政府"，最大限度地减少政府对市场的干预，为市场机制在能源资源的配置中起到决定性作用创造先决条件。我国能源监管，就是在坚持社会主义市场经济改革方向，使市场在资源配置中起决定性作用和更好发挥政府作用的前提下，进一步深化能源体制改革，破除能源企业的行政性垄断地位，分离自然垄断业务和竞争性业务，放开竞争性领域和环节，实行公平的市场准入制度，推动能源投资主体多元化，提高能源企业的竞争力和效率，保障国家能源安全，建立统一开放、竞争有序的现代能源市场体系。

四、坚持科学监管、充分发挥监管有效性的根本要求

科学监管，是实现有效监管的根本要求。我国新一轮电改的指导性文件《关于进一步深化电力体制改革的若干意见》（中发〔2015〕9号）中提出了坚持科学监管的原则。

科学监管，首先就是要依法监管，这是深化能源体制改革和市场化建设的根本。当前，就是抓紧时间，建立健全能源监管法律法规，积极推动《能源法》《电力法》等的立法和修订，坚持公开性、公平性、公正性，树立监管权威。监管人员要严格遵守能源监管法规和程序，提高监管能力和水平，保障监管合法合规、有序规范。其次就是要面对能源市场的复杂性，以专项监管、问题监管为方式，闭环监管为方法，有效监管为目的，切实提高监管的效率、效能和效果。特别是在加快构建有效竞争的市场结构与市场体系进程中，在建立健全直接交易市场的具体任务中，监管机构要成为市场秩序、竞争规矩的守护者，以更加精细化、更为有效的监管，保障各相关方的合法权益，保障市场有效配置资源。同时，对于破坏市场秩序、无视市场规矩、威胁能源安全的市场主体及行为，监管机构必须予以惩戒。再次就是要积极探索政府监管方式。政府管理重点要放在加强发展战略、规划、政策、标准等的制定实施，相关部门要认真履行能源规划职责，建立规划实施检查、监督、评估、考核工作机制，保障能源规划有效执行。在简政放权时代背景下，监管机构要着重加强事中、事后监管，保障能源发展战略、政策和标准的有效落实。科学监管，还要在建立健全能源市场主体信用体系的同时，进一步加大监管力度，对企业和个人的违法失信行为予以公开，违法失信行为严重且影响能源安全的，要实行严格的行业禁入措施。

在能源改革市场化方向明确，特别是电力领域市场化进程已有多年实践的基础上，强化科学监管，意味着在能源领域，伴随改革进程监管也在不断升级。一个市场化配置资源的体系，要比计划体系更难监管，更需要精准细致的监管。因此，必须着力强化监管能力建设，坚持科学监管，才能充分发挥监管的功效。

第四章 中国能源监管的现实选择和前景分析

能源监管是一种探索，一种创新，做好能源监管，必须围绕建立健全能源市场体制机制，从解决市场公开公平透明入手，围绕能源发展面临的突出矛盾，选择恰适的能源监管模式，确立科学的解决思路，探索有效的实施路径。

第一节 能源监管模式的选择

一、能源监管模式的理论基础

能源监管是通过政府作用和市场影响共同完成的，二者共同构成能源监管的影响力。从这一角度，可以把政府作用和市场影响作为一个能源监管系统的两个部分。参考系统自组织理论，政府对能源监管的影响力与市场对能源监管的影响力，随着市场化程度的不同，在整个能源监管中的影响力也不同：当市场化程度很低时，政府的影响力可以占据主要地位；随着能源产业市场化程度的不断提高，市场影响力的不断增强，政府影响力就应该相应降低。而这种政府影响力的增加或降低是与能源监管体制密不可分的，是能源监管体制作用的体现，因此，市场化程度不同，能源监管模式的选择就不一样。

能源管理中，并非是集中度越高，能源管理效率越高。以能源产业资产管理为例，能源产业是一个高投入的产业，比如我国现行能源行业总资产达数十万亿元，在国有资产占绝对高比例的情况下，资产如果分散在过多的政府部门中进行管理，必然降低资产的使用效率，由此产生的政府影响力也会比较低，如果将资产集中在政府部门管理，可能会由于该部门的一个政策失误导致国民经济受到巨大冲击，增加风险，政府影响力也不高。所以，政府在能源管理中的集中度必须适中。因此，未来中国实施何种类型的能源监管模式，要取决于市场化程度、政府影响力、收益与风险等各种因素之间的关系。

二、能源监管模式的选择原则

（一）机构独立

能源监管机构要摆脱一般行政管理部门的干预和控制，能够独立地执行监管政策而不受利益相关方的干扰。监管机构的独立性原则已经在能源市场发达国家的能源监管过程中达成统一共识。

（二）职能完备

能源监管机构相对于传统的行政管理部门的一个重要特点就是要求更加专业化，需要专门的技术知识来解决专业化问题。在监管需求专业化前提下，其他机构很难达到这一专业化要求，为了提高监管效率，必须保证能源监管机构在监管职能配置上的完备性，以保障监管权力实施到位。

（三）组织健全

能源监管的专业性要求能源监管职能在监管机构内部应当进行适当的区分。不同能源行业的监管职能应该由不同的专业监管机构和人员来执行。

这就要求在能源监管机构组织设置时，应该全方位、多角度考虑各个能源行业的监管要求，建立健全监管组织结构。

（四）法律保障

能源监管机构的独立性、职能完备性以及组织健全性，都必须在法律上给予明确规定。"法定职责必须为，法无授权不可为"，通过赋予监管机构在其职权与职责上的法律保障具有两方面的重要作用：一方面明确了监管机构的监管行为，避免了在监管机构法律定位不明确时能源监管工作的模糊性；另一方面，明确的法律定位意味着把权力关进制度的笼子里，可以从源头上保障其监管行为的规范性。

三、能源管理模式对监管模式的影响

从实践来看，在国民经济与能源之间建立紧密的联系，对自然垄断性强的能源供应结构加以监管，对关系国家安全的重要能源加强管理，为国民经济的发展提供有力的能源保障，是能源管理体制的功能所在。能源管理体制需要不断进行变化与调整，以适应变化中的国民经济与能源供给和消费的现实。

世界主要国家都把能源放在突出的战略地位来进行管理，可以说，能源管理体制是各国能源安全与经济发展的根本保障。进入21世纪，日益严峻的能源问题促使世界各国都非常重视建立完善的能源管理体制。国际社会能源管理机构的设置、管理内容、管理依据、管理者制衡机制等方面，主要受各自的能源市场模式、引入竞争的范围和程度、能源行业结构和特点、国家政治体制、法律制度、国家的地域面积等因素的影响，也和能源产业历史状况有关。所以，各国能源管理体制不尽相同。

正是基于不同的能源管理体制，因此，能源监管模式的选择也并不相同。一般来说，国际上在能源监管机构设置上存在两种模式：一种是"政监合一"模式，即监管职能与公共服务和政策引导职能集中在同一个部门。在能源市场化程度较低、能源监管制度缺位，以及能源监管机制不完善的情况下，通过造就一个强势的能源管理部门和监管机构，才能使能源各行业监管成为可能。第二种是"政监分离"模式，即专设能源监管机构，统一负责能源市场准入、价格、成本、服务质量和市场交易规则等经济监管职能。比如，美国联邦能源监管委员会拥有独立的市场准入审批、价格监管、受理业务申请、受理举报投诉、行使行政执法与行政处罚等权力。

四、国际能源管理和监管模式的发展趋势

（一）能源管理体制表现多样化

能源安全是国家经济安全的重要方面，它直接影响一国经济的可持续发展和社会稳定。同时，能源是世界政治和经济力量的通货，是国家之间力量等级体系的决定因素，是国家对外战略的重要筹码。因此，各国都非常重视建立完善的能源管理体制，以更加有效地保证该国安全和可靠的能源供应。

纵观世界各国的能源管理现状，其能源管理体制大致可分为四种：一种是高度集中管理模式，设有国家统一的能源管理部门和监管机构，比如，美国、澳大利亚、俄罗斯、韩国；第二种是中央和地方分级管理模式，设有统一国家能源管理部门，但在地方能源管理上的职能比较分散，比如印度；第三种是在国家经济部门中统一设立能源管理部门，统一管理国家能源问题，比如，日本和德国；第四种是相对分散管理模式，在政府部门中设立不同类别的能源管理部门和监管机构，管理比较分散，比如中国。

（二）能源管理体制向集中化发展

目前来看，世界各国能源管理体制基本呈现出从分散走向集中的趋势。加拿大、美国政府都设有能源主管部门和能源监管机构，能源主管部门主要负责能源发展和安全的大政方针及相关的政策研究，而能源监管机构则主要负责具体的监管政策的制定和执行。俄罗斯2000年以来将燃料和动力部改组成动力部，负责俄罗斯联邦石油和天然气的管理重任，集中管理全国能源。近年来，印度政府特别重视对能源部门的统一领导，不仅设立了石油天然气部，而且积极探索建立一个由电力部、煤炭部、石油天然气部、原子能部和计划委员会的功能部委组成的最高能源委员会，协调能源部门各方以及之间的目标，并使国家能源政策得以有效贯彻，这是印度确保经济长期强劲增长和实现争当世界大国目标的关键举措（见表4-4）。

（三）能源监管模式趋向"政监分离"的独立监管

能源领域集中管理模式的发展趋势，可以使相关的能源政策和战略规划得到顺利实施、有效控制和监督，从而保障经济社会发展所需能源的有效供应。在这种条件下，从发展趋势上看，很多原来采取"政监合一"或由政府部门直接监管的国家，纷纷分离监管职能，建立独立的专业性监管机构。比如，欧盟委员会明确要求其成员国建立独立的电力监管机构，以确保能源战略、规划、政策、标准等的落实，同时，独立监管可以更加统一有效地保障市场公平竞争，维护投资者、生产者、消费者的合法权益和公共利益。

表 4-4 世界主要国家现行能源管理体制[①]

	宏观政策 1. 能源产业政策 2. 能源安全与外交 3. 资源管理(国有资产管理)	经济性监管 价格 准入 质量 反垄断	社会性监管 环保 核安全
美国	能源部、能源资源局、内政部矿产管理局	联邦能源监管委员会;各州公用事业委员会	环保署;核监管委员会
英国	能源和气候变化部	天然气和电力市场局	环境、食品与乡村事务部
德国	联邦经济与技术部、能源署	网络传输监管局;卡特尔办公室、国家竞争局、垄断委员会	环境署;联邦环境、自然保护与核安全部
法国	工业、能源与数字经济部(下设能源总局、气候与能效局);原子能委员会	能源监管委员会	生态、可持续发展、交通与住房部;核安全管理局
日本	政监合一:经济产业省(下设资源能源厅)		环境省及其原子能安全厅;经济产业省(下设核能与工业安全厅)
俄罗斯	能源部、自然资源与环境部	联邦能源委员会、油气管理委员会	自然资源与环境部
印度	电力部、煤炭部、石油和天然气部、核能部、新能源与可再生能源部	中央电力监管委员会;州电力监管委员会、油气监管委员会	环保部
巴西	国家能源政策委员会,矿产能源部(矿业生产局)	矿产能源部(油气与生物能管理局、电力管理局)	环境局
中国	国家能源委员会、国家发改委(国家能源局)、水利部、国家原子能机构;国土资源部、国防科工局;国资委、财政部;外交部、科技部、工信部、商务部、交通部、建设部、农业部;有关行业协会	国家发改委(国家能源局),水利部;反垄断方面,商务部、国家工商总局	环保部;国家安监总局,国家能源局,国家核安全局,煤炭安全监管局

---

① 资料来源:《国外能源立法与能源体制研究》《能源管理体制研究报告》和《中国式的电力革命》等(科学技术出版社 2015 年版)。其中,世界主要国家包括 5 个经济规模最大的发达国家和新兴经济体"金砖四国"。

第二节　中国能源监管的现实选择

一、"政监合一"能源监管模式的过渡性

（一）能源管理和监管的现实选择

国际能源监管经验表明，随着市场发育程度的不同，政府机构和监管机构的关系具有不同的相关性和独立性。市场化程度越高，监管机构的独立性越强；市场化程度越低，监管机构与政府部门的相关性越强。这是世界各国监管机构设置的规律和趋势，世界各国一般依照国情和市场化程度选择能源监管机构模式的设置。

中国的能源市场发展尚不完善，能源管理体制改革仍在推进之中，特别是当前我国能源供应安全、能源结构优化、能源效率提高等重大问题还没有解决，因此，在国家统一的战略、规划、政策指导下，建立相对统一的能源管理部门及选择"政监合一"的监管模式，加强能源行业管理与能源监管的协调，具有审时度势的现实意义。

总体来看，我国的行政力量相对比较强大，因此在能源市场不完善的条件下，实施"政监合一"监管模式，可以有所作为。但是采用行政手段并不是穿新鞋走老路，行政手段必须是依法行政，而不是依规行政，更不是随意行政。因此，在现实的能源管理体制和"政监合一"的能源监管模式下，监管机构的设置和职能确定、监管内容和措施手段、监管处罚等也必须以法律法规作为支撑。法律上的独立性和监管职责的明确能够有效保障能源战略和能源政策的有效实施，特别是法律条文规定具体，赋权明确，能够为监管机构实施独立监管提供法律依据。

（二）过渡时期的监管主题

当前，能源弹性系数逐年下降、绿色能源比重逐年提高、能源改革不断深化成为我国能源监管工作的"新常态"。现阶段我国能源监管政策的调整优化方向，一方面是加快能源市场化改革，另一方面是实行有效能源监管。在能源领域引入市场机制有利于处理好政府"有形之手"与市场"无形之手"的关系，而有效的能源监管又有利于市场化改革的进行，能够更好地发挥政府解决市场失灵的作用，进一步加快能源市场和能源行业的健康发展。

随着我国经济发展进入新常态，能源的发展也要适应新常态。因此，一方面，要充分发挥市场机制的作用，自发调节能源的配置；另一方面，政府要根据我国的能源现状，制定符合国情的能源监管法律法规，实现能源产业健康协调可持续发展。同时，我们必须清醒地认识到，我国能源监管体制还不够成熟，相关法律法规存在缺位，能源监管政策的有效性有待进一步提高，强化能源监管和提高能源监管效能是我国能源发展新常态时期必须着力解决的重大现实问题。

就中国能源监管发展的主要环节而言，必须重视解决以下问题：

一是在能源项目审批环节，未来需要大范围取消行政审批，只保留涉及国家安全的能源项目（核能建设等）的行政审批事项，其他项目均由市场依据企业自身竞争力进行"审批"。

二是对于能源产品的定价则完全依据市场竞争进行定价。由于能源资源的禀赋特性，以及能源开采、使用可能带来的生态环境问题。依据边际要素成本定价法，需要建立完善的法律基础，限定能源开采使用过程中资源与环境的成本，使它们统一作为要素成本参与到能源的市场定价过程当中。

三是对于能源开采过程中的生产安全问题则需要启动监管机构的监管职能。但此时的能源监管是建立在完善的监管法制下进行的客观、独立的安全性监管。例如，对于能源企业的安全要求以及相应的处罚措施有明确的法律规范，并且被监管对象清楚地了解监管的要求与程序，以及违反规定的结果。

四是对于能源经济安全问题，能源战略的制定则由能源管理部门配合政府经济大战略来完成，而能源监管机构只独立负责其战略实施过程是否符合规定的战略要求。

（三）现实中的能源监管架构

目前，由于我国实行的是统一的政治经济管理体制且幅员辽阔，现存的 6 大能源监管区域和省级行政区划各自的经济社会特征明显。为更好地落实能源战略、规划、政策和标准，加强监管，首先要赋予 6 大区域能源监管和省级能源监管机构集中的能源监管职能。

从过渡时期的发展前景来看，面对我国规模庞大的能源行业，未来我国还需进一步健全能源监管组织体系，逐步建立覆盖全国各省（自治区、直辖市）的能源监管机构。一个合理的选择是按照中央统一领导，建立中央垂直管理与地方分级监管相结合的监管组织体系。在中央层级，由"政监合一"能源监管机构统一管理协调；中央派出的地方能源监管机构作为能源监管的基层力量，进一步将其监管范围扩大至煤炭、油气等能源市场，站在全行业整体高度实施监管。

二、我国能源管理集中和监管独立的趋势

（一）能源管理需要适度的集中与分散

我国是能源生产和消费大国，在转型发展和工业化加速时期，能源经济领域的矛盾和问题，特别是资源配置效率和社会公平两个方面，日益凸显出来。对能源进行管理，合理划分政府与市场的边界，促进资源配置效率的提高，保障社会公平，是我国能源管理体制和能源监管模式选择必须

直面的问题。

　　能源管理体制是国家行政管理体制的重要组成部分，中央政府能源管理体制不顺必然导致地方政府能源管理体制不顺，地区能源供需不平衡必然导致国家能源供需不平衡。能源管理体制的内容主要包括国家能源管理机构的设置、管理权限的分配、职责范围的划分及其机构运行、协调和监管的机制。我国能源管理体制始终处在一个怪圈：能源供需紧张下→政府加强管理→增设能源机构→追加政府投资→能源生产增长→能源供应增加→供需矛盾缓和→能源管理放松→能源生产受限→能源供需再度紧张。历次能源管理部门的调整都源于能源生产和消费矛盾的激化，最终又因为能源生产和消费矛盾的暂时解决而简化、放松。

　　能源管理体制变动频繁是我国能源管理体制的特征之一。自 1949 年成立燃料工业部到 1954 年撤销该部，迄今为止我国能源管理体制经历了十几次变革，但仍处于不稳定状态。这种能源管理部门不仅浪费了很多资源，无形中给能源规划与政策的延续性带来巨大损耗，也不利于从宏观上对能源进行整体的考虑和安排（见表 4-5—表 4-8）。

表 4—5　我国能源管理体制变动一览[①]

时间	撤销	设立	管理体制
1949		燃料工业部	下设煤炭管理总局、电业管理总局、水力发电工程局
1950		石油管理总局	归属燃料工业部
1955	燃料工业部	煤炭工业部 石油工业部 电力工业部	煤炭工业部下设煤矿管理局；电力工业部下设电力设计局、基建工程管理局、水力发电建设总局；
1958	水利部 电力工业部	水利电力部	将电力工业企业全部下放给省级人民政府领导

---

① 资料来源：根据原国家电监会网站、国家能源局网站，以及《能源管理体制比较与研究》等相关内容整理。

续表

时间	撤销	设立	管理体制
1970	煤炭工业部 石油工业部 化学工业部	燃料化学工业部	进一步下放管理权限到地方
1970		水利水电革委会	领导水利水电部,进一步下放电力工业管理权限
1975	燃料化学工业部	煤炭工业部 石油化学工业部	陆续收回下放的权限
1975	水利水电革委会		恢复水利水电部建制,加强电网的统一调度和管理
1978	石油化学工业部	石油工业部 化学工业部	维持对下属勘探开发队伍的直属管理
1979	水利水电部	水利部 电力工业部	电力工业部统一管理电网
1980		国家能源委员会	管理煤炭工业部、石油工业部、电力工业部
1982	国家能源委员会		国务院直接领导煤炭工业部、石油工业部、电力工业部
1982	水利部 电力工业部	水利电力部	电力工业沿着集中统一的方向发展
1988	煤炭工业部 石油工业部 水利电力部 核工业部	能源部	统筹规划和开发能源,优化能源结构,加快能源建设
1993	能源部	煤炭工业部 电力工业部	明确提出政企分开的要求 石油行业管理由国家计委履行
1998	煤炭工业部 电力工业部	在国家经贸委设立国家煤炭工业局、电力司和国家石油化学工业局	电力行业管理职能移交中国电力企业联合会
2001	国家煤炭工业局 国家石油化学工业局		煤炭行业管理由国家经贸委和国家计委负责;石化行业管理由国家经贸委负责
2003	国家经贸委	国家发改委能源局 国家电监会	国家发改委能源局负责能源行业管理; 国家电力监管委员会履行全国电力监管职责

续表

时间	撤销	设立	管理体制
2005		国家能源领导小组	设在国家发改委
2008	国家发改委能源局 国家能源领导小组办公室	国家能源局	由国家发改委管理,整合了能源行业管理职能
2010		国家能源委员会	加强国家能源战略决策和统筹协调能力,具体工作由国家能源局承担
2013	国家能源局 国家电监会	国家能源局	由国家发改委管理,统筹推进能源发展改革与监督管理

表4—6　我国电力管理体制变动一览[①]

时间	行政建制	管理体制
1949—1955	燃料工业部	下设水力发电工程局和电力管理总局(东北、华北、华东、中南、西南、西北管理局),中央—区域分级管理,中央为主
1955—1958	电力工业部	下设水力发电工程局和省政府领导为主的省市电力局,中央—省分级管理,中央为主
1958—1979	水利电力部	下设电力建设总局、水力发电建设局、东北、华东、中原、西北和部分市局
1979—1982	第二次成立电力工业部	下设东北、华北、西北、华东、华中、西南管理局和部分省、区、市局,中央—区域—省分级管理,中央为主
1982—1988	第二次成立水利电力部	下设东北、华北、西北、华东、华中和中央或地方管理为主的部分省、、区市局
1988—1993	能源部	组建中电联、华能、东北、华北、西北、华东、华中电力集团及部分省管理局
1993—1998	第三次成立电力工业部	组建中电联、华能、东北、华北、西北、华东、华中电力集团及部分省管理局,中央—区域—省分级管理,省为实体

[①]　资料来源:根据原国家电监会网站、国家能源局网站,以及《能源管理体制比较与研究》等相关内容整理。

续表

时间	行政建制	管理体制
1996—2002	国家电力公司	组建国家电力公司,除华能、华北外,将集团公司改组为国电分公司
1998—2002	国家经贸委	撤销电力部,政府职能移交国家经贸委。国家经贸委内设电力司
2003—2008	国家电监会、国家发改委能源局	国家电监会下设18家派出机构,独立监管电力行业。撤销国家经贸委,电力行业管理职能转到国家发改委能源局
2008—2013	国家电监会国家能源局	国家电监会独立监管电力行业。成立国家能源局内(副部级),由国家发改委管理
2013年至今	国家能源局	将国家电监会与原国家能源局合并,组建新的国家能源局,由国家发改委管理。原国家电监会下设18家派出机构划归国家能源局垂直管理

表4—7　我国煤炭管理体制变动一览[①]

时间	行政建制	管理体制
1949—1955	燃料工业部	下设煤炭管理总局,全国煤炭工业实行在中央统一领导下,以各大行政区为主的管理体制。第一个五年计划初期,国家撤销了各大行政区的建制。燃料工业部在华北、东北、华东、中南、西南和西北6个地区设置煤矿管理局,直接受煤炭管理总局领导
1955—1970	煤炭工业部	东北、华东、中南、西南和西北5个大区煤矿管理局分别改名为沈阳、济南、武汉、重庆、西安煤矿管理局,其管辖的煤矿企业不变,太原煤矿管理局仍保持原来建制。 1957年,煤矿管理局被撤销,产煤较多的15个省区建立了煤炭工业管理局,其余省区则由工业厅或重工业厅管理所在地区煤矿企业
1970—1975	燃料化学工业部	原来受煤炭工业部与地方双重领导的中央企业被下放给地方
1975—1988	第二次成立煤炭工业部	把10个重点产煤省区的统配煤矿上划由煤炭工业部直接管理,这些地方的煤炭工业管理局管理所在地区的煤炭企事业。其他省区的煤炭工业管理部门则是同级人民政府的职能机构,煤炭工业部作为其业务领导

① 资料来源:根据原国家电监会网站、国家能源局网站,以及《能源管理体制比较与研究》等相关内容整理。

续表

时间	行政建制	管理体制
1988—1993	能源部	组建管理全国统配煤矿的中国统配煤矿总公司和管理内蒙古与东北三省统配煤矿的东北内蒙古煤炭工业联合公司。原煤炭工业部下设的中国地方煤矿联合经营开发公司转归能源部归口管理,并协助能源部对全国地方煤矿实行行业管理
1993—1998	第三次成立煤炭工业部	在政企分开、权力下放等方面做了一些管理职能的调整
1998—2001	国家经贸委	下设国家煤炭工业局。包括原煤炭工业部直属企业在内的国有重点煤炭企业下放给地方政府管理。2000 年,国务院决定建立全国垂直管理的煤矿安全监察体系
2001—2003	国家经贸委国家计委	撤销国家煤炭工业局,煤炭工业的管理职能由国家经贸委和国家计委分别负责
2003—2008	国家发改委能源局	撤销国家经贸委,煤炭行业管理职能转到国家发改委能源局
2008—2013	国家能源局	11 个局机关,由国家发改委管理
2013 年至今	国家能源局	将国家电监会与原国家能源局合并,组建新的国家能源局,由国家发改委管理

表 4—8　我国油气管理体制变动一览①

时间	行政建制	管理体制
1949—1955	燃料工业部	内设石油管理总局,集中管理油气的勘探开发工作
1955	地质部	承担油气的普查和部分详查工作
1955—1970	石油工业部地质部石油局商业部石油局	石油工业部负责油气勘探开采,地质部石油地质局负责石油普查,商业部石油局负责管理成品油及对地方石油经营单位的业务协调
1970—1975	燃料化学工业部	除海洋石油调查队伍外,原地质部直属的石油普查队伍,下放给所在省、区的地质局

---

① 资料来源:根据原国家电监会网站、国家能源局网站,以及《能源管理体制比较与研究》等相关内容整理。

续表

时间	行政建制	管理体制
1975—1978	石油化学工业部 国家地质总局	撤销燃料化学工业部,组建石油化学工业部。国家地质总局内设石油普查勘探局和海洋地址司,分别负责陆上和海上的油气勘探工作
1978—1988	第二次成立石油工业部	对下属的勘探开发队伍始终采取直属管理。 1982 年,内设石油地质海洋地质局进行统一管理。 1982 年,所属海洋石油业务独立,成立中国海洋石油总公司,为直属国务院领导的副部级单位,从事海上油气开采和对外合作,业务与行政仍归石油工业部管理
1978—1988	第二次成立石油工业部	1983 年,下属炼油厂分离,与化学工业部和纺织工业部的部分石化、化纤企业合并,共 39 个石化企业组建成中国石油化工总公司,为直属国务院领导的正部级单位,对石油产品的产、供、销实行统一管理。 1985 年,组建中国石油开发公司,负责陆上石油勘探、开发的对外合作业务,由石油工业部归口管理
1979—1982	地质部	国家地质总局改为地质部,继续保持对石油普查勘探队伍的直属管理
1982—1998	地质矿产部	地质部更名为地质矿产部,增加矿产资源开发管理职能,继续直接管理石油勘查队伍
1988—1993	能源部	成立中国石油天然气总公司,统一管理陆上石油工业的生产经营与部分行政职能
1993—1998	国家计委 国务院	石油行业管理由国家计委履行。中国石油天然气总公司、中国石油化工总公司、中国海洋石油总公司归国务院直接管理
1998—2003	国家经贸委 国土资源部	国家经贸委下设国家石油化学工业局。对国有油气企业进行重组,组建中国石油天然气集团公司、中国石油化工集团公司、中国海洋石油集团公司。 2001 年,撤销国家石油和化学工业局,其职能并入国家经贸委相关部门。 国土资源部负责资源的勘探与管理
2003—2008	国家发改委 能源局	撤销国家经贸委,油气行业管理职能转到国家发改委能源局
2008—2013	国家能源局	11 个局机关,由国家发改委管理
2013年至今	国家能源局	将国家电监会与原国家能源局合并,组建新的国家能源局,由国家发改委管理

我国能源体制变动频繁，但根本问题没有解决：虽然能源管理体制经历了从高度集中的政企不分、政监不分的行业计划管理体制向政企分开、市场化改革和专业化管理机构的方向发展，但是行业分散管理的格局仍然没有很大改观。同时，管理职能分散是中国能源管理体制的另外一个特征。能源管理的各项管理职能分散在国家发改委、国家能源局、商务部、国土资源部、水利部、农业部、国资委、科技部、环保部等部委中，并且各个能源领域的分工又有所不同。分散管理导致的结果是：政企不分、政出多门、多头执法，政策和法律的制定变成了部门利益的角力场，这不仅造成了管理资源的浪费和损耗，也给管理相对人带来诸多不便，成为能源发展的一大阻碍。

从现实来看，中国目前的这种能源管理体制既不能满足中国经济和社会发展的需要，也不适应国际能源形势发展的变化。能源管理体制改革的目标，是成熟市场经济体制改革目标的重要组成部分之一。能源生产是国民经济的基础，政府对能源生产管理效率的高低决定了能源对国民经济贡献率的高低。分散的政府管理不利于统一的能源战略的实施，过分集中的政府管理存在增加管理成本的问题，因此，如何合理地采取有效的管理形式，处理好能源管理中分权与集权的关系，充分发挥中央与地方的积极性是能源管理体制研究中必须认真研究的问题。

（二）"政监合一"模式下能源监管的独立性

从我国的能源监管职能的分配来看，监管机构的职能定位是模糊的，首要的问题是独立性不高，大部分监管机构仍然沿用的是传统政府管理部门的管理模式，受到政府行政管理部门的强有力制约，甚至成为政府管理部门的下属机构。另外的问题是专业性不强。目前，能源监管机构中专业的监管人才奇缺，不能适应监管专业化的需要。

在金融监管领域，监管部门同样要求有较强的独立性，并且监管人员也必须具有一定金融专业化知识。我国金融行业监管机构的设立也是分散的，有证监会、银监会和保监会三大金融监管机构，但是，这些监管机构分别由《证券法》《银行业监督管理法》《保险法》等作出了明确的规定，而且法律性质也比较统一，都是国务院的直属事业单位。而同样要求专业化与较强独立性的能源监管缺少综合性的能源监管机构，这对于能源监管政策的统一和协调是不利的。借鉴我国金融行业监管经验，结合能源行业现状，从方向上考虑，应该研究在重新组建的国家能源局基础上进行完善，成立能源部，同时增强内设的监管机构，对能源行业实施专业化统一监管。

如果成立能源部，作为国务院能源主管部门，可将目前分散于其他各个部门的煤炭、石油、电力、天然气以及新能源的行业管理及监管权限集中起来，以加强对这些行业的发展战略、政策目标、管理体制框架、法律法规的研究和制定工作；同时，加强能源行业的对外交流与沟通，以应对国际能源市场的新形势、新变化。能源集中统一管理将有效避免政府职能的重复、交叉，促进能源的发展，最大限度地减少能源开发中的浪费、破坏及对环境的影响。一个设想是，在能源部内部可设煤炭、石油、天然气、电力、新能源等专业化部门，对各自领域实施专业化管理，同时，设置相对独立的专业监管机构，作为能源部的副部级单位，行使独立的监管职责，实现宏观管理与有效监管的协调、统一。

第三节　中国能源监管的未来模式

2013 年，原国家监会和原国家能源局整合，组建了新的国家能源局，我国能源管理体制开始了新的探索与尝试。2015 年，《中共中央国务院关于进一步深化电力体制改革的若干意见》（中发〔2015〕9 号）正式下发，以电力改革为标志的新一轮能源体制改革再度拉开序幕，继 2002 年电改 5 号文之后，电改 9 号文预示我国能源（电力）体制改革进入新阶段。当然，随着时间的推移，无论是能源管理机构改革，还是能源领域产业结构调整，改革中牵涉的利益各方都已经感觉到博弈的激烈程度。充分发挥市场配置资源的决定性作用和更好发挥政府的作用，并不是一件很容易划清边界、立竿见影的事情。自然而然，中国能源监管模式的选择之难，也就在情理之中。

一、当前监管模式的争议

对当前"政监合一"的能源管理和监管模式，争议一直存在，不少学者从不同的角度对这一模式进行了研究和评价。

（一）新一轮的试错过程

有学者认为 2013 年以来的能源体制机制上的变化或许是另一个试错的征程。虽然从能源管理体制看，国家能源局重组的实质是撤销了缺乏有效管理权限或者监管职责碎片化的国家电监会。然而，对于能源管理而言，国家能源局管理职能并没有实质性增强，甚至衍生出一系列新问题，旧有的制度和体制问题并没有得到根本解决。过去 10 年中国电力监管经验表明，强化市场监管的前提是权力与责任匹配，市场化改革必须与监管体制改革同步，否则，将陷入"无权可监、无力可监、无法可监、无市可监"的尴尬境地。国家能源局"三定"方案强化其在能源体制改革、能源监督管理、能源市场建设等方面的职能。但是，与之相关的成本、价格、投资等核心管理职责仍掌握在国家发改委手中，油气领域市场化改革尚未有清晰的路线图。我国虽然在 2010 年设立了国家能源委员会，表明能源管理协调机制建设有了一些进步，但是对该机构的设置、职责划分并不明确，使得其在能源管理领域的协调作用尚未体现。

（二）价格制定与项目审批权限

有学者则认为，在经济转型阶段，价格制定与项目审批等职责仍须国家统一行使。可以预见，未来相当长一段时期，中国的经济转型特征不会立即改变，国际国内政治经济形势更加复杂艰巨。在这个阶段，比构建开放市场、塑造竞争主体更重要且更困难的，是建立并完善新型公共管理体系，在此体系尚未形成的时期，价格制定、项目审批等传统计划管理职能难以退出历史舞台，而这些对经济社会影响深广的刚性权力难以软化、淡化，国家统一行使优于按若干产业分散行使。只能通过明确改革方向、提高执政水平来逐步改善管理水平，而不可能通过将现有职能简单集中到能源部等若干大部来解决。

（三）宏观政策和微观事务的监管

有的学者认真考察世界各国能源体制现状，提出了自己的设想。目前，世界主要国家普遍设置油气、电力等混业管理的能源部，建立在市场经济体制框架之内，主要致力于能源领域的宏观政策管理，而对于定价、市场准入等微观事务虽然也进行不同程度的外部干预，但多数交给了专业的经济性监管机构来执行。中国的能源大部制，从前期的国家能源领导小组、国家能源委员会的职能设置与初步运作看，基本定位于宏观政策与高层协调，体现了与世界接轨的市场化改革方向。新组建的国家能源局，也是着力于加强能源领域的宏观政策，作为新一届国家能源委员会的实体支撑机构，并没有在传统计划管制模式内分割国家发改委的职能。毕竟，如果仅是把一个大而全的发改委人为切成小而全的若干小发改委，只会加剧权力竞争内耗而非合理的分工制衡。监管力量的强大与弱小、监管机构的独立和内置，还需要随着改革进程的深化来进一步研究。

（四）能源大部制的风险性

有的学者则进一步指出，以国家能源局为基础组建"政监合一"的能源大部制存在较大风险。原国家电监会和原国家能源局，都存在着种种缺陷。新组建的国家能源局，实行"政监合一"的模式。综观我国60年管理体制，能源混业管理模式不少，但成功者很少，当前的模式有重蹈 20 世纪能源委、能源部覆辙的可能。从世界主要国家能源管理体制比较来看，基本都是按照宏观政策、经济性监管、社会性监管等不同职能设置机构，除了独立分设社会性监管机构以外，经济性监管机构与宏观政策机构也是以各自分别设立的形式为多。只有日本是典型的"政监合一"，而美国、英国、德国、法国、俄罗斯、印度、巴西等国都设立了不同的机构来分别完成经济性监管与宏观政策职能。处于市场经济体制形成过程中的中国，如果仍实行"政监合一"，意味着 10 年来国家对基础产业实施专业监管的探索的终结。

（五）审时度势的能源管理变革

有的学者则认为，在市场不完善、法制不健全、体制机制不到位的现实条件下，新国家能源局的成立，是对多年来能源管理体制改革进程审时度势的变化。比如，电力市场化改革，在推进过程中出现了停滞，或者是博弈剧烈而改革缓慢的过程中，又面临全球经济危机和衰退，能源安全形势具有更大的不确定性和风险，所以，将原国家电监会的专业性监管职能与原国家能源局的宏观管理职能合并，加强宏观管理和公共服务职能，是必然的选择。因此，国家能源机构改革的一个很重要的变化，就是由"政监分离"向"政监合一"模式转变，新时期的能源"大局"将是"政策规划＋行业监管"。"政监分离"固然是一种理想的状态，但中国的能源行业尚未达到需要"政监分离"的发展阶段。考虑中国能源领域权力分配格局，采用"政监合一"有其合理性。

（六）经济性监管和社会性监管问题

有的学者强调了在当前形势下监管方向的转变。他们认为，能源监管主要分为经济性监管和社会性监管，随着市场化程度的不断提高，能源产业的经济性监管在垄断性特征比较明显的行业将越来越突出，而社会性监管将贯穿能源产业发展全过程，最终成为政府监管的主要方面。在"政监合一"监管模式下，新组建的国家能源局应由以往的经济性监管为主、社会性监管为辅的旧监管模式，转向以社会性监管为主、经济性监管为辅的新监管模式，加强对环境、安全、质量、资源保护等方面的监管，减少具体项目管理。

（七）当前管理体制的过渡性

有的学者则从部门权力设置的角度来分析了"政监合一"模式下的监管难题。能源新形势表明，能源问题不仅仅是一个产业层面的问题，它密切关系并深刻影响国际政治、国家安全和发展战略。然而，目前中国能源产业主要以国有企业为主，尤其是一些国有特大型企业在部分能源产业领域形成了寡头垄断的格局，有些大型国有能源企业是由原来的政府能源管理部门发展而来的，级别较高。无论是中国石油、中国石化、中国海油这样的"石油巨头"，还是国家电网、南方电网和五大发电集团，以及神华、中煤、中核、中广核等"电力巨无霸"或"核电巨头"，多为"副部级"单位。而作为能源综合管理机构的国家能源局被定位为国家发改委管理的副部级单位，这就意味着存在体制摩擦的隐患，使得国家能源局在协调、管理大型能源企业时难以发挥应有的功能，制约了国家能源管理目标的实现[①]。因此，当前的能源管理体制将只是一个过渡。从中国目前的情况来看，由于任务多、职权范围小，新国家能源局在履行管理职责上受到掣肘颇多，难以完成能源宏观管理和监管的职责，所以，在时机成熟时设立能源部，将是解决这个问题的可行方法。

（八）能源立法的重要意义

有的学者则强调能源立法的重要性。能源管理体制改革要想持续深入

---

① 2002 年，成立国家电力监管委员会时，李鹏同志认为这个机构非常重要，建议给一个比较高的级别，正部级。"电监会为正部级单位，因为电力有2.5亿元资产，90%以上的人口用电。中央认为，这样大的行业，不是正部级压不住阵，实际上电监会将成为负监管责任的电力机构。"（参见《电力要先行：李鹏电力日记》（下），中国电力出版社 2005 年版，第 1326 页。）

地推进下去，必须寻求能源法律的支持和保障，否则改革的结果不仅有可能违背法律规定，也可能会因没有法律保障得而复失。能源活动的各个阶段都需要能源管理机构不同程度的介入，可以说，任何能源制度设计都需要考虑到能源管理机构的职责和权限问题，这不仅是能源立法对能源管理的规范任务，也是能源法律法规在现实中得以有效实施的前提要求。能源立法是国家在能源问题上的基本态度和国民意志的体现，超越了能源管理机构以及其他组织、个人之间的利益之争，从国家统筹和战略的高度明确能源活动规范，也是能源管理所应遵循的管理规则。因此，能源管理体制改革应以法治建设作为能源管理体制改革的基础，从能源立法入手，以系统思维和顶层设计的思路确定改革方式，避免单纯行政体制改革可能带来的人为阻碍或不当妥协，保证改革的科学性、正当性和公平性。当然，也有学者提出不同意见，他们认为，在市场不完善和体制不健全的情况下，能源立法如何体现能源领域的发展现状和能源改革的未来发展趋势，是一个重大难题，需要慎重抉择。

（九）强有力的监管机构

有研究者指出，《中共中央国务院关于进一步深化电力体制改革的若干意见》（中发〔2015〕9号），即电改9号文的推进需要建立独立且强有力的监管机构，制定清晰和详细的电力交易规则以及配套法规条款。全面推进市场化改革，充分发挥市场配置资源的决定性作用，政府角色很重要，特别是要有权威独立执行监管规定，不受制于任何利益团体，与市场参与主体不产生任何利益交集。因此，电改的最大挑战首先是谁来监管。关于电力体制改革，最需要改革的是政策、监管和规则。2014年底召开的全国能源工作会议提出，"积极探索建立规划、政策、规则、监管四位一体的能源管理新机制，稳步推进能源改革，创新能源管理机制"，说明国家发改委和国家能源局已经把政策、监管和规则提到今后能源改革的重要日程上来，这是中国电力体制改革的希望所在。更重要的问题是，在引入竞争机制的电力市场里，不仅对垄断经营的输电、配电要监管，对于竞争性的发电、售电也要监管。因此，决定电力改革成败的关键是要建立一个强有力的监管机构。

二、完善中国能源管理体制的基本思路和构想

尽管存在诸多争议，然而，立足于当前中国能源管理体制的现实，更多的研究者也形成了一些共识，提出了基本思路和构想。

（一）基本思路

1. 理顺政府与市场的关系

充分发挥市场机制配置资源的决定性作用，同时，更好地发挥政府作用，必须加强政府的管理和服务，以弥补和矫正市场失灵，确保能源生产和消费满足实现经济社会可持续发展目标的要求。能源市场化要求改变能源行业管理方式，特别是要突破行政审批制，加强政府管理，包括公共服务、政策引导、监管约束、资源管理和国资管理等职能。能源市场化还要求培育合格的市场主体。国有企业主导我国能源生产的现实在短期内不会发生根本性逆转，但要使其成为合格的市场竞争主体，培育具有国际效力的现代能源企业，必须进一步推进政企分开，剥离其仍在承担的大量政府职能，明确其生产经营的基本职能。在竞争性领域，国有企业公平参与市场竞争；在非竞争性领域，国有企业依法平等接受监管机构的监管，平等享受政府主管部门的各种能源政策优惠。能源市场化更要求培育公平竞争的市场环境。建立一套完善的市场准入制度，公平开放市场准入，有利于形成有效竞争的市场格局，更有利于强化国有资源管理。

2. 加强能源公共服务

从国际经验看，由于能源问题涉及国家战略、安全、环境、科技、外交、交通、建筑、农业等多个领域，能源政策的具体实施也会涉及多个部

门。防止能源管理职能分割、重叠问题的关键不在于将所有职能归入一个部门，而是需要由一个部门统一制定能源政策并协调实施，以保证能源政策的统一性，加强对能源企业的公共服务和政策引导，而避免政出多门、相互矛盾。

3. 构建现代能源监管体系

从能源监管的国际经验来看，经济性监管和社会性监管职能通常是分开的，涉及环境、安全和健康等方面的社会性监管职能由各专业化的社会监管机构负责，而涉及市场准入、定价、成本、投资和服务质量等方面的经济性监管职能则由一个监管机构统一负责，以保证经济监管的系统性和有效性。同时，为适应经济社会低碳、清洁发展的需要，能源监管除解决传统的自然垄断和市场交易秩序问题，也成为实现特定能源政策目标的重要手段之一。在实践中，监管机构在促进新能源与可再生能源发展、需求管理、技术进步、资源节约和普遍服务、服务国家战略大局等方面发挥着越来越重要的作用。

4. 解决突出矛盾和问题

当前，中国能源监管的困局主要在于如何处理监管机构与传统的价格和投资主管部门之间的关系。在体制转型阶段，由于与市场经济体制相适应的管理体制尚未健全和完善，国家综合经济部门依靠行政手段对大型国有能源企业进行管理和协调的作用仍然存在一定的必要性和积极作用。但是，应当尽量避免能源管理手段的错位，即用行政和计划的办法管理市场经济，比如，对竞争性领域的价格、项目审批等；或者用市场的办法管理计划经济，比如，对垄断性企业的成本监管不到位等。能源监管机构应当积极推进能源体制改革，同时，逐步加强市场准入、市场秩序和垄断性企业成本的统一监管，把那些需要转变管理方式的职能逐步转到能源监管机构，实现管理转型。

（二）体制机制架构的初步设想

1. 整合能源政策职能，适时成立能源部

把目前分散在国家发改委、能源局、水利部、工信部、科技部、商务部和财政部等部门的政策职能整合起来，适时组建成立能源部，统一加强能源公共服务和政策引导。融合之后的能源主管部门承担的政策职能主要包括：提供公共服务，制定和组织实施税收、补贴政策；制定能源战略、规划与政策；负责能源信息统计与分析；推进能源技术进步；发展新能源与可再生能源；提高能源利用效率与节能；开展能源贸易与国际合作；强化能源储备与应急管理；实施普遍服务等。

2. 完善经济性监管职能，适时组建能源监管局

可以考虑把目前分散在发改委、能源局、商务部和水利部等部门的经济性监管职能集中到一个部门，在能源部框架下，适时组建能源监管局，采取"政监合一"、内部分离的模式。监管职能通过制定规则并监督企业执行以规范企业行为和市场秩序，主要包括：能源市场准入监管，颁发相关能源业务许可证；能源交易及买卖合同；电网、油气管网等能源基础设施的投资、安全运营和公平开放；能源市场交易秩序；能源行业节能减排；能源普遍服务；可再生能源收购；能源垄断性企业的成本与价格等。

3. 理清行政手段与市场手段，推进能源市场化改革

逐步使能源管理机构从综合经济管理部门中独立出来，能源管理部门采取适应市场经济要求的管理方式，承担能源管理的政策职能和监管职能，统一设计能源市场化改革的总体方向与基本框架，并逐步推进能源市场化改革。

4. 监管派出机构的设置趋向

鉴于能源行业的技术和经济特征，我国能源行业主要采用中央国有企业垄断经营的模式，这也决定了应对其实行垂直一体化的监管模式。当前监管派出机构的设置具有鲜明的探索性和过渡性，可以设想未来的发展趋势

有三种模式：第一种是，进一步充实目前国家能源局 18 家派出机构的监管
职能，完善省级监管机构的建制，实现省级监管机构全覆盖，建立统一的
能源监管体系；第二种是，在目前国家能源局 18 家派出机构不变的情况下，
由 6 家区域监管局向尚未设立省级监管机构的省份派驻监管业务办公室；第
三种是"两级五段"模式，由国家能源局和区域局作为"一级两段"，垂直
分管到区域，而省、市、县作为"一级三段"由地方政府监管，接受国家能
源局的监督和指导。从三种模式来看，第一种机构改革和扩展可能面临较
大难度，需要较长时间；第二种机构变动较小，扁平化监管，短期内可以实
现；第三种面临着较大的改革与调整，需要研究和探索。

三、通往"政监分离"和独立监管之路

世界能源正在发生深刻变化，中国能源领域同样如此。中国正处于经
济发展转型以及改革的重要阶段，能源以其重要的作用和战略地位成为影
响政治、经济、社会进一步发展的关键因素，而尽快建立起集中统一的能
源管理体制、能源管理部门和能源监管机构，从国家能源安全和经济可持
续发展的长远需要来看尤为重要。

从国际经验看，一个国家实施能源监管的范围和力度与其市场发育程
度紧密相关。一般而言，在市场发育初期，监管的范围和力度相应要大一
些，而随着市场的不断发育和完善，监管的范围和方式会有一些变化。不
同于成熟市场化国家能源市场的自然垄断，中国各能源领域的国企垄断多
是依靠政府审批、配额、许可证等制度而形成的行政垄断。党的十八届三
中全会确立市场在配置资源中起决定性作用。基于能源产业的特殊属性，
电力、油气等领域的市场化程度尚不充分，尤其是电网、油气管道自然垄
断的特点，仍需要统筹竞争、监管之间的关系。随着市场的不断发育和市
场化进程的不断推进，中国能源管理部门应该完善市场准入制度，打破国
有企业垄断，有选择地从竞争性领域退出，把职能主要集中到政策制定、

宏观管理及解决市场失灵等领域。

能源监管是大势所趋。随着能源管理体制改革的不断推进、能源行业的不断发展，能源监管成为大势所趋。清晰界定能源监管机构与其他能源产业相关的政府部门之间权力边界，是建立合理的能源监管体制的重要内容。新一轮能源管理体制改革应按照"大能源"产业发展的内在要求，在借鉴建立现代能源管理体制的国际经验基础上，逐步建立起一个独立运作、政监分离、职能完善和有效监督与制衡、集中统一的"大能源"现代能源管理体制，形成完整的能源法制体系、良性的市场竞争秩序、综合与分类相结合的能源监管体制和以市场为基础的能源定价新机制。从发展趋势来看，在未来中国市场经济取得主体地位以及能源市场日益完善的情况下，中国能源监管机构将必然通向宏观政策、经济性监管、社会性监管相分离的"政监分离"模式，以保障能源宏观管理的统一性和能源监管的有效性。

独立性是基本原则。在我国能源市场化改革进一步完善的未来，设立独立、专业的能源监管机构是大势所趋，符合能源市场进一步发展的需要。监管机构的独立性是核心，是其有效履行监管职责的前提条件，这也是国际有效监管模式的共同经验。

综合能源监管是相对理想方案。大多数学者都已经意识到了对能源行业实施统一监管的重要性，这有利于形成和执行统一的专业化能源监管政策，避免行业分割、监管职能相互冲突现象的发生。

循序渐进和审慎抉择是必然要求。从发展模式的选择和比较来看，市场发展不完善和法制体系不完整的环境下，选择"政监合一"的监管模式，具有监管灵活和有效的优点，但面临的问题主要是政府部门对市场主体干预过多，寻租现象难以避免；而在成熟市场经济和法律体系较完整的环境下，选择"政监分离"的模式，可以实现依法监管和科学监管，干预较小，寻租现象较少，但面临的问题可能是对市场出现的问题干预滞后。因此，必须清醒地认识到我国能源管理体制机制革命和监管机构改革的长期性、艰巨性，积极研究、实践、探索不同的过渡方案，在注重务实的同时也要兼顾改革方案的可操作性。

从中国经济社会改革和发展的趋势来看，我国能源领域的未来必将呈现如此状态：能源市场高度发育，市场在资源配置上具有决定性作用，能源供应结构和消费结构比较匹配，能源产业投资多元化，资本结构趋于合理，能源企业基本建立现代企业制度，能源法制完善。因此，中国能源监管将需要建立完善独立的能源监管机构和运行机制与能源市场的发展需求相适应。当然，能源监管"政监分离"且独立的模式是伴随能源市场发展的一个循序渐进的漫长过程，而且，随着全球经济社会的波动、能源市场的震荡以及国际政治的风云变幻，能源监管模式的选择将呈现出相机抉择的状态。

青山遮不住，毕竟东流去。中国能源监管的探索与实践，将具有无限的创造空间。

本篇小结

1. 能源关乎世界各国经济发展和公众生活。当前，能源消费继续强劲增长，传统能源占据主体地位，新能源具有重要历史使命。世界主要国家能源战略向多元化、挖掘国内潜力、强化储备和国际合作、重视科技等方面调整加速。

2. 国际政治经济风云变幻，对能源具有重要大影响。美国战略东移，中东地区政治与安全局势不稳定，而中国经济发展进入新常态，印度经济发展加速，俄罗斯和欧洲经济发展不稳定，美国经济增长缓慢复苏和日本经济出现摆脱低迷迹象，给全球能源形势造成多方面影响。

3. 当前，中国能源监管面临着机遇和挑战。突破能源监管面临的体制机制约束，进一步探索和实践能源监管，特别是选择适合中国能源监管的发展模式，需要慎重抉择。

4.现实的选择是"政监合一"下的监管模式，它的发展前景也存在争议。而未来的趋势，中国能源监管将需要建立完善独立的能源监管机构和运行机制与能源市场发展需求相适应，当然，这种能源监管完全独立的模式是伴随能源市场发展的一个循序渐进的漫长过程。

参考文献

[1] ［美］丹尼尔·F. 史普博（Daniel F. Spulber）：《管制与市场》，余晖等译，上海人民出版社 1999 年版。

[2] 陈富良：《放松管制与强化管制》，上海三联书店 2001 年版。

[3] 林卫斌、方敏：《能源管理体制比较与研究》，商务印书馆 2013 年版。

[4] 赵遵廉主编：《电力市场运行系统》，中国电力出版社 2001 年版。

[5] 于尔铿等：《电力市场》，中国电力出版社 1999 年版。

[6] ［英］阿列克·凯恩克劳斯：《经济学与经济政策》，商务印书馆 1990 年版。

[7] 刘涤源等：《垄断价格机理研究——垄断价格机构的理论探索和实证分析》，中国物价出版社 1995 年版。

[8] 戴铁潮：《美国加州电力市场危机的思考》，《浙江电力》2001 年第 4 期。

[9] 刘文茂、吴建军、杨昆等：《电力市场中的市场力指标及表现形式》，《电网技术》2007 年第 2 期。

[10] 国家能源局编：《能源监管行动计划（2014—2018 年)》，2014（国家能源局文件）。

[11] 叶泽：《电力竞争》，中国电力出版社 2004 年版。

[12] 国家电力监管委员会编：《电力改革概览与电力监管能力建设》，中国水利水电出版社 2006 年版。

[13] ［美］马尔科姆·K. 斯帕罗：《监管的艺术》，中国金融出版社 2006 年版。

[14] 王惠臣：《论运输管制—公共性与企业性的悖论》，高等教育出版社 1997 年版。

[15] ［美］乔治·J. 施蒂格勒：《产业组织和政府管制》，潘振民译，上海三联书店

1989 年版。

[16] 张维迎：《产权、政府与信誉》，生活·读书·新知三联书店 2001 年版。

[17] 国家计委宏观经济研究院课题组：《垄断性产业价格改革》，中国计划出版社
1999 年版。

[18] 张一弛：《管理经济学》，经济日报出版社 1997 年版。

[19] 国家经贸委电力司：《关于英国、西班牙电力市场规则与管制的考察报告》，《中
国经贸导刊》2000 年第 4 期。

[20] 常欣：《放松管制与管制重建——中国基础部门引入竞争后的政府行为分析》，
http：//www1.cei.gov.cn/union/doc/lhcasrep/200109130002.htm。

[21] 于吉：《引入竞争机制，打破自然垄断》，http：//www.setc.gov.cn/cyzc/setc_
cyzc_main159.htm。

[22] 国家电力信息网：《世界电力市场化改革资料——美国》，http：//www.sp.com.
cn/newsp/ggzl/gjwj/wj07175.htm。

[23] 国家电力信息网：《世界电力市场化改革资料——欧盟》，http：//www.sp.com.
cn/newsp/ggzl/gjwj/wj07173.htm。

[24] 国家电力信息网：《世界电力市场化改革资料——日本》，http：//www.sp.com.
cn/newsp/ggzl/gjwj/wj07174.htm。

[25] 国家电力信息网：《世界电力市场化改革资料——英国》，http：//www.sp.com.
cn/newsp/ggzl/gjwj/wj07176.htm。

[26] 国家电力信息网：《对我国电力体制改革的思考》，http：//www.sp.com.cn/
newsp/ggzl/gjwj/wj0914.htm。

[27] 国家电力信息网：《走出误区，探讨正确的电力改革之路》，http：//www.sp.com.
cn/newsp/ggzl/gjwj/wj0828.htm。

[28] 国家电力信息网：《世界电力市场化改革启示》（一）、（二）、（三）、（四），
http：//www.sp.com.cn/newsp/ggzl/ggzl.htm。

[29] 《我国电力市场的发展模式与趋势》，http：//www.hypowertec.com/p1-dongtai6.
htm。

[30] 梁敏松、孙速:《加州电力危机及其对中国电力改革的启示》,《视野》2001 年第 1 期。

[31] 张昕竹:《网络产业:管制与竞争理论》,社会科学文献出版社 2000 年版。

[32] 张昕竹等:《中国管制与竞争:理论与政策》,社会科学文献出版社 2000 年版。

[33] 王安沅:《经济转型过程中我国政府职能定位》,《经济与管理》2001 年第 12 期。

[34] 肖朗:《信用:企业立业之本》,《中国市场经济论坛——第 56 次专栏》2001 年。

[35] 孙庆华:《能源管理体制:由产业管理向宏观战略管理转变》,《西部论丛》2008 年第 2 期。

[36] 陈柳钦:《中国能源管理体制"怪圈"如何破?》,华夏能源网,2014 年。

[37] 宋华琳:《美国行政法上的独立规制机构》,《清华法学》2010 年第 6 期。

[38] 崔民选:《中国能源发展报告 2012》,社会科学文献出版社 2013 年版;《中国能源发展报告 2013》,社会科学文献出版社 2014 年版;《中国能源发展报告 2014》,社会科学文献出版社 2015 年版。

[39] 国家电监会:《全国电力建设与投资结构继续加快调整》,中央政府网站,http://www.gov.cn/gzdt/2009-01/09/content_1200434.htm。

[40] 国家电监会:《电力监管年度报告(2007—2012)》,http://www.serc.gov.cn/zwgk/jggg/。

[41] 国家电监会:《2007 年电力行业节能减排报告》,http://www.serc.gov.cn/jgyj/ztbg/。

[42] 《国家中长期科学和技术发展规划纲要(2006—2020)》,国务院发布,2006,http://www.gov.cn/jrzg/2006-02/09/content_183787.htm。

[43] 何学民:《聪慧电网:信息技术与电力工业的融合》,《国家电网》2007 年第 5 期。

[44] 黄其励:《我国电力科技和装备的发展方向》,《科技与环保》2003 年第 11 期。

[45] 国家发展改革委:《可再生能源中长期发展规划》,http://www.ndrc.gov.cn/zcfb/zcfbtz/2007tongzhi/t20070904_157352.htm。

[46] 国家发展改革委:《可再生能源发展"十一五"规划》,http://www.ndrc.gov.cn/zcfb/zcfbtz/2008tongzhi/t20080318_198262.htm。

[47] 中国电力企业联合会：《截至 2008 年底世界核电发展状况及新开工核电项目》，http：//www.cec. org.cn/html/news/2009/2/1/200921916259168.html。

[48] 刘雅芳：《冰灾启示：对于我国大电力背景下电力规划和发展的几点看法》，http：//www.serc.gov.cn/jgyj/ztbg/。

[49] 国家发改委：《能源发展"十一五"规划》，http：//nyj.ndrc.gov. cn/zywx/default. htm。

[50] 《2007 中国电力年鉴》，中国电力出版社 2007 年版。

[51] 施鹏飞：《2007 年国内外风电发展情况》，《可再生能源》2008 年第 6 期。

[52] 王庆一：《21 世纪的能源科技》，《电力技术经济》2008 年 4 月。

[53] 人民网：《我国可再生能源进入快速发展阶段》，http：//www.022net.com/2009/2-17/442825272395928.html。

[54] 张海鱼：《中国经济增长与电力投资》，中国经济出版社 2005 年版。

[55] 《中国电力规划综合卷》，中国水利水电出版社 2007 年版。

[56] 国家统计局：《中国统计年鉴2007》，中国统计出版社 2007 年版。

[57] 宋华琳：《美国行政法上的独立规制机构》，中国宪政网。

[58] 《世界能源理事会（WEC）和 BP 研究报告》，中国经济网。

[59] 《研究与参考》，国家电力监管委员会历年内部资料。

[60] 林伯强、何晓萍：《初级能源经济学》，清华大学出版社 2014 年版。

[61] 王含春：《自然垄断产业价格规制改革研究——以我国电力产业为例》，北京交通大学，2011 年。

[62] 慎先进、王海琴：《国际能源管理体制及其对我国的启示》，《经济研究导刊》2013 年第 20 期。

[63] 刘玉红、赵保庆：《加拿大的能源监管机制研究》，《华北电力大学学报》2007 年第 2 期。

[64] 黄琳：《中东能源因素对大国能源战略的影响》，上海外国语大学，2010 年。

[65] 杨嵘：《美国能源政府规制的经验与借鉴》，《中国石油大学学报》2011 年第 2 期。

[66] 王伟、尹盛澜：《欧盟能源监管最新进展及其启示》，《华北电力大学学报》

2011 年第 4 期。

[67] 刘东刚：《中国能源监管体制改革研究》，中国政法大学，2011 年。

[68] 王雅莉、毕乐强：《公共规制经济学》，清华大学出版社 2005 年版。

[69] 魏科科：《中国电力行业规制改革研究》，华中科技大学，2011 年。

[70] 武盈盈：《中国垄断产业组织模式演进问题研究——以天然气产业为例》，山东大学出版社 2009 年版。

[71]《国务院关于印发能源发展"十二五"规划的通知》，http：//www.gov.cn/zwgk/2013-01/23/content_2318554.htm。

[72] 中华人民共和国国务院新闻办公室：《中国的能源政策 2012》，2012 年 10 月。

[73] 肖依虎：《经济全球化下的中国能源安全战略研究》，武汉大学出版社 2010 年版。

[74] 潜旭明：《美国的国际能源战略研究——一种能源地缘政治学的分析》，复旦大学出版社 2010 年版。

[75] 李文华：《新时期国家能源发展战略问题研究》，南开大学出版社 2013 年版。

[76] 彭赟、李悦等：《我国天然气价格体制改革与价格规制机制设计》，《中国矿业》2012 年第 12 期。

[77] 肖兴志：《我国能源价格规制实践变迁与市场化改革建议》，《价格理论与实践》2014 年第 1 期。

[78] 崔民选、王军生：《陈义和.中国能源发展报告 2013》，社会科学文献出版社 2013 年版。

[79][美] 萨利·亨特：《电力竞争》，经济科学出版社 2014 年版。

[80] 吴疆：《中国式的电力革命》，科学技术文献出版社 2013 年版。

主题索引

后 记

理论是实践的先导。在从事电力等能源监管工作的过程中，我们一直感到符合中国行政管理体制特点的监管理论研究尚存在许多空白。特别是国家能源局重组后，职责、定位等发生了深刻的变化，急需对监管的内容、机制、方法等进行系统深入研究，以便更好地指导能源监管实践。国家能源局高度重视能源监督管理理论的研究，在局内积极倡导和鼓励大家开展包括能源监管体制机制等重要课题的研究工作。

近水楼台先得月。在有关领导的倡导和鞭策下，从 2014 年底开始，利用工作之余，我们对中国电力和能源监管相关内容进行了认真总结和思考。经过一年多的艰辛努力，数易其稿，终于形成《中国能源监管探索与实践》一书，希望没有辜负领导的殷切期望，同时也是对我们多年工作的一个总结。

事非经过不知难。作为总结、提炼、反思中国电力和能源监管的开创性工作，我们缺乏成熟而系统的理论参考资料。10 余年来，电力监管和能源监管积累的基础信息浩如烟海，去粗取精、去伪存真的工作量惊人。监管理论的追溯和研究，监管实践的总结和升华，不仅要求全面的理论素养，还要求对监管的系统掌握。如何评价探索中的能源监管，也考验判断的智慧和勇气。

时间是我们写作本书的最大矛盾。现阶段能源监管的任务十分繁重，许多工作常常需要加班加点才能完成。但为了共同的事业和兴趣爱好，我们全部利用工作之余的闲暇时间，或者放弃节假日，或者熬夜加班，从纷繁复杂的资料中找寻和提取有价值的信息，力争让每一句话更精确、更耐读，努力让每个观点、每个判断更加科学准确。

当然，写作本书也有许多有利条件。有关领导对我们写作本书大力支持，给予了许多鼓励和指导，坚定了我们写好本书的信心和决心。同时，由于工作岗位的原因，我们比其他人更加熟悉中国能源监管的过去和现状，也更加全面地掌握了能源监管向社会公开的第一手资料。当然，为避免书中观点带有行业管理部门色彩，我们在写作过程中始终坚持独立研究的原则，力求不受工作岗位、工作内容的影响。书中的所有内容，仅代表著作者的认识和观点。

通过本书的创作，我们对能源（电力）监管的复杂性认识更加清晰、深刻。中国国情的特殊性，更加强化了能源监管的复杂性。其所面临的体制机制不顺、法律支撑不足、工作程序不畅、机构建制不全等诸多问题，使得监管效能的发挥存在极大的不确定性。电力监管 10 年探索的成败功过，人们的评价并不一致。从"政监分离"的电力监管到"政监合一"的能源监管，人们的看法也有差异。一种观点认为，能源监管将凭借国家能源局强大的行政力量，迎来了新的机遇期，监管的大好局面即将开启；另一种观点则觉得，"政监合一"的机构设置似乎并未给能源监管带来预期中的大格局、大变化，依然在探索中举步维艰。

回顾历史，中国的能源管理体制几经变迁，在综合管理部门和专业管理部门之间反复。近年来，在大部制改革的浪潮中，能源管理进一步由分散走向集中。而能源产业组织，则基本上由政企合一、大一统走向多元化、竞争性。与市场化改革相适应，中国能源管理体制的调整依然在深化。当然，对于体制机制的选择，向来见仁见智，是非功过将来自有历史评说。作为一项复杂的系统性工程，能源管理体制的调整完善还将继续，能源监管"摸着石头过河"的状态还将继续，需要在一步步探索中确立更加适合中国的能源监管模式。其途唯远，许多问题还需要进一步研究、探讨。

往者不可谏，来者犹可追。中国能源监管的探索与实践，以及国际能源监管理论的发展与监管实践的深化，为中国能源监管的深入开展积累了经验、提供了养分。中国能源监管的未来需要持续去把握和开拓。本书则是我们对中国能源监管进行总结、分析、思考的结晶，希望能够于此有所裨益。

在创作此书的过程中，我们深感学识的不足：监管理论的建立完善还有较大空间，当前对监管实践的理论探索还显不足，对国际能源监管经验研究不足，还需要更加全面、系统、深刻；对监管实践的定性分析较多，但量化分析明显不足，监管指标的构建还需要进一步深化等，希望更多有识之士共同探讨。

本书创作过程中得到了多方面的热情帮助和支持。衷心感谢有关领导的关心和悉心指导，感谢相关同事提供的大量素材和宝贵意见，感谢本书所参阅引用相关文献的作者，感谢人民出版社为本书出版所做的大量工作。限于篇幅，其他未能全部列明，一并致以诚挚的谢意。

作者

2016 年 6 月